学术顾问（以姓氏笔画为序）

王春光（中国社会科学院社会学所研究员）

方文（北京大学社会学系教授）

冯钢（浙江大学社会学系教授）

庄孔韶（云南大学西南边疆少数民族研究中心教授）

刘少杰（中国人民大学社会学系教授）

李强（清华大学社会学系教授）

李路路（中国人民大学社会学系教授）

沈原（清华大学社会学系教授）

周长城（武汉大学社会学系教授）

周晓虹（南京大学社会学系教授）

郑也夫（北京大学社会学系教授）

彭泗清（北京大学光华管理学院教授）

社 会 学 译 丛

社会数据统计分析

（第4版）

戴维·诺克（DAVID KNOKE）

[美] 乔治·W. 博恩斯泰特（GEORGE W. BOHRNSTEDT）　著

阿莉莎·波特·米（ALISA POTTER MEE）

郝大海　等　译

STATISTICS
FOR
SOCIAL DATA
ANALYSIS, 4E

中国人民大学出版社
·北京·

前　言

　　《社会数据统计分析》（第4版）与先前版本相比既具有连续性又有新的变化。在结构上，本版保留了第3版的章节安排。同时，它得益于一位新的合著者——阿莉莎·波特·米为本书所做出的贡献。她为本书注入了新一代社会研究者的新鲜血液和热情，而这些研究者又是在本书之前版本上成长起来的。

　　与在之前版本中一样，我们仍旧着重论述分析者如何运用统计方法来解答不同实质性领域的研究问题。因此，我们不断强调将构建实质假设作为开展定量数据分析关键前提的重要性。同样，我们也强调对总体参数可能发生其中的区间进行估计以及对变量之间关联强度进行测量的可取性。我们相信这会让学生更好地了解当今社会科学家进行研究的方法，而不同于以往包含点估计的假设检验的常规方法。

　　本书至少具有四个显著特征。首先，当考虑一种变量以何种标准进行测量时，我们专注于连续-离散的区别。其次，我们强调是否在变量之间建立了有意义的实质性关系的重要性。再次，只要可能，我们在范例中都运用真实数据。最后，我们为学生们提供了运用SPSS①（社会科学统计程序）分析实际调查数据的机会——1998年综合社会调查（General Social Survey，GSS）。

　　我们放弃了四个在其他的教材中仍旧盛行的惯用测量标准（定类、定序、定距和定比）。我们既单独又结合地分析连续和离散变量，并以此来讨论统计。尽管关于统计技术中最佳选择的争论仍旧在社会科学方法论期刊中持续着，但只要粗略地审视主要期刊，就不难发现这种连续-离散的区别标准仍被当今的实践者广泛运用。大多数研究者运用共变技术（一般线性模型的变化）或者分类变量的列联表分析。这两项方法的基本要领都在本版中很好地得到了体现。

　　许多统计学教材都从单变量统计开始，接下来讲述统计推论和假设检验，最后研究双变量和多变量关系。如此章节安排的后果，就是学生在一学期的大部分时间中并未能意识到科学家对单变量的描述和统计推论鲜有兴趣。正是由于这个原因，我们做出特别努力以向学生解释社会科学家力图建立双变量或多变量关系。我们在对研究过程进行总体描述的第1章就开始强调这一点，并在整本书中不断地重申。甚至在涉及频数分布及其表述的第2章中，我们仍然在说明社会科学家对单一频数分布及其

---

　　①　SPSS是位于美国伊利诺伊州芝加哥的SPSS公司的一个注册商标，该公司拥有SPSS计算机软件的专利权。未经SPSS公司书面许可，任何含有该软件的内容不得被制造或者传播。

表述（例如，它的均值和标准差）鲜有兴趣。

我们在大多数的范例中使用真实数据。我们的目的是表明在研究循环中社会科学的实质是如何和统计联系在一起的，而非仅仅关注技术。通过研究命题和假设以及评估它们的方法，学生学着评价整个研究过程。

实践的方法强调分析真实事例。我们设计的许多章后习题都只需要铅笔、纸或者一个便携式计算器就可以找到答案，而其他的问题则需要学生运用计算机来分析真实而多样的 1998 年 GSS 数据。这样的结合使学生能学到得出各种统计量的值所需的计算步骤，同时也能感受到运用真实数据检验直觉和假设的兴奋和沮丧。

我们将 1998 年 GSS 数据作为一个独立的 SPSS 文件提取出来以供在个人电脑上使用。该文件的一个简小版可以从诺克的主页 http：//www. soc. umn. edu/~knoke/上下载。点击"COURSES"，然后点击"BASIC SOCIAL STATISTICS（SOC3811）"就可找到它的位置。下载了"GSS1998. zip"文件到你的个人电脑上之后，用 WinZip 软件打开它。我们的指导手册介绍了怎样运用 SPSS 程序输入文件以及保存数据集以便下次进一步分析，该手册可以从以下网站获得：http：//www. fepeacock. com/。该手册为运用 SPSS 数据处理和分析程序提供了基本指导，也涵盖了针对所有章节问题的 SPSS 指令以及各章的大量习题。

本书的其他特点应该能促进学生掌握社会统计学。我们避免过多的证明和定理，将其中很多归入了正文外的专栏中。重要概念和统计符号按在书中出现的顺序在每一章的后面列出，指明学生学习本章应该掌握的内容。在本书最后术语表中，所有的重要术语及其定义都按字母顺序排列出来了。这样，学生可以很容易地找到重要概念的定义或统计符号，而无须去寻找它们的原始位置。

我们认为成功的社会统计学教育应该培养合作学习的精神，这一持久信念蕴含在本书之中。但我们不认为合作排除了建设性的批评。多年来，我们很高兴收到了许多来自教师及学生的评论和建议，他们发现了许多错误和问题，也提出了补救和替代方案，这些都增强了本书的可及性和有用性。我们希望，本版的使用者也将帮助我们继续发扬该传统。请将你的建议以电子邮件的方式发到戴维·诺克的邮箱 knoke@atlas. socsci. umn. edu。

我们非常感谢哈尔德（A. Hald）允许我们翻印正态曲线下的区间，以及皮尔逊（E. S. Pearson）和哈特利（H. O. Hartley）允许我们翻印 F 分布表。我们同样要感谢费希尔（Ronald A. Fisher）的遗稿保管人——英国皇家学会会士（F. R. S）弗兰克·耶茨（Frank Yates）博士，以及伦敦朗文出版公司允许翻印 1974 年出版的《生物、农业和医学研究统计表》（*Statistical Table for Biological，Agricultural and Medical Research*）一书第六版的表Ⅲ和表Ⅳ。

我们感谢 SPSS 公司同意在整本书中运用其软件包 SPSS 来说明如何在计算机的帮助下分析调查数据。我们也要感谢国家民意研究中心（National Opinion Research Center，NORC）和大学校际政治与社会研究社团（Inter-University Consortium for Political and Social Research），为其所收集和发布的 GSS 数据。

我们要感谢皮科克（F. E. Peacock）出版公司所提供的优秀的编辑和产品帮助。我们也要感谢卡尔·克朗（Karl Krohn）协助准备数据。感谢我们的出版商泰德·皮科克（Ted Peacock）和我们的编辑理查德·韦尔纳（Richard Welna），感谢他们这些年来不变的鼓励。

最后，感谢一直支持我们的爱人和孩子们。

戴维·诺克

乔治·W. 博恩斯泰特

阿莉莎·波特·米

简要目录

Ⅰ. 基本概念和方法

1 研究过程中的统计学 ·· 3
2 描述变量 ·· 17

Ⅱ. 统计推论

3 统计推论 ·· 45

Ⅲ. 双变量关系分析

4 方差分析 ·· 73
5 分类数据分析 ·· 91
6 双变量回归和相关 ·· 110

Ⅳ. 多变量模型

7 多变量列联分析的逻辑 ·· 135
8 多元回归分析 ·· 151
9 非线性和 logistic 回归 ·· 182

Ⅴ. 高级主题

10 对数线性分析 ·· 207
11 因果模型和路径分析 ·· 234
12 结构方程模型 ·· 253
附 录 ·· 279
术语表 ·· 305
数学和统计符号列表 ·· 317
参考答案 ·· 323
索 引 ·· 341
译后记 ·· 355

目　录

Ⅰ. 基本概念和方法

1　研究过程中的统计学 ··· **3**

　1.1　研究的主题 ·· 4

　1.2　从概念到命题 ·· 6

　1.3　从变量到假设 ·· 7

　1.4　从观测到记录 ·· 9

　1.5　从数据到数值 ··· 10

　1.6　统计分析 ··· 11

　1.7　一般线性模型 ··· 13

2　描述变量 ··· **17**

　2.1　离散变量和连续变量的频数分布 ··· 17

　2.2　分组和累积分布 ··· 20

　2.3　用图表示频数分布 ··· 23

　2.4　集中趋势的测量 ··· 25

　2.5　离散趋势的测量 ··· 28

　2.6　百分位数和分位数 ··· 33

　2.7　标准分数（Z 值） ··· 35

　2.8　显示连续数据的探索性数据分析方法 ··· 37

Ⅱ. 统计推论

3　统计推论 ··· **45**

　3.1　从样本对总体做出推论 ··· 45

　3.2　基本概率概念 ··· 46

3.3　切比雪夫不等式定理 ……………………………………………… 48

3.4　正态分布 …………………………………………………………… 49

3.5　中心极限定理 ……………………………………………………… 51

3.6　点估计和置信区间 ………………………………………………… 53

3.7　t 分布 ……………………………………………………………… 55

3.8　假设检验 …………………………………………………………… 57

3.9　单均值的假设检验 ………………………………………………… 59

3.10　估计量的特性 …………………………………………………… 64

3.11　卡方分布和 F 分布 ……………………………………………… 65

Ⅲ. 双变量关系分析

4　方差分析 ………………………………………………………… **73**

4.1　方差分析的逻辑 …………………………………………………… 73

4.2　方差分析表：平方和，均方，F 比率 …………………………… 75

4.3　双均值检验 ………………………………………………………… 79

4.4　相关比率：eta 平方 ……………………………………………… 86

4.5　均值间差异的检验（事后比较）………………………………… 86

5　分类数据分析 …………………………………………………… **91**

5.1　双变量列联表 ……………………………………………………… 91

5.2　用卡方进行显著性检验 …………………………………………… 93

5.3　测量相关性：Q，phi，gamma，tau c，萨默斯 d_{yx} ………… 96

5.4　发生比与优比 ……………………………………………………… 104

6　双变量回归和相关 ……………………………………………… **110**

6.1　散点图和回归线 …………………………………………………… 110

6.2　估计线性回归方程 ………………………………………………… 112

6.3　R^2 和相关 ………………………………………………………… 117

6.4　回归参数的显著性检验 …………………………………………… 121

6.5　回归系数的标准化 ………………………………………………… 126

6.6　比较两个回归方程 ………………………………………………… 128

Ⅳ. 多变量模型

7　多变量列联分析的逻辑 ………………………………………… **135**

7.1　控制附加变量 ……………………………………………………… 135

7.2　控制 2×2 表中的第三变量 ……………………………………… 138

7.3　偏相关系数 ………………………………………………………… 144

8　多元回归分析 ·· **151**

8.1　三变量回归问题的实例 ·································· 151

8.2　三变量回归模型 ··· 154

8.3　有 K 个自变量时的多元回归 ·················· 163

8.4　参数的显著性检验 ····································· 167

8.5　比较嵌套方程 ··· 172

8.6　虚拟变量回归：包含交互效应的协方差分析 ··· 172

8.7　总体间比较 ··· 177

9　非线性和 logistic 回归 ·· **182**

9.1　非线性回归 ··· 182

9.2　二分因变量 ··· 188

9.3　logistic 转换及其性质 ································· 189

9.4　估计和检验 logistic 回归方程 ···················· 194

9.5　多项 logit 模型 ··· 198

Ⅴ. 高级主题

10　对数线性分析 ·· **207**

10.1　2×2 表的对数线性模型 ······················ 207

10.2　三变量表的对数线性模型 ·························· 213

10.3　更复杂的模型 ··· 220

10.4　对数线性分析的特定问题 ·························· 224

11　因果模型和路径分析 ··· **234**

11.1　因果假定 ··· 234

11.2　因果关系图 ··· 235

11.3　路径分析 ··· 237

12　结构方程模型 ·· **253**

12.1　相关和协方差知识回顾 ······························ 254

12.2　测量理论中的信度和效度 ·························· 255

12.3　因子分析 ··· 258

12.4　多指标因果模型 ······································· 266

12.5　序次指标模型 ··· 270

附　录 ··· **279**

A. 求和的应用 ··· 281

B. 卡方的临界值 ··· 286

C. 正态曲线下的面积 ······································· 288

D. t 分布 ·· 294

E　F 分布 ·· 296

F. 费希尔的 r 到 Z 转换 ·· 302

术语表 ··· 305

数学和统计符号列表 ··· 317

参考答案 ··· 323

索　引 ··· 341

译后记 ··· 355

I. 基本概念和方法

1 研究过程中的统计学

1.1 研究的主题   1.2 从概念到命题

1.3 从变量到假设   1.4 从观测到记录

1.5 从数据到数值   1.6 统计分析

1.7 一般线性模型

　　贯穿全书的重点在于怎样将统计作为工具运用到社会数据分析中去。统计方法能够有效地回答关于社会关系的本质问题，不管一开始的研究推动力是来自理论问题还是现实考虑。我们的核心兴趣在于减少不确定性，或者更加确切地说，在于增加知识。这种知识是关于人们在多种多样的社会情境中如何行动的知识。作为一个被所有社会科学家都接受的一般原则，我们认为我们的中心任务是解释差异性：个人、群体、社区，或者国家如何彼此不同，而这种不同又会造成什么样的影响？有待解释的特殊行为可能由于学科的不同和研究者的不同而不同，但一般方法却是相通的。所有的社会和行为科学家都试图通过测量性格、行为、态度的不同模式，以解释人类、群体和组织之间的不同。

　　比如，我们能够通过度量人们在受教育年限、工作经历、管理职责和职业道德上的不同来解释其年收入的差异吗？或者我们应当也引入其所在公司的市场地位、工会契约，还有种族、性别歧视等方面？再比如，我们能够解释为什么在选举日，有的民众为共和党候选人投票，有的民众为民主党候选人投票，而其他的一些民众则选择放弃选举权利吗？不同的选举行为是由于选举者对候选人、政治党派、选举行为本身，以及选举者自身所属的社会团体的态度的不同而不同吗？如果是那样，那么哪些因素对选民在形成其决定时是最关键的？庞大而且精细的统计技术体系呈现在研究者面前，为他们提供了回答这些问题的不同方法。通过适当并谨慎地应用，社会统计为研究者提供了试探性的解释方法，来探讨社会关系的存在及其强度。

　　我们运用统计手段直接来自这样一种观念：要对任何人类行为做出足够的解释，都必须要展现出这种行为的变化怎样受到多样的、可测量的因素的影响。作为一种分析工具，统计手段占据了社会研究的一个很大方法体系中的重要位置。尽管每个研究计划都有其独一无二的实施过程，但仍有足够的相似点让我们把这个过程看作一个从初始的研究设计到最终的结论的连续步骤。

　　1. 研究者把那些初始的模糊想法阐明为更加具体的、可研究的问题。

2．抽象概念之间的关系被解释为由可测量变量构成的严谨假设。

3．创造、借用或修改工具以便测量那些被研究假设具体化了的变量。

4．选择一个有代表性的社会单位（例如个人、组织、社区）样本，并将观测结果系统地记录下来。

5．观测数据被简化为一系列的数字输入一项存储设备中，如个人电脑，以便后续分析。

6．对数据系统中的关键变量运用合适的统计方法，来确定是否可以搜集到足够的证据来支持假设的关系。

7．最终研究者获得一个结论，这个涵盖一系列变量的结论最初被认为是可以解释社会现象的。一般的结论都会增加对我们所生活世界的理解。

这一章讲述了社会研究过程的一些细节。社会统计是构成研究设计的完整性的不可或缺的部分，因而我们不能抛开关于构造假设、操纵、抽样和测量的更广泛的大框架来孤立地对它进行研究，这些观点将在本书，以及在你学习现代社会研究者们可用的多样化的统计技术的过程中被不断提起。没有什么能够代替对一个较广义的研究项目的全面理解，而在这个广义的项目中，统计方法占有核心地位。为了帮助你获得关于经验研究的感受，我们引用了 1998 年综合社会调查（GSS）中的例子来解释统计过程。从专栏 1.1 中你会看到关于 GSS 的相关介绍。而且，在每一章的末尾，我们都设置了一些习题，你可以应用你所学到的关于社会统计的新知识。我们的最终目的是希望学生能够掌握足够的统计技能，以设计和执行他们自己的研究项目。领会社会研究之美最有效的方法（尽管有时它显得比较困难）是直接与研究者必须面对的数不清的困境和抉择作战，走好研究周期中的每一步。

1.1　研究的主题

科学研究（scientific research）是要通过对世界各部分关系的系统检验，来努力减少世界某些方面的不确定性。任何一个研究项目都建立在现有的知识基础之上，同时试图扩展到对以前未知的领域的理解。如果问题被限制在再次解释已知的事物方面，那么它就不能被称为一项研究了。科学行为不同于其他学术行为——例如哲学、神学、文学甚至纯数学研究的地方就在于，其坚持只解释可观测的实体世界。灵魂存在与否，一个针尖上能容纳几个天使跳舞，以及物质的本质，这些都是属于信念和假想的问题，与科学调查的过程并没有关系。换句话说，科学研究将其自身限制在实体世界的各个方面，其特征可以通过观测和控制被核实与检验。从这一角度，现实状况最终决定了一个科学研究者所能获取的信息，一个化学家所做的实验与一个市场分析师所进行的顾客态度调查并无太大区别。

假如所有的科学都试图发展对可观测现象的进一步解释，那么研究项目中的想法从何而来？无论何时，训练有素的专业人士都能以经过充分分析和讨论的特殊主题作为其想法的基础。例如，近来社会学领域较为流行的议题有：组织的产生和消亡，福利国家的起源，城市下层居民的生态集中化，生理成熟在生命历程中的作用，年龄与犯罪行为的相关。在每一个议题内部，一个活跃的研究者群体（也许他们分散在世界各地）通过多种媒体——例如期刊、会议、著作论文、客座演讲、集体静思、电子公告板、服务器列表以及学术回顾小组交流他们的现时发现、新的观点，以及进行一个新研究的建议。从这个连续性的信息洪流中，无论是已有成果的研究者，还是新入行的研究者，都可以提取出关于进一步研究的建议，从而走入所感兴趣现象的新视域。

专栏 1.1 _____

综合社会调查样本

综合社会调查（GSS）是由国家民意研究中心（NORC）组织进行的一项常规、综合的针对美国家庭的个人访问调查。它由戴维斯（James A. Davis）、史密斯（Tom W. Smith）和马斯登（Peter V. Marsden）担任首席调查员，并获得来自董事会监督员的意见和建议。GSS 的基本目标是收集美国社会的共时数据以便了解和解释人们态度、行为、特征的常态和趋势；检验社会的结构和功能；检验在社会中子群的角色；比较美国和其他社会以便摆正美国社会的位置，并建立一个跨国的人类社会发展模型。而且，GSS 可以为研究者、学生、政策制定者和其他相关人士提供数据，节省他们的时间和精力。

GSS 始于 1972 年。从那以后，美国成人家庭人口中有 38 000 人回答了相互独立的 23 个跨截面研究的 3 260 个问题。最初 GSS 是每年进行一次。从 1994 年开始便两年实施一次。GSS 是由国家科学基金会（National Science Foundation，NSF）赞助的最大的社会学项目，其成果被视为一种国家资源。除了美国人口普查，GSS 数据是被美国社会学界引用最多的。国家民意研究中心已经为成千上万的分析数据的期刊文章和著作引证。

GSS 把所有的研究集合到一个数据库中，以便分析时间趋势与考察子群。其问卷包含了一套标准的有关核心人口学特征和态度的变量，同时加上了关于特定兴趣的某些主题，这些主题是不停轮换的［被称为"主题模块"（topical modules）］。GSS 为每个问题都进行了确切的措辞说明以方便时间趋势研究和回应以前的研究。过往的主题包括内需优先、饮酒行为、大麻使用、犯罪与惩罚、种族关系、生活质量、机构信任、志愿组织中的成员等。

包含所有问题的可搜索文件以及过往研究的参考文献的 GSS 在线信息都可以在综合社会调查数据与信息检索系统（General Social Survey Data and Information Retrieval System，GSSDIRS）中获得，具体网址是 http://www.icpsr.umich.edu/GSS/。

7

本书所分析的 1998 年 GSS 数据池涵盖了两个样本的 2 832 个个案。事实上 1998 年 GSS 是由两个样本同时进行的。两个样本都被进一步分成三个"选区"，每一个在包含特定主题"模块"的问卷的版本上有少量不同。举例来说，所有受访者除了被问及核心问题，其中的一个子集还被问及医学伦理，另一个子集则还被问及宗教信仰和行为。1999 年和 2001 年没有实施 GSS，而 2000 和 2002 年也同样是双样本 GSS。

尽管 GSS 采用的是复合抽样过程，破坏了简单随机抽样的假设，主要的调查者仍然建议使用传统方式的统计检验。因为我们关于 GSS 样本的主要应用是举例说明社会统计方法在大的数据集中怎样运用，所以我们运用了多种未修正的统计检验。

_____

有些研究项目来源于对特定社会项目和公共政策的影响或效果的现实考虑。**应用研究（applied research）** 试图解释具有直接公共政策含义的社会现象。比如，学前教育是否会提高贫困背景下的孩子的学习表现？怎样劝服吸毒者们停止共用针头以防止 AIDS？如果重新设计器械检验小组，航班飞行员的错误是否会减少？减刑的经历和中途回家探亲是否会降低罪犯再次犯罪的数量？政策制定者和行政管理人员日复一日地面对这些严肃的社会问题，他们迫切需要科学的解答。他们需要切实的解决方案，这些方案则基于社会科学知识的应用。许多应用研究都是通过"寻求建议"（requests for proposals，RFPs）而由州和联邦基金会发起的。RFPs 严格地细化了申请人必须符合研究设计和分析的要求。而

8

研究项目的成果是否超越特定研究边界，一般来说对投资人和主要监督者并不重要。

另一些研究最初仅仅是出于研究者们的理论兴趣，而不是为了其结论的立即应用。更确切地说，**基础研究（basic research）** 检验涉及基本社会过程的关系的一般论述的有效性。基础研究者建立关于社会行动普遍原则的知识，这些知识有可能用来解释更广泛范围内的具体行为。比如说，家庭内的夫妻分工是被看作一个交易过程好呢，还是应该被当作一个包含了自我概念的符号交流系统好呢？新马克思主义者的资本家剥削的观念相比于新古典主义经济学家的人力资本概念，是否更好地预言了企业的工作培训现象？投票者在总统选举中的选择主要是受到大众传媒信息的影响，还是取决于本土的社会关系网络？在回答这些问题时，研究者们主要关注的是核实或者驳斥嵌入人类行为一般理论中的假设，即使实际政策的影响并不那么明显。确实，解释抽象的分析性关系是这类项目的首要目的。基础研究计划一般由高等院校的调查者发起，他们把其生涯中重要的部分投入特定理论背景的研究中。国家科学基金会是一个以支持各项科学研究为使命的联邦机构，在美国，基础社会科学研究的主要资金支持都来源于此。它很少对研究的目标做出要求，而是依赖于研究者自己的初始目标。高级学者通过"同业交流小组"来对每一项基础研究的意义进行评估和肯定，这些初始目标也不例外。其他支持特定领域基础社会科学研究的联邦机构还有：国家心理健康研究所（National Institute of Mental Health）、国家药物滥用研究所（National Institute for Drug Abuse），以及国家老龄化研究所（National Institute on Aging）等。

无论研究的动力是应用性的还是基础性的，研究者的首要目标都在于精确说明被调查的社会现象中的可观测变量。在实践中，达到这一目标要求研究者识别出造成人物、事件、对象之间差异的主要因素。例如，在一个关于"为何有些老年人需要家庭护理，而有些则能够自己待在家中"的应用研究中，一位调查者会希望涉及诸如个体的身体健康程度，身体灵活性，精神活跃度，退休金，存款，是否有提供照顾的亲属，是否有私家车或者公共交通，家庭护理的缺失率，等等。或者，为了解释社会抗议活动的参与度，一个基础研究者应考虑如下因素：潜在参与者的利益-伤害权衡，分配的公正性和平等的标准，公众的价值评判，社会团结性，对可能的社会镇压的看法，等等。重点是几乎所有的社会行为都是由具有不同影响的许多因素导致的。（因果分析在第 11 章中将有详细的讲述。）如果我们计划产生一个可精确解释的变异来源，这些不同的原因在分析中就都要清楚地加以考虑。而检验社会行为原因的这个过程始于具体化的、可观测的假设，这是我们下一部分将要讲述的内容。

1.2 从概念到命题

社会研究项目的核心是一个正式的**命题（proposition）**，即关于抽象概念之间关系的陈述。很多命题都采取"如果……则……"的表述模式，其中前句中的要素常被假设为后句中要素的成因。如下有一个组织研究中的常见命题，此处可供参考：

P1：组织决策的集权化程度越高，雇员对组织的参与度越低。

根据个人经验，许多雇员都认为这个命题陈述的两概念间因果关系至少在现代工业社会是有道理的。当然了，我们也可以怀疑相关的真相是：决策的集权化程度越高，个人对组织的参与度也越高。但是决策集权化和雇员参与度这两个概念的精确表达是什么呢？一个**概念（concept）** 必须是准确定义的对象、行为、感受（自己或他人的），或者是与已有的具体理论概念相关的现象。因此，上述的命题

P1 的完整含义要求两个抽象概念的定义，从而使之不会与日常用语的含义相混淆。

概念往往根据已被特定受众所广泛接受的术语含义来进行定义，从而使得交流可以进行。定义通常是由充分且必要的一系列属性或特征组成的，这些属性或特征可以对特殊实体进行精确的概念限定。因而，一个组织研究者可能会把"决策集权化"定义为"在影响组织效率的行为选择过程中，参与的管理者与工人人数之比"，而"雇员参与度"则定义为"继续作为组织一员的意愿表达"。其他的定义可能会提供更为狭义和精确的标准，那么它们在一个具体的研究项目中就会更好地起作用。社会理论中的大部分争论集中在如何最恰当地去定义一个抽象概念上。

当一系列的命题被共同的概念联系起来时，会形成一个反映研究目的的理论。正式地说，一个**社会理论**（**social theory**）由两个或多个命题构成，其中指涉一定社会现象的概念被假设是因果关联的。继续上文提到的组织研究的例子，另一个可能提出的命题是：

> P2：雇员参与度越低，工作变动的比例越高。

为了使 P2 被完全理解，我们需要关于"工作变动"的一个正式定义，大概强调职位空缺是由于员工的选择而非公司的行为（也就是，是员工自愿辞职而非被解雇）。为了构造一个小型社会理论，P1 和 P2 可以通过共同概念"雇员参与度"联系起来。把在两个命题中单独出现的概念联系起来，有如下的逻辑推论：

> P3：组织决策的集权化程度越高，工作变动的比例越高。

我们这方面的常识观念告诉我们这种相关关系是符合个人经历的。一个关于正式组织疏远程度更精确的理论可能通过增加与这三个和其他变量相关的命题被构建出来，比如员工收入、组织的价值观。

上文中提到的三个命题并不能直接清晰地描述其中的关系形式。由于不存在对立的主张，通常假设是**线性**（**linearity**）的。也就是说，在其变化范围内，一个概念由另一个概念的变化引起的变化（增加或者减少）量是恒定的。线性假设在社会科学中被广泛应用，而非线性的概念化（比如指数、幂、对数曲线）并没有深入现在的理论思考之中。关于线性关系及其在统计技术中的应用的扩展讨论将会在 1.7 节得到呈现。

几乎没有什么命题在任何时间和空间中都成立而没有特例。大部分的命题只能用于解释严格限定条件下的观测变量，尽管后续研究会说明其更广泛的应用。然而，在理论建立和检验的初期，应界定**范围**或**限制条件**（**scope/boundary conditions**）——时间、地点或行为——在此条件下，社会理论命题被预期是有效的。举例来说，一个关于男孩社会化过程中父亲角色的理论命题，其在由母亲的兄弟接管了更多此项功能的社会里是没有意义的。又比如，社会网络在职业流动中的重要性在市场经济体和前资本主义经济体中肯定是相当不一样的。理论家们通过具体化这些命题明确的条件限制，帮助研究者们避免不合适的检验，同时也探明了理论适用的特定情境。

1.3 从变量到假设

变量（**variable**）指的是人物、对象或事件的特征与属性，它们可以取不同的值。因而，每月自愿辞职的员工数量可能是从 0 到工作人员总数的范围内的数值。变量可以通过几种方式来分类。一种重要的区分方法就是把变量分成潜变量和显变量。**潜变量**（**latent variable**）不可观测，只能间接测量。其例子如决策集权化程度、雇员参与度这样的概念——用于上一节举例命题中的概念。**显变量**（**mani-**

fest variable），顾名思义，可以被观测。显变量的例子如管理者与工人之比和组织中每月自愿辞职者的数量，也就是可以被直接观测和度量的现象。

理论命题必须建立于抽象的术语体系之上，使用不能被直接观测的概念。这种分析的抽象性使理论应用在一个广泛的实证现象中成为可能。而出于在科学研究中的使用，这些概念必须被转化成可以观测和检验其关系的术语。实际上，通过用可观测的、具体的事物和术语（操作化概念）替代抽象概念，命题可被转化为**操作性假设**（operational hypothesis）。比如，通过对两个概念进行替换，P1 可以转化为 H1：

> H1：管理者分配出去的任务越多，雇员表达其继续为组织工作的意愿的比例就越低。

在这里，决策集权化被操作化为工作任务为管理者所独自决定的数量，而雇员参与度被操作化为其被继续雇用的意愿的口头表达。相似地，如果我们用"每个月的自愿辞职人数"替换抽象概念"工作变动的比例"，P2 可以被写作 H2：

> H2：雇员表达其继续为组织工作的意愿的比例越低，每个月的自愿辞职人数就会越多。

在每个例子中，概念都被指标所替换了，这些指标可以通过一系列社会单位来进行测量，在本例中就可以以劳动组织为单位进行测量。也就是说，隐性的概念或者变量可以被显性的变量所替代。

变量与取值不变的**常量**（constant）形成对比。"居住地"是一个变量，因为在美国人口中其取值是不同的；而"明尼苏达"是一个常量，对于所有居住在那儿的人来说，它是不变的。注意常量可能作为变量的值，比如"男性"和"女性"这两个常量就构成变量性别。

变量也可以根据其在假设中起到的作用来分类，这种假设往往描述或者暗示了一种因果关系。**自变量**（independent variable）扮演先起的或原因性角色，通常先出现在假设中。**因变量**（dependent variable）在与自变量的关系中，扮演结果或受影响的角色。也就是说，其取值取决于自变量的取值。在假设中它常常随自变量之后出现。"失业的增加导致消费者信心的降低"，这一假设中自变量和因变量就没有含混不清之处。注意，即使是在同一个理论中，一些变量也有可能既是自变量，又是因变量。雇员关于继续为组织工作的意愿表达，在 H1 中是因变量，而在 H2 中，它是自变量。判断的标准在于看是其取值的变化影响了其他变量值的变化，还是其取值的变化是其他变量值变化的结果。

一些变量是不能被操纵的，我们称其为**状态变量**（status variable）。比如种族、性别，以及大多数人的宗教信仰。尽管这些变量不可操纵，它们却经常在研究者的命题和假设中被当作自变量来处理。和状态变量相关的结果不常被认为是通过因果过程发生的。相反，它们被假设为非因果关联的因素，要由其他变量来解释。与状态变量相关的可观测现象在社会和行为研究中都非常重要，因为它们激励着研究者去发现可以解释这些关系的因果过程。比如，调查发现，非裔和拉美裔美国人平均收入要低于亚裔和白种美国人，这并不是一个因果联系。但是这一发现会刺激研究者去识别可以解释收入中的种族差异的原因性变量（比如教育水平、价值观、家庭结构、就业与晋升歧视等）。

当把理论命题转化为操作性假设的时候，我们必须注意在潜变量和显变量间保持严格的对应性。这两者不相匹配，就会导致实证检验使用的指标与研究目的中的主题偏离。变量的**效度**（validity）是指其操作化精确反映其要测量的概念的程度。例如，对性自由的态度这一抽象概念就可以被很好地操作化为：询问人们是否同意"只有《圣经》中所言的性行为才是道德的"。这比询问"你去年所有的性伴侣数量"要好得多，因为前一个测量是态度型的而后一个是行为型的。研究者们应该努力创造尽可能强的**认知关联**（epistemic relationship），来把抽象概念和操作性变量联系起来，以便实证检验的结果可以为理论命题提供有意义的结论。而概念与变量之间的弱联系会使实证发现对理论的检验效果变得含混不清。在关于研究方法的教材中，我们能找到更多的关于建立效度的手段。

在为操作性假设选择适合的变量时，应重点考虑的是，它们是否为目标概念的可靠指标。**信度**（**reliability**）是指同一概念的不同操作化产生一致结果的程度。高信度意味着两个程序导致同一结果，或者同一程序不同时间的再运用表现出高度的同一性。例如，我们可以把工业化这个概念操作化为这样的变量：国家"人均的电力千瓦时数"，或者是"制造业在国民生产总值中的比例"。这两个变量都会把这些国家排序为高或低，因此能够高度可信地判断其工业化水平。但是没有什么社会科学家会认为"参加宗教礼拜的频率"和"小麦产量的吨数"也是测量工业化的可靠指标。关于信度的进一步讨论在大部分的方法论教材中也能找到。

近年来，统计技术飞速发展，不可测的概念与可测变量被统合进一个综合的框架中。这些方法提供了概念间因果关系以及变量和概念间认知关联的相似估计。它们将在第 12 章被讲到。

1.4 从观测到记录

一旦理论命题被转化为变量间关系的研究假设，研究者们就可以进行必要的观测来检验数据和假设之间的一致性。**数据收集**（**data collection**）即研究者建立项目原始数据记录的所有行为。尽管在有些研究中，实际的期限会因为自然条件而延长（比如社区里的参与观察或入户的个人访谈），但对很多的研究者而言，数据收集过程是一个在限定条件下的短期的集中劳动的过程：实验室中的人类被试实验控制，电话访谈，电子邮件问卷，计算机模拟，历史文本的内容分析，口头交流的誊写。每一种数据收集方法都涉及一套复杂的程序，并且有其独特的要求和自身的局限。这些观点只有在致力于说明多样的研究方法间细微差别的教材中才会被详细论述。

研究者们的共同关注点是观测对象的选择，即**分析单位**（**unit of analysis**）。根据研究假设的不同描述，有待收集数据的社会现象的层次范围可能从国家、社区、群体到个人，甚至是类似于寒暄这类高度具体的行为。那些至少具有一个吸引研究者的共同特征的人、事、物的全体集合构成调查**总体**（**population**）。除了以收集总体中每一个体的数据信息为目的的普查外，观测通常仅限于**样本**（**sample**）——从总体中选择出来的个案或元素的子集。时间和资金的限制使我们不能列举和调查整个总体。但是合理的抽样过程能够保证结论有效地反映出总体的情况。

抽取一个好的样本的关键是**代表性**（**representativeness**）——选取此种分析单位，其特征要准确地反映样本所取自的那个较大的总体。有代表性的样本对于统计数据分析来说是非常重要的，因为只有当一个单位被选择的概率已知的时候，许多检验过程才会允许研究者把关于样本的结论推广至整个总体。保证代表性的唯一方法是从一个完全包含总体中所有成员的列表中抽取一个**随机样本**（**random sample**）。这样每个总体中的单位都有同等的入样机会。在实际的选择中，要么利用"简单随机抽样"抽取样本（一般是使用随机数表或者是一个称为"随机数生成器"的计算机程序），要么利用"系统随机抽样"来生成样本。当 k 很小的时候，样本会比较大，当 k 变大时，样本就会比较小。例如，在一个州立大学的 30 000 个学生中，每选取第 50 个个案会构造出包含 600 个学生的样本，而如果设置 $k=200$，就会构造出一个只有 150 个学生的样本。一个调查者决定他的样本规模——选取个案数量时〔也同时决定了**系统抽样间距**（**systematic sampling interval**）的大小，即 k 的大小〕——根据的是所需的统计估计的精度。这在第 3 章中会详细讨论。

当不能获得完整的总体列表或者创建这样的列表花费过多时，就需要使用更加复杂的抽样过程来确保样本的代表性。这些方法的具体细节在专门性的教材中可以找到。因为本书讨论的统计以简单随机抽样为假设，所以我们将不会耽于讲述这些复杂的抽样设计。尽管把通过复杂抽样得来的样本看成通过简单随机抽样获得的样本会产生误差，但是我们可以假设这种误差最小，就像我们在专栏 1.1 中所提到的那样。

当以在世的人作为社会和医学研究的对象时，研究伦理问题必须在进行数据收集之前就得到明确的回答。研究基金会在许可一项研究之前，常常要求调查者的计划优先保证了研究对象的安全。多数大学保留了内部的人类被试委员会，它由不同学科的成员构成，以确保研究计划通过审查。许多的学术圈也有其关于研究伦理的正式规范，并督促其成员牢牢遵守。这些标准主要包括不能使研究对象面临受害的风险（心理和生理上的）；被通知同意参与调查，特别是对未成年人和精神残疾的研究对象而言；对研究对象的个人信息保密；负责任地展示研究成果。社会研究者有义务把研究对象的利益置于项目所能产生的个人或学科利益之前。而社会研究中的权力滥用和欺诈会危害脆弱的信任，这种信任恰恰是科学家们必须与社会保持一致的，从而能够支持其研究行为。

1.5　从数据到数值

按一定的规则对观测进行赋值的过程叫作**测量**（measurement）。通常每个变量的编码值都会在第一次访谈或者内容分析开始之前就被确定下来。例如，有一个盖洛普民意测验的问题："你对总统工作的评价如何？"——它有一个标准化的四类回答：1＝很差，2＝尚可，3＝好，4＝很好。对这种限定回答的问题，编码仅仅需要把访谈记录上的分类数字转化到一台存储设备中去，通常直接转化为一个计算机文件。其他的田野记录——尤其是历史文本、口头叙述以及开放式的调查问题——需要更加细致的编码过程来提取信息和将其简化为数值。有时候这些编码类别能在数据收集之前就被预设好，但更多则是要在对每个个案的考察过程才能被归纳出来。新的类别产生并且按照不同的回答被赋予特定的数值。一些变量可能会有数十或数百个类别，这取决于样本回答的多样性以及研究者希望保存的细节程度。

在每个数据收集过程中都会遇到的一个重要问题涉及**缺失值**（missing data）。几乎没有什么例外，所有的研究过程都会遇到某些个案，从这些个案中得不到某个特定变量的有意义的信息。由于某些条目可能不适用于某个调查对象，所以他/她没有回答，比如询问一个单身者其婚姻的幸福感如何。而有的时候，受访者会拒绝回答某个非常私人的问题，比如其年收入或者她是否曾经堕胎。另一种情况是，受访者可能不知道怎样去回答一个比较难的问题，比如当她母亲 16 岁时，母亲的祖父的职业状况。另外有时候，田野工作者没能正确地记录下调查信息，而回访又是不现实的。为了处理这些例子中的情况，特殊值就被设计出来表示数据中的缺失值。有时我们可以这样表示一个变量的缺失值：比如，8＝不知道，9＝无回答，－1＝拒绝作答，0＝（不合适的问题）不适用。缺失值的编码使得在随后的统计分析中得以忽略掉这些个案。

编码的最终结果是赋予每个个案的每个变量以唯一的数值。换句话说，一个好的编码方案必须具有**互斥性**（mutually exclusive）（一个变量的每个观测值有且仅有一个编码）与**完备性**（exhaustive）（每个个案的每个变量必须有一个编码值，即使是只能赋予一个缺失值）。那些允许对一个具体个案的同一变量赋予多于一个数值的编码方案违反了互斥性的原则。比如，在度量种族的时候，一个这样的编码体系，即 1＝华裔，2＝亚裔，就明显出现了这种错误，我们必须要抉择究竟是国家还是洲是分析所需要的。要注意，如果初始记录里有较多的细节，那么变量需要在之后进行**重编码**（**recode**），以产生更有价值的分类。因而，华裔、日裔、韩裔、印裔、越南裔，以及其他一些族裔可以被简化为单一的"亚裔"类别。相比之下，如果更加广泛的类别比如"亚裔"是初始记录，要获得好的细节信息则是不可能的。

编码过程产生以下的两个结果：一是**编码簿**（**codebook**），即所有编码决定的完整记录，另一则是包含每个个案的每个变量的所有取值的**数据文件**（**data file**）。编码簿会包含抽样和田野操纵的信息，包括调查员、编码员指南：关于获取每个变量取值的逐字逐句的问题，有效回答的数字代码和缺失值；数据文件中每一项的列定位，以及其他可能对将来的使用者有用的混杂的信息。编码簿常常使用打印版，也经常作为文件和数据一起存储在电脑磁盘中。数据文件本身一开始都由数字矩阵组成。矩阵的每一行都包含一个具体个案的所有信息；例如，对一个含有 $N=2\ 832$ 个应答者的调查，数据文件将有 $2\ 832$ 行。矩阵的每一列则是 N 个个案的某一具体变量的数值代码（由于早期数据是通过在包含 80 列的卡片上人工打孔而被存储的，所以有时我们还称其为"卡片记录"）。

如今大多数的数据文件被存储为一个**系统文件**（**system file**），它是由例如 SPSS、SAS、STATA 这样的计算机软件包生成的。一个系统文件不仅包含了每个变量的值，还包括每个变量的名称、取值标签，还有缺失数据的代码。这些文件可以通过软件包中的统计和数据处理程序来直接访问，并且在重复分析数据的过程中，节省了许多时间。为行文方便，我们引用并存储了 1998 年 GSS 作为可供个人电脑分析的 SPSS 系统文件。正如专栏 1.1 所指出的，无论是在个人电脑上，还是在大型计算机上，只要你进入 SPSS 软件包，你就可以自己使用这些数据。专栏 1.2 提供了关于 SPSS 软件包的更多信息。 *18*

数据集准备的最后一项任务是将它发布给更广泛的群体。大多数国家支持的研究项目要求那些由纳税人资金支持而收集到的数据最终能为公众所用。各种档案服务——比如密歇根州安娜堡的大学校际政治与社会研究社团（ICPSR），以及康涅狄格州斯托斯的罗珀中心（Roper Center）——它们收集全球范围的各种项目的大量的数据文件，这些文件被归档并建立目录，最终再被分配给下一级使用者使用。我们就是从这些档案中获取 1998 年 GSS 数据的。

1.6　统计分析

在手头有了一份数据的时候，研究者就可以开始通过统计分析来检验操作性假设了。怎样根据特殊的测量类型和假设来选取最合适的统计程序，这是本书剩余章节的主题。做出选择的基本原则就是，最大限度地保持数据中的可用信息。我们必须要考虑分析的变量是离散的还是连续的，这非常重要，因为某些分析模式只适用于某类变量。因此，对数线性模型（第 10 章）要求是离散变量，回归分析（第 6 章）主要使用连续变量，而协方差分析（第 8 章）则同时适用于这两类变量。

离散变量（**discrete variable**）根据属性的种类或性质对人、事、物进行分类。几个不同的类别包含了所有的个案，包括缺失值个案的独立类别。例如，美国公民可以被划分为来自四个区域，即"北""南""东""西"，但是也要包括第五个类别"其他"来纳入住在边境地区和海外的人。我们不能对这些标签做出内在的由高到低的排序，因而这个变量是**非定序离散变量**（**nonorderable discrete variable**）。但是，如果这些类别能有意义地进行顺序或逆序排列，则它就是一个**定序离散变量**（**orderable discrete variable**）。许多态度变量都遵从这样的形式，比如，在记录对李克特量表陈述的回答时就分成"非常 *19*

同意""同意""既非同意亦非不同意""不同意"以及"非常不同意"。相似地，询问受访者的自我定位，如"上层""中层""劳动阶级"和"底层"，这就产生了一个定序离散变量。离散变量的一个特殊形式是**二分变量**（**dichotomous variable**），它既可能是定序的，也可能是非定序的。二分法把个案分成两种相互排斥的类别（对缺失值进行编码保证了编码的穷尽性）。性别基本上就是一个非定序二分变量：男性和女性是仅有的两种有意义的类别（假设雌雄同体的人并不存在）。管理者-下属的雇员类型就是一个定序二分变量的例子。

专栏 1.2 _____

SPSS——社会科学统计软件包

在过去的 40 年间，SPSS 已经成为最全面和最广泛应用的数据处理分析软件。本书所讲的所有统计检验都可以使用 SPSS 程序来完成，比如频数、均值、列联表、方差分析、相关、回归和 logistic 回归。由于其窗口下简化的语句，SPSS 容易掌握和应用，并且只需要使用本书教师手册中的主要说明材料进行约两小时的课堂指导就可基本掌握。因而，我们在每章都会提供关于 1998 年 GSS 的一个例子和相应的 SPSS 分析练习。你可以从诺克的主页 http：//www.soc.umm.edu/~knoke/下载这个 SPSS 压缩文件［GSS98.POR］。它可以解压缩为一个 SPSS 格式的文件［GSS98.SAV］，并且可以存储在大型计算机或者个人电脑中，可供学生在家和实验任务中使用。

_____

与离散变量不同的是，至少在理论上，**连续变量**（**continuous variable**）能够取得一个给定区间的所有可能数值。自然科学的工具可以测量一个单位的时间、重量、长度，精确到百万甚至十亿分之一，但是社会科学的测量却缺少这样的精确性。然而，许多变量也包含了大量的定序类别，在原则上这些类可以表示为在一个连续趋势上的点。最重要的是，它们可以被当作连续变量来处理，因为统计分析中的应用是需要连续测量的。年龄是一个连续变量，尽管大部分研究只计算到受访者最近一次生日的岁数为止。然而，一项儿童发展研究则可能把年龄精确到最近的月甚至日来度量。其他通常被当作连续变量来处理的还有人们的受教育年限、子女数量、职业声望、年收入。如果分析单位不是个人，而是类似组织、城市、国家等集体，那么许多变量将会有连续的特性，如雇员数量、平均每年每十万人中遭遇盗窃的人数、危房比例等。

应该注意的是，社会科学家们常常把定序离散变量当作定距变量来处理。尽管分为五类或者七类的态度变量从技术上讲是定序离散的，但是分析者可以通过假设这些类别有连续的特性，从而充分利用强有力的统计技术。这个假设背后的基本原理就在于我们的测量技术可以粗略地把"态度的强度"当成连续的来处理。我们主要关心的是，把定序类别看作连续的来进行统计分析，是否会导致歪曲的结论。到目前为止，大部分的证据表明统计技术在这种情况下仍然是有力的。一个明显的不恰当的处理就是，在需要连续变量的数据分析中使用非定序离散变量。无论在什么方法下，受访者的宗教信仰、居住地、闲暇时间的行为偏好的编码值都不可能像连续变量那样进行分析和解释。

除了要分析直接从数据库中抽出的单一变量之外，我们也可以运用多个项目来产生新变量。**量表建构**（**scale construction**）通常是关于态度项目的，它用来测量回答者关于某个确定范畴的观点或信仰，比如说政治冷漠、婚姻幸福感，以及种族宽容等。他们的回答可以运用诸如因子分析、潜在结构分析，或者戈特曼（Guttman）量表之类的技术，来决定能否构建一个高信度的单维多项量表。这里面的大部分方法超出了本书的范围，然而，随着结合了测量和结构关系的模型变得越来越重要，你应该学习一些关于因子分析方法的基础知识。第 12 章将对这部分内容进行简要的介绍。

统计分析包含了两个由于目标不同而产生的主要分支。**描述统计（descriptive statistics）**与概括一个观测样本的特征有关。第 2 章将展示许多描述样本典型值和变异程度的基本统计量。这些总结性的统计量并没有直接反映样本所属总体的情况。为了达到这一目标，**推论统计（inferential statistics）**运用概率的数学原理，基于样本证据推论总体可能的属性。**推论（inference）**就是基于样本数据概括或总结一些总体特征。如果样本对总体具有高度的代表性，比如在确保随机抽样的情况下，那么关于总体的推论就会具有很高的可信度（尽管仍然不是完全肯定的）。**统计显著性检验（statistical significance test）**则允许我们对假设关系真实发生的概率做出陈述。在以具体样本观测结果推论总体的时候，我们可以最小化犯错的风险。更进一步说，作为一名掌握了统计技术的调查者，就可以控制做从样本到总体的推论时可接受的犯错概率。从第 3 章开始，推论统计占据本书的绝大部分。

我们把统计显著性检验看作社会数据分析的最重要目的，即评估变量间关系强度不可或缺的一部分。两个变量间的相关关系很弱，但其统计检验仍可能是显著的，因为较大的样本使我们观测到这一微弱的联系。比如，在 20 世纪 80 年代的总统选举中，一些分析者认为存在"性别鸿沟"，即男性比女性更倾向于为共和党候选人投票。然而，尽管在一些有关政治立场的调查中，统计上较为显著的性别差异确实存在，但是这种差异在数量上几乎没有超过 5%，很显然这是一个非常弱的影响因素，尽管它可能已经足够改变一场非常激烈的竞选的态势。为了评估变量间关系的强度，不同的统计**相关测量（measures of association）**发展起来。测量自变量影响因变量大小、方向、强度变化的方法有很多，在本书中我们将很大程度上关注它们。

在统计分析的最后，调查者通常处在一个获得关于最初激发该研究的命题或预感的结论的好位置。无论是操作性假设的概率性选择，还是因果关系强度的测量，其结果都会反映出是挑战了还是证明了对社会现象的原有认知。传统的策略是假设现有的知识情况正确，除非有显著的证据说明了其观点的虚假性。这一反驳要求体现了一种保守的姿态，它把指出已有观点在哪儿以及怎样犯错的任务加在学术挑战者身上。在任何学科，一个理论，如果构成它的命题被多次尝试证伪后依然不能被拒绝，那么这个理论在这个学科中将占有重要位置。但是，命题从不会被"证实"，而只能是还未被"证伪"。后续的研究则有可能在某些具体条件下揭示一些证据，从而引起我们对该理论真实性的怀疑。通过检验这些可能会被否定的假设，我们的社会知识在不断探测其适应条件的基础上得以增长。因此，任何优秀设计以及谨慎操纵的研究所得出的结论，都是潜在有用的。这些结论要么加固我们已有的知识，使我们更加有信心于我们自身对这个世界运行方式的理解，要么引领我们质疑我们所已知的知识，促使我们去修正对社会现实的理解。无论是从哪个方面来说，在永不停息的研究进程中，结论都是下一个循环的开始。

1.7　一般线性模型

在后文各章的不同统计方法的学习过程中，你可能会被它们之间展现的差异弄糊涂。放心，它们之间存在充分的共性多于它们第一眼的差异。例如，一些统计技术是在数理统计中所知的**一般线性模型（general linear model）**的特殊例子。除去技术细节，一般线性模型假设自变量和因变量之间的关系大体上按照直线模式变化。你可能很熟悉高中代数中的这些内容，等式 $Y = a + bX$ 构造了一条直线，直线的正负斜率取决于 b 的符号。a 和 b 的取值在固定的坐标系中（例如绘图纸的横轴和纵轴）确定一条直线。

23 　　变量间线性关系的假设一般与研究假设相适应，并且大量存在于社会科学中："X 越大，Y 就会越大（或者越小）。"它揭示了 X 的改变会导致可预知的 Y 的改变，这是一种线性的预测。社会科学家们很少假设斜率 b 和截距 a 的数值，相反，他们更喜欢用观测数据来预估这些数值。确实，对很多关联性变量的实证研究有效地证明了线性近似，例如图 1.1 所示的 1999 年美国各州人均收入与具有大学文凭的成人比例的关系。

24 　　基于变量间线性关系假设的统计方法为分析社会数据提供了有利的途径，而这种方法又和社会科学家概念化及解释变量间关系的过程一致。一般线性模型是一种非常灵活的工具，为了检验不同的假设，它可以通过修正来适应离散或者连续变量的不同情况。所以，都为连续变量时，回归分析是比较合适的（第 6 章和第 8 章）。如果自变量是离散的而因变量是连续的，则应该使用方差分析法（第 4 章）。如果自变量是连续的，因变量是二分的，则应该使用 logistic 回归（第 9 章）。如果自变量中既有连续变量，又有离散变量，则需要进行协方差分析（第 8 章）。第 12 章中的整合性方法——结构方程模型反映了关于可测与不可测变量之间线性关系的假定。这些看似全然相异的技术都基于一般线性模型，这其中的类同性意味着统计分析并不像它所表现的那样复杂。我们希望可以在后面的章节中展现这一观点。

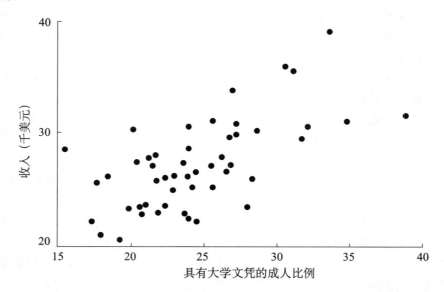

图 1.1　1999 年美国各州人均收入与具有大学文凭的成人比例的关系图

资料来源：Statistical Abstract of U. S.（2000）。

▶ 重要概念和符号回顾

　　以下是在本章中出现的主要概念。这个列表有助于你回顾本章内容，同时也可以作为一个概念掌握的自测。

科学研究	应用研究	基础研究	命题
概念	社会理论	线性	范围或限制条件
变量	潜变量	显变量	操作性假设
常量	自变量	因变量	状态变量

效度	认知关联	信度	数据收集
分析单位	总体	样本	代表性
随机样本	系统抽样间距	测量	缺失值
互斥性	完备性	重编码	编码簿
数据文件	系统文件	离散变量	非定序离散变量
定序离散变量	二分变量	连续变量	量表建构
描述统计	推论统计	推论	统计显著性检验 25
相关测量	一般线性模型		

▶ 习题

普通习题

1. 给出一个关于年龄分层概念的正式定义，使其能够在人口理论中使用。

2. 使用下列概念形成两个含有双变量的命题：观看电视，父母的监督，学业成就，不良行为。

3. 陈述"乡村地区妇女的避孕技术扩散率随着社会工人从社会领导那里获得支持能力的增强而提高"暗含的理论范围条件是什么？

4. 请将下面的命题转化成操作性假设："婚姻伴侣对性别角色平等的赞同水平与家务劳动分工的平等性呈正相关。"

5. 请分辨出下面命题中的自变量和因变量：

a. 黑人的时薪明显低于白人的时薪。

b. 一个公司越是有可能卷入海外竞争，它就越可能与外国合作者形成战略联盟。

c. 年轻人心理不安全水平的提高导致了新宗教仪式的受欢迎程度提高。

6. 下列哪些是常量，哪些是变量？

a. 深色皮肤的人　　b. 官僚化

c. 居住分隔水平　　d. 大萧条

e. 政策迁移　　f. 拉什莫尔山

7. MC 公司有 4 376 个普通雇员。BT 公司试图从 MC 公司抽取一个包含 300 个人的样本来调查他 26 们的工作满意度。假设 MC 公司提供所有雇员的名单，请问系统抽样间距 k 需要多大才能保证一个充分的样本（假定没有雇员拒绝访问）？

8. a. 如果将以下分类用于记录美国受访者的族裔，那么违反了哪个测量原则？

（1）英格兰　　（2）巴西

（3）意大利　　（4）南美洲

（5）非洲　　（6）东京

b. 你建议怎样修改？

9. 指出下列变量中哪些是非定序离散变量，哪些是定序离散变量，哪些是二分变量，哪些是连续变量。

a. 年均谋杀率

b. 工作表现等级：不好、一般、好、突出

c. 年收入（百美元）

d. 平均学习成绩（等级 1～4）

e. 劳动力状况：就业和失业

f. 服务俱乐部的会员资格：基瓦尼俱乐部、慈善互助会、狮子俱乐部

g. 对电影明星的喜爱程度：从"非常喜欢"到"非常不喜欢"的 7 点量表

h. 修理庭院：平均每周花费时间

10. 填空以完成下列陈述。

a. _____指的是两个或多个命题构成的体系，其中指涉一定社会现象的概念被假设为因果关联的。

b. _____检验了在基本社会过程中关于关系论述的效度。

c. 变量的_____是指同一概念的不同操作化过程产生一致结果的程度。

d. 和_____是后续的、结果性的要素不同，在假设中_____是先起的或者原因性的要素。

e. _____是在给定的样本或总体观测中，研究者建立项目原始数据记录的所有行为。

f. _____是指构成全部人、事、物的集合，这些人、事、物的某些共同特点吸引了研究者。

g. _____是当从个案中得不到某个特定变量的有意义的信息时出现的。

27

2 描述变量

2.1 离散变量和连续变量的频数分布　2.2 分组和累积分布
2.3 用图表示频数分布　2.4 集中趋势的测量
2.5 离散趋势的测量　2.6 百分位数和分位数
2.7 标准分数（Z 值）　2.8 显示连续数据的探索性数据分析方法

本章我们将介绍一些方法，用以描述一组观测值的离散变量和连续变量的分布。如第 1 章所述，离散变量依据人、物、事的质量属性来对其分类，而连续变量则根据其数量特征来对其划分。首先，我们将简要介绍如何呈现一组给定观测值的单一变量的完整分布。其次，我们将介绍如何仅用两个值来概括一个变量的分布，即分布的平均或集中趋势和离散趋势或变异程度。这些统计量描述了一个分布的基本特征，并为稍后章节中考察两个或更多变量的联合分布奠定了基础。

2.1　离散变量和连续变量的频数分布

建立一个分布的第一步是确定变量的每个答案类别各有多少个观测值。假设我们想了解美国工人的工作满意度。1998 年综合社会调查（GSS，见专栏 1.1）询问了一个包含 2 832 个美国成年人的样本：“总体上看，你对现职工作的满意度为非常满意、基本满意、不太满意，还是很不满意？”通过仅给受访者提供的四个选项，GSS 中的这个问题形成了一个含有四个指定类别的分布。然而，另外还有 616 人或是没有工作，或是不知道如何回答，或是不愿回答。我们将这三种形式的无应答合并为一个单独类别，即“不合适”类别。然后，分别为这五个类别中的 GSS 受访者**计数（tally）**。（我们使用电脑为这些储存到永久文件中的数据计数，并将每一类别的观测值或个案数打印出来。）依据计数结果，我们构造一个**频数分布（frequency distribution）**，即一个**变量值（outcome）**或答案类别和每一个变量值被观测到的次数的表格。表 2.1 的第二列显示 1 067 人回答非常满意，851 人基本满意，223 人不太满意，75 人很不满意，另有 616 人或无工作，或不知道如何回答，或不愿回答。因此，我们可以认为大多数美国人对他们的工作感到满意。

如表 2.1 的第三列和第四列所示，这些数值也可以转化成常见的**相对频数分布（relative frequency distribution）** 和**百分比分布（percentage distribution）**。为了形成**相对频数（relative frequency）** 或比例 **（proportion）**，需要将每个变量值的个案数除以个案总数。在 1998 年 GSS 中，非常满意的工作者所占比例为 1 067/2 832＝0.377，基本满意的占 851/2 832＝0.300，不太满意的占 223/2 832＝0.079，等等。我们可以再次总结出大部分美国人对他们的工作感到满意，同时由于考察了比例，与其他基于不同个案总数的频数分布进行比较就变得容易了，这种比较也更有意义。每个比例乘以 100％ 即可转化为**百分比（percentage）**。例如，表 2.1 的第四列中，很不满意的工作者比例可以表示为 0.026×100％＝**2.6％**。通过指出当个案总数为 100 时每一个变量值观测到的个案数，百分比使样本规模得以标准化。

百分比通常被表示成最接近的十分之几。由于表述"某人的十分之几"不易理解，所以我们通常把百分比值四舍五入为整数值。一般来说，小数位为 0.1 到 0.4 的值"舍"为上一个整数值，而 0.5 到 0.9 的值则"入"为下一个整数值。[**四舍五入（rounding）** 的规则见专栏 2.1。] 由此我们得出，GSS 中每 100 人里有 38 人非常满意他们的工作。或者也可以将每个百分比乘以 10，得出每观测 1 000 人，那么预计有 377 人非常满意其工作，300 人基本满意，等等。不论"舍"还是"入"，都说

³¹ 明了重要的一点：每当数据被汇总，一定偏差的发生在所难免。但以此换来的理解力和解释力使得微小偏差的存在是值得的。因为这一点，社会研究者在使用百分比时通过四舍五入处理掉小数部分逐渐成为惯例。

表 2.1	工人受访者对工作的满意度				
工作满意度	频数（f）	比例（p）	百分比（%）	累积频数（cf）	累积百分比（$c\%$）
非常满意	1 067	0.377	37.7	1 067	37.7
基本满意	851	0.300	30.0	1 918	67.7
不太满意	223	0.079	7.9	2 141	75.6
很不满意	75	0.026	2.6	2 216	78.2
不合适	616	0.218	21.8	2 832	100.0
总计	2 832	1.000	100.0	2 832	100.0

资料来源：1998 General Social Survey。

我们用字母缩写来表示频数和相对频数。N 表示样本规模（1998 年 GSS 中，$N＝2\ 832$）。f_i 表示与变量的第 i 个取值（类别）相对应的频数。i 的值可以从 1 取到编码后的变量的类别数（K）。对于表 2.1，$K＝5$。如果我们按以下方式编码，即非常满意＝1，基本满意＝2，不太满意＝3，很不满意＝4，不合适＝5，那么 $f_1＝1\ 067$（分布中有 1 067 人非常满意），$f_2＝851$，$f_3＝223$，$f_4＝75$，$f_5＝616$。表 2.1 中被标以 f 的第二列，给出了每个工作满意度类别中的个案数。而每个变量值的频数总和等于样本规模：

$$f_1＋f_2＋f_3＋\cdots＋f_k＝N$$

应用到 1998 年 GSS 中，则有：

$$1\ 067＋851＋223＋75＋616＝2\ 832$$

设变量的第 i 个取值（类别）的个案数所占比例为 p_i，其公式为：

$$p_i＝\frac{f_i}{N}$$

专栏 2.1 _____

重编码和四舍五入的规则

重编码规则

1. 测量的精确度越高越好。

2. 在间隔宽度的选择上，应足够窄但不要扭曲观测值的原始分布，亦应足够宽以防止因分类过多而掩盖其内在分布。

3. 间距个数应该在 6 到 20 之间。通常过多的分类不便于读者理解。

四舍五入规则

1. 数字 1 到 4 要"舍"，保持左边整数不变。

2. 数字 6 到 9 要"入"，即左边整数加 1。

3. 数字以 5 结尾的"舍"和"入"交替进行，第一个以 5 结尾的数字"舍"，第二个"入"，第三个"舍"，由此类推。

4. 四舍五入不应超过原始测量间距。

下面给出几个将原始数据向其最接近的年、十年、百年进行四舍五入的例子：

测量单位	原始数值（年）	四舍五入结果
年	22.6	23
年	648.3	648
十年	22.6	2
十年	648.3	65
百年	22.6	0
百年	648.3	6

如表 2.1 第三列所示，GSS 数据中对工作非常满意的占 $p_1 = f_1/N = 1\,067/2\,832 = 0.377$。

在一个频数分布中，所有比例的总和始终等于 1.00（除去产生四舍五入误差的情况）。在 $K=5$ 的案例中，

$$p_1 + p_2 + p_3 + p_4 + p_5 = \frac{f_1}{N} + \frac{f_2}{N} + \frac{f_3}{N} + \frac{f_4}{N} + \frac{f_5}{N}$$
$$= \frac{(f_1 + f_2 + f_3 + f_4 + f_5)}{N}$$
$$= \frac{N}{N} = 1.00$$

由于百分比仅是由比例数乘以 100% 得到的值，那么一个频数分布中各类别所对应的百分比总和就始终等于 100.0%。表 2.1 第四列的总计验证了这个总和。

表 2.2 给出了另外三个离散变量的相对频数分布。GSS 中的 2 832 个受访者的性别在访谈之初即可被直接观测而知。受访者居住的地区则采用了美国人口普查局对美国各州的九个类别的划分。为了解受访者的子女数量，调查者询问："截至目前你有过几个子女？请计算出生并存活的全部子女数量（包括先前婚姻中出生的子女）。"在此为受访者提供了九个递增的频数类别（GSS 中将 8 个或更多子女并入一个单独的类别）备选项。"无回答"这一类别并未明确地提供给受访者：只有在其没有给出任一

数字时才由调查者记录。

表 2.2		性别、居住地区和子女数量的百分比分布			
性别		**居住地区**		**子女数量**	
男性	43.5%	新英格兰	5.0%	没有	28.3%
女性	56.5%	中大西洋	15.1%	1个	16.7%
总计	100%	中北东部	17.4%	2个	26.2%
(N=2 832)		中北西部	7.2%	3个	14.5%
		南大西洋	18.8%	4个	7.4%
		中南东部	6.7%	5个	3.0%
		中南西部	10.6%	6个	1.7%
		山区	6.6%	7个	0.7%
		太平洋	12.6%	8个或更多	1.2%
		总计	100%	无回答	0.2%
		(N=2 832)		总计	99.9%*
				(N=2 832)	

* 由于四舍五入，故总计未达100%。
资料来源：1998 General Social Survey。

34　　　　与性别和居住地区相关的答案类别显然不属于连续变量，因为它们并不根据答案的大小或数量对受访者分类。实际上，它们是非定序离散变量，因为这些类别是没有内在顺序的。不过，子女数量却是一个定序离散变量，因为各类间只有一种排序是有意义的。（子女数量不是一个连续变量，因为不存在以小数计的子女数量。）只有两个类别的变量是**二分变量（dichotomous variable/dichotomy）**（按字面意思为"将其一分为二"）。性别——男或女——就是一个二分变量的例子。

2.2　分组和累积分布

　　为离散变量建立频数分布比较简单。统计男女人数和已出生子女数量也不是很困难。然而，为一个连续变量建立频数分布则首先要有**分组数据（grouped data）**。也就是说，研究者必须要抉择怎样合并不同的观测值。
　　在原则上，一个连续变量的任何两个编码值可以被无限细分。例如，假设某人的体重用带有指示标的浴室秤记录如下：

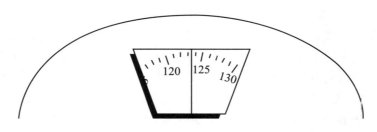

此人体重的精确值是 123.462 5 磅①，可通常我们并不要求如此精确。在日常交谈中，我们会将其四舍五入为最接近的整数，那么此人体重为 123 磅。但在科学研究中，这个值可能显得太不精确了。某位科学家可能认定一个测量值的小数位保留到 0.1 磅就足够精确了，于是这个人的体重就会被他记录为 123.5 磅。

　　连续变量的测量值精确度能够与测量工具允许的精确度一致。但是研究者最终必须要确定怎样对有不同值的观测结果进行分组。换句话说，必须选定一个**测量间距（measurement interval）**或**测量等级（measurement class）**，其间的测量结果被视为有相同值。对一些变量来说，其测量间距是显而易见的。比如在一项关于成年选民的研究中，用出生年份来测量年龄几乎已足够精确。但是对于一项关于婴儿社会学习的研究来说，就要将年龄精确到月份，因为婴儿在很短时间内就会发生很多重要的改变。对于很多社会分析来说，测量单位不够清晰是因为标准化的、良好的测量工具仍欠发展。大多数态度量表就有这一特点，它们记录的是对陈述句的回答，并将其按照从"非常不同意"到"非常同意"的顺序排列。而显然，连续变量要求研究者详细确定测量的精确度。

　　将连续变量从众多初始值归为较少类别的过程称为**重编码（recoding）**。例如，一个美国人口年龄的分布难以显示上百个或更多的报告值。取而代之，我们可以将以年为单位的年龄重编码到间距为十年的九个类别中：

　　　　10 岁或更小
　　　　11～19 岁
　　　　20～29 岁
　　　　30～39 岁
　　　　40～49 岁
　　　　50～59 岁
　　　　60～69 岁
　　　　70～79 岁
　　　　80 岁或更老

上面的间距不像下面这样每组端点有相互重合的部分：

　　　　10 岁或更小
　　　　10～20 岁
　　　　20～30 岁
　　　　30～40 岁
　　　　由此类推

端点重合违反了 1.5 节中探讨的互斥性原则。年龄为 10 岁、20 岁、30 岁、40 岁、50 岁、60 岁、70 岁或 80 岁的人可以被归入两个而非一个测量等级。专栏 2.1 归纳了分组或重编码的一些基本规则。

　　连续变量的测量间距多大为宜呢？在间距的选择上，应足够窄从而不会扭曲观测值的原始分布，亦应足够宽以防止因分类过多而掩盖其内在的分布。一般来说，应该用 6～20 个间距来表示数据资料的频数分布。有时少于 6 个间距不会严重地扭曲分布的形态。而超过 20 个类别则经常会使读者感到难以理解。一般选取 8 个相隔 10 岁的间距对一个有关全体美国人年龄的研究来说是可行的，但对一个关于小学生的调查却是不可行的，因为只能使用到前两类。

　　研究者常需要知道一个连续数值分布中某个具体值的相对位置。如果明尼苏达州 2.5％的劳动力失业，那么这个比例相对于其他州来说是高还是低？通过累积频数分布或累积百分比分布可以回答这一问题。一个特定数值上的**累积频数**（**cumulative frequency**）等于或小于该数值的观测值的数量总和。GSS 中询问受访者"你在小学或中学完成学业并获得证书的最高年级是几年级？"，并询问高中毕业生："你是否完成了一年或更长时间的大学学习？""你获得大学学位了吗？"用人们对这些问题的回答来确定其接受正规教育的年限（从 0 到 20）。表 2.3 显示了四个关于这些数据的分布。在第四列中，**累积频数分布**（**cumulative frequency distribution**）（表示为 cf）是等于或小于某个受教育年限的回答的分布。累积到 8 年（初中毕业）的累积频数是 160，到 12 年（高中毕业）的是 1 337，到 16 年（大学毕业）的是 2 515，由此类推。要得到每个 cf，只要从最低类别的频数（f_1）开始，加上下一个较高类别的频数（f_2），再在求和的基础上加上第三个较高类别的频数（f_3），并由此类推即可。

　　回答的**累积百分比**（**cumulative percentage**）比较容易解释，表示为 $c\%$，见表 2.3 第五列。**累积百分比分布**（**cumulative percentage distribution**）由第四列的累积频数除以总数 N 而得。也就是每个类别中被累积的是百分比而非频数。百分比分布和累积百分比分布都能清楚地确定一个特定的观测值相对于其他观测值的位置。例如，几乎 75％的 GSS 受访者有一个低于大学受教育程度的学历（16 年）。累积百分比分布被普遍地用于计算百分位数，例如，可用来表示学生测验所得分数的相对水平。关于百分位数的计算详见 2.6 节。

表 2.3		受访者受教育年限累积分布		
受教育年限	f	%	cf	$c\%$
无	2	0.07	2	0.07
1	0	0.00	2	0.07
2	5	0.18	7	0.24
3	10	0.35	17	0.60
4	9	0.32	26	0.92
5	8	0.28	34	1.21
6	23	0.82	57	2.02
7	21	0.74	78	2.77
8	82	2.91	160	5.67
9	75	2.66	235	8.33
10	113	4.01	348	12.34
11	138	4.89	486	17.23
12	851	30.18	1 337	47.41
13	270	9.57	1 607	56.99
14	350	12.41	1 957	69.40
15	146	5.18	2 103	74.57
16	412	14.61	2 515	89.18
17	86	3.05	2 601	92.23
18	109	3.86	2 710	96.10
19	41	1.45	2 751	97.55
20	69	2.45	2 820	100.00

无回答，不知道＝12。
资料来源：1998 General Social Survey。

2.3 用图表示频数分布

频数分布表作为传达定量信息的一种方式，它的特点是清晰和精确。专栏 2.2 给出的是绘制**统计表** (**statistical table**) 的一些规则。其他表示单一变量分布的方式还包括**图形** (**diagram/graph**)，如条形图和直方图。本节将描述数据图的一些基本特征，根据变量是离散的或是连续的，来选择使用何种图形。 *38*

专栏 2.2

统计表

统计表是社会研究工作中的基本工具。构建、阅读和解释表格的艺术，与其他所有技艺相若，是需要经过大量的实践才能获取的。下面归纳了表格展示的一些基本原则。论文作者应关注欲在上面发表论文的期刊，参考其要求的文档格式，比如注意该刊物要求的表格样式。

表格有两种基本形式：显示原始数据的表格和显示分析结果的表格。原始数据表格中包含以各种方式分类的观测值的频数或次数，如上一年中每 32 户报告的入室行窃案件数，或根据凶手和受害者熟悉程度划分的凶杀案在美国四大地区中每个地区的案件数。分析性表格展现的是研究者对数据操作（处理）后的结果，也要求对原始数据形成的过程提供解释。这些表格极具多样性，它们可以涵盖从简单的原始数据百分比到系统的非线性联立方程等复杂数学模型。

每个表都以一个标题开始，通常是：单字"表"，一个标记的数字，以及一段描述其中心内容的短句。以下是来自《美国社会学评论》（*American Sociological Review*）最近一期中的例子：

表 1 1982—1992 年收入变化的专项研究：以离婚前全家的收入状况估计离婚后男方名义收入百分比的变化

表 2 以妇女就业率和婚姻年限预估年度离婚率

表 3 父母的性取向、父母的其他特质与亲子关系间的联系：基于 1981—1998 年的 21 项研究

在标题下面，通常有一条横线，横线下面是表格的主体部分，即一些不同列的小标题。这些小标题通常是变量名及其类别取值或是概括性的统计量，如列边缘（*Ns*）。为了节省空间，最好选用短的标注；如果需要进一步的说明，可以为小标题加脚注，即在表格下方附加扩展性的解释。 *39*

正如在一个有两个或更多变量的列联表（crosstabulation）中那样，补充信息被置于离左侧最远的列（有时称为表根）。表格里这一列的每一条目描述的是某一行中的内容。例如，如果各行中出现的是对态度问题的回答，那么第一列的标注或答案类别从上到下就分别是："非常同意""同意""中立""不同意"以及"非常不同意"。

表格的主体部分由行列标题下相互交叉的项组成。它显示的是原始或分析后的形式满足条件的数据。如果表格的内容是百分比，排列的最佳方式是使每列下方得到的求和总数为 100%。百分比求和位置通常紧邻最后的条目列。在表格的最后一行，最左边标注"总计"，并给出作为百分比计算基础的频数。表 2.2 是本章百分比表格的例子。该表格没有使用竖线。

资料缺失的个案（由于信息不足而不能被表格主体选用的观测值）数量可以直接记录在表格下方。任何有关资料的补充信息（如资料来源）或所做分析的信息应该添加在表格下方的注释中。

对于非定序离散变量，**条形图（bar chart）** 提供了有效的视觉效果。首先，离散变量的类别被排列在一条横轴上。其次，有相同宽度的长条形被垂直置于每个类别的标签之上，并根据每个类别中观测值的频数（既可以是实际的个案数也可以是百分比）成比例地伸展到相应高度。频数或百分比有时会在每个条形上方标出。图 2.1 是一个表示 1998 年 GSS 中九个居住地区的条形图，它引用了表 2.2 的资料。有一点要注意，当离散变量的类别间没有内在顺序时，条形之间就不能挨着，而应该相互分开。条形图不增加信息，它传达的信息与显示相同数据的表格一致。实际上，当作为分类基础的样本规模未给出而仅仅给出了百分比时，它传达的信息会更少。因此只有在收集完全表格中所需的信息之后才能绘制图形。

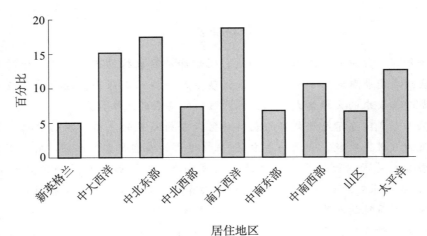

图 2.1 居住地的条形图

资料来源：1998 General Social Survey。

对于定序离散变量和分组连续变量，可以用**直方图（histogram）** 来表示其分布形态。直方图的垂直长条相互挨着，显示出各类别间内在的顺序关系，而条形图中的非定序变量则不具有这种内在关系。图 2.2 展示了一个关于 GSS 受访者的子女数量的直方图，引用了表 2.2 中的数据。如果用一条线将每个类别的中点值连接起来，而不是用垂直长条来表示，形成的图形就是**折线图（polygon）**。图 2.3 展示了一个关于子女数量这一变量的折线。和条形图一样，绘制直方图和折线图也需要一个变量的频数分布或百分比分布。

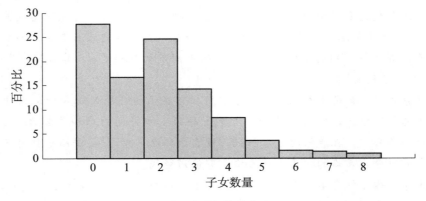

图 2.2 子女数量的直方图

资料来源：1998 General Social Survey。

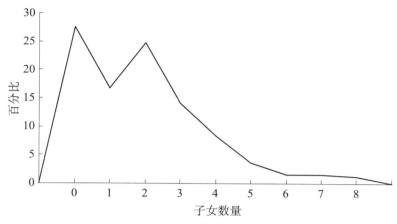

图 2.3　子女数量的折线图

资料来源：1998 General Social Survey。

关于用图示法表示社会科学数据的规则的精彩讨论，以及图示法的许多正确使用和错误使用的极佳例子，可阅读爱德华·塔夫特（Edward Tufte）的《定量信息的直观表示》（*The Visual Display of Quantitative Information*，1983）。

2.4　集中趋势的测量

用两个描述统计量来概括一个频数分布有两个明确的用途。首先，用一个数字来概括**集中趋势**（**central tendency**）或一组分数的集中程度（例如，"拥有硕士学位的人群收入的中位数是……""加拿大的普遍的政党倾向为……"）。其次，用另一个数字来概括分布中的**变异**（**variation**）或离散总量，因为集中趋势统计量并不能揭示对于其他样本观测值，它有多大的代表性。例如，大部分观测值可能接近于集中趋势统计量的值，也可能广泛分布在远离它的区域。如果大部分接近于集中趋势统计量的值，那么与它们大范围离散分布的情况相比，所得的统计量的值就能更准确地描述分布的形态。

众数、中位数和均值是常用的集中趋势统计量。我们用两个频数分布来举例说明其计算方法。表 2.3 给出了 GSS 受访者的受教育年限。表 2.4 展示了美国一所高中的 20 名二年级学生的考试成绩，其中 A＝8，B＋＝7，B＝6，C＋＝5，C＝4，D＋＝3，D＝2。这两个变量分别为如何计算分组和未分组分布的描述统计量提供了例证。

42

表 2.4	美国一所高中 20 名二年级学生的成绩	
学号	成绩等级	分值
1	B	6
2	D	2
3	C	4
4	C	4
5	A	8

续表

学号	成绩等级	分值
6	B	6
7	D+	3
8	C+	5
9	C	4
10	C+	5
11	C+	5
12	B	6
13	C+	5
14	C	4
15	C	4
16	B+	7
17	B	6
18	B+	7
19	C+	5
20	B+	7

资料来源：James S. Coleman and Lingxin Hao. 1989. "Linear systems analysis：Macrrolevel analysis with microlevel data."*Socio-logical Methodology 19*：395 – 422。

2.4.1　众数

众数（mode）是一个分布的 *K* 个类别中含有观测值数量最多（或有最高百分比值）的一类。例如，若有 43 个人表示最喜欢的零食是脆饼干，57 个人最喜欢薯条，36 个人最喜欢爆米花，那么众数类别是"薯条"。不要将众数频数（个案数）与众数类别搞混。众数类别并不要求包含个案中的绝大多数，只要求其个案数多于其他任何一类。某些分布是双峰的（即有两个众数）。严格来讲，在一个双峰分布中，最大的两类必须具有数量完全相同的观测值。但是在实践中，这种相等的情况极少发生，不过，科学家们用"双峰"一词来描述具有以下特征的分布：具有两个个案数大致相等的类别，且这两类比其他类包含更多个案。

在 1998 年 GSS 受访者中，众数类别是 12 年的受教育年限，因为 851 个高中毕业生构成了样本的30%。从学生成绩等级的分布看，有两组高二的学生，均为 5 人一组，每组学生成绩等级相同（学号为 3、4、9、14 和 15 的成绩等级为 C，学号 8、10、11、13 和 19 的成绩等级为 C+），所以最多的两类为"C"和"C+"（用数字来表示的话为"4"和"5"）。

任何描述离散变量的统计量也可以用来描述连续变量。因此，众数是一个可以同时应用于描述两种不同类型变量的集中趋势的统计量。

2.4.2　中位数

中位数（median）（Mdn）只应用于类别可以从低到高排列的变量。它是将一个定序分布恰好分成两半的变量值。也就是说，一半的个案其值在中位数之上，而另一半个案的值则在之下。其值为中位数的个案存在与否取决于观测值的数量是奇数还是偶数。思考下面三个分布的例子：

分布 X：1，4，6，8，9，10，13

分布 Y：1，4，6，8，9，10，13，17

分布 Z：4，7，8，8，9，13

分布 X 的个案数为奇数（7 个）。它的中位数是第四个观测值，为 8。分布 Y 的个案数为偶数（8 个），因此它的中位数落在第四和第五个个案值之间。它的中位数是这两个个案值的均值，（8＋9）/2＝8.5。尽管分布 Z 的中位数两边的值都是 8，但仍然要按规则计算，即中位数或是等于处于中间位置的个案值（当观测值个数为奇数时），或是等于中间两个个案值的均值（当个案数为偶数时）。因此分布 Z 的中位数是（8＋8）/2＝8。观测值较少的分布的中位数比较容易计算。

对于分组频数分布来说，许多统计学教材都推荐用 2.6 节中的复杂公式，即将其中位数作为第 50 个百分位数来计算。这里我们提供一个较为简单也更为准确的中位数计算方法：对于任何一个分组频数分布来说，中位数就是累积百分比达到 50.0％ 的那一类别的取值。一般来说，用未分组数据计算的中位数的值不会正好等于相同资料分组后计算得到的中位数的值。分组的过程会丢失有关个体样本值的信息。然而，研究者通常只有分组数据，例如，已出版的人口普查表和刊登在报纸上的图表资料。极少有一个类别恰好累积到 50.0％。在这种情况下，中位数就是在累积分布中第一个超过 50.0％ 的那一类别的取值。（SPSS 中的 FREQUENCIES 程序也是以这种方式来计算中位数的。）GSS 受访者中频数最大的教育水平类别可以从表 2.3 中的数据计算得到。在给出的 2 820 个回答中，中位数必定落在第 1 410 和第 1 411 个个案之间。如第四和第五列中的 cf 和 $c\%$ 所示，这两个个案都处于值为"13"的答案类别中，因此，这个值就是该分布的中位数（高中毕业后一年）。

2.4.3　均值

算术均值（**mean**），通常称为平均值，是最常用的集中趋势测量。这种计算只适用于连续分布。计算时将所有的观测值加总并除以观测值总个数。均值统计量的计算公式如下：

$$\bar{Y}=\sum_{i=1}^{N}\frac{Y_i}{N}$$

Σ 表示求和运算。附录 A"求和的应用"，给出了使用的基本规则。均值公式要求将 Y 分布中所有观测值从第一个到第 N 个相加，并将结果除以个案总数 N。由于常数可以从求和符号中移出，所以与上式等价的均值公式是：

$$\bar{Y}=\left(\frac{1}{N}\right)\sum Y_i=\frac{\sum Y_i}{N}$$

公式中未完整标记的求和符号的含义为从第一个到第 N 个个案的 Y 的所有观测值的总和。

为了举例说明均值的计算过程，这里用这个公式来计算表 2.4 中学生成绩的均值：

$$\bar{Y}=(6+2+4+\cdots+7+5+7)/20=5.15$$

上述公式不能用来计算分组频数分布的均值。下面是用于计算分组数据的均值的公式，相对复杂一些：

$$\bar{Y}=\sum_{i=1}^{K}\frac{(f_iY_i)}{N}$$

式中，f_i 是值为 Y_i 的个案的频数，K 是分布中的类别数。将每个值都通过与其在分布中出现的次数相乘进行"加权"，然后再将 K 个相乘结果加起来并除以分布中的个案总数。

将公式应用于表 2.3 中已分组的受教育年限资料，均值计算如下：

$$\begin{aligned}
\bar{Y} = &(0\times2+1\times0+2\times5+3\times10+4\times9+5\times8+6\times23+7\times21+8\times82 \\
&+9\times75+10\times113+11\times138+12\times851+13\times270+14\times350 \\
&+15\times146+16\times412+17\times86+18\times109+19\times41+20\times69)/2\,820 \\
=\ &13.25\ \text{年}
\end{aligned}$$

分组数据的均值计算公式只有在无法获得原始资料的情况下才可以使用。

二分变量的均值是分组频数分布均值的一个特例。将第一类编码为"0"，第二类编码为"1"，一个二分变量的均值就是值为"1"的个案所占比例。

$$\begin{aligned}
\bar{Y} &= \frac{\sum f_i Y_i}{N} \\
&= \frac{(f_0)(0)+(f_1)(1)}{N} = \frac{(f_1)(1)}{N} = \frac{f_1}{N} \\
&= p_1
\end{aligned}$$

式中，f_0 是编码为 0 的个案的数量，f_1 是编码为 1 的个案的数量，p_1 是编码为 1 的个案所占比例。

46　　　　表 2.2 的性别分布中女性为 1 600 人，男性为 1 232 人。如果将女性编码为 1，男性编码为 0，均值就是（1 232×0+1 600×1）/2 832＝0.565，即样本中女性占的比例。〔1990 年人口普查中美国成年人口中女性实际所占比例约为 0.525，GSS 却得到比这高的比例，这是因为能够接受访问的男性人数相对较少（例如，参军、坐牢和出差中的男性较多），而且女性比男性更乐于接受访问。〕

2.5　离散趋势的测量

选择哪种测量方法来描述一组数值的离散趋势，取决于相应变量是离散的还是连续的。本节将探讨差异指数、质性变异指数、全距、平均绝对离差、方差和标准差。我们也将叙述如何测量偏态，它是频数分布形态的另一个方面。

2.5.1　差异指数和质性变异指数

描述离散变量差异的统计量可以应用于定序和非定序的测量。**差异指数**（**index of diversity**）D 用于测量从一个总体中随机抽取的两个观测值是否有可能落入相同或不同的类别中。要想测量 D，就要将 K 个相互离散的类别中的个案比例取平方，将平方结果相加，并用 1 减去相加结果。

$$D = 1 - \sum_{i=1}^{K} p_i^2$$

式中，p_i 是第 i 个类别中的观测值所占比例。D 值越大，个案就越是平均分布在变量的 K 个类别中。D 的最小可能值是 0，此时所有个案落入同一个类别中。当每个类别的个案比例相同时，D 取最大值。然而，类别数限制着最大可能取值。一个离散变量拥有的类别数越多，D 可取到的最大值越大。例如，一个有着四个类别的变量（每个 $p_i = 0.25$）其 D 值不会大于 0.75，而一个含有十个类别的变量

47　（每个 $p_i = 0.10$）其 D 值的最大值可达到 0.90。因此，类别数不同的离散变量，其 D 值之间无法进行直接比较。

而另一个描述离散变量的离散趋势的统计量，**质性变异指数**（**index of qualitative variation**,

IQV），实现了差异指数在不同类别数之间的标准化。

$$\mathrm{IQV} = \frac{(1-\sum\limits_{i=1}^{K} p_i^2)}{(K-1)/K}$$

$$= \frac{K}{K-1}(D)$$

当所有个案均等分布于所有 K 个类别中时，即每个 p_i 都满足 $p_i=1/K$ 时，IQV 的最大值总会是 1.0。这样，对于有着不同类别数的离散变量，就有可能对其离散趋势进行直接的比较。

例如，将表 2.2 中的居住地区和子女数量看作离散变量。这些测量的 D 值就是：

$$D_{居住地区}=1-(0.050^2+0.151^2+0.174^2+0.072^2+0.188^2$$
$$+0.067^2+0.106^2+0.066^2+0.126^2)$$
$$=0.868$$
$$D_{子女数量}=1-(0.283^2+0.167^2+0.262^2+0.145^2+0.074^2$$
$$+0.030^2+0.017^2+0.007^2+0.012^2+0.002^2)$$
$$=0.795$$

当用不同的类别数（9 和 10）来修正时，其 IQV 值分别为：

$$\mathrm{IQV}_{居住地区} = \frac{0.868}{8/9} = 0.977$$

$$\mathrm{IQV}_{子女数量} = \frac{0.795}{9/10} = 0.883$$

这表明居住地区测量值的分布比子女数量这一变量的分布更加均衡。

2.5.2　全距

全距（range） 是同时适用于定序离散变量和定序连续变量的最简单的描述离散趋势的统计量。全距被定义为一个分布中最大值和最小值的差。表 2.3 显示受访者受教育年限的全距是 0～20 年，即 $20-0=20$。由于全距只用到了两个极值，它几乎没有提供样本中其他 $N-2$ 个观测值的相关信息。它无法揭示最大值和最小值之间的那些个案的离散或聚合的程度。表 2.3 的受访者中只有很小一部分人受教育年限少于 9 年或多于 18 年，表明大多数个案聚集在分布的中心附近。其他离散统计量能更好地概括所有数值的分布情况。

2.5.3　平均绝对离差

作为一种集中趋势测量，均值用到了连续变量的分布中每一个观测值的信息。对变异的好的测量应该能概括每个观测值偏离集中趋势的程度，即每个观测值离均值有多远。一个值 Y_i 与均值 $\bar{Y}$ 的离差或距离，通常计算为：

$$d_i = Y_i - \bar{Y}$$

在所有值不完全相等的分布中，有的离差是正的（大于均值），有的则是负的（小于均值）。但是所有 N 个离差的均值却始终是 0，因为算术均值等于正向和负向上所有离差的总和。（请用表 2.4 练习计算。）因此，平均离差并不是离散趋势的合适测量，因为它的值总是 0。

解决的办法之一是做均值运算前去掉负号取离差的绝对值。**平均绝对离差（average absolute devia-**

tion，AAD） 的公式中 d_i 前后的两条竖线表示绝对值：

$$\mathrm{AAD} = \frac{\sum |d_i|}{N}$$

除了全部 N 个观测值都完全相等的情况，否则 AAD 的值都大于 0。

49 　　然而，AAD 无法满足离散趋势测量的一个重要条件——其最小值应取在均值附近。如果用中位数作为集中趋势测量来计算离差（即如果 $d_i = Y_i - \mathrm{Mdn}$），那么从 AAD 公式得到的数值就比用均值计算离差时的值小。举例来说，表 2.3 中受教育年限的数据，其均值为 13.25 年，中位数是 13 年（也就是说，累积到 50% 的数值归入此类）。中位数的平均绝对离差（2.23）小于均值的平均绝对离差（2.26），这种情况一贯如此。AAD 难以达到一个符合条件的离散趋势统计量的重要标准；因此，研究者从未使用它来进行社会资料的分析。

2.5.4　方差和标准差

　　除去分布离差的负号的另一种途径是平方。2.4.3 节中定义的算术均值，使一个分布中所有数值的离差平方均值最小化。也就是说，没有任何其他数值（包括中位数）通过取均值、平方并平分到全部观测值上来计算离差时能够获得一个更小的值。一个用于连续分布的非常重要的离散趋势统计量——**方差（variance）**——就具有这个关于均值的理想特征。方差即离差平方的均值（s_Y^2），其公式可以用两种等价的方式来表示：

$$s_Y^2 = \frac{\sum\limits_{i=1}^{N} d_i^2}{N-1}$$

$$s_Y^2 = \frac{\sum\limits_{i=1}^{N} (Y_i - \bar{Y})^2}{N-1}$$

如果用其他数值（如中位数）来代替这两个公式中的均值 $\bar{Y}$，s_Y^2 就会得到的一个较大的值。两个方差公式均用 $N-1$ 作为分母，而不像均值公式那样分母为 N。这个除数能产生一个对总体方差的无偏估计，这对任何统计量都是非常理想的一种属性（见 3.10 节）。

　　表 2.5 给出了对表 2.4 中的学生成绩进行方差计算的详细步骤，所用的均值为 5.15。由于进行了平方运算，方差是一个非负数，并且通常远远大于其原始数值。成绩方差 s_Y^2 为 2.239 5。这个方差的
50　测量单位并不是成绩，而是"成绩的平方"，实践中，不可能对它进行直观意义的解释。

表 2.5		对表 2.4 中学生成绩的方差的计算	
$(Y_i - \bar{Y})$		d_i	d_i^2
(6－5.15)	=	0.85	0.722 5
(2－5.15)	=	−3.15	9.922 5
(4－5.15)	=	−1.15	1.322 5
(4－5.15)	=	−1.15	1.322 5
(8－5.15)	=	2.85	8.122 5
(6－5.15)	=	0.85	0.722 5

续表

$(Y_i - \bar{Y})$		d_i	d_i^2
$(3-5.15)$	$=$	-2.15	4.622 5
$(5-5.15)$	$=$	-0.15	0.022 5
$(4-5.15)$	$=$	-1.15	1.322 5
$(5-5.15)$	$=$	-0.15	0.022 5
$(5-5.15)$	$=$	-0.15	0.022 5
$(6-5.15)$	$=$	0.85	0.722 5
$(5-5.15)$	$=$	-0.15	0.022 5
$(4-5.15)$	$=$	-1.15	1.322 5
$(4-5.15)$	$=$	-1.15	1.322 5
$(7-5.15)$	$=$	1.85	3.422 5
$(6-5.15)$	$=$	0.85	0.722 5
$(7-5.15)$	$=$	1.85	3.422 5
$(5-5.15)$	$=$	-0.15	0.022 5
$(7-5.15)$	$=$	1.85	3.422 5

$$\sum_{i=1}^{N} d_i^2 = 42.55$$

$$s_Y^2 = \frac{\sum_{i=1}^{N} d_i^2}{N-1}$$

$$= \frac{42.55}{19} = 2.239\ 5$$

$$s_Y = \sqrt{2.239\ 5} = 1.496\ 5$$

为了恢复原始测量的间距，我们为方差取正平方根，称之为**标准差**（**standard deviation**）。其公式很简单：

$$s_Y = \sqrt{s_Y^2}$$

对于学生成绩来说，其标准差是：

$$\sqrt{2.239\ 5} = 1.496\ 5$$

孤立地看，标准差缺少直观上的意义。但是第 3 章将叙述标准差的一些颇有价值的应用。

对于像表 2.3 中那样的分组数据来说，方差公式需要乘以每个类别的相对频数：

$$s_Y^2 = \frac{\sum_{i=1}^{K} d_i^2 f_i}{N-1} = \frac{\sum (Y_i - \bar{Y})^2 f_i}{N-1}$$

每个离差计算平方，然后乘以值为 Y_i 的个案数，求 Y 的 K 个值的加权平方离差总和，除以（$N-1$），以消除样本偏误。表 2.6 给出了对受教育年限资料的计算，得出方差为 8.57 年；标准差为 2.93 年。

二分变量的分组频数分布是一个特例。一个 1－0 二分变量的方差计算公式可简化为：

$$s_Y^2 = (p_0)(p_1)$$

式中，p_0 是编码为 0 的个案所占比例，p_1 是编码为 1 的个案所占比例。因此，由 1998 年 GSS 中的 1 232 个男性和 1 600 个女性得出的性别方差为（1 600/2 832）×（1 232/2 832）＝0.565×0.435＝0.246，标准差为 0.496。一个二分变量的方差通常小于其标准差，因为两个比例的乘积小于 1.00，而对于一个小于 1.00 的数来说，其平方根总是一个更大的值。为了证明一个二分变量的方差公式等价于任何一个用于分组频数分布的方差公式，可以另外用标准方差公式计算性别方差。

52

表 2.6		表 2.3 中受教育年限的方差的计算			
$(Y_i - \bar{Y})$	d_i	d_i^2	f_i	$d_i^2 f_i$	
(0−13.25)	−13.25	175.562 5	2	351.125 0	
(2−13.25)	−11.25	126.562 5	5	632.812 5	
(3−13.25)	−10.25	105.062 5	10	1 050.625 0	
(4−13.25)	−9.25	85.562 5	9	770.062 5	
(5−13.25)	−8.25	68.062 5	8	544.500 0	
(6−13.25)	−7.25	52.562 5	23	1 208.937 5	
(7−13.25)	−6.25	39.062 5	21	820.312 5	
(8−13.25)	−5.25	27.562 5	82	2 260.125 0	
(9−13.25)	−4.25	18.062 5	75	1 354.687 5	
(10−13.25)	−3.25	10.562 5	113	1 193.562 5	
(11−13.25)	−2.25	5.062 5	138	698.625 0	
(12−13.25)	−1.25	1.562 5	851	1 329.687 5	
(13−13.25)	−0.25	0.062 5	270	16.875 0	
(14−13.25)	0.75	0.562 5	350	196.875 0	
(15−13.25)	1.75	3.062 5	146	447.125 0	
(16−13.25)	2.75	7.562 5	412	3 115.750 0	
(17−13.25)	3.75	14.062 5	86	1 209.375 0	
(18−13.25)	4.75	22.562 5	109	2 459.312 5	
(19−13.25)	5.75	33.062 5	41	1 355.562 5	
(20−13.25)	6.75	45.562 5	69	3 143.812 5	

$$\sum d_i^2 f_i = 24\ 159.75$$
$$s_Y^2 = \frac{\sum d_i^2 f_i}{N-1} = \frac{24\ 159.75}{2\ 819} = 8.570\ 3$$
$$s_Y = \sqrt{8.570\ 3} = 2.927\ 5$$

2.5.5 偏度

用图来表示一个连续变量的分布时，中位数两边的图形可能是非对称的。也就是说，中位数的一边可能比另一边有着更多含有少量观测值的类别。当出现这种情况，而且分布的一端存在一条长"尾巴"（也就是说，有许多小频数类别）时，这种结果就被称为**偏态分布（skewed distribution）**。因此，表 2.3 中受教育年限的分布是偏态的。当分布为偏态时，均值和中位数是不同的，正如我们在本例中所计算的（均值＝13.25，中位数＝13）。当长尾巴位于中位数右侧时（即朝向变量值较大的类别），这种分布被称为**正偏态（positive skew）**；当长尾巴位于中位数左侧时（即朝向变量值较小的类别），这种分布被称为**负偏态（negative skew）**。（换句话说，正偏态分布是均值大于中位数的分布，而负偏态分布的均值则小于中位数。）因此，表 2.3 中的受教育年限呈正偏态分布。

一种对分布中偏度的测量为：

$$偏度 = \frac{3\ (\overline{Y} - \mathrm{Mdn})}{s_Y}$$

如果均值和中位数相等，那么偏度就等于 0。但是，相对于分布的标准差来说，均值和中位数之间的差异可以很大，因此偏度在正向和负向上都可以取很大的值。受教育年限的偏度为［3×（13.25－13)]/2.93＝0.26，表现出微弱的正偏态。

当一个分布较为对称时，其均值和中位数就相距很近，在受教育年限的例子中就是这样。但是当分布高度偏态时，它们则会相差很大。如偏度的公式所示，正偏态分布的均值大于中位数，而负偏态分布的则相反。均值和中位数之所以不同，是因为均值是经过加权的——那么极值会影响它——但中位数却不是。因此，对于高度偏态的分布，如个人收入的分布，很多社会科学家更倾向于将中位数作为对集中趋势的测量。例如，美国人口普查局对美国人的收入进行了分析，对不同种族、性别、年龄或地区的美国人收入的分析有代表性地报告了以这些特征来分类的人群收入的中位，以防止使用均值而造成的失真。

2.6 百分位数和分位数

从累积分布中可以得到一个有用的统计量——**百分位数（percentile）**，即从小到大某一给定观测值百分比所对应的分数或变量值。例如，表 2.3 中，11 年的受教育年限在第 17 个百分位数上。也就是说，17％的受访者接受了 11 年或更短时间的教育。中位数是第 50 个百分位数。它是将此分布分为两半的值。表 2.3 的中位数是 13 年；第 97 个百分位数是 19 年。

当数据分组的间距大于一个单位宽度时，百分位数的计算会很烦琐。对它们的计算要求具备真实组界和中点的相关知识，我们下面将会介绍。

2.6.1 真实组界和中点

数据分组提出了确定间距的真实组界和中点的问题。为了方便介绍，表 2.7 对表 2.3 的受教育年限重新用较宽的间距进行了编码。大多数区间的宽度是 4 年，如表格的第一列所示。这里的间距界限是用整数来定义的——比如 9～12 年——但间距的**真实组界（true limits）**却是 8.5～12.5 年。这两个数字是可以被四舍五入为 9～12 这个类别的精确的上、下数值界限。（这里我们忽略了四舍五入的规则：以 0.5 结尾的十进制数需要将其进一位或舍去以成为整数。）请注意真实组界要涵盖整个区间，从而保证分布中没有间隙或漏洞。表 2.7 的第二列给出了这个例子中的五个测量间距的真实组界。

间距**中点**（**midpoint**）由每个被测类别的两个真实组界相加并除以 2 计算得到。以间距 12.5～16.5 为例，其中点为（12.5＋16.5）/2＝29/2＝14.5。表 2.7 的第三列给出了所有其他间距的中点。中点是能够最好地反映整个测量间距的单一数值。

表 2.7		分组受教育年限的分布			
年限	真实组界	中点	f	p	cf
0～4	−0.5～4.5	2.0	26	0.009	26
5～8	4.5～8.5	6.5	134	0.048	160
9～12	8.5～12.5	10.5	1 177	0.417	1 337
13～16	12.5～16.5	14.5	1 178	0.413	2 515
17～20	16.5～20.5	18.5	305	0.103	2 820

资料来源：表 2.3。

一旦选定了测量间距，就要为每个间距统计频数（f），即个案数，如表 2.7 第四列所示。然后将这些频数转化为比例和累积频数，如表中最后两列所示。

2.6.2 计算百分位数

当数据如表 2.7 那样分组后，就可以用下面的公式来计算百分位数：

$$P_i = L_P + \left[\frac{(p_i)(N) - cf_P}{f_P}\right](W_i)$$

式中，P_i 是第 i 个百分位数的值；L_P 是第 i 个百分位数所在间距的真实下限；p_i 是以比例形式表示的第 i 个百分位数（例如，第 75 个百分位数在公式中变为 0.75）；N 是观测值总个数；cf_P 是累积到但并不包括 P_i 所在间距的频数；f_P 是第 i 个百分位数所在间距的频数；W_i 是 P_i 所在间距的宽度，即 $W_i = U_P - L_P$，其中 U_P 和 L_P 是 P_i 所在间距的真实上限和真实下限。

从表 2.7 中的分组数据可以看出第 90 个百分位数落在了间距 17～20 年内。因为 $i = 90$，$L_P = 16.5$，$N = 2\,820$，$cf_P = 2\,515$，$f_P = 305$，$W_i = 4$，第 90 个百分位数的值的计算过程为：

$$P_{90} = 16.5 + \frac{0.90 \times 2\,820 - 2\,515}{305} \times 4 = 16.80 \text{ 年}$$

表 2.3 中未分组数据的受教育年限的中位数为 13 年，是分布中第 1 410 个和第 1 411 个个案之间的值。相反，表 2.7 中相对粗糙地分组的资料显示，受教育年限的中位数是第 50 个百分位数：

$$P_{50} = 12.50 + \frac{0.50 \times 2\,820 - 1\,337}{270} \times 1 = 12.77 \text{ 年}$$

如该例展现的那样，对数据进行分组可能会在描述过程中产生不小的误差，尤其当分组前的数据高度偏态时。当计算诸如均值、中位数或方差等描述统计量时，最好尽可能使用未经合并形成的数据。

2.6.3 分位数

百分位数是**分位数**（**quantile**）的特殊情况，后者将观测值按每组已知比例分组。分位数其他的特殊情况包括四分位数、五分位数和十分位数。

四分位数（**quartiles**）是将一组观测值分成四个相同大小的组的值。Q_1 点是其下有四分之一观测值的点，Q_2 点是其下有一半观测值的点，由此类推。**五分位数**（**quintiles**）将观测值等分为 5 组，十

分位数 (deciles) 则将观测值等分为 10 组。如我们上面所看到的，百分位数将观测值等分为 100 组。

P_i 用于表示第 i 个百分位数，D_i 表示第 i 个十分位数，K_i 为第 i 个五分位数，Q_i 为第 i 个四分位数。这些符号之间，$Q_1 = P_{25}$——第 1 个四分位数恰好和第 25 个百分位数相同。类似地，$K_1 = D_2$——第 1 个五分位数和第 2 个十分位数相同。专栏 2.3 以表格形式给出了不同的分位数与百分位数的关系。

为了得到四分位数的值，只需要恰当利用百分位数的公式计算即可。例如，为了得到表 2.3 中第 3 个四分位数 (Q_3)，只需要计算第 75 个百分位数 (P_{75})。而这个值在 16 年这一类中，这个类的真实组界为 15.5～16.5 年，间距宽度为 1.00。其值为 $P_{75} = Q_3 = 15.53$ 年，即 75% 的受访者接受了 15.53 年或更短时间的教育。换句话说，仅仅 25% 的受访者接受了 15.53 年或更长时间的教育。

2.7 标准分数 (Z 值)

研究者经常将具有不同均值和标准差的两个或更多分布的数值进行对比，但是同一个数值在不同的样本中可以表示完全不同的意思。例如，150 000 美元的年收入在一个学校教师样本中是罕见的，但在一个医生样本中则并非如此。要比较不同分布中的数值，考虑到其不同的均值和标准差，可以将原始分数转换成标准分数 [通常称为 **Z 值** (**Z scores**)]。利用该分布的均值和标准差，Z 值的转换将每个分布的数值纳入同一个标准之下，此时的测量单位是标准差。一个分布中第 i 个个案的 Z 值公式为：

$$Z_i = \frac{d_i}{s_Y} = \frac{(Y_i - \bar{Y})}{s_Y}$$

与一个给定的 Y_i 值相对应的 Z_i 值，是个案 i 在分布中的位置高于或低于均值的标准差个数。Z 值在正向或负向上的值越大，此个案离样本均值越远。当一个观测值恰好落在分布的均值处时，Z 值等于 0。

专栏 2.3 _____

四分位数、五分位数及十分位数与百分位数的关系

在所有的分位数中，百分位数有着最多的等规模的组——100 组。因此四分位数、五分位数及十分位数与百分位数的关系较容易给出，如下所示：

四分位数	百分位数	五分位数	百分位数	十分位数	百分位数
Q_1	P_{25}	K_1	P_{20}	D_1	P_{10}
Q_2	P_{50}	K_2	P_{40}	D_2	P_{20}
Q_3	P_{75}	K_3	P_{60}	D_3	P_{30}
		K_4	P_{80}	D_4	P_{40}
				D_5	P_{50}
				D_6	P_{60}
				D_7	P_{70}
				D_8	P_{80}
				D_9	P_{90}

表 2.8 给出了学生成绩的 Z 值的计算过程。例如，学生 5 的 Z 值（1.90）大于均值的标准差个数，
恰好等于学生 2 的 Z 值（−2.10）小于均值的标准差个数。除了六个学生外，其他所有学生的 Z 值都
落在距离均值±1.00 个标准差之内。在这六个值得注意的 Z 值中，有四个位于 1 以上，说明该分布为
正偏态。那些学生都得到了 B+ 或更高的等级。

表 2.8		学生成绩的 Z 值	
学生	Y_i	$\dfrac{(Y_i - \bar{Y})}{s_Y}$	Z_i
1	6	(6−5.15)/1.50	0.57
2	2	(2−5.15)/1.50	−2.10
3	4	(4−5.15)/1.50	−0.77
4	4	(4−5.15)/1.50	−0.77
5	8	(8−5.15)/1.50	1.90
6	6	(6−5.15)/1.50	0.57
7	3	(3−5.15)/1.50	−1.43
8	5	(5−5.15)/1.50	−0.10
9	4	(4−5.15)/1.50	−0.77
10	5	(5−5.15)/1.50	−0.10
11	5	(5−5.15)/1.50	−0.10
12	6	(6−5.15)/1.50	0.57
13	5	(5−5.15)/1.50	−0.10
14	4	(4−5.15)/1.50	−0.77
15	4	(4−5.15)/1.50	−0.77
16	7	(7−5.15)/1.50	1.23
17	6	(6−5.15)/1.50	0.57
18	7	(7−5.15)/1.50	1.23
19	5	(5−5.15)/1.50	−0.10
20	7	(7−5.15)/1.50	1.23

资料来源：表 2.4。

既然 Z 值的转换使一个分布中的数值标准化，那么每个 Z 值分布有着相同的均值、方差和标准差
就不令人奇怪了。尤其是，Z 值分布的均值总是 0，方差和标准差则总等于 1。专栏 2.4 给出了关于标
准化分布的均值和方差的证据。表 2.8 展示的未分组数据的 Z 值计算很容易。如果你要将表 2.3 中的
分组受教育年限转换成 Z 值，可运用该分布的均值和标准差，并应用分组数据的均值和方差公式，你
将看到 Z 值的均值为 0，方差为 1（在四舍五入误差允许的范围内）。因本教材中经常使用 Z 值，你应
该透彻地理解并掌握本节内容。

专栏 2. 4 _____

Z 值分布的均值和方差

任何一个转换为 Z 值的数值分布仍然是有着特定均值和方差的分布。因此，我们可以通过用 Z 值代替均值公式中的 Y 值来计算一个 Z 值分布的均值：

$$\overline{Z} = \sum_{i=1}^{N} \frac{Z_i}{N}$$

但是，由于分子（$\sum Z_i$）等于 $\sum(Y_i - \overline{Y})$，其值为 0（见 2.5.3 节）。因此，$\overline{Z} = 0$。

Z 值的方差是：

$$s_Z^2 = \frac{\sum(Z_i - \overline{Z})^2}{N-1}$$

但是，由于 Z 值的均值是 0，方差就可简化为：

$$s_Z^2 = \frac{\sum(Z_i - 0)^2}{N-1} = \frac{\sum Z_i^2}{N-1}$$

要想求出 Z 值分布的方差，就必须将标准分数变回到原始的 Y 值。Z 值可用原始的 Y 值形式表示为 $Z_i = (Y_i - \overline{Y})/s_Y$。将该等式代入 Z 值的方差公式：

$$s_Z^2 = \frac{\sum Z_i^2}{N-1} = \frac{\sum [(Y_i - \overline{Y})/s_Y]^2}{N-1}$$

因为倒数第二步中的 $\sum(Y_i - \overline{Y})^2/(N-1)$ 项是 s_Y^2 的定义，通过将分子中的分数平方，并且上下同时除以 $(N-1)$，右端的分式可简化为：

$$s_Z^2 = \frac{\sum(Y_i - \overline{Y})^2}{(s_Y^2)(N-1)}$$
$$= s_Y^2/s_Y^2 = 1.00$$

2.8　显示连续数据的探索性数据分析方法

为了显示连续数据，本节将简单介绍被称为**探索性数据分析（exploratory data analysis，EDA）**的方法。显示分组连续数据的频数分布的一种 EDA 方式被称为**茎叶图（stem-and-leaf diagram）**。图 2.4 是一个茎叶图，显示了 1998 年美国国会选举中 50 个州的选民参与情况。变量是这次选举中符合条件的投票者投票率。绘制一个茎叶图，按以下步骤来操作：

1. 将数据按数值的大小由小到大排列。
2. 确定图中的前导数字和后续数字。一般来说，为了使图示易于理解，前导数字的数量应该保持在 $N/3$ 个以内。
3. 在标有"茎"的一列中，按照从小到大的顺序为每个观测值标出前导数字，并为每个茎标出相对应的后续数字，称为"叶"。

在这个例子中，国会选举中 50 个州的投票率值域为 10%～59.2%。我们选取百分比的十位数（十分位数）作为前导数字，百分比的个位数作为后续数字。小数点后的数值通过四舍五入为最近的整数百分比后被省略。例如，路易斯安那州的值为 10%，其前导数字为"1"，后续数字为"0"。值最大的是明尼苏达州，为 59.2%，其前导数字为"5"，后续数字为"9"。应注意的是，这些数据只需要五个前导数字（1～5），远比步骤 2 中提到的最大个数要小（50/3=17）。

茎叶图有些类似于横置的直方图。图 2.4 中的茎由数据的前导数字组成。叶位于每个茎的右侧，由其所对应的数据点的扩展数值组成。因此在茎"1"上，路易斯安那州的"0"和佛罗里达州的"1"就是叶的值。在代表调查结果为 50%～59% 的茎"5"上，叶"0""1""4""9"分别代表怀俄明州、蒙大拿州、阿拉斯加州、明尼苏达州的结果。重要的是，叶上的每个数字代表一个观测值。因此，为了便于解释，可将每一行的总叶数写在最右端的括号内。小于中位数的数据的跨度（38−10=28）要略宽于大于中位数的数据的跨度（59−38=21）。然而，最终分布呈现出轻微的负偏态，其偏度值为−0.16（见 2.5.5 节），分布的均值（37.1%）基本与中位数（37.5%）相等。茎叶图优于直方图之处在于，它可以让读者重新获得关于组成分布的单个数值的更加精确的信息。例如，有多少个州的值为 37%？

茎	叶	(N)
1	01	(2)
2	2355889	(7)
3	00222334455667778899	(20)
4	00011333444456799	(17)
5	0149	(4)

图 2.4　1998 年投票者投票率的茎叶图

资料来源：U. S. States Data Set。

另一种呈现并解释定序数据的 EDA 方式称为**箱线图**（box-and-whisker），或简称为**箱图**（box-plot）。箱线图可以表现集中趋势、离散趋势和数据分布的一般形态。要绘制箱线图就必须知道分布的全距、中位数以及"节点"。我们用图 2.4 中已经进行过四舍五入的投票者投票率的数据进行说明。

下节点（lower hinge）是将定序分布的第一个四分位数（Q_1）与分布的上四分之三部分划分开的观测值，表示为 H_L。图 2.4 中的数据由 50 个观测值组成，因此分布中第 12 个个案就是最低四分位数。此观测值是一个结果为 32% 的州。因此，$H_L=32$。**上节点（upper hinge）**是将定序分布的最高四分位数与分布的下四分之三部分划分开的观测值，表示为 H_U。图 2.4 中第 38 个个案标示着上四分位数；这个州的投票者投票率为 44%，所以 $H_U=44$。

画箱线图时，先在 H_L 和 H_U 两个节点之间画一个长方形，如图 2.5 所示。中位数由长方形中的一条横线表示（37.5%）。接着确定分布是否有**异常值（outlier）**。异常值是过于极端的值（过大和过小均有可能），它看起来大大远离分布中的其他部分。鉴定异常值的一种方法是观察是否有观测值小于**下内限（lower inner fence，LIF）**或大于**上内限（upper inner fence，UIF）**。要计算 LIF 和 UIF，必须首先确定分布的 H 域〔**节点范围（hinge spread）**的简写〕，它是上下节点的差值。

$$HS = H_U - H_L$$

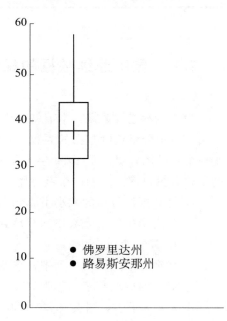

图 2.5　1988 年投票者投票率的箱线图

式中，HS 就是节点范围。在美国各州投票者投票率数据集中，HS＝ 44－32＝12。用这一信息我们可以确定两个内限并察看该分布是否有异常值。

$$\text{LIF} = H_L - (1.5)(\text{HS})$$

$$\text{UIF} = H_U + (1.5)(\text{HS})$$

对于图 2.4 中的数据，LIF＝32－1.5×12＝14，即 14％，UIF＝44＋1.5×12＝62，即 62％。分布的上端并未出现异常值。然而，路易斯安那州 10％和佛罗里达州 11％的投票者投票率显然是分布下端的异常值。要对箱线图中的异常值加以特别关注，将之作为一个点标出，如图 2.5 所示。

最后一步是，从 H_U（上节点）到分布中非异常值的最大值（此例中为 59％）画一条竖线。另一条竖线是从 H_L（下节点）到分布中非异常值的最小值，此例中为 22％。

在 1998 年各州投票者投票率分布的箱线图中，从中位数到上节点（H_U）和到下节点（H_L）的距离基本相等，因此其轻微的负偏态不大明显。然而，异常值即路易斯安那州和佛罗里达州的投票者投票率与下节点距离遥远，以及分布上端不存在异常值，都很好地说明了分布的负偏态性。

本节仅对探索性数据分析方法如何有力地描述分布进行了简短的概述。第 4 章将给出另一个分别用茎叶图和箱线图来比较两个分布的例子。

▶ 重要概念和符号回顾

以下是在本章中出现的主要概念。这个列表有助于你回顾本章内容，同时也可以作为一个概念掌握的自测。

计数	频数分布	变量值	相对频数分布
百分比分布	相对频数	比例	百分比
四舍五入	二分变量	分组数据	测量间距（测量等级）
重编码	累积频数	累积频数分布	累积百分比
累积百分比分布	统计表	图形	条形图
直方图	折线图	集中趋势	变异
众数	中位数	均值	差异指数
质性变异指数	全距	平均绝对离差	方差
标准差	偏态分布	正偏态	负偏态
百分位数	真实组界	中点	分位数
四分位数	五分位数	十分位数	Z 值（标准分数）
探索性数据分析（EDA）	茎叶图	箱线图（箱图）	下节点
上节点	异常值	下内限	上内限
节点范围（H 域）	N	f_i	p_i
cf	$c\%$	Mdn	％
$\bar{Y}$	D	IQV	d_i
AAD	s_Y^2	s_Y	P_i
D_i	K_i	Q_i	Z_i
H_i	LIF	UIF	HS

▶ **习题**

普通习题

1. 为下面这组数值建立一个频数分布：

1	2	6	7	5	6	8
9	7	8	10	6	7	
11	7	8	9	7	6	

2. 为下面一个大学生样本中各州居民的资料创建一个包含相对频数和百分比分布的表，其中 M＝明尼苏达州，W＝威斯康星州，I＝艾奥瓦州，N＝北达科他州，S＝南达科他州：

    M W M I S S W N I M W M S N W M M I M

3. 为下列个人电脑的价格建立累积频数和累积百分比分布，使用的测量间距为：999 美元及以下，1 000～1 499 美元，1 500～1 999 美元，2 000 美元及以上。

    1 499.35 美元　1 999.27 美元　1 999.78 美元　1 499.56 美元　999.48 美元

    1 499.39 美元　1 999.11 美元　1 499.88 美元　999.10 美元

4. 根据所给出的测量单位将下列数值四舍五入：

原始资料	四舍五入单位
a. 8.57 美元	美元
b. 3.47 美元	美元
c. 645.39 美元	百美元
d. 1 256.01 美元	百美元
e. 18 500.22 美元	千美元
f. 4 499.99 美元	千美元

5. 为下列关于听古典音乐的频数数据绘制一个直方图和一个折线图：从未＝40；有时＝8；经常＝3。

6. 对于以下数据，计算其（a）全距，（b）平均绝对离差，（c）方差，（d）标准差：8，12，14，11，13。

7. 某篮球队在 13 次比赛中取得以下分数：62，70，84，51，63，78，54，63，71，63，52，60，85。计算这个分布的（a）均值，（b）中位数，（c）众数。

8. 根据联合国资料，2000 年全球人口（以百万为单位进行四舍五入）最多的国家为：中国，1 278；印度，1 014；美国，278；印度尼西亚，212；巴西，170；巴基斯坦，156；俄罗斯，147；孟加拉国，129；日本，127；尼日利亚，112。求出它们的（a）均值，（b）众数，（c）中位数，（d）方差，（e）标准差。

9. 在一个州立大学的 7 483 名大一学生中，性别比例为：女，52%；男，48%。该分布的方差是多少？

10. 在宿舍食品服务的量表中，满分为 8，一个含有 83 个学生的样本的均值为 5.3，标准差为 0.7。评分分别为（a）7、（b）3、（c）4 的学生的 Z 值是多少？

需要使用 1998 年 GSS 数据的习题

11. 用本章所探讨的集中趋势和离散趋势统计量来描述受访者拥有的兄弟姐妹数量的频数分布

（SIBS）。将"不知道"和"无回答"作为缺失值处理。

12. 对于受访者给出的理想的子女数量（CHLDIDEL），求（a）众数，（b）中位数，（c）全距，（d）均值，（e）方差，（f）标准差，（g）偏度，（h）选 4 个子女的人的 Z 值。将"不知道""无回答"和"没被问及"作为缺失值处理。

13. 对于在过去一年中性生活的频率（SEXFREQ），计算出（a）众数，（b）中位数，（c）全距，（d）均值，（e）方差，（f）标准差，（g）偏度，（h）选"每年一次到两次"的人（类别 1）的 Z 值。

14. 比较在女性未婚（ABSINGLE）和女性健康可能受到严重伤害（ABHLTH）的情况下受访者对堕胎的支持情况。每个变量的众数类别是什么？将"不知道""无回答"和"不适用"作为缺失值处理。

15. 利用你认为合适的统计量比较受访者对美国出版机构（CONPRESS）和美国医药机构（CONMEDIC）的信任度。将"不知道""无回答"和"不适用"作为缺失值处理。

II. 统计推论

3 统计推论

3.1　从样本对总体做出推论

3.2　基本概率概念

3.3　切比雪夫不等式处理

3.4　正态分布

3.5　中心极限定理

3.6　点估计和置信区间

3.7　*t* 分布

3.8　假设检验

3.9　单均值的假设检验

3.10　估计量的特性

3.11　卡方分布和 *F* 分布

　　社会学家很少研究单个的样本。他们的兴趣不仅在于描述样本的集中和离散趋势，他们也希望对样本所出自的总体做出推论。接触整个总体的成本通常很高，因此要求采用通过样本结论来推及较大总体的方法。通过运用概率论的基本原理，我们就可以获得合理而准确的结论。我们将在这一章学习一些必要的基本概念，以理解接下来将学习的统计推论。我们还将解释经由样本估计总体的单样本的参数估计和假设检验，以及如何应用一些基本的概率分布。

3.1　从样本对总体做出推论

　　统计显著性检验允许研究者做出合理的**推论**（inference），这样一来，依据样本观测值得出的结论，也适用于样本所出自的总体。由于可能抽到一组不常见的异常样本个案，绝对正确是不可能的。但如果样本是随机抽取的，我们就可以做出有关总体情况的推论，并能计算该结论不被拒绝的可能性。 *70*

　　在第 1 章已经介绍过**随机抽样**（random sampling），它要求保证总体中的每一个单位（即一个人、一个物体或一个事件）都有同等机会入选样本。也就是说，如果总体由 N 个单位组成，那么每个单位入选样本的概率恰好都是 $1/N$。1998 年综合社会调查（GSS）由 2 832 位成年人[①]组成样本，只占美国

---

① 一份美国的全国性样本，不能通过简单的随机抽样来选取，因为这需要将总体中的每一个个体全都列出来。调查研究组织采用的是更具成本效益的抽样技术，我们在此不再赘述。我们分析 GSS 数据的时候，把它们当成使用简单的随机程序抽取的即可，因为这仅会在统计推论上造成微小的误差。

200 344 000 名 18 岁及以上成年人的很小一部分[①]。也就是说，大约每 70 743 名调查对象中有 1 人被选中（概率小于 0.000 014）。而且从理论上讲，国家民意研究中心（NORC）可以抽取无数个由 2 832 个个体构成的特定样本。假定这些可能的样本仅有一个被选取，这些结论能够在多大可能性上准确地反映整个总体的特征呢？概率论和假设检验程序有助于确保减小得出错误结论的可能性。

3.2 基本概率概念

总体中的观测值都有与之相对应的**概率分布（probability distribution）**。例如，随意洗好一副扑克牌，然后从这 52 张扑克牌中任意抽一张，黑桃 A 被抽中的概率是 1/52。同样，抽到的牌是红桃的概率为 13/52，也就是 1/4。概率通常不用分数而采用比例的形式来表示，因此，黑桃 A 被抽中的概率是 0.019，抽中红桃的概率是 0.25。因为总体中所有对象被抽中的概率总和为 1.00，所以抽中红桃、方片、梅花和黑桃的概率之和为 0.25＋0.25＋0.25＋0.25＝1.00。如果一个结果不会发生，如王牌已从该副牌中排除，它被抽中的概率就是 0。

3.2.1 连续概率分布

上例表明，计算一个有着离散值的规模较小的总体的概率是如此简单。它们（这些概率）只是简单的相对频数或比例（见 2.1 节）。正如我们在第 1 章中所提到的，许多社会测量采用的指标都是连续的，按照大量特征如年收入、绩效考核成绩、艾滋病的感染率等进行分类。理论上讲，在**连续概率分布（continuous probability distribution）**中，连续随机变量的每个取值之间是连续无间断的。连续随机变量不同取值对应的概率可以用一条平滑的曲线连接起来，如图 3.1 所示。一个经精确测量的连续随机变量（例如收入为 31 277.15 美元）意味着几乎没有个案有相同的取值；所以在一个连续测量的大样本中，取任何一个值的概率都接近于 0。由于这个原因，连续变量的概率用两个取值（a 和 b）形成的区间进行测量。变量 Y 的观测值落入 a 和 b 两点之间的区间的概率用 α 表示，也就是 $p(a \leqslant Y \leqslant b) = \alpha$。这个表达读作，"$Y$ 的取值大于等于 a 且小于等于 b 的概率为 α"，α 是取值在 0 到 1 之间的用小数形式表示的一个概率。随机变量 Y 的概率可简写为 $p(Y)$。

3.2.2 离散概率分布

采用同样的方式，研究者能够用均值这样的统计量来描述和概括样本特征，他们也可以描述和概括总体的分布。这三个主要的描述总体的统计量是均值、方差和标准差。由于它们代表总体中的某些未知的常量，这些用来描述总体特征的值就被称为**总体参数（population parameter）**。相反，每个样本统计量在各个不同样本中的取值都不同，因此样本均值、样本方差以及样本标准差都是变量。因为总体参数往往是未知的，样本统计量被用作总体参数的估计量。

一个可最好描述离散随机变量概率分布的数值就是它的**期望值（expected value）**，用 $E(Y)$ 表示，即：

$$E(Y) = \sum_{i=1}^{K} Y_i p(Y_i)$$

---

① 人口数据取自美国人口普查局人口部人口估计项目组 2000 年 5 月 24 日发表的《按年龄和性别分的美国常住人口数：1990 年 4 月 1 日到 1999 年 7 月 1 日的估计值及截至 2000 年 4 月 1 日的短期预测》（Residential Population Estimates of the U. S. by Age and Sex: April 1, 1990, to July 1, 1999, with Short-Term Projection to April 1, 2000; http://www.census.gov/population/estimates/nation/intfile2-1.txt）。

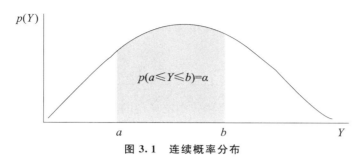

图 3.1 连续概率分布

资料来源：David Knoke and George W. Bohrnstedt，*Basic Social Statistics*（Itasca，IL：F. E. Peacock Publishers，Inc.，1991），
153。

在计算一个概率分布的期望值时，我们给 K 类取值用其发生的概率简单加权，然后将所有结果项相加。也就是，用第 i 类的观测值乘以个案落在该类的概率，然后将所有 K 类上这些乘积加总。

概率分布的均值（mean of a probability distribution），用 μ_Y 表示，其定义方式与期望值相同，即：

$$\mu_Y = \sum_{i=1}^{K} Y_i p(Y_i)$$

例如，掷一颗骰子的概率分布的均值可以由（掷出的骰子每一面的）点数与其相应概率的乘积之和计算：$\mu_Y = 1 \times (1/6) + 2 \times (1/6) + 3 \times (1/6) + 4 \times (1/6) + 5 \times (1/6) + 6 \times (1/6) = (1 + 2 + 3 + 4 + 5 + 6) \times (1/6) = 21/6 = 3.5$。

我们也可以用写作 $g(Y)$ 的一般方程表达式计算 Y 函数的期望值。在这个例子里，

$$E[g(Y)] = \sum_{i=1}^{K} g(Y_i) p(Y_i)$$

上述期望值计算公式的一个应用就是提供了**概率分布的方差（variance of a probability distribution）**的定义，通常用 σ_Y^2 表示。首先，使 $g(Y) = (Y - \mu_Y)^2$，则方差的计算公式为：

$$\sigma_Y^2 = E(Y - \mu_Y)^2$$
$$= \sum_{i=1}^{K} (Y_i - \mu_Y)^2 p(Y_i)$$

与样本方差一样，概率分布的方差是对总体离散程度的度量。

就如样本统计量（见第 2 章），总体方差的平方根称作标准差，记作 σ_Y，计算公式为：

$$\sigma_Y = \sqrt{\sigma_Y^2}$$

仍以掷骰子为例（已得出 $\mu_Y = 3.5$），我们可计算得出 $\sigma_Y^2 = (1 - 3.5)^2 \times (1/6) + (2 - 3.5)^2 \times (1/6) + (3 - 3.5)^2 \times (1/6) + (4 - 3.5)^2 \times (1/6) + (5 - 3.5)^2 \times (1/6) + (6 - 3.5)^2 \times (1/6) = 17.5/6 = 2.92$，$\sigma_Y^2 = \sqrt{2.92} = 1.71$。

实际研究中研究者通常很难对整个总体进行观测，所以总体参数 μ_Y 和 σ_Y^2 在很大程度上只是理论上可探讨的对象。但为了能够很好地理解本章所讲的统计推论及以后的章节，我们需要掌握期望值这个重要的概念。[①] 专栏 3.1 总结了第 2 章所讲的样本统计量以及本章所讲的总体参数的表示符号。

在下一节我们将介绍一些定理，从而在已知均值和标准差的情况下，我们可以根据这些定理估计某个分布中观测值出现的概率。这些初级定理可解释从样本规模为 N 的所有可能样本所取自的总体中

73

---

① 我们尚未讨论到连续概率分布的期望值、均值和方差，因为这些需要用到积分的知识。不过，连续概率分布的均值和方差的含义与离散概率分布的均值和方差含义相同。

产生一个给定的样本均值的罕见性。进行统计推论的时候，我们首先假设总体均值为 μ_Y。如果观测到的样本均值与假设的总体均值差异太大——从均值为 μ_Y 的总体中抽取这一样本的可能性相当小——我们就拒绝总体均值为 μ_Y 的假设。

专栏 3.1

总体参数和样本统计量的符号

统计学公式可用于计算总体参数或样本统计量。尽管这些计算公式相同或相似，但表示符号却不同。罗马字母一般代表样本统计量，总体参数则用希腊字母表示。具体如下表所示：

名称	样本统计量	总体参数
均值	$\overline{Y}$	μ_Y
方差	s_Y^2	σ_Y^2
标准差	s_Y	σ_Y

3.3 切比雪夫不等式定理

一个概率分布中某观测值与均值之间的距离与该观测值对应的概率大小是密切相关的：一般来讲，远离均值的观测值出现的概率通常小于靠近均值的观测值出现的概率。因此，相较于比均值小 2 个标准差（$Z = -2.00$）的值，比均值大 0.5 个标准差（$Z = 0.50$；见第 2 章）的值出现的概率更高。通常，变量值偏离其均值越远，观测到它的概率也就越小。

俄国数学家帕夫努季·切比雪夫（Pafnuty Chebycheff）最先证明了偏差大小与其所对应的变量值出现的概率之间关系的定理。他的结论适用于总体中的变量值，而非单个样本中的变量值，并对任何形态的分布（不管多偏态）都是适用的。**切比雪夫不等式定理**（**Chebycheff's inequality theorem**）阐明了任一变量的观测值与均值之差绝对地大于或等于 k 个标准差的概率总是小于或等于 $1/k^2 (k > 1.0)$：

$$p(\mid Z \mid \geqslant k) \leqslant \frac{1}{k^2}$$

这个公式表明，当观测值的 Z 值绝对值大于或等于 k 个标准差的概率小于或等于 $1/k^2$。显然，当 k 沿正负两个方向变大时，概率将变小；因此，根据切比雪夫不等式定理，其极值是不存在的。

例如，某学生的期中考试成绩比班级平均成绩高 2 个标准差，那么根据切比雪夫不等式定理，观测到一个比均值大（或小）2 个标准差的值出现的概率小于或等于 $1/2^2$（即 $p \leqslant 0.25$）。如果 $\mid Z \mid = 3$ 或者更大，其概率则为 $1/3^2 = 0.11$ 或者更小。切比雪夫不等式定理的应用不考虑总体分布的潜在形态。值得注意的是，切比雪夫不等式定理所讲的只是一种可能性，而非绝对如此。因此，它并不能保证任何给定的变量值都会比另一个更为接近均值的变量值更罕见。在不知道总体分布状况的情况下，它仅能假定，一个观测值偏离均值越远，其出现的概率就越小。

如果分布形态已知，我们就能更加精确地估计出概率大小。如果总体呈单峰分布（只有一个众数），同时对称于均值，那么可以给出切比雪夫不等式定理的一个推论：

$$p(\mid Z \mid \geqslant k) \leqslant \left(\frac{4}{9}\right)\left(\frac{1}{k^2}\right)$$

因此，对于单峰对称分布，变量值与均值的偏差大于或等于 2 个标准差时，其被观测到的概率小于或等于 $0.444 \times (1/2^2) = 0.444 \times 0.25 = 0.111$。我们可以将这个概率与无法假设分布形态的概率（0.25）相比较。切比雪夫不等式展示了有关分布形态的知识对偏差个案的观测概率的影响，这一点与下一节相关。

3.4　正态分布

高斯分布是推论统计中一种很重要的单峰对称分布，以德国数学家卡尔·弗雷德里希·高斯（Carl Friedrich Gauss）来命名。不幸的是，如今它被人们专门称为**正态分布（normal distribution）**，因为人们最初认为，它对建立关于多种变量的社会规范很有用。虽然现在人们知道几乎没有社会性数据是呈正态分布的，但这一术语在今天继续被广泛使用。所有的正态分布都可以用一个相当强大的等式来描述：

$$p(Y) = \frac{e^{-(Y-\mu_Y)^2/2\sigma_Y^2}}{\sqrt{2\pi\sigma_Y^2}}$$

一条特定的正态曲线的形态只取决于两个值：总体均值 μ_Y 和总体方差 σ_Y^2。图 3.2 所示的是两条均值都为 0，即 $\mu_Y = 0$、方差 σ_Y^2 分别为 10 和 15 的正态曲线。总体方差越小，观测值平均起来就越靠近总体均值，因而，这一正态分布的尾部也就越"薄"。尽管正态曲线的尾部看似要触及横轴，但正态分布在理论上的取值范围是从 $-\infty$ 到 ∞。因此，正态分布的尾部的每一端都接近横轴但却与横轴永不相交。 *76*

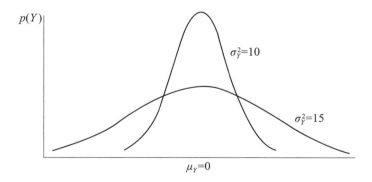

图 3.2　两个正态分布的例子

资料来源：David Knoke and George W. Bohrnstedt, *Basic Social Statistics* (Itasca, IL: F. E. Peacock Publishers, Inc., 1991), 157.

计算均值和方差都不相同的正态分布的变量值的观测概率既乏味又耗时。然而，每一种分布的变量值，我们都能轻松地将其转换为标准分数（Z 值）（见 2.7 节）。总体 Z 值的计算公式为 $Z_i = (Y_i - \mu_Y)/\sigma_Y$。这样我们仅需要一个与分布相关的概率表——附录 C "正态曲线下的面积"及图 3.3 所示的一个图解。

正态曲线下的总面积为 1。我们在上文提到过，在一个分布中所有情况的概率总计一定为 1。标准正态曲线下，有一半的面积位于均值右侧（标准正态分布的均值为 0，因为 Z 值的均值始终为 0，见专栏 2.4），落在这一部分的所有 Z 值都为正数。正态曲线下另一半的面积则在均值的左侧，对应的 Z 值为负。图 3.3 中的 Z_a 指的是我们探求的某事件发生概率所对应的一个特定的 Z 值，图中的阴影部分面积表示一个值介于 $Z=0$ 和 Z_a 之间的概率。

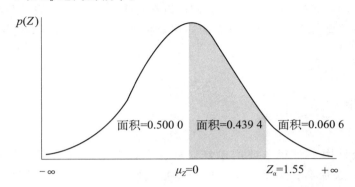

图 3.3　标准正态分布中一个变量值的观测概率的例子

资料来源：David Knoke and George W. Bohrnstedt, *Basic Social Statistics* (Itasca, IL: F. E. Peacock Publishers, Inc., 1991), 159。

　　举个例子，假设我们想确定在一个正态分布中大于均值至少 1.55 个标准差的变量值的观测概率。由于 Z 值的标准差（σ_Z）始终为 1（见专栏 2.4），所以 $Z_a=1.55\times\sigma_Z=1.55$。而从附录 C 中我们可以查出这一特定值的观测概率。首先在附表最左侧一列从上往下看，直到查到 1.55 所对应的行，然后再从左往右查看这一行与第二列相交的单元格，在这个单元格中的数字是 0.439 4，这就是变量值落在 $Z=0$ 和 $Z_a=1.55$ 之间的概率。而此行与第三列相交的单元格中的数字为 0.060 6，这个值就是 $Z_a \geqslant 1.55$ 时所对应的概率，即正态曲线右尾的面积。由于正态分布是对称的，所以显然距离均值 −1.55 或更多个标准差（在均值的左侧）的观测值所对应的概率也等于 0.060 6。正态曲线下左右两半部分的概率值都是可以相加的，所以位于 $Z_a=-1.55$ 和 $Z_a=1.55$ 之间［即 $p(|Z_a|) \leqslant 1.55$］的面积为 0.439 4＋0.439 4＝0.878 8；而位于正态曲线双尾［即 $Z_a \leqslant -1.55$ 或 $Z_a \geqslant 1.55$，或者 $p(|Z_a|) \geqslant 1.55$］的面积只有 0.060 6＋0.060 6＝0.121 2。

3.4.1　拒绝域

　　正态分布被给定的 Z_a 值截取的尾部面积叫**拒绝域（alpha area）**，记为 α，即：

$$p(|Z| \geqslant |Z_a|)=\alpha$$

这个表达式读作，"观测到的 Z 值的绝对值大于或等于 Z_a 个绝对标准差的概率等于 α"。由于拒绝域有可能位于正态曲线的左尾，所以上面的公式对 Z 和 Z_a 都取了绝对值。Z_a 被称为**临界值（critical value）**，因为它是指明拒绝域所必需的 Z 的最小值。

　　在图 3.4 中我们描绘了一个拒绝域，即正态曲线下从 Z_a 点到∞被标示为 α 的部分。在 3.8 节讨论假设检验时，我们在一些案例中将 α 均分在正态分布的左、右尾。在这种情况下，正态曲线的左尾和右尾所对应的概率各为 $\alpha/2$，截取的这些概率所对应的面积的两个临界 Z 值则分别被标示为 $-Z_{a/2}$ 和 $Z_{a/2}$。图 3.5 以及接下来的几个例子描绘了这些临界值。

　　假设在使用正态分布是合适的情况下，我们选择 $\alpha=0.05$ 且完全聚集在右尾，如图 3.4 所示。那么临界值 Z_a 为多少时，才能在正态曲线的右尾恰好截取其面积的 5% 呢？因为 0.500 0−0.450 0＝0.050 0，我们在附录 C 中查找 0.450 0。附录 C 中最接近 0.450 0 的两个条目是 0.449 5 和 0.450 5，它们分别对应 $Z=1.64$ 和 $Z=1.65$，通过取二者的均值，我们可以得出这样的结论：在一个呈正态分布的总体中，只有 5％ 的观测值会出现大于或等于 1.645 个标准差的 Z 值。因此，这个问题的答案为 $Z_\alpha = 1.645$。那么当 Z_α 取值为多少时，才能在正态曲线的左尾截取其面积的 1％ 呢？

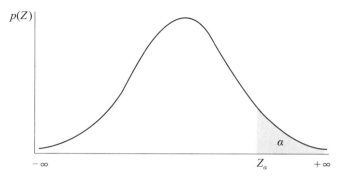

图 3.4　右尾上第一类错误的概率分布

资料来源：David Knoke and George W. Bohrnstedt，*Basic Social Statistics*（Itasca，IL：F. E. Peacock Publishers，Inc.，1991），160。

假设我们把 α 分为左尾和右尾两部分，如图 3.5 所示。如果我们设定 $\alpha = 0.05$，那么 $\alpha/2 = 0.025$。要确定致使左尾和右尾面积各占正态分布总面积 2.5％ 的两个临界值 $-Z_{\alpha/2}$ 和 $Z_{\alpha/2}$，首先我们要计算 $0.500\,0 - 0.025\,0 = 0.475\,0$。接下来查附录 C，我们发现与概率值 $0.475\,0$ 相对应的 $Z_{\alpha/2}$ 的取值是 1.96。因为正态曲线是对称的，所以有 $-Z_{\alpha/2} = -1.96$。因此，在标准正态曲线下有 95％ 的面积位于 $-Z_{\alpha/2} = -1.96$ 和 $Z_{\alpha/2} = 1.96$ 之间。共有 5％ 的取值落在更远离均值的双尾。你应该有能力证明在一条正态曲线中有大约 68％ 的变量值落在远离其均值左右各 1 个标准差之内。那么变量值落入距离其均值 $-3 \sim 3$ 个标准差的区间之外的概率又是多少呢？假设一个正态分布，任何观测值落入距离其均值 3 个或以上标准差区间以外的结果确实是罕见的。图 3.5 以图形的形式给我们总结了以上信息。

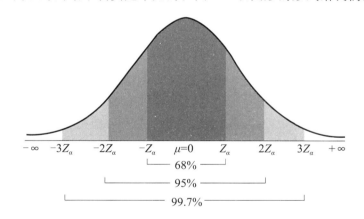

图 3.5　正态曲线下不同 Z 值所对应的面积

资料来源：David Knoke and George W. Bohrnstedt，*Basic Social Statistics*（Itasca，IL：F. E. Peacock Publishers，Inc.，1991），161。

3.5　中心极限定理

正态曲线的一个重要的用途取决于**中心极限定理**（**central limit theorem**），即：

如果包含 N 个观测值的所有可能的随机样本都是从均值为 μ_Y、方差为 σ_Y^2 的任意总体中抽取的，那么随着 N 的增大，这些样本均值将趋近于一个正态分布，其中均值为 μ_Y，方差为 σ_Y^2/N，也就是：

$$\mu_{\bar{Y}} = \mu_Y$$

$$\sigma_{\bar{Y}}^2 = \sigma_Y^2/N$$

中心极限定理表明，对于从某一总体中随机抽取的样本规模都为 N 的所有样本来说，所有这些样本均值的均值，等于这一总体的均值。而且，这一新的假设分布的方差要比原总体方差小得多，仅为总体方差的 $1/N$。此外，无须对总体分布形态做出假设。

所有可能的样本规模为 N 的样本的均值的假设分布称为**样本均值的抽样分布**（sampling distribution of sample means）。样本均值的抽样分布包括了可能从给定的总体中生成的每一个样本规模为 N 的样本的均值。因为任何一个较大总体中都包含着无数个独一无二的样本，所以实际上没有人能计算出构成一个抽样分布的那些均值，因此样本均值的抽样分布依然是一个纯理论构建。但是，由于中心极限定理建立起了两个总体参数（μ_Y 和 σ_Y^2）与抽样分布的均值和方差的关系，抽样分布的图形就恰好被这两个参数所完全确定了。中心极限定理保证了随着样本规模（N）的增大，抽样分布的方差会减小，因此样本均值也就越接近于总体均值。一个抽样分布的标准差叫**标准误**（standard error），它的值就是抽样分布方差的平方根：

$$\sigma_{\bar{Y}} = \frac{\sigma_Y}{\sqrt{N}}$$

知道了不管那些样本所出自的总体如何，样本均值都呈正态分布，并假定样本规模 N 是很大的，我们可以得出一些重要结论。假设我们从某一个 $\mu_Y = 100$、$\sigma_Y = 15$ 的总体中抽取一个样本规模为 $N = 400$ 个观测值的随机样本，根据上述公式，样本规模为 400 的样本均值的抽样分布的标准误是：

$$\sigma_{\bar{Y}} = \frac{15}{\sqrt{400}} = 0.75$$

根据我们对正态曲线的理解，我们知道，所有样本均值中有 95％ 的样本均值会落在距离总体均值 ±1.96 个标准误的范围内。因此在这个例子中会有 95％ 的样本均值落在 98.53 和 101.47 之间——100±1.96×0.75 的区间内。中心极限定理使我们确信：第一，随机样本的均值应该等于总体的均值（100）；第二，只有 5％ 的样本均值会落在从 98.53 到 101.47 的区间之外。假设我们把样本规模从 400 增至 1 000，此时的标准误甚至会变得更小，具体为：

$$\sigma_{\bar{Y}} = \frac{15}{\sqrt{1\,000}} = 0.47$$

那么，这个抽样分布中有 95％ 的样本均值会落在 99.08 和 100.92 之间，即 100±1.96×0.47 的区间内。因此平均有 1/20 的样本均值会落在这个区间之外。对于任何样本规模为 1 000 的随机样本，我们很有把握它将给予我们一个关于样本所出自的总体的均值的很准确的估计值。

尽管中心极限定理适用于一个大的样本规模 N，但我们无法准确地指出一个样本究竟应该多大。有些教材推荐 30 个观测值，另一些则建议要 100 个。我们基于经验建议，当样本规模大于或等于 100 时，样本均值的抽样分布就非常接近一个正态分布了。然而，当样本规模小于或等于 30 时，我们则难以假定一个正态抽样分布。当样本规模为 30～100 时，除非潜在的总体有一个极为奇怪的分布形态，否则一般情况下研究者可以谨慎地假定中心极限定理是适用的。

3.6 点估计和置信区间

中心极限定理有一个重要的推论：一个随机样本的均值（$\bar{Y}$）是其所在总体的均值 μ_Y 最好的单一估计值。由于只有一个单一值被估计，所以这个样本均值是对总体均值的一个**点估计**（point estimate）。我们也可以围绕这个估计值构建一个**置信区间**（confidence interval），从而允许我们表示在何种程度上相信这个区间包含真正的总体均值。（一个区间可能包含也可能不包含总体参数，但由于我们并不能确切知道那个值究竟是多少，我们只能塑造一个关于那个参数出现在哪里的最佳猜测的判断。） *82*

再一次，依据中心极限定理，我们可以利用正态曲线构建一个拥有特定概率 α 的置信区间。计算一个 α 水平置信区间的上、下限的公式是：

$$\bar{Y} \pm (Z_{\alpha/2})(\sigma_{\bar{Y}})$$

可见，**置信上限**（upper confidence limit，UCL）就是将样本均值加上临界值（$Z_{\alpha/2}$）和标准误的乘积，**置信下限**（lower confidence limit，LCL）就是用样本均值减去上述乘积。例如，我们设定 $\alpha = 0.05$，那么使正态分布两侧尾部各占总面积 2.5% 的临界值 $Z_{\alpha/2}$ 为 -1.96 和 1.96。由此我们可以预期以样本均值左右两边各 1.96 个标准误为边界的区间有 95% 的可能性包含总体均值 μ_Y。对于一个 95% 的置信区间，其置信下限是 $\bar{Y} - 1.96\sigma_Y$，置信上限是 $\bar{Y} + 1.96\sigma_Y$。同理，对于一个 68.26% 的置信区间，其置信下限和置信上限分别为 $\bar{Y} - 2.58\sigma_Y$ 和 $\bar{Y} + 2.58\sigma_Y$。对于一个 99% 的置信区间，其置信下限是 $\bar{Y} - 2.58\sigma_Y$，置信上限是 $\bar{Y} + 2.58\sigma_Y$。α 取值越小，置信区间就越大。

上文介绍的符号 $Z_{\alpha/2}$，现在可以更精确地定义。在附录 C 中，$Z_{\alpha/2}$ 就是截取正态曲线的右尾使其面积等于 $\alpha/2$ 时所对应的值。如果有 95% 的把握相信一个给定的区间包含 μ_Y，那么就意味着这里的 α 值为 0.05，$\alpha/2$ 等于 0.025。正如 3.5 节所示，$Z_{\alpha/2} = \pm 1.96$ 给出了包含一个特定的 σ_Y 值的确切区间。

解释置信区间时要谨慎。研究者要得出结论认为有 95% 的把握相信一个给定的区间包含总体均值是很冒险的。事实上，在一个置信区间被构建起来之后，它包含总体均值的概率要么是 1.00，要么是 0.00，而这取决于总体均值实际上到底是落在这一区间内还是落在区间外。随着我们对置信区间的重复构建，我们能够得出结论，这些区间中有 95% 的可能性会包含总体均值。

图 3.6 举例说明了置信区间的概念。在图中，竖直的实线代表的是真正的总体均值，它是一个常量（在这个例子中均值 $\mu_Y = 50.5$），那些水平线段代表我们围绕着 15 个不同的随机样本的样本均值所构建的不同置信区间。所有线段，除了其中 2 条（从上往下数第 5 条和第 14 条）之外，都包含总体均值 μ_Y。如果我们有能力对每一个样本规模为 N 的可能的样本构建置信区间，我们就可以发现它们之中有 $100\% - \alpha$ 的区间包含总体均值，并且只有 α 的区间不包含总体均值。 *83*

一般来说，对于给定的置信区间，样本规模越大，所产生的围绕样本均值的区间就越小。假设我们已知 $\sigma_Y = 15$，并观测到一个样本规模为 $N = 100$ 的随机样本的均值为 $\bar{Y} = 51.0$。要想有 95% 的把握相信一个特定区间包含总体均值，这个区间的范围应该在置信下限 $= 51.0 - 1.96 \times (15/\sqrt{100}) = 48.06$ 和置信上限 $= 51.0 + 1.96 \times (15/\sqrt{100}) = 53.94$ 之间。假设我们观测到一个样本规模为 $N = 500$ 的随机样本的均值为 $\bar{Y} = 51.0$，对于这样的样本，95% 的置信区间的范围在下限 $= 51.0 - 1.96 \times (15/\sqrt{500}) =$

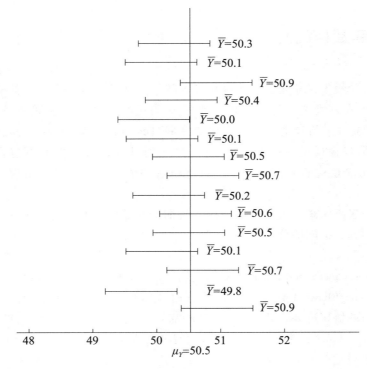

图 3.6　置信区间的概念示例

资料来源：David Knoke and George W. Bohrnstedt, *Basic Social Statistics* (Itasca, IL: F. E. Peacock Publishers, Inc., 1991), 167。

49.69 和上限＝51.0＋1.96×（15/$\sqrt{500}$）＝52.31 之间。因此，对于一个给定的显著性水平 α，随着样本规模增大，置信区间的范围会减小。

要围绕一个样本均值构建一个置信区间，三个假设是必不可少的：（1）估计 μ_Y 时所用样本是随机抽取的；（2）样本规模 N "足够大"（至少要大于 30）；（3）总体方差（σ_Y^2）已知，这样标准误（σ_Y）就可以被计算出来。大多数情况下第三个假设无法得到满足。很显然，如果我们已知总体方差（σ_Y^2），那就不用再去分析样本数据了。大多数情况下，我们不知道总体参数，因此必须通过样本证据来估计这些参数的可能值。当样本规模 N 足够大时，一个好的对抽样分布的标准误的估计值可以利用样本的标准差（s_Y）得出。在 σ_Y 上面加一个插入符号（ˆ）表示它是一个估计值：

$$\hat{\sigma}_Y = \frac{s_Y}{\sqrt{N}}$$

在表 2.3 中，GSS 样本数据提供了一个对受教育年限均值的样本估计值，为 13.25 年，样本的标准差是 2.93，这些统计量是基于样本规模为 2 820 个受访者的样本计算得出的。将这些样本统计量代入上面的公式，就产生了一个标准误的估计值 $\hat{\sigma}_Y = 2.93/\sqrt{2\,820} = 2.93/53.10 = 0.055$。置信区间被两个临界值 13.25±1.96×0.055 所界定，有 95% 的概率包含总体均值。可以计算出这个区间的置信上限（UCL）是 13.36 年，置信下限（LCL）是 13.14 年。那么 99% 的置信区间的上、下限是多少呢？这个很大的样本强调了样本规模 N 在做出判断时的重要性，同时产生了一个与样本标准差的关系很小的置信区间。为了增强置信区间包含总体参数的把握，唯一切实可行的办法就是通过设置一个更小的 α 值来扩大置信区间的范围。

中心极限定理的另一个重要应用，是确定一个样本达到估计总体均值的某个特定水平的精确度所必需的样本规模。对于大样本，假设其总体符合正态分布，则有：

$$p\left(\left|\frac{\overline{Y}-\mu_Y}{\sigma_{\overline{Y}}}\right| \leqslant Z_{a/2}\right) = p\left(\left|\frac{k\sigma_Y}{\sigma_{\overline{Y}}}\right| \leqslant Z_{a/2}\right) = 1-\alpha$$

这个表达式说明，样本均值和总体均值之间的差异小于 k 个标准差的概率近似等于 $1-\alpha$。如果我们仅仅需要一个不超过 0.25 个标准差的精确度，那么在 $\alpha = 0.05$（因此，$Z_{a/2} = \pm 1.96$）的显著性水平上， *85* 解上述求 N 的公式可得到如下结果：

$$\frac{k\sigma_Y}{\sigma_{\overline{Y}}} = Z_{a/2}$$

$$\frac{0.25\sigma_Y}{\sigma_Y/\sqrt{N}} = 1.96$$

$$0.25\sqrt{N} = 1.96$$

$$N = \left(\frac{1.96}{0.25}\right)^2 = 61.47 \text{ 个个案}$$

也就是说，至少需要 62 个个案。要将精确度提高到小于 0.1 个标准差的水平，那么样本规模 N 必须增加到至少有 385 个观测值。

3.7 t 分布

在之前的例子中，我们假设抽样分布的标准误（$\sigma_{\overline{Y}}$）已知。幸运的是，另一种理论分布——**t 分布（t distribution）**，不需要我们知道标准误。有时 t 分布也被称为"学生分布"（Student's t），这是因为第一次应用这个分布解决重要问题的人威廉·戈塞（W. S. Gossett），在他的 1908 年那篇文章中署名为"Student"。（为了保护商业机密，戈塞的雇主，一个啤酒厂主阻止其公开发表这个发现。）**t 变量或 t 值（t variable/t score）**的表达式为：

$$t = \frac{\overline{Y}-\mu_Y}{s_Y/\sqrt{N}}$$

式中，$s_Y/\sqrt{N}$ 表示用样本标准差和样本规模来估计抽样分布的标准误。在做出推论时，t 值和 Z 值的相似性很明显。唯一的区别在于，t 分布中使用了样本标准差（s_Y）；而 Z 分布则假设总体的标准差（σ_Y）是已知的，而这正如我们之前提过的，通常是无法满足的。

每个 t 分布的形态因样本规模和样本标准差而不同。就像通过 Z 值转换的正态分布，所有 t 分布也都是均值为 0 的钟形对称分布。但是，t 分布和正态分布有两个很重要的区别。首先，用 t 分布进行假设检验时，我们要求样本是从一个符合正态分布的总体中抽取出来的。然而如果无法满足这个条件，其对 t 值的估算只有很小的影响。因此，除非我们能确定样本所出自的潜在的总体的分布极其非正态 *86* （与正态分布相差很远），否则一般情况下我们都可以用 t 分布，即使样本规模 N 较小。

其次，对于一个给定的样本规模，t 分布有一个比正态 Z 分布的方差更大的方差。因此，t 分布的标准误比标准正态分布或 Z 曲线的标准误大（见图 3.7）。当然这个结论也需要验证。当样本规模 N 增大的时候（比如从 30 个到 100 个个案或者更多个的范围），t 分布的形态越发趋于正态 Z 分布。当样本规模 N 很大的时候，两个分布得到的概率统计结果几乎是一样的。你可以通过比较附录 C 中 Z 值所对应的概率与附录 D 中当 $N=\infty$ 时的 t 值，来检验它们的收敛性。与 Z 分布相比，当样本规模 N 较小时，更多的样本值落在 t 分布的尾部，如图 3.7 所示。换言之，t 分布比 Z 分布的尾部面积更大一些。因此，当设定 α 值时，如 0.01，得到的 t_α 值总是比 Z_α 值要大（或 $t_{\alpha/2}$ 比 $Z_{\alpha/2}$ 大）。

87　　　在 2.5.4 节中我们知道，样本方差（s_Y^2）表达式的分母中包含常量 $N-1$。因此，这个数值是在每一个 t 分布中的一个参数。它被称为**自由度（degrees of freedom）**，用符号 df 或者 ν 表示。自由度的概念来自一个限制，即与均值的所有离差的总和必须等于 0（见 2.5.3 节）。尽管你可以武断地赋值给其中的 $N-1$ 个离差，但最后一个离差的值将完全取决于你的其他选择，也就是说，这个最终的值是不能自由变化的。举例来讲，如果你知道了四个观测值的均值为 8，而且这些观测值中的三个分别是 4、7 和 9，那么第四个观测值就一定是 12。一旦均值和前 $N-1$ 个值被确定了，第 N 个值就被彻底限定了。对于一组给定的与均值的 N 个离差，它们中的 $N-1$ 个可以被假定为任意值，但是与一个给定的均值的第 N 个离差的值则没有变化的自由。因此，对于一个包含 N 个观测值的样本的 t 分布，其自由度是 $N-1$。

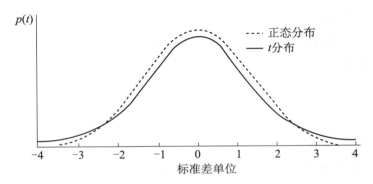

图 3.7　比较自由度为 4 的 t 分布与标准正态分布

资料来源：David Knoke and George W. Bohrnstedt，*Basic Social Statistics*（Itasca，IL：F. E. Peacock Publishers，Inc.，1991），169。

　　　所有 t 分布是一条对称的钟形曲线，且均值为 0，其标准误随总体标准差和自由度的变化而变化。自由度越小，曲线就越平缓。图 3.7 呈现的是一个自由度为 4 的 t 分布同一个标准正态分布的对比。由于当样本规模 N 很大的时候（大于 100 个个案），t 值和 Z 值近似相等，我们常用 t 值来由样本均值推论总体均值。许多公开发表的研究都运用 t 分布进行总体均值的推论。如果要在样本规模 N 较小时运用 t 分布，就要求一个正态分布的总体并进行随机抽样。然而，除非总体分布极其非正态，否则违背这个假设不会造成严重的推论问题。

　　　运用下面的公式，可以构造一个有 $1-\alpha$ 的信心的围绕样本均值点估计的置信区间：

$$\overline{Y} \pm (t_{\alpha/2})(s_Y/\sqrt{N})$$

首先我们要选择一个合适的置信水平，以此来确定 α 的值。例如，如果我们希望得到一个置信水平为 99% 的置信区间，则 $\alpha=0.01$。然后在附录 D 标有"双尾检验"的行的条目中，找到指定的 α 水平（在本例中，0.01 在表中的第六列上面）。沿着这一列继续往下查找，直至找到与样本自由度 df 相同的那一行，两者的交点所对应的值就是确定 α 水平的置信区间所需的 t 的临界值。我们将这一临界值和样本标准差、样本规模代入上面置信区间的表达式，然后计算置信上限和置信下限。假设样本均值的点估计值为 $\overline{Y}=46$，样本标准差 $s_Y=12$，样本规模 $N=23$，显著性水平 $\alpha=0.05$。当自由度为 $df=23-1=22$ 时，从附录 D 中查出的对应的 t 的临界值为 2.074。因此，可以算出置信上限 $=46+2.074\times$

$(12/\sqrt{23})=51.2$，置信下限$=46-2.074\times(12/\sqrt{23})=40.8$。

3.8　假设检验

3.8.1　零假设

假设我们抽取了一个包含多个观测值的样本，发现有两个变量是相关的。我们想知道，在样本数据所取自的总体中，我们关于这个关系的这一结论是否也成立。统计推论的一个基本问题就是：在样本数据中表现出相关的两个变量在其所出自的总体中不相关的概率有多大？如果我们可以说明这个概率很高，那么即使两个变量在样本中是相关的，我们也很难得出这两个变量在总体中也相关的结论。如果关系来自随机抽取的观测值而不存在于总体中的概率很小（比如小于 5% 或者 1%），那么我们将决定两个变量相关的这个假设应该被接受。

相较于更大的样本，当样本规模较小时，总体中不存在相关关系却在样本中观测到一个相关关系的概率要更高。例如，假设一个包含 1 000 个个案的总体，其中一对变量之间没有相关关系。我们从一个由 900 个观测值组成的样本中发现这两个变量相关的可能性，远小于我们在一个只有 50 个观测值组成的样本中发现这种相关的可能性。反过来，如果一个总体中确实存在一个关系，那么我们从一个较大的样本中观测到样本变量值显示出这种关系的概率，远大于从较小样本中观测到的概率。

假定我们有这样一个假设：在一个感兴趣的总体（如美国成年人）中有两个变量（如投票与受教育年限）是相关的。确定这两个变量在总体中是否相关的一种途径，是运用样本观测值去检验"它们是不相关的"这一假设（见第 1 章）。做检验的方式，是提出一个**零假设（null hypothesis）**，即在总体中，两个变量之间不存在关系。这种表述与基于某种理论或是过去研究提出一种两个变量之间的期望关系的**研究假设（research hypothesis）**正好相反。作为社会科学家，尽管我们坚信研究假设是正确的，但实际上我们仍要对零假设进行统计推论检验。因为我们希望说明这个假设是错误的。换句话说，我们更愿意"否定"这个假设。这就涉及推论的基本问题：两个变量在总体中不存在关系，却在出自这个总体的样本数据中发现有关系的概率是多少？这一研究假设可以被重新表述为零假设，用符号 H_0 来表示（在这个符号中，下标 0 代表"零"）：

H_0：投票与受教育年限无关。

我们真正期望证明的是，这个零假设对美国成年人这一总体来说是不成立的。如果这个概率很小——本可以作为这样一个总体的随机抽样结果而产生的样本证据——小于 0.05（或者说，小于 1/20），那么我们就拒绝这个零假设。得出 H_0 是错误的结论，我们就接受了它的备择假设——表示两个变量事实上在总体中是共变的研究假设（用符号 H_1 表示）。

H_1：投票与受教育年限相关。

从科学的角度来看，接受**备择假设（alternative hypothesis）**是有条件的，因为社会关系的真相只能通过拒绝虚假的假设来间接评估。

下面我们再举一个零假设的例子，考虑研究社会阶层与社会疏离感的关系。如果你认为这两个变量之间存在一定的关系，比如工人阶层相比中产阶层有更强的社会疏离感，那么你可以用下列形式建立一个研究假设：

H$_1$：社会阶层越高，社会疏离感就会越弱。

然而，在通过从某个总体中抽取的随机样本来检验这个假设的时候，你会将这个研究假设重申为一个零假设，两个变量在其中不是共变的：

H$_0$：社会阶层与社会疏离感不相关。

注意，零假设与研究假设都与你真正期望证明的结论——不同的社会阶层有着不同的社会疏离感水平——一致。你希望通过拒绝零假设，从而使你所认为的存在于阶层和疏离感之间的原本的社会关系更加可信。

如果研究假设是正确的，那么你将在样本中找到允许你拒绝零假设的证据。另外，如果社会阶层与社会疏离感真是不相关的——如一些研究提到的——那么你的样本数据将会不足以拒绝这个零假设。你会得出结论，你最初的研究假设可能是不正确的。然而，这个结论总是带有错误的可能性。我们接下来将讨论判定得出错误结论的概率水平的程序。

3.8.2　第一类错误与第二类错误

每当我们处理概率问题的时候，我们都冒着做出错误决定的风险。否则，我们所处理的就是确定性了，而这是永远不可能的。拒绝一个零假设的**概率水平**（**probability/alpha/α level**）通常设定为0.05（即 1/20）或者更低。通过在开始检验数据之前设定这个 α 水平，我们谨慎地选择了所要冒的一个给定的风险——做出从样本关系到总体关系的错误推论的风险。

在做推论的时候，我们可能会犯两种不同类型的判断错误。第一种类型是，基于显著性检验的结果，我们可能会拒绝一个事实上是正确的零假设。也就是说，当两个变量在总体中事实上是不相关的时候，我们可能会基于样本结果拒绝两个变量是不相关的假设。换而言之，如果我们已知关于总体的真实情况，我们就不会拒绝零假设，但不幸的是，我们的确拒绝了零假设，并因此犯了一个错误。这样的一个错误，仅当我们抽取的样本包含许多在其所出自的总体中最偏离的观测值的时候，才偶然出现。即使抽样是随机进行的，一个研究者所选择的样本中的变量，也有可能表现出与其在总体中的关系完全不同的关系。如果零假设 H$_0$ 在总体中事实上是正确的，而我们却得出它是错误的结论，我们就犯了**第一类错误**（**Type I error**），或**弃真错误**（**false rejection error**）。犯这种错误的可能性与我们为拒绝零假设所设定的概率水平（α）相同。因此第一类错误也称为 α 错误。

第二类错误（**Type II error**），也可以称为**纳伪错误**（**false acceptance error**）。这种错误发生在与第一类错误相反的情况下：尽管零假设实际上是错误的，但我们无法基于样本数据来拒绝它。这一类决策错误又被称为 β 错误。专栏 3.2 中给出了一些区分这两类错误的方法。

犯第二类错误的概率，不能简单地用 1.0 减去犯第一类错误的概率来得到。也就是说，如果 α 是0.05，那么 β 并不是 1.0－0.05＝0.95。其实际情况远比这要复杂。关于如何得出犯第二类错误的概率的讨论，将使我们陷入对统计检验的"效力"的长时间讨论，而且将使我们远离介绍显著性检验之基础的直接目的。

专栏 3.2 _____

记住第一类错误和第二类错误

第一类错误和第二类错误很容易混淆，记住下面的表格有助于区分它们。

基于抽样结果做出的决策

		拒绝零假设	不拒绝零假设
零假设在样本所出自的总体中是	正确的	第一类错误或弃真错误（α）	正确的决策
	错误的	正确的决策	第二类错误或纳伪错误（β）

尽管第一类错误与第二类错误之间不存在简单的数学关系，但重要的是要注意它们之间是相互关联的。降低犯弃真错误的潜在可能性——将 α 设定在一个非常低的水平，比如 0.001——会导致犯纳伪错误的风险增加。弥补纳伪错误的标准方法有两种：（1）增加样本规模，以降低由样本数据推论总体关系的抽样误差；（2）用其他的独立抽取的样本重复进行计算，以相互一致的研究结果来增强我们对所得结论的信心。

3.9　单均值的假设检验

3.9.1　单均值假设检验的例子

我们以一个比较人为的例子来展示单均值的假设检验。这个例子是人为构造的，因为社会科学理论通常不够精确，不足以提供两个明确的竞争性假设。然而，这个例子有助于我们理解在其他情况下难以展示的假设检验的一些重要特征。假定我们基于之前两项调查建立了两个竞争性假设，以显示美国人每天看电视的小时数有所不同。假定一个调查结果显示美国人每天花 2.7 小时看电视，而另一个与其不相关的调查结果显示美国人每天花 2.9 小时看电视。零假设与备择假设就可以表述如下：

$$H_0 : \mu_Y = 2.7$$
$$H_1 : \mu_Y = 2.9$$

（在这个例子中，关于哪个结果是零假设以及哪个是备择假设的决策，显然是任意的。）现在，我们用 1998 年 GSS 数据来判定是否能拒绝 H_0。我们使用 t 检验来评估零假设 H_0。

假设我们将 α 设定为 0.05。使用附录 D 并借助于单尾检验，只有当观测到的 t 值大于或等于 1.645 时，才能拒绝 H_0。我们可以使用这些信息来看观测到的均值必须有多大才能拒绝 H_0。一般而言，对于单均值的假设检验，我们使用下面的公式：

$$t = \frac{\bar{Y} - \mu_{Y_0}}{s_Y / \sqrt{N}}$$

式中，μ_{Y_0} 是零假设下所假定的均值。使用 1998 年 GSS 数据，我们发现当样本规模 $N = 2\,337$ 时，$s_Y = 2.25$。因此，样本均值的抽样分布的标准误的估计值是 $s_Y / \sqrt{N} = 0.047$。为了确定当 $\alpha = 0.05$ 时 $\bar{Y}$ 必须有多大才能拒绝 H_0，我们可以将这些数字代入上面的公式：

$$1.645 = \frac{\bar{Y} - 2.7}{0.047}$$

92

解 $\bar{Y}$，我们得到 $\bar{Y} = 2.78$，这就是零假设检验的临界值（c. v.）。也就是说，如果 $\bar{Y} \geqslant 2.78$，我们就拒绝零假设 H_0，接受备择假设 H_1，参见图 3.8。

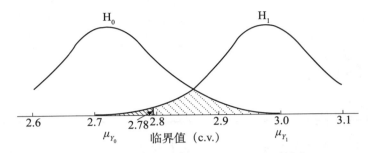

图 **3.8** 每天看电视小时数的单均值假设检验

注意，在此有两个独立的抽样分布，左侧的是当 H_0 正确时在零假设之下的分布，右侧的是当 H_1 正确时在备择假设之下的分布。在零假设之下的分布中，尾部的阴影面积，或者说犯弃真错误的概率为 $\alpha = 0.05$（见专栏 3.2）。但在此犯第二类错误的概率，或者说犯纳伪错误的概率也可以算出来。它是当 H_1 正确时，在备择假设下的抽样分布的左尾的交叉阴影面积。这是当 H_1 正确时错误地接受 H_0 的概率。计算这个概率的公式如下：

$$t = \frac{\text{c. v.} - \mu_{Y_1}}{s_Y / \sqrt{N}}$$

式中，μ_{Y_1} 是备择假设下所假定的均值。要计算这个例子中的 β 值，我们先将 c. v. $= 2.78$、$\mu_{Y_1} = 2.90$ 以及标准误的估计值 0.047 代入上式，得到 t 值：

$$t = \frac{2.78 - 2.90}{0.047} = -2.55$$

然后我们查附录 D 来进行单尾检验（使用自由度为 ∞ 的行），可知从 $-\infty$ 到 -2.55 的概率是 0.005。也就是说，当备择假设 H_1 事实上正确时，每 1 000 次试验中大致有 5 次错误地接受了零假设 H_0。$1 - \beta$ 这个概率被称为**检验效力（power of the test）**，它是当 H_0 错误时，正确地拒绝 H_0 的概率。在我们的例子中，检验效力是 $1 - 0.005 = 0.995$，也就是说，当 H_1 正确时，我们在超过 99.5% 的大多数时间会正确地拒绝 H_0。

我们将不再吊你的胃口了。在 1998 年 GSS 数据中，2 337 名受访者平均每天看电视的时间为 2.86 小时。因此，由于临界值 c. v. $= 2.78$，我们拒绝了"平均每天看电视时间为 2.7 小时"的零假设，相反，我们接受了备择假设，即美国人平均每天看电视的时间为 2.9 小时。

正如前文所述，这个例子是人为虚构的，因为它假定在零假设和备择假设中至少有一个是真实的。当然，在所有的可能性中，很可能一个正确的也没有。实际上，还有一个选择，即有待于更进一步研究的**悬置判断（suspending judgment）**。然而，这个例子确实证明，如果一个研究者能举出两个明确的竞争性假设，那么他就能计算出犯第二类错误的概率以及检验效力。专栏 3.3 总结了有两个明确假设的一个单均值检验的步骤。

我们的例子还可以说明很重要的一点——通过简单地增减样本规模可以改变检验效力。例如，假设样本规模 N 不是 2 337 而是 40。那么标准误就由 0.047 增大为 $2.25 / \sqrt{40} = 0.356$。你可以轻松地自己证明，在这个例子中，观测到的均值的临界值为 $\bar{Y} = 3.29$。在备择假设 H_1 之下，这会生成一个 1.10 的 t 值，其中的 β 值是查看附录 D（使用自由度为 ∞ 的行）得出的，表示从 1.282 到 ∞ 的概率是

0.10。因此，当把样本规模从 2 337 减少为 40 时，检验效力 $1-\beta$ 就从 0.995 减小到 0.900。也就是说 当样本规模为 40 且零假设错误时，一个研究者在 100 次试验中只有 90 次会正确地拒绝零假设。此外，如果备择假设是正确的，一个研究者在 100 次试验中会有 10 次错误地接受了零假设（即犯第二类错误）。这个例子清楚地显示，使用一个较大规模的样本，可以显著提高检验效力并减少犯纳伪错误的可能性。

专栏 3. 3 _____

对有两个明确假设的均值检验的步骤总结

第一步，为零假设设定 α 水平（犯第一类错误或者弃真错误的概率）。

第二步，查附录 D，以确定在零假设之下 t 值必须有多大才能拒绝 H_0。

第三步，确定临界值。用 $s_Y/\sqrt{N}$ 来估计数据抽样分布的标准误，再用计算 t 值的公式中的 μ_0，确定拒绝 H_0 的临界值（c. v.）。

第四步，计算 β 值。用标准误的估计值和在检验统计的公式中，备择假设 H_1 之下假定为真的均值来计算 β（犯第二类错误或者纳伪错误的概率）。

第五步，将观测到的样本均值与临界值进行比较，决定是否拒绝零假设 H_0。

_____

3.9.2 单均值的单尾检验

假设我们对美国成年人读报的频繁程度很感兴趣，并对男性与女性相比在读报习惯上的差异尤为好奇。在 1998 年 GSS 中我们向受访者询问了他们读报的频繁程度，并将其回答记录在一个 5 点量表上："每天（编码为 1），每周几次（编码为 2），每周一次（编码为 3），少于每周一次（编码为 4），从不（编码为 5）。"在 1998 年 GSS 中，女性（$N=1\,059$）所回答的均值为 2.26，暗示女性读报的频率介于"每周几次"与"少于每周一次"之间。因为我们推测男性与女性相比，更有可能在外工作，所以我们假定，由于工作相关原因，男性读报的频率可能比女性更高。因此，我们的零假设和备择假设为：

$$H_0 : \mu_Y \geqslant 2.26$$
$$H_1 : \mu_Y < 2.26$$

我们可以用 1998 年 GSS 数据检验零假设，以确定是否能拒绝 H_0 而接受 H_1。首先，我们挑选 811 名回答读报频率问题的男性受访者。然后我们用 t **检验**（t **test**）来检验 H_0。该检验的自由度为 $N-1=$ $811-1=810$。因为备择假设在一个方向上是不准确的，所以拒绝零假设的唯一依据是样本均值小于假设的参数 2.26（记住此变量的取值越小，意味着读报越频繁）。由于这个备择假设将整个拒绝域（α）集中到了抽样分布的一尾。因此，带有这种形式的备择假设的检验被称为**单尾假设检验**（one-tailed hypothesis test）。

假设我们设定 $\alpha=0.05$。当 α 全部位于抽样分布的左尾、自由度为 810 时，t 值为 -1.645（使用附录 D 中自由度为 ∞ 的行作为近似值）。由样本数据算出的检验统计量的值必须要小于 -1.645（即在负方向上更大），才能拒绝 H_0。一个单均值假设检验的一般公式是：

$$t = \frac{\overline{Y} - \mu_{Y_0}}{s_Y/\sqrt{N}}$$

式中，$\bar{Y}$ 是样本均值，μ_{Y_0} 是零假设 H_0 之下假定的均值，$s_Y/\sqrt{N}$ 是抽样分布的标准误的估计值。在 1998 年 GSS 中，男性读报的平均频率为 $\bar{Y}=2.08$，$s_Y=1.27$。因此，这一检验的 t 值为：

$$t_{810} = \frac{2.08-2.26}{1.27/\sqrt{811}} = -4.04$$

我们用 t 的下标表示自由度。因为 $t=-4.04$，很明显它小于 -1.645，而且男女之间的读报习惯差异大到足以支持备择假设，拒绝零假设。因此，我们得出结论，男性读报确实比女性更频繁。专栏 3.4 显示了对带有不定向备择假设的单均值的零假设进行统计检验的步骤。统计显著性检验程序与本章所用的统计方法基本类似。因此，你应该记住该专栏中的步骤。

如 3.9.1 节所述，在社会科学中，精确的假设很少能被阐述为令人信服的理论检验。因此，假设检验通常只能为研究者的实质性假设提供一个乏力的分析。通过选择一个足够大的样本规模 N（就像上述例子一样），一个研究者可以将抽样分布的标准误的估计值降低到很小（因为 $\hat{\sigma}_Y = s_Y/\sqrt{N}$）。因此，几乎任何零假设都可以被拒绝——几乎找不到一个令人鼓舞的基础以建立一门复杂科学。鉴于统计显著性检验的弱点，我们强调估计在由样本统计量到总体参数的统计推论中的重要性。在检验一个假设之后，我们建议使用样本均值作为围绕其构建置信区间的点估计值，在这个例子中，当样本规模 $N=881$ 时，给定 $\bar{Y}=2.08$，$s_Y=1.27$，则置信水平为 99% 的置信区间为：

$$2.08 \pm 2.576 \times (1.27/\sqrt{811})$$

或者说置信下限 LCL=1.96，置信上限 UCL=2.20。平均而言，取自置信区间的 100 个样本中将有 99 个包含男性读报频率参数。

97 **专栏 3.4**

统计显著性检验的步骤

第一步，以统计上的备择假设的形式提出研究者认为正确的研究假设（H_1）。

第二步，提出你期望拒绝的统计上的零假设（H_0）。

第三步，为零假设选定一个概率水平 α（犯第一类错误的概率或者说犯弃真错误的概率）。

第四步，查表确定为了在 α 水平上拒绝零假设，检验统计量的值必须有多大。这个值就是该检验统计量的临界值（c.v.）。

第五步，将样本描述统计量输入适当公式中，计算检验统计量。

第六步，比较检验统计量与临界值。如果检验统计量大于或等于临界值，则拒绝零假设，这时犯第一类错误（弃真错误）的概率为 α。如果检验统计量小于临界值，则不拒绝零假设，这时犯第二类错误（纳伪错误）的概率为 β。

3.9.3 单均值的双尾检验

社会研究者对他们的备择假设通常仅有模糊的想法。尽管零假设 H_0 是明确表述的，但它可能被更大或更小的样本均值所拒绝。在这种情况下，**双尾假设检验（two-tailed hypothesis test）**是一个合适的程序。在双尾检验中，备择假设是不明确的，也没有一个确定的方向。这种形式的备择假设 H_1 允许人们不知道总体参数是否大于或小于零假设的确切值。

假设我们不确定人们与其父母相比，如何看待自己的生活水平。1998 年 GSS 以一个 5 点量表记录了人们对此问题的回答，从"差多了"（编码为 5）到"好多了"（编码为 1）划分为 5 个等级。鉴于没有先验知识，我们猜测受访者倾向于选择量表的中间点，即"几乎一样"（编码为 3），但我们不知道总体回答是否会更高或更低。因此，我们最好的备择假设是，简单地假设均值的总体参数是不为 3.00 的某个值。这两个统计假设可以更正式地表述如下：

$$H_0 : \mu_Y = 3.00$$
$$H_1 : \mu_Y \neq 3.00$$

这种统计检验是双尾的，因为犯第一类错误的概率必须在抽样分布的左、右尾均等分布。在这种意义上，一个双尾检验类似于在零假设之下，围绕假定的均值构造一个置信区间。（当然，这个置信区间是围绕一个样本均值，而非一个总体参数构造的。）

正如在所有的显著性检验中一样，首先要选择一个 α 水平，在这个例子中是 0.001。然后可以从适当的附录中查得检验统计量的临界值。双尾假设检验存在两个临界值：一个在抽样分布的左尾，另一个在右尾。图 3.9 显示了一般情况下的这种关系。对于我们的生活水平均值检验来说，样本规模 $N=$ 1 879，因此自由度为 1 878。样本标准差为 1.10，所以标准误的估计值为 $1.10/\sqrt{1\ 879}=0.025$。附录 D 显示，支持双尾备择假设、拒绝零假设所必需的临界值为 ± 3.291。（专栏 3.5 解释了怎样在单、双尾假设检验中使用附录 D。）因为零假设指定 $\mu_Y = 3.00$，所以两个临界值所定义的拒绝域分别为：LCL＝3.00－3.291×0.025 和 UCL＝3.00＋3.291×0.025，即 2.92 和 3.08。也就是说，如果观测到的样本均值小于 2.92 或大于 3.08，就必须拒绝零假设，支持备择假设。由于 1998 年 GSS 样本均值是 2.19，所以必须拒绝人们感知到的生活水平落在量表中间点这一零假设。相反，总体参数最可能与样本均值 2.19 一样，即与父母相比，接近"稍好"的生活水平。

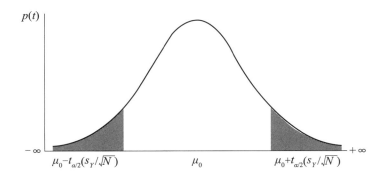

图 3.9　单均值双尾假设检验的 t 分布

资料来源：David Knoke and George W. Bohrnstedt, *Basic Social Statistics* (Itasca, IL: F. E. Peacock Publishers, Inc., 1991), 184。

专栏 3.5

如何使用附录 D 进行单尾和双尾假设检验

附录 D 可用于将犯第一类错误的概率（α）全部置于 t 分布的一尾或者分割到左、右尾。要将此概率完全置于右尾，就沿着标有"单尾检验"的这行一直找，直到你找到自己为 α 选择的值；然后，

沿着该 α 水平上的列往下看，找到与自由度 df 相对应的临界值。例如，若 $\alpha=0.05$，$N=31$，要查 t 的临界值，首先从左往右看标有"单尾检验"的行，直到你找到 0.05，然后从它所在的这一列往下看，直到你找到自由度为 $31-1=30$ 的行，此时行与列交点位置上的数值即 t 的临界值。因此，t 的临界值为 1.697。回忆一下，在 Z 分布中，当 $\alpha=0.05$ 时，Z 的临界值为 1.645。这两个临界值之间的差异说明，与当样本规模 N 很大时相比，当样本规模很小时，为了能够拒绝零假设，一个更大的临界值是有必要的。

附录 D 还可用于将犯第一类错误的概率均等分割到一个 t 分布的双尾。这种分割在计算置信区间和进行双尾假设检验的时候尤其有用。例如，若 $\alpha=0.05$，$df=30$，从左往右看标有"双尾检验"的那行，直到你找到 0.05，然后沿着它所在的这一列往下看，直到你找到标有 30 的那一行。在这个例子中，临界值为 2.042。

---

100 尽管假设检验在社会科学中有着悠久传统，但由于实际上任何统计假设都可以通过简单地选择一个足够大的样本规模而被拒绝，所以我们坚信，估计远比假设检验更有用，也更重要。出于此原因，尽管假设检验很普遍，我们仍然总是要求估计置信区间。

围绕 GSS 中人们感知到的生活水平的样本均值 2.19 的 99.9％的置信区间边界为：LCL＝2.19－3.291×0.025＝2.11；UCL＝2.19＋3.291×0.025＝2.27。我们希望你同意，知道真正的总体均值可能介于 2.11 和 2.27 之间，且置信水平为 99.9％，比假设检验的结果——只知道我们必须拒绝总体均值为 3.00 的初始假设——更具信息性。

3.9.4 单尾与双尾假设检验的比较

如果已知条件允许有方向性的备择假设，那么应该使用一个单尾显著性检验。除了当观测到的样本均值落在与预测相反的检验统计量的尾部时以外，与双尾假设检验相比，一个单尾备择假设允许选择一个更强大的统计检验。如果你正确地预测了均值落在 t 分布的哪一尾，一个单尾假设检验会以强大的统计检验奖励你，但如果你的预测结果是错误的，那么你会受到惩罚。不过，如果你有一个方向性的选择，则应使用单尾检验。许多研究者和应用统计学家会质疑这个原则，因为一个单尾检验拒绝零假设所需临界值较小，从而事先就有利于支持拒绝零假设。如果以前的研究结果不明确，这项研究纯粹是探索性的，或者对总体参数的情况不是很了解，则双尾检验更可取。然而，最重要的是，当由样本数据推论总体参数时，总体参数估计应始终与假设检验相结合。

本章所讨论的假设检验涉及的是单均值检验。大多数社会研究者希望比较几个组之间的统计数据。例如，文学艺术、工程学或农学的毕业生，是否赚取更高的起薪？使用避孕套、采用其他预防性措施或完全不采用安全措施的人，艾滋病感染率是否更低？这些问题要求比较两个或者更多样本值，而且要问它们彼此在总体中是否有可能存在显著差异。评估这类问题是接下来一章的主题。

101 ## 3.10 估计量的特性

即使在随机抽样中，偶然因素依然会产生作用，导致某个特定样本的均值与方差的点估计不会与总体值相同。统计推论的基本目标，就是使用样本值作为相应总体参数的估计量。要成为总体参数 θ 的一个好的估计量，样本统计量 $\hat{\theta}$ 就应当满足无偏性、一致性、有效性和充分性。

一个**无偏估计量**（unbiased estimator）的期望值等于总体参数，即：

$$E(\hat{\theta}) = \theta$$

取自同一总体的可能的所有样本规模为 N 的样本估计量的期望值（即均值）等于总体参数。例如，3.5 节的中心极限定理表明 $E(\overline{Y}) = \mu_Y$，因此样本均值 $\overline{Y}$，是总体均值 μ_Y 的一个无偏估计量。相似地，如果我们从一个总体中抽取可能的所有样本规模为 N 的随机样本并计算每个样本的方差，

$$s_Y^2 = \frac{\sum(Y_i - \overline{Y})^2}{N-1}$$

那么这个抽样分布的方差期望值就会等于总体方差，即：

$$E(s_Y^2) = \frac{\sum(Y_i - \overline{Y})^2}{N} = \sigma_Y^2$$

为了产生一个无偏估计量，样本统计量的分母（$N-1$）和总体参数的分母（N）之间的差异是必需的。因为 $E(s_Y^2) = \sigma_Y^2$，所以我们得出结论，样本方差是总体方差的一个无偏估计量。

一个**一致估计量**（consistent estimator）随着样本规模 N 的增大会更接近总体参数。如果 $N \rightarrow \infty$，$E(\hat{\theta} - \theta)^2 \rightarrow 0$，这个样本统计量 $\hat{\theta}$ 就是一个一致估计量。也就是说，随着样本规模 N 接近无穷大，一个样本统计量与一个总体参数之间的差异的方差的期望值接近于 0。样本均值和中位数都是总体均值 μ_Y 的一致估计量：随着样本规模 N 增大，每个抽样分布的方差都将变小。

一个**有效估计量**（efficiency estimator）具有一个在给定的样本规模 N 下，标准误小于任何其他估计量的抽样分布的标准误。也就是说，一个样本统计量与一个总体参数之间差异的方差 $E(\hat{\theta} - \theta)^2$ 尽可能小。我们之前介绍了样本均值的抽样分布的方差是 σ_Y^2/N。对于一个样本规模 N 较大的样本，其中位数的抽样分布的方差是 $(\pi/2)(\sigma_Y^2/N)$。所以，作为 μ_Y 的一个估计量，均值的有效性大约是中位数的 $\pi/2$ 倍。因此，均值是 μ_Y 的更有效的估计量。

最后，如果一个估计量不能通过增加信息来改进，那么这个估计量就是**充分估计量**（sufficient estimator）。这个估计量包含了关于总体参数的所有可获得的信息。对于一个正态分布的变量，其样本均值是总体参数的一个充分估计量。

样本均值（$\overline{Y}$）和样本方差（s_Y^2）是总体均值（μ_Y）和总体方差（σ_Y^2）的无偏、一致、有效和充分估计量。这些特性使其成为推论性分析中必不可少的统计量。

3.11 卡方分布和 F 分布

基于在 3.4 节中已介绍的标准正态分布知识，现在我们将介绍另外两种对接下来几章将要展示的统计显著性检验很有价值的理论概率分布，二者在其构造中都利用了正态分布。

卡方分布（chi-square distribution，χ^2）像正态曲线一样，实际上是一个分布族。每个族成员以其创造时所使用的自由度而区别于其他成员。要建立一个 χ^2 变量，首先是从一个均值为 μ_Y、方差为 σ_Y^2 的正态分布的总体的观测值开始。然后，取一个包含 N 个个案的随机样本，并将每个观测值都转换成标准（Z 值）形式，然后再取平方。对于第 i 个个案来说，

$$Z_i^2 = \frac{(Y_i - \mu_Y)^2}{\sigma_Y^2}$$

这些 Z 值平方之和的分布被称为一个自由度为 N 的卡方分布。构建一个自由度为 1 的卡方分布，就是从正态分布中一次一个地依次抽样以获取个案。一个自由度为 1 的卡方分布可参见图 3.10。卡方分布

是平方后得到的分布，因此它没有负值，但它是严重有偏的，取值范围是 0 到 ∞。因为标准正态分布中的大多数值介于 -1.00 和 1.00 之间，所以自由度为 1 的 χ^2 值大多数小于 1。

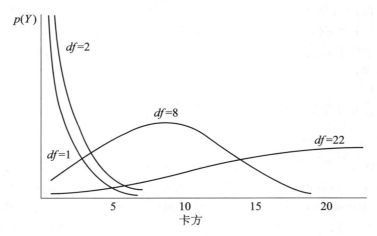

图 3.10 自由度为 1、2、8 和 22 的卡方分布示意图

为了获得自由度为 2 的卡方分布（χ^2_ν，其中下标 ν 表示自由度为 2），从正态分布中独立、随机抽取两个观测值（Y_1 与 Y_2）。再将它们转换为 Z 值，取平方，然后两者相加。因此，第一个和第二个个案相加的值就是：

$$\frac{(Y_1 - \mu_Y)^2}{\sigma_Y^2} + \frac{(Y_2 - \mu_Y)^2}{\sigma_Y^2} = Z_1^2 + Z_2^2$$

从图 3.10 可以看出，这个卡方分布的偏态小了一些，它的值落在 0 和 1.00 之间的概率也更低了。

假设我们通过增加 ν 个独立抽样的 Z 值的平方以继续产生自由度为 ν 的卡方分布。如图 3.10 中自由度为 8 和 22 的卡方分布所示，随着这些新的概率分布的产生，卡方分布逐渐变得更不偏态，且更接近钟形。这个分布族的每个成员的确切形态及位置，只取决于从一个潜在的标准正态分布中所产生的自由度。每个卡方分布的均值是其自由度与 Z 分布的方差（始终为 1；见专栏 2.4）之积。换言之，一个基于 ν 个独立观测值的分布，卡方的均值为其自由度 ν。而且，一个自由度为 ν 的卡方分布的方差始终为 2ν。因此，关于自由度的知识足以完整地详细描述一个给定的卡方分布。第 5 章将展示怎样使用卡方值表得出关于在一个随机抽取的样本所出自的总体中的变量的可能独立性的结论。

第二种非常重要的理论分布是 **F 分布（F distribution）**，以发展了很多重要应用方法的罗纳德·费希尔（Ronald A. Fisher）爵士的名字来命名。研究假设通常涉及由样本数据做出关于两个总体方差相等的推论。F 分布为这些问题提供了一个合适的检验统计量。该分布要求从方差相等（即 $\sigma_{Y_1}^2 = \sigma_{Y_2}^2$）的两个正态总体中随机、独立抽取样本。然后 F 变量就以各自除以其自由度（ν_1 和 ν_2）的两个卡方之比的形式形成了：

$$F = \frac{(\chi_{\nu_1}^2 / \nu_1)}{(\chi_{\nu_2}^2 / \nu_2)}$$

F 分布是非对称的，取值范围是 0 到 ∞（由于两个取平方的卡方值的缘故），而且形态取决于分子和分母中的自由度 ν_1 和 ν_2。在第 4 章中，我们将介绍怎样使用 F 值表基于样本估计量来决定总体方差是否可能相等。

▶ **重要概念和符号回顾**

　　以下是在本章中出现的主要概念。这个列表有助于你回顾本章内容，同时也可以作为一个概念掌握的自测。

推论	随机抽样	概率分布
连续概率分布	总体参数	期望值
概率分布的均值	概率分布的方差	切比雪夫不等式定理
正态分布	拒绝域	临界值
中心极限定理	样本均值的抽样分布	标准误
点估计	置信区间	置信上限（UCL）
置信下限（LCL）	t 分布	t 变量或 t 值
自由度	零假设	研究假设
备择假设	概率（α）水平	第一类错误（弃真错误）
第二类错误（纳伪错误）	检验效力	悬置判断
t 检验	单尾假设检验	双尾假设检验
无偏估计量	一致估计量	有效估计量
充分估计量	卡方分布	F 分布
N	$p(Y_i)$	$E(Y)$
μ_Y	$g(Y)$	σ_Y^2
σ_Y	α	$\alpha/2$
Z_α	$Z_{\alpha/2}$	$\mu_{\bar{Y}}$
$\sigma_{\bar{Y}}^2$	$\hat{\sigma}_{\bar{Y}}$	
t	ν	$df\, t_{\alpha/2}$
H_0	H_1	β
t_β	$1-\beta$	θ
$\hat{\theta}$	χ^2	F
ν_1	ν_2	

105

▶ **习题**

106

普通习题

1. 计算下面概率分布的期望值：

a. Y_i	$p(Y_i)$	b. Y_i	$p(Y_i)$
5	0.15	5	0.20
10	0.25	10	0.30
15	0.05	15	0.15

| 20 | 0.20 | 20 | 0.30 |
| 25 | 0.35 | 25 | 0.05 |

2. 已知一个总体的均值是 50，标准差为 5，但不一定呈正态分布，那么观测值落入区间 40 到 60 的概率为多少？

3. 已知总体 $\sigma_Y = 150$，求下列情况下总体中的标准误：（a）$N = 25$；（b）$N = 36$；（c）$N = 225$。

4. 根据下列 α 求出相应正态分布的 Z 值：

    a. $\alpha = 0.05$，单尾   b. $\alpha = 0.10$，单尾

    c. $\alpha = 0.01$，单尾   d. $\alpha = 0.05$，双尾

    e. $\alpha = 0.08$，双尾   f. $\alpha = 0.15$，双尾

5. 已知下列信息，根据中心极限定理计算抽样分布的均值和标准误：

	μ_Y	σ_Y^2	N
a.	10.5	50	25
b.	50	115	115
c.	25	75	250
d.	12	70	35
e.	100	100	200

6. 已知 $\mu_Y = 75$，$\sigma_Y^2 = 10$，$N = 25$，求出下列情况下的临界值：（a）$\alpha = 0.05$，单尾；（b）$\alpha = 0.01$，双尾。

7. 已知样本规模 $N = 16$，且 $\sigma_Y = 6$，$\bar{Y} = 18$，计算：（a）95％的置信区间的置信下限和置信上限；（b）99％的置信区间的置信上限和置信下限。

8. 检验零假设 $\mu_Y = 75$。已知样本规模 $N = 25$，$\bar{Y} = 81$，$s_Y = 10$，设定 $\alpha = 0.01$，进行单尾检验。给出（a）临界值，（b）自由度，（c）检验统计量的值，（d）结论。

9. 检验零假设 $\mu_Y = 50$。已知样本规模 $N = 36$，$\bar{Y} = 47.5$，$s_Y = 12$，设定 $\alpha = 0.001$，进行双尾检验。给出（a）临界值，（b）自由度，（c）检验统计量的值，（d）结论。

10. 工作 6 个月后，一名美国参议员通过调查 50 名市民对她的公众支持率进行评估。市民的回答表明该议员的平均支持率为 63％，方差为 16。如果该参议员能够接受的最低支持率为 60％以继续她目前的工作，她能够据此得出她的支持率明显高于最低值 60％的结论吗？设定 $\alpha = 0.01$。

需要用到 1998 年 GSS 数据的习题

11. 求 GSS 受访者生育第一胎时年龄（AGEKDBRN）的经验概率分布，并确定出现生育第一胎时的年龄在 28 岁及以上的受访者的概率，比出现生育第一胎时的年龄在 21 岁及以下的受访者的概率更大还是更小。将"不知道""无回答"和"不适用"作为缺失值处理。

12. 检验以下假设：在一个 7 点量表里，受访者所取自的总体中的人希望与邻居共同度过一个"社交夜"的平均意愿（SOCOMMUN）为 4.00 或者更低。设定 $\alpha = 0.01$。将"不知道""无回答"和"不适用"作为缺失值处理。

13. 使用 SPSS 的选择程序筛选出所有女性受访者（SEX＝2），并对人们普遍赞同"若母亲做全职工作，则家庭生活的质量较低"（FAMSUFFR＝2）的零假设进行检验。设定 $\alpha = 0.05$。将"无法选择""无回答"和"不适用"作为缺失值处理。

14. 选择所有做全职工作（WRKSTAT＝1）的男性（SEX＝1），检验零假设：在过去的 12 个月中他们自愿为慈善组织工作的平均次数（VOLWKCHR）是 2.00 次或更高。设定 $\alpha=0.01$。将"无法选择""无回答"和"不适用"作为缺失值处理。

108

15. 艺术博物馆的一名教育和社区项目的主管认为，年老的居民往往认为现代绘画并不能反映才能，因为每个人都能够在帆布上画上两笔。选取年龄在 75 岁及以上的受访者（AGE GE 75）对该观点进行评估并检验零假设，即人们对 MODPAINT 的回答的均值大于 2.00。设定 $\alpha=0.01$。将"不知道""无回答"和"不适用"作为缺失值处理。

Ⅲ. 双变量关系分析

4 方差分析

4.1 方差分析的逻辑　　　　　4.2 方差分析表：平方和，均方，F 比率

4.3 双均值检验　　　　　　　4.4 相关比率：eta 平方

4.5 均值间差异的检验（事后比较）

　　本章涉及的是一般线性模型的一个特殊方面，即模型中的自变量是一组离散变量，而因变量是连续变量。这种技术被称为**方差分析（analysis of variance，ANOVA）**。我们将介绍如何检验几组（一般是 J 个组）样本均值是来自同一个而非不同的总体的假设。我们还将给出一个方差分析的具体例子，该例中对两组样本均值间的差异进行分析。由于我们只考虑将观测值按照某一变量进行分类的 ANOVA 模型，它们有时候也被称作单因素 ANOVA 模型。那些按照两个或更多变量将观测值进行分类的高级 ANOVA 方法太过复杂，在这里我们就不再加以介绍。

4.1 方差分析的逻辑

4.1.1 一个参加宗教礼拜的例子

　　这个例子可以说明方差分析的逻辑关系。我们很感兴趣的是，住在不同地区的成年人在参加宗教礼拜的频率上是否也存在着差异。具体来讲是，我们想知道那些住在通常被认为更多地保留了传统价值观念的南部和中西部地区的成年人是否比住在东北部和西部的成年人更频繁地参加礼拜。为了检验这个假设，我们用 1998 年综合社会调查（GSS）数据集，将八个地区按照美国人口普查局的分类方法分为四类：南部（南大西洋、中南东部和中南西部）、中西部（中北东部和中北西部）、东北部（新英格兰和中大西洋）和西部（山区和太平洋）。受访者在"从不"（编码为 0）到"多于每周一次"（编码为 8）的范围内指出他们参加礼拜的频率。

　　我们最初的研究假设是，南部（S）居民参加礼拜是最频繁的，其次是中西部（M）、东北部（N）和西部（W）。零假设为这四个地区的总体均值——μ_S，μ_M，μ_N，μ_W 是相等的。因此，这四个地区均

值也应当等于所有受访者情况的总体均值，或者说是**总均值（grand mean）**，标记为 μ。然而，如果备择假设是真的，我们拒绝了零假设，那么我们就希望得到 $\mu_S > \mu_M > \mu_N > \mu_W$。

ANOVA 模型提供了一种检验 J 个样本均值都来自同一个总体的零假设的方法，因此，所有均值相等。形式上，每个 ANOVA 的零假设为：

$$H_0 : \mu_1 = \mu_2 = \cdots = \mu_J$$

备择假设为至少有一个样本均值来自一个与其他总体具有不同均值的总体。拒绝零假设意味着下列几种替代可能性。

1. 每个总体均值都不相等，如：

$$H_1 : \mu_1 \neq \mu_2 \neq \cdots \neq \mu_J$$

2. 在总体均值间某些子集互不相等（例如，μ_1 不等于 μ_2，但与 μ_3 和 μ_4 相等）。

3. 某些组合均值与单个均值或其他组合均值不等（例如，μ_2 不等于 μ_3 和 μ_4 的均值）。

ANOVA 是对所有总体均值相等的零假设的检验。如果结果拒绝零假设，我们仍然需要确定是哪个观测均值不同于其他均值。

113

4.1.2 变量的效应

为了检验在 ANOVA 中分类对连续因变量的影响，我们将某个均值为 μ 的总体作为因变量，如 H_0 所述：

> 如果 J 个组的均值都相等，那么它们与这个总体的均值 μ 也相等。

我们据此测量分类变量对因变量的**效应（effect）**。第 j 组的效应记为 α_j，表示该组均值与总均值的差[①]：

$$\alpha_j = \mu_j - \mu$$

如果第 j 组对因变量没有效应，则 $\alpha_j = 0$，即 $\mu_j = \mu$。而一旦某一组产生了效应，则 α_j 会出现正值或负值，其正负取决于该组的均值是大于还是小于总均值 μ。

在 1998 年 GSS 数据中，2 778 名受访者参加宗教礼拜频率的均值为 3.64。各地区的均值分别为：南部 $\mu_S = 4.00$；中西部 $\mu_M = 3.69$；东北部 $\mu_N = 3.39$；西部 $\mu_W = 3.16$。因此，各地区的效应分别为 $\alpha_S = 0.36$；$\alpha_M = 0.05$；$\alpha_N = -0.25$；$\alpha_W = -0.48$。我们已经可以看到，南部和中西部地区较之其他两个地区有着更高的参加礼拜频率。我们仍需确定这些差异是否具有统计意义上的显著性，也就是说要检验 1998 年的观测数据所反映的这种关系是否存在于参加礼拜频率重复观测值的总体中。

4.1.3 ANOVA 模型

ANOVA 探讨因变量 Y 的总变异，有多大比例是可归因于第 j 组分类中的变量值 i。包含一个自变量的 ANOVA 的一般模型将观测值分为三部分：

114

$$Y_{ij} = \mu + \alpha_j + e_{ij}$$

式中，Y_{ij} 是第 j 组中第 i 个观测值；μ 是总均值，即总体中所有个体的均值；α_j 是第 j 组的效应，即第 j 组中所有个体的效应；e_{ij} 是误差值，特指第 j 组第 i 个个体的误差值。通过重新排列以上公式，我们发现**误差项（error term）** 或残差是观测值中既不能被归因于共有成分也不能被归因于组成分的部分：

[①] 不要混淆有下标的 α 与无下标的 α，后者指的是犯第一类错误的概率。

$$e_{ij}=Y_{ij}-\mu-\alpha_j$$

ANOVA 中的误差项可以看作观测值与组内个体预测值之间的差异。误差项将这样一种情况考虑进来，即并不是第 j 组中的每个个体 i 都有着同样的观测值 Y_j。例如，并不是南部所有成年人的参加礼拜频率都是 4.00，而是其中有一部分人参加礼拜频率较高，而另一些人的频率则较低。误差项 e_{ij} 就反映了这种情况。

4.2 方差分析表：平方和，均方，F 比率

4.2.1 平方和

为了确定 Y_{ij} 的方差中归因于组效应（α_j）和误差（e_{ij}）的各自比例，首先从样本方差的分子开始：
$$\sum_{i=1}^{N}(Y_i-\overline{Y})^2$$
样本的 N 个观测值中每一个都对应 J 个组的某个值。如果 n_j 是第 j 组的个体数，那么 $n_1+n_2+\cdots+n_j=N$，也就是说，J 个子群的观测值的总个数等于总的样本规模 N。因此，通过将每个个体标上个体（i）和组别（j）的下标，方差的分子也可用两个加总符号，记作（见附录 A）：
$$\sum_{i=1}^{N}(Y_i-\overline{Y})^2=\sum_{j=1}^{J}\sum_{i=1}^{n_j}(Y_{ij}-\overline{Y})^2$$
式中，$\sum_{j=1}^{J}\sum_{i=1}^{n_j}(Y_{ij}-\overline{Y})^2$ 为**总平方和**（total sum of squares），即 SS_{TOTAL}。它表示每个观测值与总均值（$\overline{Y}$）离差的平方和。

例如，假设有 $N=5$ 个观测值，分别属于第 1 组或第 2 组（例如，$J=2$），且第 1 组的观测值个数为 $n_1=3$，第 2 组的观测值个数为 $n_2=2$。我们将等式右边展开可得到：
$$\sum_{j=1}^{J}\sum_{i=1}^{n_j}(Y_{ij}-\overline{Y})^2=[(Y_{11}-\overline{Y})^2+(Y_{21}-\overline{Y})^2+(Y_{31}-\overline{Y})^2]$$
$$+[(Y_{12}-\overline{Y})^2+(Y_{22}-\overline{Y})^2]$$
第一行是第 1 组（$j=1$）的平方和，第二行是第 2 组（$j=2$）的平方和。

单因素方差分析将总平方和分成两个部分：（1）各组均值与总均值离差的平方和，**组间平方和**（between sum of squares），即 $SS_{BETWEEN}$；（2）组内个体值与该组均值离差的平方和，**组内平方和**（within sum of squares），即 SS_{WITHIN}。表达式中相等的值可以做加减运算而不改变结果的大小。因此，在第 i 个个体与总均值的离差中，同时减去和加上 $\overline{Y}_j$（个体 i 所在的第 j 组的均值）：
$$Y_{ij}-\overline{Y}=Y_{ij}+(\overline{Y}_j-\overline{Y}_j)-\overline{Y}$$
重新排列等式右边的四项，则可以得到两个离差：
$$Y_{ij}-\overline{Y}=(Y_{ij}-\overline{Y}_j)+(\overline{Y}_j-\overline{Y})$$
等式右边第一项（$Y_{ij}-\overline{Y}_j$）是第 j 组中第 i 个个体值与该组均值的差异，它是误差项 e_{ij} 的样本估计值。右边第二项（$\overline{Y}_j-\overline{Y}$）是第 j 组的均值与总均值的差异，它是第 j 组效应的样本估计值，$\alpha_j=\mu_j-\mu$。等式两边同时平方并求和可得到：
$$\sum_{j=1}^{J}\sum_{i=1}^{n_j}(Y_{ij}-\overline{Y})^2=\sum_{j=1}^{J}\sum_{i=1}^{n_j}(Y_{ij}-\overline{Y}_j)^2+\sum_{j=1}^{J}n_j(\overline{Y}_j-\overline{Y})^2$$

以上方程式证明总平方和可以分解为：

$$SS_{\text{WITHIN}} = \sum_{j=1}^{J} \sum_{i=1}^{n_j} (Y_{ij} - \overline{Y}_j)^2$$

$$SS_{\text{BETWEEN}} = \sum_{j=1}^{J} n_j (\overline{Y}_j - \overline{Y})^2$$

116

因此，

$$SS_{\text{TOTAL}} = SS_{\text{WITHIN}} + SS_{\text{BETWEEN}}$$

　　除非样本中的所有观测值都相等，否则其方差就大于零。部分变异可能要归结为观测值所在组的组效应。换言之，组间平方和是所有被研究的独立分类变量的效应和。但是，由于随机因素如抽样误差或未知变量的影响，在某一特定组内，个体间可能仍然互不相同，因此，组内平方和反映了对不可测因素的运算。将每组的个体值都认为是相等的，就会产生误差。

4.2.2　参加宗教礼拜示例中的平方和

　　如果关于地区间在参加礼拜效率上不存在差异的零假设是真的，那么我们可以发现所有组的均值都是相等的，即 $\mu_S = \mu_M = \mu_N = \mu_W$，且 $SS_{\text{BETWEEN}} = 0$，因此 $SS_{\text{TOTAL}} = SS_{\text{WITHIN}}$。也就是说，所有观测到的参加礼拜频率的变异都归因于随机误差。在自变量不具有效应的情况下，样本数据的一般方差分析模型可简化为：

$$Y_{ij} = \overline{Y} + e_{ij}$$

　　然而，假如地区和参加礼拜效率之间是相关的，即 $\mu_S > \mu_M > \mu_N > \mu_W$。更进一步地，我们假设特定地区之内的每个受访者参加礼拜的频率相同，即各组组内均值不存在离差。那么，样本数据中四个地区居民参加礼拜的频率等于：

$$Y_{i,S} = \overline{Y} + a_S$$

$$Y_{i,M} = \overline{Y} + a_M$$

$$Y_{i,N} = \overline{Y} + a_N$$

$$Y_{i,W} = \overline{Y} + a_W$$

其中，总体效应用四个样本效应 α_j 来估计。

117

　　本例中 $SS_{\text{TOTAL}} = SS_{\text{BETWEEN}}$，也就意味着参加礼拜频率的所有变异都可归因于受访者所在地区不同。当然，实际上，一个离散变量并不可能完全解释因变量的变异。首先，未被测量的系统因素可能影响因变量。例如，教派差异或种族构成都可能影响特定地区居民参加礼拜的频率，而这些因素在单因素方差分析中并没有得到控制。其次，随机因素也会影响一个地区居民参加礼拜的频率。例如，某宗教领袖良好行为的媒体封面报道等也会影响一个地区居民参加礼拜的频率。由于因变量的变异可能是由未被测量的系统的或随机的因素造成的，所以样本数据的方程组应该包括变量的效应和误差项：

$$Y_{i,S} = \overline{Y} + a_S + e_{i,S}$$

$$Y_{i,M} = \overline{Y} + a_M + e_{i,M}$$

$$Y_{i,N} = \overline{Y} + a_N + e_{i,N}$$

$$Y_{i,W} = \overline{Y} + a_W + e_{i,W}$$

　　由于每个地区受访者的选项都在 0 至 8 之间，所以四个地区受访者的回答都存在着一些组内变异（误差）。再者，四个地区的均值并不完全相等的情况也说明组间变异是存在的。所以，参加礼拜频率的变异（SS_{TOTAL}）似乎可归因于 SS_{WITHIN} 和 SS_{BETWEEN}。为确定这些明显的变异是否具有统计显著性，我们需要计算几个方差分析值，包括总平方和、均方以及 F 检验值。

计算 SS_{TOTAL}，需要将每个观测值减去总均值，然后平方，最后再加总。如 GSS 数据中假设五位受访者的回答分别是 3.00，2.00，5.00，4.00，3.00，则有 $SS_{TOTAL} = (3.00 - 3.64)^2 + (2.00 - 3.64)^2 + (5.00 - 3.64)^2 + (4.00 - 3.64)^2 + (3.00 - 3.64)^2$。1998 年 GSS 数据集中包含了很多实际个案，使得我们可以在此手工计算分析 SS_{TOTAL}。该 GSS 例子中的 SS_{TOTAL} 为 21 395.00。$SS_{BETWEEN}$ 可以直接通过将各组均值减去总均值后平方，然后乘以各组样本规模，最后加总得到：

$$SS_{BETWEEN} = \sum_{j=1}^{J} n_j (\overline{Y}_j - \overline{Y})^2$$

在这个例子中，$SS_{BETWEEN} = 1\ 003 \times (4.00 - 3.64)^2 + 688 \times (3.69 - 3.64)^2 + 558 \times (3.39 - 3.64)^2 + 539 \times (3.16 - 3.64)^2 = 290.77$。

最后，SS_{WITHIN} 可以直接计算，即用各个观测值减去组均值，然后平方，最后加总：

$$SS_{WITHIN} = \sum_{j=1}^{J} \sum_{i=1}^{n_j} (Y_{ij} - \overline{Y}_j)^2$$

由于 $SS_{TOTAL} = SS_{BETWEEN} + SS_{WITHIN}$，所以另一种计算 SS_{WITHIN} 的方法就是将前两项简单地做一下减法，即：

$$SS_{WITHIN} = SS_{TOTAL} - SS_{BETWEEN}$$

因此，$SS_{WITHIN} = 21\ 395.00 - 290.77 = 21\ 104.23$。

4.2.3 均方

ANOVA 的下一步就是计算与 $SS_{BETWEEN}$ 和 SS_{WITHIN} 相对应的均值的平方。这两个**均方（mean square）**各自估计一个方差，前者由组效应引起，而后者则由误差引起。如果组效应不存在，那么两个估计值就应该相等。若组效应显著存在，则组间方差〔也叫作**组间均方（mean square between）**，$MS_{BETWEEN}$〕比组内方差〔也叫作**组内均方（mean square within）**，MS_{WITHIN}〕大一些。

均方是将各平方和除以它对应的自由度（df）而得到的一个均值。（参见 3.7 节关于自由度的探讨。）组间方差的自由度是 $J-1$，因为我们一旦知道总均值（$\overline{Y}$）和 $J-1$ 个组的组均值（$\overline{Y}_j$），那么第 J 个组的均值也就确定了。因此，要计算 $MS_{BETWEEN}$，只需将 $SS_{BETWEEN}$ 除以（$J-1$）：

$$MS_{BETWEEN} = \frac{\sum_{j=1}^{J} n_j (\overline{Y}_j - \overline{Y})^2}{J-1}$$
$$= \frac{SS_{BETWEEN}}{J-1}$$

因此，在不同地区居民参加礼拜示例中，

$$MS_{BETWEEN} = 290.77/(4-1) = 96.92$$

组内方差的自由度为 $N-J$。每个组都有 n_j-1 个自由度，那么将所有 J 个组的自由度全部相加可得到：

$$(n_1 - 1) + (n_2 - 1) + \cdots + (n_J - 1) = \underbrace{(n_1 + n_2 + \cdots + n_J)}_{N\text{个个案}} - \underbrace{(1 + 1 + \cdots + 1)}_{J\text{个组}}$$
$$= N - J$$

因此，计算 MS_{WITHIN}，只需将 SS_{WITHIN} 除以（$N-J$）：

$$MS_{WITHIN} = \frac{\sum_{j=1}^{J} \sum_{i=1}^{n_j} (Y_{ij} - \overline{Y}_j)^2}{N-J} = \frac{SS_{WITHIN}}{N-J}$$

就不同地区居民参加礼拜示例而言，

$$MS_{WITHIN} = 21\ 104.23/(2\ 788 - 4) = 7.58$$

118

119

组效应引起的方差估计值比误差引起的方差估计值要大很多（96.92 和 7.58）。如果地区对参加礼拜效率存在影响，那么这个差异就会存在。方差分析的下一步是确定 MS_{BETWEEN} 需要比 MS_{WITHIN} 大多少我们才能拒绝组效应不存在的零假设。

4.2.4　F 比率

我们在 3.11 节中已经介绍过 F 分布。在方差分析中，F 检验统计量简单地记为两个均方之比。它的两个自由度 ν_1 和 ν_2，就是这两个 MS 的自由度 df：

$$F_{J-1,N-J} = \frac{MS_{\text{BETWEEN}}}{MS_{\text{WITHIN}}}$$

F 的抽样分布可用来检验零假设，即因变量的变异都不是由组效应引起的。但这需要满足以下两个假设。

1. 这 J 个组是从符合正态分布的总体中独立抽取的。
2. 总体方差与 J 个组的方差都相等。

第二个假设被称为**方差齐性（homoscedasticity）**。当 J 个总体方差不等时，则为方差异质性。

如果两个假设都成立，F 比率统计量就与 F 的理论分布一致，分子的自由度为 $J-1$，分母的自由度为 $N-J$。因为在 ANOVA 中，备择假设通常预期总体中的组间方差估计值要比组内方差估计值大，显著性检验只需要分布的单尾检验。（回忆第 3 章中 F 分布由两个卡方分布之比构成。）如果计算出的 F 比率大于选定的 α 水平上的临界值，我们就可在拒绝零假设的同时得出组效应存在的结论。

当 $\alpha = 0.05$、0.01 和 0.001 时，附录 E 提供了众多 F 分布临界值的三个表格。分子自由度 $df(\nu_1)$ 标示在表格每一列的最上方，而分母的自由度 $df(\nu_2)$ 则标示在表格的各行。在列和行的交叉点处即为在 α 显著性水平上，拒绝零假设所需的 F 临界值。

我们可以将 F 检验用于不同地区居民参加宗教礼拜示例。已知 $MS_{\text{BETWEEN}} = 96.92$，$MS_{\text{WITHIN}} = 7.58$，可得到：

$$F_{3,2\,784} = \frac{96.92}{7.58} = 12.79$$

因为此例中，$J = 4$，$N = 2\,788$，所以 F 比率分子的自由度为 $4 - 1 = 3$，分母的自由度为 $2\,788 - 4 = 2\,784$；设定 $\alpha = 0.01$，查附录 E 第二个 F 分布表，找到 $\nu_1 = 3$ 与 $\nu_2 = \infty$（与 $2\,784$ 最接近的近似值）的交叉处，得到 F 的临界值为 3.78。由于计算所得的 F 比率为 12.79，所以我们可以在犯第一类错误或者犯弃真错误的概率为 0.01 的情况下拒绝没有组效应的零假设。我们可以推论出，1998 年四个地区居民在参加宗教礼拜的频率上存在着显著差异。差异发生在哪里仍需更进一步地确定。4.5 节提供了检验有关均值差异假设的具体步骤。

单因素方差分析的结果一般用**方差分析汇总表（ANOVA summary table）**表示，如表 4.1 所示。通过该表可以很方便地查看解释假设检验所需的相关信息，包括总平方和、自由度、均方、F 比率和概率水平。

表 4.1	参加礼拜示例的 ANOVA 汇总表			
来源	SS	df	MS	F
组间	290.77	3	96.92	12.79*
组内	21 104.23	2 784	7.58	
总计	21 395.00	2 787		

* 显著性水平 $\alpha = 0.01$。

4.3 双均值检验

方差分析一般是在有 3 个或更多组的情况下使用。但 ANOVA 同样适用于只有两个组的情况。Z 分布和 t 分布（在第 3 章中讨论过）也都可以用来检验两个总体均值差异的统计显著性。在介绍了这两种检验之后，我们可以看出它们是一般方差分析的特殊情况，因此它们所得到的结果是一致的。我们将这些检验方法用于从 1998 年 GSS 中得到的一个例子。它的零假设是，男性和女性的政治立场差别并不显著。这个变量是通过让受访者在 7 点量表上对自己进行定位从而实现操作化的，从"极度自由"（1）到"极度保守"（7），中点为"中间派"（4）。我们的备择假设是男性和女性具有不同的政治立场，但是我们并没有坚实的基础来断言哪种性别更加保守。因此，一个双尾的备择假设似乎更为合理：

$$H_0 : \mu_F = \mu_M$$
$$H_1 : \mu_F \neq \mu_M$$

4.3.1 Z 检验方法

中心极限定理（见 3.5 节）认为当样本较大时，所有样本均值的分布（如抽样分布）都趋于正态分布，并且其均值是该样本所在总体均值的无偏估计。为了检验双均值间的差异，有一个中心极限定理的相关推论：

> 若两个随机样本 N_1 和 N_2，已知其总体均值分别为 μ_1 和 μ_2，方差为 σ_1^2 和 σ_2^2，则二者均值间差异的分布为正态，且该分布的均值为 $\mu_1 - \mu_2$，标准差（标准误）为 $\sqrt{\sigma_1^2/N_1 + \sigma_2^2/N_2}$。该公式对最初总体分布形态并无任何要求。

当总体参数未知时，抽样分布的值可以按如下方法计算：

$$\mu_{(\overline{Y}_1 - \overline{Y}_2)} = \mu_1 - \mu_2$$
$$\sigma_{(\overline{Y}_1 - \overline{Y}_2)} = \sqrt{\sigma_1^2/N_1 + \sigma_2^2/N_2}$$

我们可用与正态分布相关的概率表来进行有关两总体的**均值差异假设检验（mean difference hypothesis test）**。它只要求样本 N_1 和 N_2 很大（$N_1 + N_2$ 不小于 60，最好是 100 或以上），而且两总体的方差（σ_1^2，σ_2^2）已知。因为这些总体参数经常是未知的，我们常用样本统计量对它们进行估计。如果 $N_1 + N_2$ 很大，则已知的样本方差 s_1^2 和 s_2^2 可替代未知的总体方差 σ_1^2 和 σ_2^2 来估计标准误：

$$\hat{\sigma}_{(\overline{Y}_1 - \overline{Y}_2)} = \sqrt{s_1^2/N_1 + s_2^2/N_2}$$

为了检验零假设 $\mu_1 = \mu_2$ 即 $\mu_1 - \mu_2 = 0$，可参考专栏 3.4 的步骤摘要。首先选择一个显著性水平（犯第一类错误的概率）并且计算检验统计量。然后确定临界值并与检验统计量的观测值做比较。最后，决定是否拒绝零假设而接受备择假设。

以我们对 1998 年 GSS 中男女两性政治立场的分析为例，我们设定 $\alpha = 0.01$。在每种性别都具有大量个案的情况下（$N_1 = 1\,187$ 个男性；$N_2 = 1\,600$ 个女性），标准正态分布或 Z 分布是适当的理论分布。在检验均值差异的 Z 统计量中，$(\overline{Y}_1 - \overline{Y}_2) - (\mu_1 - \mu_2)$ 作为分子，而 $\sigma_{(\overline{Y}_1 - \overline{Y}_2)}$ 作为分母。附录 C 显示了在 $\alpha = 0.01$ 的双尾检验中，临界值分别为 $-Z_{a/2} = -2.58$，$Z_{a/2} = 2.58$。

在零假设 $H_0 : \mu_1 - \mu_2 = 0$ 的情况下，第一个总体均值与第二个总体均值相等。如果两个总体的均值确实不存在差异，也就是 $\mu_1 - \mu_2 = 0$，我们检验两个样本均值间的差异（$\overline{Y}_1 - \overline{Y}_2$）是否会存在。因此，从 Z 值分子中得出的式子可用来检验 H_0：

$$Z_{(\overline{Y}_1-\overline{Y}_2)} = \frac{(\overline{Y}_1-\overline{Y}_2)-(\mu_1-\mu_2)}{\sigma_{(\overline{Y}_1-\overline{Y}_2)}}$$

$$= \frac{\overline{Y}_1-\overline{Y}_2}{\sqrt{\sigma_1^2/N_1+\sigma_2^2/N_2}}$$

123

或者用我们对 $\sigma_{(\overline{Y}_1-\overline{Y}_2)}$ 的大样本估计值：

$$Z_{(\overline{Y}_1-\overline{Y}_2)} = \frac{\overline{Y}_1-\overline{Y}_2}{\hat{\sigma}_{(\overline{Y}_1-\overline{Y}_2)}}$$

$$= \frac{\overline{Y}_1-\overline{Y}_2}{\sqrt{s_1^2/N_1+s_2^2/N_2}}$$

124　　图 4.1 显示了当 H_0：$\mu_1-\mu_2=0$ 为真时，抽样分布的两种情况。在第一个图中，样本均值间的差异（$\overline{Y}_1-\overline{Y}_2$）是一个很小的正值，非常接近总体均值差异为 0 的假设。我们将不能在显著性水平为 α 的情况下拒绝零假设，因为这一微小的差别是非常有可能在一个 $\mu_1-\mu_2=0$ 的总体中产生的。在第二个图中，观测到的样本差异是显著的，我们很可能拒绝两个样本是来自 $\mu_1-\mu_2=0$ 的两个总体的零假设，因为这个结果在抽样分布中发生的可能性是极小的（它会落在右尾的较远处）。这两个样本均值可能来自 $\mu_1>\mu_2$ 的两个总体。

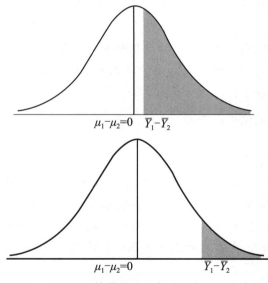

图 4.1　均值差异的零假设为真时两个例子的输出图

资料来源：David Knoke and George W. Bohrnstedt，*Basic Social Statistics*（Itasca，IL：F.E. Peacock Publishers，Inc.，1991），202。

　　1 187 位男性的政治立场得分的均值为 4.19，而 1 504 位女性的调查结果为 4.02。两个样本的方差分别为 1.89 和 1.96，因此，检验统计量计算如下：

$$Z_{(\overline{Y}_1-\overline{Y}_2)} = \frac{4.19-4.02}{\sqrt{\dfrac{1.89}{1\,187}+\dfrac{1.96}{1\,504}}} = \frac{0.170}{0.054} = 3.15$$

计算出的 Z 值超过了临界值（2.580），因此我们可以拒绝零假设而接受备择假设，即男性和女性具有不同的政治立场。

4.3.2 比例的假设检验

在第 2 章中我们将比例定义为某一特定类别个体数除以个体总数。已知样本均值为 $\overline{Y}=\sum Y_i/N$。但当 Y_i 仅取 0 和 1 两个值时,分子项 $\sum Y_i$ 与 f_1 相等。因此,正如 2.4.3 节中所讲,二分变量的均值是取值为 1 的个体数占总数的比例,即 p_1。例如,在 GSS 的 2 599 位受访者中有 1 906 位赞成"将犯谋杀罪的人判处死刑"。因此,$p_1=1\ 906/2\ 599=0.733$ 或 73.3%。

在 4.3.1 节中用来检验均值差异假设的公式同样可用于二分因变量,进行**比例的显著性检验(significance testing with proportions)**。二分变量的方差为 pq,且 $q=1-p$。因而,在上述死刑的例子中,样本方差 $s_Y^2=0.733\times(1-0.733)=0.733\times0.267=0.196$。同时比例抽样分布的标准误为 s_p,即:

$$s_p=\sqrt{pq/N}$$

在这个例子中,$s_p=\sqrt{(0.733\times0.267)/2\ 599}=0.009$。

如果我们假定比起民主党人,传统上被认为更保守的共和党人更强烈地赞成死刑,那么两个假 *125* 设为:

$$H_0:p_R\leqslant p_D$$
$$H_1:p_R>p_D$$

其中,p_R 为赞成死刑的共和党人的比例,p_D 为赞成死刑的民主党人的比例。在 1998 年 GSS 中,902 位共和党人中(包括倾向于共和党的无党派人士)80.9% 的人赞成死刑;而 1 218 位民主党人中(包括倾向于民主党的无党派人士)只有 66.9% 的人赞成死刑。因此 $p_R=0.809$,$p_D=0.669$。设定 $\alpha=0.05$,可计算出双均值差异的检验统计量:

$$Z_{(p_R-p_D)}=\frac{0.809-0.669}{\sqrt{\dfrac{0.809\times0.191}{902}+\dfrac{0.669\times0.331}{1\ 218}}}$$

$$=\frac{0.140}{0.019}=7.37$$

在单尾检验中 Z_α 临界值为 1.645,所以我们拒绝零假设。推论出共和党人比民主党人更赞成死刑。

在统计检验中计算标准误的公式清楚地说明了,当 N_1 和 N_2 变大时,标准误将随之减小。如果 N_1 和 N_2 足够大,那么 $\overline{Y}_1$ 和 $\overline{Y}_2$ 间几乎任何的差异都会变得显著。正是由于这个原因,我们需要采用更为谨慎的假设检验方法。例如,除非均值差异至少是 1/4 个标准差,否则无论是否具有统计显著性,它可能都被认为是不重要的。一个更好的方法就是估计变量间的关系强度。变量关系的确立需要多大的关系强度依赖于特定的研究问题,因此给出一个普适的原则是不可能的。最重要的是,纯粹的统计显著性不能解释全部事实。

4.3.3 *t* 检验方法

当数据由两个小样本(一般 $N_1+N_2<100$,当然小于 60 也行)组成时,均值差异的 Z 检验的必要前提条件已经不能满足。但是,如果两个关键的前提条件成立,则可用 t 分布来替代:(1)两个样 *126* 本是从两个独立的且符合正态分布的总体中随机抽取出来的;(2)两个总体的方差具有方差齐性,即 $\sigma_1^2=\sigma_2^2=\sigma^2$。同前面所讨论的 Z 检验不同,在使用 t 检验时,总体分布的形态非常重要。然而实际上,违背这个前提条件对结果可能只有一点小的影响而已。

为了对总体方差做出单一估计,将两个样本的方差集中在一起,使用下列公式:

$$s^2 = \frac{(N_1 - 1)(s_1^2) + (N_2 - 1)(s_2^2)}{N_1 + N_2 - 2}$$

式中，$N_1 + N_2 - 2$ 是将样本方差集中后的估计值的自由度。这个自由度等于 s_1^2 和 s_2^2 所对应的自由度之和，具体来说，$df_1 + df_2 = (N_1 - 1) + (N_2 - 1) = N_1 + N_2 - 2$。

在小样本中，双均值间差异的检验统计量为：

$$\begin{aligned} t_{(N_1 + N_2 - 2)} &= \frac{(\overline{Y}_1 - \overline{Y}_2) - (\mu_1 - \mu_2)}{s_{(\overline{Y}_1 - \overline{Y}_2)}} \\ &= \frac{\overline{Y}_1 - \overline{Y}_2}{\sqrt{s^2/N_1 + s^2/N_2}} \\ &= \frac{\overline{Y}_1 - \overline{Y}_2}{s\sqrt{1/N_1 + 1/N_2}} \end{aligned}$$

式中，$s_{(\overline{Y}_1 - \overline{Y}_2)}$ 是均值差异标准误的估计值。

为了举例说明这个过程，我们考察这样一个问题：与老年男性相比，老年女性是否更倾向于相信在诊治病人的工作中，医生没有像他们应当做到的那样细心周到。1998 年 GSS 调查了人们对以下说法的认可程度："医生诊治病人没有像他们应当做到的那样细心周到。"受访者的回答包括了从"非常同意"（编码为 1）到"强烈反对"（编码为 5）的量表数值，"不确定"的回答则编码为 3。共有 47 名 82 岁及以上的老人回答了这个问题，其中包括 19 名男性和 28 名女性。表 4.2 显示了该次调查的数据。由于两个组人数都比较少，在认为数据都是从两个正态分布总体中随机抽取的独立样本的假定下，我们可以用 t 检验来比较男女两性的回答。

127

表 4.2 老年女性和男性（82 岁及以上）对医生工作细心周到的态度

老年女性		老年男性	
个案	态度得分	个案	态度得分
1	4.0	1	2.0
2	2.0	2	4.0
3	2.0	3	4.0
4	4.0	4	5.0
5	2.0	5	4.0
6	2.0	6	2.0
7	3.0	7	2.0
8	3.0	8	4.0
9	2.0	9	2.0
10	2.0	10	1.0
11	2.0	11	1.0
12	4.0	12	4.0
13	4.0	13	2.0

续表

老年女性		老年男性	
个案	态度得分	个案	态度得分
14	2.0	14	4.0
15	3.0	15	4.0
16	2.0	16	5.0
17	2.0	17	1.0
18	4.0	18	4.0
19	4.0	19	4.0
20	2.0		
21	2.0		
22	1.0		
23	4.0		
24	2.0		
25	4.0		
26	2.0		
27	2.0		
28	3.0		
$N_1 = 28$		$N_2 = 19$	
$\overline{Y}_1 = 2.68$		$\overline{Y}_2 = 3.11$	
$s_1 = 0.94$		$s_2 = 1.37$	

资料来源：1998 General Social Survey。

若第 1 组表示老年女性，而第 2 组为老年男性，则零假设和备择假设为：

H$_0$：$\mu_1 - \mu_2 = 0$

H$_1$：$\mu_1 - \mu_2 < 0$

设定 $\alpha = 0.01$，自由度 $df = 28 + 19 - 2 = 45$，查附录 D，在单尾检验中，拒绝零假设的临界值为 -2.423。计算 s^2 并且开方，有：

$$s = \sqrt{\frac{(28-1) \times 0.94^2 + (19-1) \times 1.37^2}{28 + 19 - 2}} = 1.13$$

因而，计算得到 t 为：

$$t_{45} = \frac{2.68 - 3.11}{1.13 \times \sqrt{1/28 + 1/19}} = \frac{-0.43}{0.34} = -1.26$$

因此，样本数据不支持备择假设：老年女性比老年男性更倾向于相信医生没有像他们应当做的那样。

在分析双均值间差异时，研究者们几乎全部用 t 检验而非 Z 检验。当 N 增大时，t 分布和 Z 分布将趋于一致。在附录 D 中（t 分布），查看自由度无限大（∞）的那一行和给定的 α 所在列对应的值，将它与附录 C 中相同 α 对应的 Z 值进行比较，可发现它们是完全相同的。同时，当 N 增大时（超过 100 或更多），中心极限定理使得样本需要来自正态分布总体的假定越来越不重要（见 3.5 节）。最后，因为研究者几乎从来都不知道总体的标准误，所以 t 检验更为可取。虽然你应该知道 Z 分布与 t 分布的区别，但在实际中人们一般都采用 t 检验。

128

4.3.4 用茎叶图和箱线图比较两种分布

在 2.8 节中我们讨论了怎样为一个分布建构茎叶图和箱线图。在本小节中，我们将说明怎样用这些相同的工具对两种不同分布进行比较，可见图 4-2 和图 4-3。

129

茎	叶	(N)
82 岁及以上女性		
1	0	(1)
2	000000000000000	(15)
3	0000	(4)
4	00000000	(8)
5		(0)
82 岁及以上男性		
1	000	(3)
2	00000	(5)
3		(0)
4	000000000	(9)
5	00	(2)

图 4.2　对医生工作细心周到的态度的茎叶图

资料来源：1998 General Social Survey。

使用表 4.2 的数据，图 4.2 显示了老年女性和老年男性对医生工作细心周到的态度的茎叶图。图 4.3 分别显示了老年女性和老年男性态度的箱线图。老年女性的中位数介于第 14 和第 15 个观测值之间，$Mdn_W = 2.0$。下节点是第 7 个观测值，所以 $H_L = 2.0$。上节点是第 21 个观测值，或者说 $H_U = 4.0$。节点范围为 $HS_W = H_U - H_L = 2.0$。为了检查异常值，我们计算出了下内限和上内限：

$$LIF_W = 2.0 - 1.5 \times 2.0 = -1.0$$
$$UIF_W = 4.0 + 1.5 \times 2.0 = 7.0$$

因为没有小于 −1.0 或大于 7.0 的值，我们可得出结论，即在老年女性的数据中没有异常值。图 4.3 是这些数据的箱线图。

130　由于老年男性数据中包含 19 个观测值，中位数 Mdn_M 是第 10 个观测值，数值为 4.0。已核实，$H_L = 2.0$，$H_U = 4.0$，$HS_M = 2.0$，因此 $LIF_M = -1.0$，$UIF_M = 7.0$。因为没有观测值小于 −1.0 或大于 7.0，所以在老年男性的数据中没有异常值出现。

图 4.3 直观地表明了老年女性和老年男性对医生工作细心周到程度持有相近的态度。

4.3.5 置信区间和点估计

均值差异的置信区间（confidence interval for mean differences）可以围绕双均值间差异的点估计来建构，正如我们在 3.6 节中说明的单一均值一样。对于给定的任一置信水平，如 $1 - \alpha$，公式为：

$$(\overline{Y}_1 - \overline{Y}_2) \pm t_{\alpha/2} s_{(\overline{Y}_1 - \overline{Y}_2)}$$

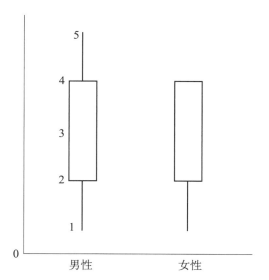

图 4.3 老年女性和老年男性对医生工作细心周到的态度的箱线图

在上述例子中，想要围绕老年女性和老年男性对医生工作细心周到的态度量表中不同得分的样本估计量来计算置信水平为 95% 时的置信区间，我们首先需要计算**均值差异的点估计（point estimate for mean differences）**，$\overline{Y}_1 - \overline{Y}_2 = 0.43\%$。估计标准误为 $s_{(\overline{Y}_1 - \overline{Y}_2)} = 1.13$。在附录 D 中，当自由度为 $N_1 + N_2 - 2 = 45$ 时，在 95% 的置信水平上，$t_{a/2}$ 为将近 2.021。因此，置信上限（UCL）为 $-0.43 + 2.021 \times 1.13 = 1.85$，置信下限（LCL）为 $-0.43 - 2.021 \times 1.13 = -2.71$。也就是说，我们有 95% 的信心认为，区间 $[-2.71, 1.85]$ 包含了老年女性和老年男性对医生工作细心周到的态度上真实的总体差异。同样重要的是，估计区间包含了 0，即总体均值间无差异。

比例差异的置信区间的计算如下：

$$(p_1 - p_2) \pm t_{a/2} s_{(p_1 - p_2)}$$

4.3.2 节中共和党人和民主党人赞成死刑的数据为 $p_R - p_D = 0.140$，$s_{(p_R - p_D)} = 0.019$。样本规模 $N_R = 902$，$N_D = 1\ 218$，自由度 $df = 902 + 1\ 218 - 2 = 2\ 118$。从附录 D 查出在 99% 的置信水平上，$t_{a/2} = \pm 2.58$。因此，LCL 为 $0.140 - 2.58 \times 0.019 = 0.091$，UCL 为 $0.140 + 2.58 \times 0.019 = 0.189$。我们有 99% 的信心认为，共和党人和民主党人赞成死刑的真实比例差异在 0.091 和 0.189 之间。更进一步说，真实总体差异的最好估计就是点估计，$p_R - p_D = 0.140$。换句话说，在死刑这个问题上，共和党人和民主党人的差异显著大于 0。

4.3.6 t 与 F 的关系

在检验均值差异上，t 检验与 F 检验有着密切关系。当只有两个组进行比较，即 $J = 2$ 时，ANOVA 与 t 检验可得出相同的结果。事实上，运用相同数据时，具有 1 和 ν_2 个自由度的 F 比率的平方根与具有 ν_2 个自由度的 t 值相等，即：

$$t_{\nu_2} = \sqrt{F_{1, \nu_2}}$$

通常情况下，当 $J = 2$ 时，研究者们仅报告 t 检验，而当 $J > 2$ 时，他们则会给出 ANOVA 的结果。

4.4 相关比率：eta 平方

如果 Z 检验、t 检验或方差分析使得零假设被拒绝，那么下一个问题就是：变量间的关系到底有多强？因为一个足够大的 N 几乎会使均值间的任何差异都变得显著，统计检验的结果对关系的重要性就不起作用了。因此，在拒绝零假设以后，关系间的强度应该通过计算**相关比率**（**correlation ration**），也叫作 **eta 平方**（**eta-square**）（希腊字母 eta）来得到。

在 4.2.1 节中，我们知道 $SS_{\text{TOTAL}} = SS_{\text{WITHIN}} + SS_{\text{BETWEEN}}$。方程两边同时除以 SS_{TOTAL}，可得到：

$$1.00 = \frac{SS_{\text{BETWEEN}}}{SS_{\text{TOTAL}}} + \frac{SS_{\text{WITHIN}}}{SS_{\text{TOTAL}}}$$
$$= \text{"被解释的 } SS\text{"} + \text{"未被解释的 } SS\text{"}$$

SS_{BETWEEN} 与 SS_{TOTAL} 的比率代表了总平方和在统计意义上被单变量或组变量所解释的比例。类似地，SS_{WITHIN} 与 SS_{TOTAL} 的比率可认为是总平方和中未被解释的比例，这两个部分相加等于 1.00。因此，组间方差可解释的因变量的方差比例为：

$$\eta^2 = \frac{SS_{\text{BETWEEN}}}{SS_{\text{TOTAL}}}$$

因为 η^2 是总体参数的表达式，它的样本估计量用符号"＾"表示（如 $\hat{\eta}^2$）。η^2 始终在 0 和 1 之间。如果样本均值间差异越大且样本方差越小，那么 SS_{BETWEEN} 就越大，$\hat{\eta}^2$ 也因此越接近于 1.00。

使用表 4.1 中的 ANOVA 统计量的值，可得到：

$$\hat{\eta}^2 = \frac{290.77}{21\,395.00} = 0.014$$

也就是说，在成年人参加礼拜示例中，有 1.4% 的变异在统计上可以由他们所在的地区来解释。对于社会科学分析而言，这只是被解释方差的很少一部分。一般来说，社会研究中单个自变量通常只能解释因变量方差的 $2\%\sim5\%$，极少能解释 $25\%\sim30\%$ 或更多。

4.5 均值间差异的检验（事后比较）

ANOVA 中的备择假设可以有若干种形式，如 4.1 节中所讲的，有如下三种可能性：

1. 每个总体均值都互不相等。
2. 总体均值的一些子集互不相同。
3. 某些组合均值不等于某单个均值或其他组合均值。

在特定条件下，F 值本身并不能判断哪个备择假设是真的。使用一系列的 t 检验来检验所有可能的均值配对也不太合理，因为在 J 个组均值中，并非所有 $J^2 - J$ 个比较值都是相互独立的。这就需要另外一种检验方法，它是一种基于研究者们对哪两组之间可能具有差异的预估的检验方法。

有两种基本的比较均值的方法是可行的。第一种叫作先验比较或**事前比较**（**planned comparison**），遗憾的是，它要求的数学方法已经超出本书范围。第二种叫作后验比较或**事后比较**（**post hoc compari-son**），它在统计上不是那么强有力，但在社会科学的研究中却很具有实用性。这一节中我们简单介绍事后比较的一种形式，即**谢费检验**（**Scheffé test**）。

为了在 J 个均值间进行多重比较，需要形成一个对照值。J 个总体均值的**对照值（contrast）**，记为 Ψ（希腊字母 psi），定义为：

$$\Psi = c_1\mu_1 + c_2\mu_2 + \cdots + c_j\mu_j$$

式中，c_j 是在 $c_1 + c_2 + \cdots + c_j = 0$ 的限制条件下的权数，即 c_j 的和为 0。

在参加礼拜示例中，我们假设南部和中西部地区居民比东北部和西部地区居民有着更高的参加礼拜频率。因此，我们需要构造前两个地区与后两个地区相比较的对照值，如下：$c_S = c_M = -1/2$，且 $c_N = c_W = 1/2$。通过加减可得出 c_j 相加等于 0：$c_S + c_M + c_N + c_W = -1/2 - 1/2 + 1/2 + 1/2 = 0$。这个假设的对照值 Ψ_1 给定为：

$$\Psi_1 = \left(\frac{1}{2}\right)\mu_S + \left(\frac{1}{2}\right)\mu_M + \left(-\frac{1}{2}\right)\mu_N + \left(-\frac{1}{2}\right)\mu_W$$

$$= \frac{\mu_S + \mu_M}{2} + \frac{-\mu_N - \mu_W}{2}$$

南部和中西部的均值与东北部和西部的均值形成对照。其他与假设一致的比较都是有可能的。例如，我们可以让 $c_S = 1$，$c_M = 1$，$c_N = -1$，$c_W = -1$，则它们的和也是 0。[①] 一旦我们用样本均值构造出了这种对照值，我们就必须像 t 检验那样，将它与其标准误进行比较。如果比率足够大，我们就可得出结论：均值间的差异是显著的。否则，我们不能拒绝均值间的真实差异为零的零假设。使用样本数据得到的对照值的无偏估计为：

$$\hat{\Psi} = c_1\overline{Y}_1 + c_2\overline{Y}_2 + \cdots + c_j\overline{Y}_j$$

同时，对照值的方差估计为：

$$\hat{\sigma}_\Psi^2 = MS_{\text{WITHIN}}\left(\frac{c_1^2}{n_1} + \frac{c_2^2}{n_2} + \cdots + \frac{c_j^2}{n_J}\right)$$

式中，MS_{WITHIN} 是从方差分析中得到的组内均方，n_j 是第 j 组的观测值数目。事后比较的检验统计量为 $\hat{\Psi}$ 的绝对值与它的标准误之比：

$$t = \frac{|\hat{\Psi}|}{\hat{\sigma}_\Psi}$$

评估检验统计量的临界值公式为：

$$\text{c. v.} = \sqrt{(J-1)(F_{J-1, N-J})}$$

式中，$F_{J-1, N-J}$ 为方差分析中为检验零假设而选定的 α 水平上的临界值。因此，只要 $|\hat{\Psi}|/\hat{\sigma}_\Psi \geq \sqrt{(J-1)(F_{J-1, N-J})}$，我们就拒绝零假设。在这个 t 检验中，自由度为 $N-J$。

参加礼拜示例可以告诉我们怎样进行多均值的比较。假设的对照值为：

$$\hat{\Psi}_1 = \frac{(4.00 + 3.69)}{2} + \frac{(-3.39 - 3.16)}{2} = 0.57$$

且

$$\hat{\sigma}_{\hat{\Psi}_1}^2 = 7.58 \times \left[\frac{(1/2)^2}{1\,003} + \frac{(1/2)^2}{688} + \frac{(-1/2)^2}{558} + \frac{(-1/2)^2}{539}\right] = 0.012$$

取平方根，可得到：

$$\hat{\sigma}_{\hat{\Psi}_1} = \sqrt{0.012} = 0.11$$

---

① 许多 ANOVA 软件包，如 SPSS，要求变量是整数或者小数点后保留一位的数据。因此，0.5 和 -0.5 是可以进行分析的，但 0.25 这样的数据可能就会被错误地四舍五入为 0.3。

因此，检验统计量 $t = |0.57|/0.11 = 5.18$，$\alpha=0.01$ 时的临界值为 $\sqrt{(4-1)\times 3.78} = 3.37$。因为 $5.18 > 3.37$，我们得出结论：我们所假设的配对地区间的差异是不能被拒绝的。因为我们从前面的方差分析中知道四个地区均值都不相同，下一个似乎合理的对照值为西部与其他三个地区的比较。那么，构造这个对照值我们应该指定多大的权数呢？

此时，你应该知道怎样进行多个组的 ANOVA、两个组的 t 检验和均值间的事后比较。因此，你也应该能够理解包含两个或更多均值的假设检验的含义。

▶ 重要概念和符号的回顾

以下是在本章中出现的主要概念。这个列表有助于你回顾本章内容，同时也可以作为一个概念掌握的自测。

方差分析（ANOVA）	总均值	效应
误差项	总平方和	组间平方和
组内平方和	均方	组间均方
组内均方	方差齐性	方差分析汇总表
均值差异假设检验	比例的显著性检验	均值差异的置信区间
均值差异的点估计	相关比率（eta 平方）	事前比较
事后比较	谢费检验	对照值
α_j	e_{ij}	SS_{TOTAL}
SS_{BETWEEN}	SS_{WITHIN}	MS_{BETWEEN}
MS_{WITHIN}	$\mu_{(\bar{Y}_1-\bar{Y}_2)}$	$\sigma_{(\bar{Y}_1-\bar{Y}_2)}$
$\hat{\sigma}_{(\bar{Y}_1-\bar{Y}_2)}$	s_p	s^2
η^2	$\hat{\eta}^2$	Ψ
c_j	$\hat{\sigma}_\Psi^2$	

136

▶ 习题

普通习题

1. 一位投票分析人员假设，在竞选资助改革的支持率上，民主党人最高，其次是无党派人士，最低的是共和党人。用符号形式表示这个假设的零假设和备择假设。

2. 一位研究义工服务的社会学家发现，在一个随机抽取的成年人样本中，每月义工服务小时数的总均值为 11.2。如果年龄在 65 岁及以上成年人的小时数均值为 18.7，55～64 岁成年人的小时数均值为 11.8，45～54 岁成年人的小时数均值为 3.1，则不同年龄组的效应如何？

3. 某工程公司的人力资源部主管对 50 名员工进行了一次员工满意度的调查。他得到的结果为：18 名工程师（engineers）的得分均值为 91.5，12 名技师（technicians）的得分均值为 83.0，20 名行政人员（administrative support staff）的得分均值为 74.6。那么，用加权的样本均值来估计总体均值，每类员工的效应参数（α_j）是多少？

4. 求以下情况下 F 的自由度和临界值：

    a. $\alpha=0.05$，3 个组，20 个被试者。

    b. $\alpha=0.01$，2 个组，125 个被试者。

    c. $\alpha=0.001$，6 个组，36 个被试者。

    d. $\alpha=0.001$，25 个组，65 个被试者。

5. 求以下情况下 F 的自由度和临界值：

    a. $\alpha=0.05$，$n_1=17$，$n_2=10$。

    b. $\alpha=0.01$，$n_1=20$，$n_2=13$，$n_3=10$。

    c. $\alpha=0.001$，$n_1=5$，$n_2=10$，$n_3=5$。

    d. $\alpha=0.001$，$n_1=24$，$n_2=20$，$n_3=10$，$n_4=10$。

137

6. 一位实验者将 100 个个体分为三组，其中两组个体数相等，第三组的个体数是前两组的总和。如果前两组的平均年龄分别为 21 岁和 29 岁，并且已知总的平均年龄为 33 岁，那么第三组的平均年龄是多少？

7. 将 75 个个体平均分成三组，它们的总平方和为 324.61，组内平方和为 293.50，MS_{BETWEEN}（组间均方）为多少？

8. 某研究者从加利福尼亚州四个县的投票者中随机抽取了样本规模为 27、38、34 和 25 的四个样本。在他们对当前州政府官员态度的 10 点量表中，$SS_{\text{TOTAL}}=297.33$，$SS_{\text{BETWEEN}}=38.22$，那么 η^2 是多少？四个县的总体均值显著不同的可能性小于 $\alpha=0.05$ 吗？写出 F 比率的观测值和临界值。

9. 下面列出了某班三个朗读组共 15 个学生的测验分数：（1）与成人（adult）一起朗读；（2）与高年级学生（older student）一起朗读；（3）与同学（classmate）一起朗读。

和成人一起	和高年级学生一起	和同学一起
7	8	4
6	7	6
8	8	7
9	6	7
10	8	9

计算每种方法下的效应参数（α_j）。然后计算总平方和、组间平方和以及组内平方和。确定均方和 F 比率，然后通过三个总体均值都相等的零假设对其进行评估（设定 $\alpha=0.05$）。将这些结果写入方差分析汇总表，最后计算 $\hat{\eta}^2$，并给出解释。

10. 用习题 9 中的数据，检验事后假设，即与成人一起朗诵优于其他两种方法。设定 $\alpha=0.05$，计算 $\hat{\Psi}$ 和 $\hat{\sigma}_{\Psi}^2$ 的值。

需要用到 1998 年 GSS 数据的习题

138

11. 通过方差分析，检验假设：是否支持"专业运动员信仰上帝"（GODSPORT）与居住地区（REGION）是相关的。设定 $\alpha=0.001$，计算 η^2 并解释结果。将"不知道""无回答"和"不适用"作为缺失值处理。

12. 年龄与对离婚法案的态度（DIVLAW）二者之间有什么关系呢？将年龄（AGE）按 10 岁一组大致分为六类并编码，如最小值～29=1，30～39=2，…，70～89=6。然后将 DIVLAW 编码，1=

1，3＝2，2＝3，并将 DIVLAW 的标签值转换，将"更容易些"赋值为 1，"维持原状"赋值为 2，"更困难些"赋值为 3。最后用 DIVLAW 作为因变量进行方差分析。设定 $\alpha=0.001$，计算 η^2 并解释结果。

13. 认为黑人能够自己找到出路，并且"不借助他人支持也能克服偏见"的观点在不同种族的人之间有差异吗？对 WRKWAYUP 和 RACE 两个变量进行方差分析，设定 $\alpha=0.001$，计算 η^2 并解释结果。将"不知道""无回答"和"不适用"作为缺失值处理。

14. 比起反对者，那些支持最高法院关于不许在公立学校强行要求诵读主祷文和《圣经》（PRAYER）的规定的人（POLVIEWS），会认为自己在政治上更不保守吗？用 t 检验来回答这个问题，设定 $\alpha=0.05$。将"不知道""无回答"和"不适用"作为缺失值处理。

15. 一个人的年龄（AGE）同他/她对婚前性行为的态度（PREMARSX）之间有怎样的关系呢？每十年为一期，将 AGE 编码为六个组别，如最小值～29＝1，30～39＝2，…，70～89＝6。然后将 PREMARSX 作为因变量进行方差分析，设定 $\alpha=0.001$。将"不知道""无回答"和"不适用"作为缺失值处理。

5　分类数据分析

5.1　双变量列联表
5.3　测量相关性：Q，phi，gamma，tau c，萨默斯 d_{yx}
5.2　用卡方进行显著性检验
5.4　发生比与优比

　　方差分析通过检验不同类别的离散自变量所对应的连续因变量的均值差异，从而揭示两个变量间的关系。此外，还有其他技术可用于探究两变量之间的相关性。一种技术是我们在本章中要介绍的列联表分析，另一种技术则是我们将在第 7 章中介绍的双变量回归分析。我们将在本章说明双变量列联表分析这种检验统计显著性的方法的内在逻辑，以及估计两个离散变量间关系强度的方法。

5.1　双变量列联表

　　双变量列联表（bivariate crosstabulation）或联合列联表可同时显示两个离散变量的观测值。两个变量的类型都可以是定序或非定序的。尽管某些相关测量只有当变量是由低到高顺序的定序类型时才能被解释，但任一类型的列联表（或人们通常所说的"交互表"）都可用于本章中讨论的推论和描述统计。

　　假定我们对"教育水平"和"对女性在家庭之外角色的态度"这两个变量间的关系感兴趣，并把人们对性别角色的态度作为因变量。在 1998 年综合社会调查（GSS）中，受访者被问及他们是否非常同意、同意、不同意或非常不同意如下表述："男性在外打拼，女性照顾家人和家庭，对每个家庭成员都是更好的。"受访者在校取得的最高学历被编码为 5 种定序类别：高中以下、高中毕业、大专（副学士学位①）、学士学位、研究生学位。将 4 种性别角色态度类型与 5 种学历类型做交互，得到 20 种组合。因为我们把对性别角色的态度视为因变量，教育水平视为预测变量，所以我们将它们的联合分布

140

---

　　①　美国社区学院或两年制专科学校颁发给毕业生的文凭。——译者注

表示为一个 4 行 5 列的列联表（或一个 4×5 表）。如频数列联表 5.1 所示，列的值从左到右递增，行的值从底部的"非常不同意"到顶部的"非常同意"。因此，尽管有的计算机程序将最低的类别置于首行给出列联表，你还是应该以上述顺序重新排列列联表中的成对变量。当以这种方式显示时，定序变量的类型就与 X×Y 的坐标系一致了，如同那些用于两个连续变量绘图的坐标系（见第 6 章）。

单元格（cell）构成了列联表的主体部分，包含了具有两个变量特定交互值的个案的数目。**边缘分布（marginal distributions）**（或更简单地称为边缘）就是位于表格最右侧的每行数值的总和［**行边缘（row marginals）**］，以及表格最底部的每列数值的总和［**列边缘（column marginals）**］。所有个案的总和 N 呈现在表右下方的单元格中（1 811 人）。在表的注释处报告了缺失数据，它表明个案缺少某一或两个变量的信息（这个例子中，因为并非所有 GSS 受访者都被问及性别角色项目，1 021 个个案有缺失）。

表 5.1	对性别角色的态度与教育水平的频数列联表					
男性在外打拼 **女性照顾家人和家庭**	**最高完整教育水平**					
	高中以下	高中毕业	大专	学士学位	研究生学位	总计
非常同意	34	73	6	11	5	129
同意	110	273	24	77	25	509
不同意	90	471	67	142	63	833
非常不同意	21	157	30	85	47	340
总计	255	974	127	315	140	1 811

缺失数据：1 021 个个案。
资料来源：1998 General Social Survey。

频数列联表很少被用来判断两个变量是否存在共变关系，以及如果存在，又是怎样的关系。当一个频数分布的边缘不等时，就很难直接比较单元格中的频数。我们需要某种方法将频数列联表标准化，使其拥有一个相同的分母，如此一来，变量的共变关系就会更加清晰了。百分比列联表可以实现这种模式。百分比通常应针对自变量的不同取值类别来计算。在我们的例子中，我们选择正规教育水平为自变量，假设教育特征终身不变，而对性别角色的态度则更有可能发生变化。为了计算五种教育水平各自的百分比，我们首先选定表 5.1 "非常不同意"一行中的"高中以下"教育水平的总数（255）。然后我们将这一列中四个单元格中的频数分别除以这个总数，再乘以 100%，从而将这个比例转换为百分比。因此，在教育水平为"高中以下"的受访者中，"非常同意""男性在外打拼，女性照顾家人和家庭"的百分比是（34/255）×100%＝13.33%，"同意"的百分比是（110/255）×100%＝43.14%，35.29% "不同意"，8.24% "非常不同意"。其他列也进行了类似计算，包括总计的那一列，见表5.2。

表 5.2	对性别角色的态度与教育水平的百分比列联表					
男性在外打拼 **女性照顾家人和家庭**	**最高完整教育水平**					
	高中以下	高中毕业	大专	学士学位	研究生学位	总计
非常同意	13.33	7.49	4.72	3.49	3.57	7.12
同意	43.14	28.03	18.90	24.44	17.86	28.11

续表

男性在外打拼 女性照顾家人和家庭	最高完整教育水平					
	高中以下	高中毕业	大专	学士学位	研究生学位	总计
不同意	35.29	48.36	52.76	45.08	45.00	46.00
非常不同意	8.24	16.12	23.62	26.98	33.57	18.77
总计	100.0	100.0	100.0	99.99*	100.0	100.0
(N)	(255)	(974)	(127)	(315)	(140)	(1 811)

缺失数据：1 021 个个案。

* 总计不到 100% 是由于四舍五入。

资料来源：1998 General Social Survey 和表 5.1。

现在我们可以清楚地看到对上述有关性别角色表述的不同意程度随教育水平的提升而增加。在 "非常不同意" 该表述的受访者中，拥有研究生学位的百分比要比高中以下教育水平的高出约 25 个百分点。而那些教育水平介于两者之间的百分比也介于两者之间。相反的模式则出现在 "非常同意" 这一行的不同列中：高中以下教育水平受访者的百分比要比拥有研究生学位的高出近 10 个百分点。接下来，我们还将讨论一些总结了列联表中两变量相关强度的描述统计。但我们首先将阐明如何检验样本数据中观察到的模式是否能够反映出样本所属总体中的共变关系。 *142*

5.2 用卡方进行显著性检验

在 3.11 节中，我们讨论了建立在正态分布基础上的抽样分布中卡方（χ^2）族的一些特征。当双变量列联表中的样本规模 N 很大时（如 100 及以上个观测值），我们就可以对统计显著性进行**卡方检验**（chi-square test），从而确定两变量在总体中不相关的可能性。也就是说，我们的零假设是两变量在总体中不存在共变关系，而备择假设则是两变量在总体中相关，并且这种相关性与其在样本列联表中的相关性一致。卡方检验比较的是样本列联表中各单元格频数的观测值与零假设为真时的频数期望值。确定这些期望频数是计算列联表卡方值的关键。

如果两个交互变量不存在关联，我们就称其具有**统计独立性**（statistically independent）。对于总体来说，这种情况意味着在因变量的每个类别中，自变量都具有相同的百分比。与之相似，在自变量的每个类别中，因变量也会有相同的百分比。例如，排除抽样误差之后，如果 GSS 受访者的性别角色态度与其教育水平不相关，我们就应预期表 5.2 中五列的百分比都相等，并且等于行边缘。也就是说，因为在所有的这 1 811 名受访者中有 7.12% 的人 "非常同意"，我们就可以预测在 5 个不同教育水平的列中都有 7.12% 的人持 "非常同意" 的态度。同样，我们也预测这 5 列中也都有 28.11% 的人 "同意"，46.00% 的人 "不同意"，18.77% 的人 "非常不同意"。但实际上我们发现，五列中只有一列 *143* （"高中毕业"）接近这个分布，这就表明了这种统计独立性并不存在。

如果两变量在统计上是独立的，我们就可以计算双变量列联表的频数。也就是说，我们认为两变量不相关的假设 H_0 为真。表 5.3 的 A 组显示了列联表 5.1 中的性别角色态度与教育水平之间的不相关关系。为了精确起见，这些单元格的数据都保留到了小数点的后两位，它们是在变量具有独立性的零假设下的**期望频数**（expected frequency）。B 组显示每列期望频数的百分比是相同的，C 组表明每行期望频数的百分比也是相同的。无论以行的方向还是以列的方向计算，这些百分比的分布都等于行边缘

（B 组的最末列）或是列边缘（C 组的最底行）。

我们可用表 5.1 中行和列的边缘频数来计算表 5.3 中 A 组单元格中的 20 个期望频数。如果这两个变量在任何交互情况下都是独立的，那么第 i 行第 j 列的期望频数的公式是：

$$\hat{f}_{ij} = \frac{(f_{i\cdot})(f_{\cdot j})}{N}$$

式中，$\hat{f}_{ij}$ 是第 i 行第 j 列单元格的期望频数，$f_{i\cdot}$ 是第 i 行的边缘，$f_{\cdot j}$ 是第 j 列的边缘，N 是总数或整个列联表的样本规模。例如，具有研究生学位且持"非常不同意"意见的人在两变量独立的零假设下的期望频数（第 4 行第 5 列）是：

$$\hat{f}_{45} = \frac{f_{4\cdot} f_{\cdot 5}}{N} = \frac{340 \times 140}{1\,811} = 26.3$$

144

表 5.3　　在独立性零假设下，对性别角色的态度与教育水平的列联表的期望频数

男性在外打拼 女性照顾家人和家庭	最高完整教育水平					
	高中以下	高中毕业	大专	学士学位	研究生学位	总计
A. 期望频数						
非常同意	18.16	69.38	9.05	22.44	9.97	129
同意	71.67	273.75	35.69	88.53	39.35	509
不同意	117.29	448.01	58.42	144.89	64.40	833
非常不同意	47.87	182.86	23.84	59.14	26.28	340
总计	254.99*	974.00	127.00	315.00	140.00	1 811
B. 列百分比						
非常同意	7.12	7.12	7.12	7.12	7.12	7.12
同意	28.21	28.11	28.11	28.11	28.11	28.11
不同意	46.00	46.00	46.00	46.00	46.00	46.00
非常不同意	18.77	18.77	18.77	18.77	18.77	18.77
总计	100.00	100.00	100.00	100.00	100.00	100.00
(N)	(255)	(974)	(127)	(315)	(140)	(1 811)
C. 行百分比						
非常同意	14.08	53.78	7.02	17.40	7.73	100.1[†] (129)
同意	14.08	53.78	7.02	17.40	7.73	100.1[†] (509)
不同意	14.08	53.78	7.02	17.40	7.73	100.1[†] (833)
非常不同意	14.08	53.78	7.02	17.40	7.73	100.1[†] (340)
总计	14.08	53.78	7.02	17.40	7.73	100.1[†] (1 811)

* 频数总计并非整数是由于四舍五入。

† 百分比总计不是 100％是由于四舍五入。

资料来源：1998 General Social Survey。

χ^2 统计量的值概括了 20 对单元格在表 5.1 中的观测频数与在表 5.3 中的期望频数的差异。（因为每个表的行边缘和列边缘都相同，所以这些值并没有被使用。）如果 $\hat{f}_{ij}$ 是零假设下的期望频数，f_{ij} 是在相同单元格中的观测频数，那么这个表的卡方值就可用下述公式计算得出：

145

$$\chi^2 = \sum_{i=1}^{R} \sum_{j=1}^{C} \frac{(\hat{f}_{ij} - f_{ij})^2}{\hat{f}_{ij}}$$

式中，$\hat{f}_{ij}$ 是第 i 行第 j 列单元格的期望频数，f_{ij} 是对应单元格中的观测频数，C 是列联表的列数，R 是

列联表的行数。下面的公式可能更易于记忆：

$$\chi^2 = \sum_{i=1}^{R} \sum_{j=1}^{C} \frac{(E_{ij} - O_{ij})^2}{E_{ij}}$$

式中，E_{ij} 是在独立性条件下第 i 行第 j 列的期望频数，O_{ij} 是对应单元格的观测频数。

对于一个给定的单元格，先将观测频数和期望频数之差平方（以去除正负号），再除以该单元格的期望频数。本例中 20 个卡方值在表 5.4 的单元格中给出。卡方值越大，则该单元格中观测频数和期望频数的相对差异就越大。表 5.4 中将 10 个最大差异值用下划线标示，以突出与独立性零假设之间存在的主要偏差。因为平方会掩盖这些差异的正负方向，所以我们要对表 5.1 和表 5.3 都进行检验，从而判定超出与不足的部分是从哪里产生的。大专教育水平和学士学位教育水平两列间的差异总体上很小，但独立性模型高估了三个单元格中的观测频数（"高中以下"且持"不同意"和"非常不同意"态度的人，以及"高中毕业"且持"非常不同意"态度的人）。这个独立性模型也低估了五个单元格中的观测频数（"高中以下"且持"同意"态度的人，"学士学位"且持"非常不同意"态度的人，"高中毕业"且持"不同意"态度的人，"研究生学位"且持"非常不同意"态度的人，以及"高中以下"且持"非常同意"态度的人）。换言之，样本的独立性假设没有捕捉到教育水平较低的人对性别角色项的同意态度，以及具有研究生学位教育水平和学士学位教育水平的人对其的不同意态度。

表 5.4	对性别角色的态度与教育水平的列联表中的卡方组成				
男性在外打拼 **女性照顾家人和家庭**	**最高完整教育水平**				
	高中以下	**高中毕业**	**大专**	**学士学位**	**研究生学位**
非常同意	<u>13.82</u>	0.19	1.03	<u>5.83</u>	2.48
同意	<u>20.50</u>	0.002	<u>3.83</u>	1.50	<u>5.23</u>
不同意	<u>6.35</u>	1.18	1.26	0.06	0.03
非常不同意	<u>15.08</u>	<u>3.66</u>	1.59	<u>11.31</u>	<u>16.34</u>

资料来源：1998 General Social Survey。

表 5.4 中 20 个值的和为 111.27，因此我们说这个列联表的独立性假设（或零假设）的 $\chi^2 = 111.27$。为了理解这个数字的含义以决定拒绝或是接受零假设，我们必须将它和零假设下的卡方临界值进行比较。同我们在 3.11 节讨论的一样，对大样本 N 进行卡方检验的统计量遵循一个特定自由度的卡方分布。在一个双变量列联表中，自由度由列联表的行数和列数决定。在一个有 R 行的频数列联表中，如果我们知道某给定列的频数总和以及此列中 $R-1$ 个单元格的频数，那么此列第 R 行的频数就可以通过减法获得。因此，每一列只有 $R-1$ 个自由度。同理，因为行边缘是固定的，对于某一给定的行，也只能有 $C-1$ 个自由度。对于每一个双变量列联表，总的自由度都等于行数减 1 与列数减 1 的乘积：

$$df = (R-1)(C-1)$$

表 5.1 是 $(4-1) \times (5-1) = 12$ 个自由度。因此，用来估计从表 5.4 中获得的卡方值 111.27 的抽样分布就是一个具有 12 个自由度的卡方抽样分布。通过附录 B 中的卡方值表，我们可以查到当 $df = 12$、$\alpha = 0.001$ 时拒绝 H_0 的临界值是 32.909。显然，从表 5.1 中很难观察到总体中"对性别角色的态度"和"教育水平"两变量不相关。因此我们在第一类错误（或弃真错误）发生的可能性极小的情况下，拒绝不相关的零假设，并得出结论，对性别角色的态度和教育水平的相关不仅存在于 1998 年 GSS 样本中，而且在总体中也具有统计上的显著性；这就是说，这两个变量在总体中也可能具有

相关关系。

χ^2 统计量的值如此大的原因之一，是卡方值的大小与样本规模成正比。例如，将列联表每个单元格的频数扩大三倍，自由度 df 不变，卡方值也会随之扩大三倍。列联表中 χ^2 对样本规模的敏感性强调了统计显著性和实质意义之间的重要差异。一个大规模的样本为由样本推论总体提供了很好的基础。但总体中的相关度可能并不具有实质意义，也就是说，它可能仅显示微弱的共变关系。因此，即便是一个大的样本 N 使我们很轻易地拒绝零假设，它也并没有给我们提供总体中变量的关系强度或量级。统计显著性只是回答"两个社会变量是如何相关的"这个部分，而如果统计显著性检验揭示了变量在总体中也可能是相关的，那么我们转到该回答的第二个部分，这就要求我们发现变量的相关强度，在下一节中，我们将讨论对变量相关强度的适当测量方法。

5.3 测量相关性：Q，phi，gamma，tau c，萨默斯 d_{yx}

这一节我们将检验 5 种**相关测量**（measures of association），其统计量描述了成对离散变量间的共变强度。所有好的相关测量法都采用了一种消减误差比例（PRE）的方法。PRE 族统计量的计算都建立在误差比较的基础上，比较在已知自变量的情况下预测因变量时所产生的误差和未知自变量信息的情况下预测因变量所产生的误差。因此每个 PRE 统计量都反映了已知某变量信息能够如何提升对另一变量的预测水平。PRE 统计量的一般公式依据在变量 X 取值已知条件下对变量 Y 的预测值给出。通用的 PRE 公式涉及两个判定规则之间的比率。

$$\text{PRE 统计量} = \frac{\text{无判定规则时的误差} - \text{有判定规则时的误差}}{\text{无判定规则时的误差}}$$

148 若变量 X 和 Y 不相关，那么在估计第二个变量值的时候，我们就无法用任何已知的关于第一个变量的相关信息去减少预测第二个变量时的误差。因此，PRE 统计量的值为 0。相反，当一个变量能够用于准确地预测另一变量时，我们的预测将没有任何误差，此时 PRE 统计量达到最大值 1.00。处于中间值的 PRE 统计量反映了较高或较低程度的预测能力。

为了阐明相关测量法，我们采用了 **2×2 表**（2×2 table），我们将一对二分变量制成列联表。表 5.5 展示了两个非定序二分变量的频数和百分比列联表——在 1 851 个 GSS 受访者中不同性别对走夜路是否害怕。在对是否害怕在附近地区走夜路这一问题的回答上，做出肯定回答的女性人数约是给出肯定回答的男性人数的 2 倍。

表 5.5	性别与害怕走夜路的频数和百分比列联表		
是否害怕	**性别**		**总计**
	男性	女性	
频数列联表			
是	203	569	772
否	583	496	1 079
总计	786	1 065	1 851

续表

是否害怕	性别		总计
	男性	女性	
百分比列联表			
是	25.8	53.4	41.7
否	74.2	46.6	58.3
总计	100.0	100.0	100.0
(N)	(786)	(1 065)	(1 851)

缺失数据：981 个个案。
资料来源：1998 General Social Survey。

可用 4 个斜体字母代表 2×2 表的四个单元格，如下所示：

变量 X

		1	2	总计
变量 Y	2	a	b	$a+b$
	1	c	d	$c+d$
总计		$a+c$	$b+d$	$a+b+c+d$

根据定义，非定序（定类）二分变量并无先后次序之分，因此它们在列表中的次序是任意的。我们选择将"男性"安排在表 5.5 中的左列，"女性"在右列。这样我们就将女性看作较高序列的性别。因为我们采用了这种任意的排序方法，所以对基于这些数据的相关测量的解释，也必须与其排列次序相一致。如果我们改变了该表的结构，将"男性"放在右列，那么每一个相关测量都将得到相反的解释。

采用惯常的单元格符号，2×2 表中 χ^2 的公式如下：

$$\chi^2 = \frac{N(bc - ad)^2}{(a+b)(a+c)(b+d)(c+d)}$$

因为 $(R-1)(C-1) = (2-1)\times(2-1) = 1$，所以每个 2×2 表都只有 1 个自由度。我们把单元格 b 和 c 称为主对角线单元格，而 a 和 d 则称为偏对角线单元格。因此，χ^2 公式的分子中包括了主对角线单元格和偏对角线单元格交叉相乘之差。这些值在我们下面所介绍的一些相关测量法的公式中也会出现。在"不同性别是否害怕走夜路"的列联表 5.5 中，

$$\chi^2 = \frac{1\ 851 \times (569 \times 583 - 203 \times 496)^2}{772 \times 786 \times 1\ 065 \times 1\ 079} = 141.70$$

因为在 $\alpha = 0.01$、$df = 1$ 时，计算出的 χ^2 临界值为 6.63，所以 χ^2 值在 $p < 0.01$ 时显著。所以在犯第一类错误的可能性小于 1% 的情况下，我们拒绝总体中不同性别在害怕走夜路一事上不存在显著差别的零假设。

5.3.1 尤拉 Q

尤拉 Q（Yule's Q） 是一种使用 2×2 表进行交叉相乘的相关测量法，即：

150

$$Q = \frac{bc - ad}{bc + ad}$$

尤拉 Q 的值介于 -1.00 和 1.00 之间，$Q = 0.0$ 表明二分变量间不存在相关关系。Q 值为正，表明同为高序列的两组相关，且同为低序列的两组也相关。Q 值为负则表明了一种反向的关系，就是说一个变量的高序列与另一个变量的低序列具有相关关系。在表 5.5 中，我们把"女性"和"是"看作高序列的一类，其 Q 值是：

$$Q = \frac{569 \times 583 - 203 \times 496}{569 \times 583 + 203 \times 496} = \frac{231\ 039}{432\ 415} = 0.53$$

因此，值为正就表明了女性比男性更可能害怕走夜路，在两列不同性别对应百分比的差异中我们可以找到这个明显的方向。

解释 Q 值的大小并无确定的标准，我们建议将如下的词语标签应用于绝对值落在以下区间的尤拉 Q：

0.00～0.24　"明显无关"

0.25～0.49　"弱关系"

0.50～0.74　"中等关系"

0.75～1.00　"强关系"

因此，考虑卡方值的显著性，Q 值 0.53 表示性别与害怕走夜路之间存在中等关系。注意：这一发现既在统计上显著，也具有实质意义。

当四个单元格中有一个单元格的频数为零时，尤拉 Q 的值会给我们提供错误的信息。在这样的例子中，Q 值要么是 -1.00，要么是 1.00（你可以计算一个简单的例子来确认）。但实际上这两个二分变量之间的关系可能是不"完全"的关系。完全意味着所有的样本都落在两个主对角线单元格或两个偏对角线单元格中。我们应当始终记得检查 2×2 表的频数单元格中是否有 0 次出现。如果某单元格中出现 0，那么我们就需要选用其他的相关测量法。

5.3.2　phi

phi(φ) 也是一种通过 2×2 表来测量相关关系的系数。phi 值和尤拉 Q 值一样介于 -1.00 和 1.00

151 之间，0.00 表示不相关。如下面公式中的分母所示，phi 值对表中的行边缘和列边缘比较敏感：

$$\varphi = \frac{bc - ad}{\sqrt{(a+b)(c+d)(a+c)(b+d)}}$$

对于任何给定行数与列数的 2×2 表，phi 值能达到的最大值和最小值都在假定的 $-1.00 \sim 1.00$ 的范围内。一些研究者倾向于修正 phi 值，从而消除这种局限性。**phi 修正值（phi adjusted）**（φ_{adj}）是用 phi 的观测值除以其最大值即 **phi 最大值（phi maximum）**（φ_{max}）的绝对值得到的：

$$\varphi_{adj} = \frac{\varphi}{|\varphi_{max}|}$$

phi 最大值两侧的两条平行线表示"取绝对值"。

用给定的 2×2 表的边缘计算 φ_{max} 的值，你首先要找到的是行边缘和列边缘的比例，也就是用 4 个行和列的总数除以样本规模 N。接下来要选出所占比例最小的行和列（如果一个或两个边缘比例恰好等于 0.50，可以任选一个）。比较这两个比例，我们把其中较小的那个称为 p_j，较大的称为 p_i（通过这一步发现某些个案有着极小的发生比例，有时它被称为态度研究中的"项目困难"）。最后我们对表中的 φ_{max} 进行估计：

$$\varphi_{\max} = \frac{\sqrt{p_j - p_j p_i}}{\sqrt{p_i - p_i p_j}}$$

表 5.6 以性别和害怕走夜路之间关系的例子说明了上述步骤。上面一组的观测频数计算出的 phi 值是 0.277。下面一组的比例显示最小的行边缘比例是 0.417（害怕走夜路者），而最小的列边缘比例是 0.425（男性）。因此 $p_j = 0.417$，$p_i = 0.425$。$\varphi_{\max}$ 的估计值是：

$$\sqrt{0.417 - 0.417 \times 0.425} / \sqrt{0.425 - 0.425 \times 0.417} = 0.984$$

最后修正值 $\varphi_{\mathrm{adj}} = 0.277 / |0.984| = 0.282$。这个修正值预示着一种比观测数据所显示的强度略高的逆相关。虽然在分析 2×2 表时我们有时给出的是 φ_{adj}，但是我们建议将实际值和修正值都给出来。不过，比起只给出 φ 的实际值，给出 φ_{adj} 更好一些。

152

表 5.6	性别与害怕走夜路的列联表 phi 修正值的计算		
是否害怕	**性别**		**总计**
	男性	**女性**	
观测频数			
是	203	569	772
否	583	496	1 079
总计	786	1 065	1 851
	$\varphi = 0.277$		
比例			
是	0.110	0.307	0.417
否	0.315	0.268	0.583
总计	0.425	0.575	1.000
	$\varphi_{\max} = 0.984$, $\varphi_{\mathrm{adj}} = 0.282$		

资料来源：1998 General Social Survey 和表 5.5。

5.3.3 gamma

用 **gamma（G）** 测量相关不仅适用于分析有两个二分变量的列联表，也适用于分析有两个以上分类的定序离散变量的列联表。gamma 是一种对称的 PRE 相关测量；也就是说，同样的 gamma 值包含的信息既可以是以第一个变量预测第二个变量，也可以是以第二个变量预测第一个变量。gamma 的取值在 -1.00 到 1.00 之间，gamma 值为 0 表示变量不相关。gamma 和 φ 不一样的地方在于，gamma 是一种"边缘自由"的相关测量，这就意味着 gamma 的值不受限于行或列边缘。

表 5.7 显示了两个定序变量的 3×3 联合频数分布。调查者给 GSS 受访者提供了一份包含 9 类国立机构在内的名单，并提问："就运营这些机构的工作人员而言，你对这些机构有很大信心、只有一些信心，还是几乎没有任何信心？"在这些机构中有"总公司"和"工会"。如果受访者对某一类机构的支持与他们对另一类机构的支持无关，那么每列中的百分比分布就是相同的（抽样误差除外）。表 5.7 下部的一组显示，有 37.1％的人在对"工会"有很大信心的同时，也对"总公司"有很大的信心，而那些对"工会"只有一些或是几乎没有信心的人中表示对总公司有很大的信心的人比例更小（分别是

153

26.9％和 24.9％）。样本中的这个中等正相关系数足以使我们拒绝"总体中两者不相关"的零假设（$\chi^2 = 43.2$，$df = 4$，$p < 0.001$）。然而，因为存在一些人对某一类机构有很大的信心而对另一类机构几乎没有任何信心，所以两者之间的关系远没有被完全预测到。

表 5.7	对总公司的信心与对工会的信心关系的频数与百分比列联表			
对总公司的信心	**对工会的信心**			
	几乎没有	只有一些	很大	总计
频数列联表				
很大	134	257	76	467
只有一些	294	602	108	1 004
几乎没有	111	98	21	230
总计	539	957	205	1 701
百分比列联表				
很大	24.9	26.9	37.1	27.5
只有一些	54.5	62.9	52.7	59.0
几乎没有	20.6	10.2	10.2	13.5
总计	100.0	100.0	100.0	100.0
(N)	(539)	(957)	(205)	(1 701)

缺失数据：1 131 个个案。

资料来源：1998 General Social Survey。

如表 5.7 所示，gamma 测量成对定序变量之间的相关强度。计算 gamma 要求系统地评估列联表中所有成对的观测值，计算所有**非同分（untied）**的同序对和异序对的总数。（非同分对是指两个个案在两个变量上取值都不相同的情况。）在**同序对（concordant pair）**中，一个观测对象在两个变量上的取值比另外一个观测对象在两个变量上取值的序列都要高。例如，一个对总公司和工会都有很大信心的人，就比那些对两类机构都几乎没有信心的人处于更高的序列。在**异序对（discordant pair）**中，一对观测对象中的某一个比另一个在某一个变量上的取值序列高，而在另一个变量上的取值序列则较低。例如，一个对工会有很大信心但是对总公司几乎没有信心的受访者同另一个对两类机构都只有一些信心的受访者。在这一对中，第一个受访者在对工会的信心上比第二个受访者排在更高的序列，但是在对总公司的信心上则比第二个受访者的序列要低。

为了获得列联表中同序对总数（n_c），我们必须系统地计算一个表中有一致次序的成对观测值数量。某给定单元格中的观测值与其左下方所有单元格中个案的总和构成同序对。如表 5.7 右上方（最上行的最右列）的单元格中有 76 个观测值，就与其左下方 4 个单元格中的 1 105（= 294＋602＋111＋98）个受访者构成了同序对。换言之，右上方的单元格中包含的同序对数量为 76 × 1 105 = 83 980。同时，在第一行中间列的单元格中有 257 个观测值。这些个案在两个变量上的取值都比其左下方两单元格中的 405（= 294＋111）个个案的序列高，因此，我们得到的 257 × 405 = 104 085 个同序对，还需要同之前得到的同序对的数量相加。在表的第二行中，右列有 108 个观测值，比其左下方的 209（= 98＋111）个个案的序列高，因此我们得到了 108 × 209 = 22 572 个同序对。最后在第二行的中间列有 602 个个案，比其左下方的 111 个个案的序列高，这让我们得到 602 × 111 = 66 822 个同序对。将这些值加总，

表 5.7 就包含了 83 980＋104 085＋22 572＋66 822＝277 459 个同序对。

为了计算异序对总数（n_d），我们以同上述方向相反的方向在表中进行计算：某给定单元格中的观测值与其右下方所有单元格中个案的和构成异序对。与其右下方的 4 个单元格中的 829(＝602＋108＋98＋21) 个个案相比，表 5.7 中左上方的单元格中 134 个观测值在行变量上处于较高的序列（对总公司的信心），但在列变量上处于较低的序列（对工会的信心），因此 $134 \times 829 = 111\ 086$ 个异序对涉及左上方的单元格。同是在第一行，中间列的 257 个个案与其右下方的两个单元格中的 129(＝108＋21) 个观测值组成了异序对，所以异序对的数量为 $257 \times 129 = 33\ 153$ 个。接下来的第二行，我们找到 $294 \times 119 = 34\ 986$ 和 $602 \times 21 = 12\ 642$ 个异序对。因此表 5.7 共有 191 867 个异序对。

gamma 的公式中包括了两种配对方式的非同分对的总数：

$$G = \frac{n_c - n_d}{n_c + n_d}$$

这个公式清晰地显示了 gamma 的 PRE 特征。如果我们从列联表中随机抽出一对观测值，试着预测它们的序列是一致还是不同，那么我们做出正确预测的可能性取决于表中同序对和异序对的数目。当 $n_c = n_d$ 时，能够准确预测的机会就很小，gamma 值为 0。但是当 n_c 远大于 n_d 时，gamma 值就为正，同另一个受访者相比，我们更有可能成功预测两受访者中在某一变量上有较高值的受访者在另一个变量上的值也较高。需要特别说明的是，当 $n_d = 0$ 时（也就是说没有异序对），$G = 1.00$。当 n_d 实际上比 n_c 大时，预测的误差会减小。在此例中 G 的值是负的，意味着两个受访者中，在一个变量上的次序较高的受访者在另一变量上的次序会较低。当 $n_c = 0$ 时（也就是说没有同序对），G 就会出现最大负值 -1.00。

将表 5.7 中的数据用 gamma 的公式进行计算，对总公司的信心和对工会的信心两者间的相关如下：

$$G = \frac{277\ 459 - 191\ 867}{277\ 459 + 191\ 867} = \frac{85\ 592}{469\ 326} = 0.18$$

已知 gamma 的最大正值是 1.00，那么 0.18 这个数值就说明两种信心的测量值之间并不存在实际的相关关系。

用 G 值估计的总体参数被标为 γ（希腊语中小写的 gamma）。如果我们有一个的简单随机抽样的样本，那么在 N 很大时（大于或等于 50），G 的抽样分布接近正态分布。检验统计量的计算为：

$$Z = (G - \gamma) = \sqrt{\frac{n_c + n_d}{N(1 - G^2)}}$$

式中，γ 是在零假设下总体的 G 值。

由于公式给出的是对 Z 值的保守估计，所以可能出现的情况是 Z 的绝对值比以这种方式计算出来的数值大。其他一些书中给出了较为精确的计算方法。[①]

在这个例子中，零假设和备择假设分别是 H_0：$\gamma \leq 0$ 和 H_1：$\gamma > 0$。为了检验零假设，我们设定 $\alpha = 0.01$。从附录 C 中查得临界值 $Z = 2.33$。现在我们可以使用前面已经得出的样本的 G 值来计算标准分数（即检验统计量）：

$$Z = (0.18 - 0) \times \sqrt{\frac{277\ 459 + 191\ 867}{1\ 701 \times (1 - 0.18)^2}} = 3.04$$

因为 3.04 大于 2.33，所以我们拒绝零假设并得到结论：在总体中，对总公司的信心和对工会的信心

---

① 参见 H. T. Reynolds，*The Analysis of Cross-Classification*（New York：Free Press，1977），pp. 85-88。

之间存在着微弱的正相关关系。

当将 G 的公式运用于 $2×2$ 表时，它的值和尤拉 Q 的值是相等的，这表明尤拉 Q 只是常规的 gamma 相关测量的一种特殊情况。

5.3.4 tau c

虽然 **tau $c(\tau_c)$** 不是消减误差比例（PRE）的相关测量，但它使用的信息却是有两个定序离散变量的列联表中同序对和异序对的数量。它也要求计算表中观测值的同分对数。**同分对（tied pair）**指两个个案至少在一个变量上的取值是相同的。例如，某个案对工会几乎没有信心，而对总公司只有一些信心，而另一个案则对这两类机构都只有一些信心，它们就形成了一个同分对。表中行数和列数不需要相同（也就是说它可以用来分析一个非正方形的表格）。tau c 的值在 -1.00 到 1.00 之间，当两变量不相关时，tau c 的值为 0。tau c 的计算公式如下：

$$\tau_c = \frac{2m(n_c - n_d)}{N^2(m-1)}$$

式中，m 是行数或列数中较小的数值。tau c 和 gamma 不同的地方是，gamma 的分母只考虑了同序对和异序对的数量，而 tau c 的分母则包括了同分对数在内的所有对数。因此，对于一个给定的表格，tau c 的值总是比 gamma 的值小一些。如果一个表中有很多的同分对出现，gamma 的值就会比 tau c 的值大很多。这两个统计量没有优劣之分，它们只是从不同的角度将两个定序离散变量的相关关系概念化。

将 tau c 用于正方形列联表 5.7 中，根据计算 G 值时使用的 $n_c=277\ 459$ 和 $n_d=191\ 867$，我们再来算出对总公司的信心和对工会的信心的正相关系数：

$$\tau_c = \frac{2×3×(277\ 459 - 191\ 867)}{1\ 701^2×(3-1)} = \frac{513\ 552}{5\ 786\ 802} = 0.089$$

tau c 的抽样分布的标准误很复杂，在这里我们不再讨论。但是，萨默斯找到了一个快速而更干净（not-too-dirty）的估计法[①]：

$$\hat{\sigma}_{\tau_c} = \sqrt{\frac{4(R+1)(C+1)}{9NRC}}$$

在进行简单随机抽样且零假设是总体中的 $\tau_c=0$ 时，这个公式可用于计算近似值。

为了检验 $\tau_c=0.089$ 与 0 是否有显著差异，我们选择 $\alpha=0.01$，在这一单尾检验中的临界值是2.33（见附录 C）。检验统计量公式如下：

$$Z = \frac{\tau_c}{\hat{\sigma}_{\tau_c}}$$

在这个例子中，检验统计量计算如下：

$$Z = \frac{0.089}{\sqrt{\frac{4×(3+1)(3+1)}{9×1\ 701×3×3}}}$$
$$= \frac{0.089}{0.022}$$
$$= 4.05$$

① Somers, R.(1980). "Sampling Approximations to Null Sampling Variance: Goodman and Kruskal's Gamma, Kendall's Tau, and Somers's d_{yx}." *Sociological Methods and Research*, 9, pp. 115–126.

因为这个值大于 2.33，所以我们拒绝零假设，再次得到结论：对总公司的信心和对工会的信心在总体中微弱相关。

5.3.5　萨默斯 d_{yx}

萨默斯 d_{yx}（Somers's d_{yx}）是针对定序离散变量的不对称 PRE 相关测量。它不仅要求计算同序对和异序对的数量，而且要求计算特定类型的同分对数。与 gamma 和 tau c 不一样的是，萨默斯 d_{yx} 的值取决于我们将哪一个变量作为自变量，哪一个作为因变量。在通过变量 X 预测变量 Y 时，我们只需要考虑观测值中那些在因变量 Y 上同分的对数。我们忽略其他任何在自变量 X 上同分的对数。萨默斯 d_{yx} 是用变量 X 的值来预测变量 Y 的值（假定 Y 是行变量，X 是列变量），其公式如下：

$$d_{yx} = \frac{n_c - n_d}{n_c + n_d + T_r}$$

式中，T_r 是在行变量上同分的对数。为了计算表 5.7 中在行变量上同分的对数，我们只要从表中第一行和第一列的交叉点——左上方的那个单元格开始。用这个单元格中的个案数（134）乘以该单元格右边所有单元格中个案的总和（257＋76＝333）。其结果是 $134 \times 333 = 44\ 622$。接下来我们转向该行右边的单元格，用该单元格的频数乘以这个单元格右侧所有单元格频数之和（就是说，$257 \times 76 = 19\ 532$）。因为在第一行最后一列的右边没有观测值（行边缘不计），所以这个过程在下一行继续，我们仍用某个给定单元格的频数乘以这一行该单元格右侧所有单元格频数之和。如表 5.7 的第二行，得到的结果就是 $294 \times 710 = 208\ 740$ 和 $602 \times 108 = 65\ 016$。对于第三行，这两个结果分别是 $111 \times 119 = 13\ 209$ 和 $98 \times 21 = 2\ 058$。将这些项相加，则有 $T_r = 44\ 622 + 19\ 532 + 208\ 740 + 65\ 016 + 13\ 209 + 2\ 058 = 353\ 177$。把该值代入萨默斯 d_{yx} 的分母，可得到：

$$d_{yx} = \frac{277\ 459 - 191\ 867}{277\ 459 + 191\ 867 + 353\ 177} = \frac{85\ 592}{822\ 503} = 0.104$$

很多同分对的出现意味着同一表中萨默斯 d_{yx} 的值会比 gamma 的值小很多。

萨默斯提供了抽样分布的标准误的一个近似值，它可用来检验 $\hat{d}_{yx}$ 的显著性[①]：

$$\hat{\sigma}_{d_{yx}} = \frac{2}{3R} \sqrt{\frac{(R^2 - 1)(C + 1)}{N(C - 1)}}$$

对 $\hat{d}_{yx}$ 的检验统计量为：

$$Z = \frac{\hat{d}_{yx}}{\hat{\sigma}_{d_{yx}}}$$

如果我们仍设定 $\alpha = 0.01$，单尾检验的临界值是 2.33，计算可得到：

$$Z = \frac{0.104}{\dfrac{2}{3 \times 3} \times \sqrt{\dfrac{(3^2 - 1) \times (3 + 1)}{1\ 701 \times (3 - 1)}}}$$

$$= 4.83$$

因为 4.83 比 2.33 大，所以我们拒绝零假设，即拒绝"对总公司的信心和对工会的信心不相关"的假设。

[①]　Somers，"Sampling Approximations to Null Sampling Variance."

萨默斯 d_{yx} 的不对称性意味着，我们可能在任何一个比 2×2 表大的列联表中找到两个不同的值。对于 d_{yx}，分母中的 T_r 由在列变量上同分的对数 T_c 取代。T_c 的计算方式与上述程序相同。表 5.7 中的萨默斯 d_{yx} 是 0.11，我们把对工会的信心看作因变量。虽然在这个例子中两个统计量的值很接近，但在我们给出相关测量法时，我们需要清楚地说明我们的因变量，因为它们的值不总是接近的。

正如读者们所看到的，对同序对和异序对的计算是一项很乏味的工作，尤其是当列联表比较大的时候。尽管可能会有一个更一般的计算法则，但计算机能够很轻易地完成这样的计算，从而使分析者能够将注意力集中于其他任务。

5.4　发生比与优比

在最近的统计实践中，对列联表最重要的一个相关测量就是优比。优比是我们将在第 10 章中提到的那些技术的基础。赌博中的机会让人们熟悉了发生比这个概念。**发生比（odds）**是指成为一类事物的频数相对于不成为该类事物的频数。例如，在玩纸牌时，第一张牌是红心王后的发生比是 1/51（读作"1 比 51"）。这个发生比用小数表示是 0.019 61。发生比与概率不同，概率是指感兴趣的类和全部类之间的比率。拿到红心王后的概率是 1/52（读作"五十二分之一"）。这个比率用小数表示就是 0.019 23，这个值小于同等情况下的发生比。发生比与概率的对比在每组个案所占比例相对较大的情况下更为明显。例如，在玩纸牌时，第一张牌是梅花的发生比是 13/39（可以约分成 1/3），而拿到梅花的概率则为 13/52（可以约分成 1/4）。表示为小数后，发生比的值（0.333）比概率的值（0.250）高出很多。这两个描述统计量的另一重要差异是它们的值域。概率的值域被限制在 0.00（也就是没有发生的机会）到 1.00（也就是必然发生）之间。但由于发生比是发生与不发生之间的比率，所以它的值是从 0 到 ∞。也就是说，一旦一类事物发生的机会比它不发生的机会大，它的发生比就会超过 1.00。例如，没拿到红心王后的发生比是 51/1，或表示为 51.00。需要注意的是，如果结果发生的机会和不发生的机会相同，那么它的发生比降为 1/1，或表示为 1.00。但当我们用概率这个术语时，我们得到的概率结果是 0.50。

用相应的感兴趣的类所占的比例（p_i）除以 1.00 减去该比例的值，我们很容易将概率转换为发生比：

$$odds_i = \frac{p_i}{1-p_i}$$

一个经验事件的发生比，从不同媒体的数字和百分比的报告中是很容易计算出来的。例如，1997 年美国 25～34 岁的死者中，癌症为主要死因的人占死亡人数的 10.1％。因此，由于癌症而死亡的发生比是 0.101/0.899＝0.112，或 1/9。

从简单发生比的概念可以延伸到列联表单元格中的**条件发生比（conditional odds）**，它与之前 5.1 节中讨论的百分比相类似。条件发生比是在另一个变量的特定类别下，成为一个变量中的一类的可能性相对于成为这个变量中其他类的可能性。因此，单独的条件发生比可以作为第二种测量的不同类别计算出来。再次考虑表 5.5 中关于性别和害怕走夜路之间关系的 2×2 列联表。右边一整列中害怕走夜路的简单发生比，是该行总个案数（772 个观测值）与第二行总个案数（1 079）的比率。因此，受访者害怕走夜路的发生比是 772/1 079＝0.72。然而，这个简单发生比和第二个变量——性别所在的列中发现的条件发生比不同。在女性中，害怕走夜路的条件发生比是 569/496＝1.15，而男性则有较低的条件发生比，即 203/583＝0.35。换言之，受访者性别影响了他们的恐惧感。我们获得的有关个人性别的信息越多，那么我们对其害怕走夜路可能性的预测就越准确。

当列联表中的变量相关时（在卡方显著性检验和相关的描述性测量中已提到），它们的条件发生比不等。为了能够直接比较两个条件发生比，我们使用单一的描述统计量——**优比（odds ratio）**（OR），它是用一个条件发生比除以另一个条件发生比得来的。使用代表 2×2 列联表的单元格频数的标准符号，变量 X 和 Y 的优比公式如下：

$$\text{OR}^{XY} = \frac{b/d}{a/c} = \frac{bc}{ad}$$

注意右侧简化的 OR 公式，它主要是将主对角线单元格频数的乘积除以偏对角线单元格频数的乘积。因此优比有时又叫**交叉相乘比（cross-product ratio）**。表 5.5 中依性别（G）划分的害怕走夜路（F）的优比就是 $\text{OR}^{FG} = (569 \times 583)/(203 \times 496) = 3.29$，这表明女性害怕走夜路的条件发生比是男性害怕走夜路的条件发生比的三倍还多。如果性别所在列的次序被交换，而行的次序保持不变，我们就会得到不同的优比值 $\text{OR}^{FG} = (203 \times 496)/(569 \times 583) = 0.30$。但是当我们意识到我们对两变量关系的实际解释也必须调换时，这种明显的前后不一致问题就得到了解决：男性害怕走夜路的条件发生比大约只是女性害怕走夜路的条件发生比的 1/3。只要将这两个优比中的任一个取倒数，就会得到另一个值：1/0.30＝3.30 和 1/3.30＝0.30。因此，只要我们明白我们计算时所参照的类别，这四个单元格的每一种组合所产生的优比值就都可以获得一致的解释。

如果两变量不相关，它们的条件发生比就是一致的，且因此 OR＝1.00。OR 大于 1 说明变量间存在正相关（如两个变量都是"高"次序相关的趋势），而 OR 小于 1 则说明变量间存在负相关或反向相关（如一个变量的高类别与另一变量的低类别相关的趋势）。因为当发生比公式中的分母为 0 时，发生比是不确定的，所以一旦有一个为 0 的单元格出现，优比就无法计算。这个问题也存在于 2×2 表中的尤拉 Q 中。注意，尤拉 Q 其实是优比的简单函数：

162

$$Q = \frac{\text{OR} - 1}{\text{OR} + 1} = \frac{bc/ad - 1}{bc/ad + 1} = \frac{bc - ad}{bc + ad}$$

换言之，Q 仅仅是一个"正态"的优比，它的值域是对称的，被限定在 -1.00 到 1.00 之间。当 OR＝1（不相关）时，$Q = 0.00$（也不相关）。

在一个大的列联表中也可以计算优比。我们所需要的就是把四个单元格看作两列和两行。表 5.8 是关于 1996 年总统选举（P）和政治立场（V）的一个 2×7 的列联表。$\chi^2 = 344.70$，$df = 6$，$p < 0.001$（gamma＝0.66，tau c＝0.52 且萨默斯 d_{yx}＝0.41，其中选举为因变量）表明，两者关系是非常显著的。很多的 OR 可以通过列联表的频数计算出来。例如，相对于一般保守派，极端保守派中投票给鲍勃·多尔相对于比尔·克林顿的优比是 $(66 \times 41)/(14 \times 198) = 0.98$。同样，投票给多尔的一般保守派相对于轻度保守派的优比是 $(198 \times 104)/(133 \times 66) = 2.35$。在这个表中，在把自变量（政治立场）分为成对的类别后，我们可以计算出 21 个这样的优比。显然，这些关系并不全是孤立的。实际上因为这个表的自由度为 6，所以就应该只有 6 个不同的优比。一旦这 6 个优比确定，那么剩下的优比也就被约束为特定值了。在第 10 章中，你将会学到对数线性模型，该模型就是基于优比的相关测量，它使我们能够对表格中有待进行统计显著性检验的变量间关系做出更为详细的假设。

163

表 5.8		1996 年总统选举与政治立场的频数和百分比列联表						
1996 年 总统选举	**政治立场**							
	极度自由	**一般自由**	**轻度自由**	**中立**	**轻度保守**	**一般保守**	**极度保守**	**总计**
频数列联表								
投票给多尔	3	18	31	154	133	198	41	578
投票给克林顿	34	179	157	346	104	66	14	900
总计	37	197	188	500	237	264	55	1 478
百分比列联表								
投票给多尔	8.1	9.1	16.5	30.8	56.1	75.0	74.5	39.1
投票给克林顿	91.9	90.9	83.5	69.2	43.9	25.0	25.5	60.9
总计	100.0	100.0	100.0	100.0	100.0	100.0	100.0	100.0
(N)	(37)	(197)	(188)	(500)	(237)	(264)	(55)	(1 478)

缺失数据：1 354 个个案。
资料来源：1998 General Social Survey。

▶ 重要概念和符号回顾

以下是在本章中出现的主要概念。这个列表有助于你回顾本章内容，同时也可以作为一个概念掌握的自测。

双变量列联表（联合列联表）	单元格	边缘分布
行边缘	列边缘	卡方检验
统计独立性	期望频数	相关测量
2×2 表	尤拉 Q	phi
phi 修正值	phi 最大值	gamma
非同分对	同序对	异序对
tau c	同分对	萨默斯 d_{yx}
发生比	条件发生比	优比（交叉相乘比）
f_{ij}	PRE	Q
φ	φ_{adj}	φ_{max}
G	γ	n_c
n_d	τ_c	m
$\hat{\sigma}_{\tau_c}$	d_{yx}	T_r
$\hat{\sigma}_{d_{yx}}$	OR^{XY}	

▶ **习题**

普通习题

1. 一名公共健康研究者指出，男性比女性更可能抽烟。这名研究者从 25 名被试者中收集到以下信息（M 指男性，F 指女性，S 指抽烟者，N 指不抽烟者）。利用这些数据建立一个包含边缘的双变量列联表。

F S	M S	M S
F N	M N	M N
F N	M N	M S
M S	F N	F N
M N	M S	F S
M S	F S	M S
M S	F N	M N
F N	F N	
F S	F N	

2. 在几次总统选举中，研究者发现了"性别差距"，即男性和女性对候选人不同的投票比例。利用下面的 1998 年 GSS 数据，计算 χ^2 和这些频数的尤拉 Q，以检验这个假设。

分性别投票		
你会投给克林顿还是多尔？	**性别**	
	男性	**女性**
克林顿	351	572
多尔	283	306

缺失数据：1 320 个个案。
资料来源：1998 General Social Survey。

3. 对 80 名立法委员的一项调查显示，其中有 30 位共和党人支持降低个人所得税，5 位共和党人反对。相似地，在 45 位民主党人中，有 20 人支持 25 人反对。计算这一数据的 phi 值。 *165*

4. 根据习题 3 中的数据，计算 phi 修正值。比较 phi 值和 phi 修正值。你能得出什么结论？

5. 假设你收集了以下 60 位成年人对私立学校向公众募款的政治立场的数据。计算 gamma 值。你能得出什么结论？

对私立学校向公众募款的态度	政治立场		
	自由	**中立**	**保守**
支持	2	6	12
某些情况支持，某些情况反对	4	10	4
反对	14	5	3

6. 根据习题 5 中的数据，计算 tau c 及其近似的标准误。τ_c 显著不同于 0 吗？设定 $\alpha=0.01$。

7. 根据习题 5 中的数据，计算萨默斯 d_{yx} 及近似的标准误。萨默斯 d_{yx} 显著不同于 0 吗？设定 $\alpha=0.01$。

8. 1998 年 GSS 提出："总有一些人的思想被其他人认为是坏的、危险的。例如，那些反对教会和宗教的人……如果这样一个人要在你所在的城市/镇/社区发表反对教会和宗教的演讲，你会容许吗？"在 GSS 男性受访者中，631 人说他们会容许这样的演讲，154 人则不同意。而女性受访者中，762 人容许，303 人反对。容许无神论者演讲的条件发生比是多少？优比是多少？

166

9. 现在让我们来思考对公民自由的宽容是不是教育水平的一个函数。下面是基于 1998 年 GSS 得到的表格。计算支持"不同教育水平容许无神论者当众发表言论"的条件发生比和优比。

分教育水平的无神论演讲		
如果一个人想要发表反对教会或宗教的演讲，他/她是否被容许呢？	教育水平	
	大学以下	大学以上
是	865	525
否	372	83

缺失数据：987 个个案。
资料来源：1998 General Social Survey。

10. 经常看电视会减弱还是增强人们对媒体的信任？计算以下来自 1998 年 GSS 的列联表的 gamma 值。

观看电视和对媒体的信任			
随着人们越来越追逐媒体，你可能会……	日均看电视小时数		
	0～1	2～4	5 及以上
信心十足	26	71	28
只有一些信心	170	400	90
几乎没有信心	162	351	95

缺失数据：1 439 个个案。
资料来源：1998 General Social Survey。

167

需要用到 1998 年 GSS 数据的习题

11. 哪个种族（RACE）——黑人还是白人——更能容忍种族主义者当众发表演讲（SPKRAC）？在剔除"其他"种族后，将 SPKRAC 和 RACE 做成列联表，并计算 χ^2 和 phi。把"不知道""无回答"和"不适用"作为缺失值处理。你能得出什么结论？

12. 与教育水平（EDUC）较高的人相比，那些教育水平较低的人对当众发表言论的共产主义者的容许度（SPKCOM）更高还是更低？通过将 SPKCOM 和 EDUC 做成列联表找出这一关系，EDUC 编码为 3 组（0～11 年，12～15 年，16 年及以上）。计算 χ^2，gamma，tau c，萨默斯 d_{yx}。把"不知道""无回答"和"不适用"作为缺失值处理。你能得出什么结论？

13. 在习题 12 中对三组教育水平的测量与 SPRAC 的模式是否相同？计算 χ^2，gamma，tau c，萨默斯 d_{yx}。把"不知道""无回答"和"不适用"作为缺失值处理。你能得出什么结论？

14. 传统的性别角色态度与性道德间的关系强度如何？通过将 1998 年 GSS 数据中对婚前性行为的态度（PREMARSX）与 FEHOME（"男性外出工作而女性照看家庭更好"）做成列联表，对这一关系进行检验。将 PREMARSX 作为因变量。把"不知道""无回答"和"不适用"作为缺失值处理。用 χ^2 和萨默斯 d_{yx} 来解释这一关系。你能得出什么结论？

15. 人们的教育水平越高，对同性恋的容忍度（HOMOSEX）就越高吗？用 χ^2 和萨默斯 d_{yx} 来解释教育水平和 HOMOSEX 两者间的关系，其中 HOMOSEX 为因变量。把"不知道""无回答"和"不适用"作为缺失值处理。

6 双变量回归和相关

6.1 散点图和回归线   6.2 估计线性回归方程

6.3 R^2 和相关   6.4 回归参数的显著性检验

6.5 回归系数的标准化   6.6 比较两个回归方程

在第 5 章中讨论的列联表揭示了观测样本中的两个离散变量之间的共变关系。这一章我们将检验两个连续变量之间的关系。双变量回归和相关程序假定变量 Y 和 X 之间的相关类型是线性的，而且因变量通常分布在自变量的每个水平上。即便当数据违反这些假设时，这个方法可能仍然相当**稳健**（ro-bust），换句话说，在给出统计上显著或者不显著的结果的结论时，我们鲜少出错。

6.1 散点图和回归线

展现一对连续变量之间的关系需要使用与之前描述有所不同的图形展示技术。**散点图**（scatter-plot）是一种有效的观察两个连续变量如何共变的方法。构造散点图，首先要建立直角坐标系，类似你在高中代数中使用的那样。自变量（X）的值位于横轴上，因变量（Y）的值则置于纵轴上。这时，第

i 个观测值的位置在坐标图上被绘制成数据点。所有数据点构成的散点图显示了一对变量怎样共变。图 6.1 描绘了四个双变量关系的理想模型。

假定我们推测，在美国职业声望与公民的教育水平共变：

H_1：公民受教育年限越长，职业声望越高

图 6.2 绘制了 1998 年综合社会调查（GSS）的一个 50 人的随机子样本中，相对于受访者的受教育年限，受访者的职业声望分数。在散点图中，从左下方到右上方，正向的共变是明显的。一个变量的低值往往伴随着另一个变量的低值，这个变量的高值亦与另一个变量的高值相对应。这个图提供的直观证据支持了我们的假设。

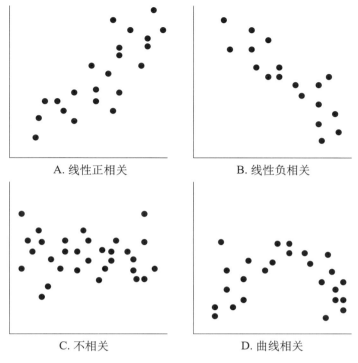

A. 线性正相关   B. 线性负相关

C. 不相关   D. 曲线相关

图 6.1　四种理想的双变量关系的散点图

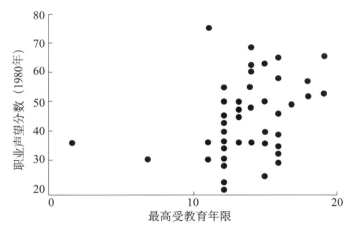

图 6.2　职业声望与受教育年限的散点图　($N=50$)

资料来源：1998 General Social Survey。

　　用统计学的形式表达假设的关系，需要一个明确的符号系统指定变量和观测值。与散点图使用的 *172* 符号一致，在回归分析中因变量用 Y 表示，而自变量〔有时称作**预测变量（predicator variable）**〕用 X 表示。为了指示一个特定的个体观测值——例如个人、城市或国家——可用下标表示个案编号（从 1 到 N，N 是样本规模）。一般而言，X_i 代表变量 X 的第 i 个个案的取值。通过以特定的数字替代通用下标，我们就能指示特定个案的取值。在受教育年限和职业声望的例子中，X_{37} 表示在列表里第 37 个受访者的受教育年限的取值——14 年。同样，Y_{37} 表示这个受访者的职业声望分数——66（就规模看，在 17～86 的范围上变动，更高的值表示更高的职业声望）。

估计因变量 Y 和自变量 X 间的**线性关系**（**linear relationship**）时，我们"基于 X 对 Y 的回归"，产生**双变量线性关系**（**bivariate linear relationship**），或者更简单地称为双变量回归。一般线性方程的代数形式记为：

$$Y = a + bX$$

纵坐标或者说 Y 值等于常数 a（直线截取 Y 轴时的对应点）加上斜率 b 与 X 值的积的总和。这条直线在 Y 轴上的截距 a 显示当 $X=0$ 时的 Y 值。这条直线的斜率 b 显示 X 变化一个单位时 Y 变化的单位数量。

社会研究者通常假设两个变量间呈线性关系，除非存在有力的初始理由来相信非线性关系是更准确的，比如指数或者对数函数。线性关系是最基本的形式，因此也是合理的第一近似。因为简化（简单）是所有科学的主要目标，作为研究的第一步，判定线性函数是否最好地描述了两个变量间的关系是有意义的。只有在直线明确地不能描述某种关系后，更复杂的函数形式才需要被探讨。在第 9 章中我们还将介绍几个非线性形式，包括 logistic 回归。

如果 GSS 数据中受访者的职业声望与受教育年限有完美的线性关系，那么所有的数据点都会落在一条直线上，显示每接受教育一年会如何影响职业声望的分数。图 6.2 所示的散点图明显不具备这样完美的直线性，但也不是完全的随机分布。这个图不表明一个曲线函数会更好地描述这些数据。因此，我们进一步运用技术来测量直线在多大程度上近似于两个连续变量的共变。

173

我们从一个**预测方程**（**predication equation**）开始，因变量的第 i 个观测值是自变量值的精确的线性函数：

$$\hat{Y}_i = a + b_{YX} X_i$$

b 的下标表示的是回归的顺序，因变量后接着自变量。Y_i 上方的" ^ "表示预测值（或者说"期望值"），这个预测值可能等于也可能不等于个案的观测值（没有带" ^ "的 Y_i）。实际上社会数据都不呈完美的线性关系，正如我们于图 6.2 所见。因此，我们必须通过**线性回归模型**（**linear regression model**）将线性预测的离差纳入考虑：

$$Y_i = a + b_{YX} X_i + e_i$$

算式中因变量没带有" ^ "代表这是 Y 的观测值而不是预测值或期望值。**误差项**（**error term**）（e_i）表示 Y 变量的第 i 个观测值的一部分，这个 Y 值不是根据它与 X 的线性关系预测的。因此，e_i 测量了使用线性回归方程做出的预测的误差。在 N 个观测值中，有些预测误差将是正的（>0），有些将是负的（<0），还有一些可能是 0（比如，当这个预测值正好等于观测值时）。正如分布的均值的离差一样，误差的总和（$\sum e_i$）等于 0，因为其中的正值和负值恰好相互抵消。

回归的误差项也称作**残差**（**residual**），因为它等于线性回归模型减去预测方程后的残余量：

$$Y_i - \hat{Y}_i = (a + b_{YX} X_i + e_i) - (a + b_{YX} X_i)$$
$$= e_i$$

回归分析的一项基本任务是以观测数据为基础去估计两个回归系数的值。估计量 a 和 b_{YX} 必须使残差最小化，也就是，使利用回归方程做出的预测误差比使用其他线性关系做出的预测误差小。

回归线（**regression line**）能被叠加在由数据点构成的散点图上。这条线具有一个有用的属性，即

174

对每一个 X_i 值，能够预测基于线性关系假设的准确的 $\hat{Y}_i$ 值。那么，这些数据点的位置可以与通过回归线预测的它们的值相比较，以此确定所有观测值的误差。在下一节，将介绍从样本数据中估计线性回归模型的两个参数、通过样本数据散点图拟合回归线，以及判定预测值与观测值的近似程度的方法。

6.2 估计线性回归方程

6.2.1 最小二乘准则

双变量回归方程估计使用的是两个变量的所有 N 个样本观测值。两个系数（a 和 b_{YX} ）的估计量

遵循最小二乘误差总和最小化的准则。残差的总和（$\sum e_i$）总是 0，而平方能去掉负值的符号，因此这些误差的平方和大于 0。所以，对每个观测值（Y_i）和通过回归方程预测的值（$\hat{Y}_i$）之间的差求平方和，产生的量比使用其他任何线性方程获得的量更小。亦即

$$\sum_{i=1}^{N}(Y_i - \hat{Y}_i)^2 = \sum_{i=1}^{N} e_i^2$$

是最小值。

具有最小化误差属性的估计量能产生对 a 和 b_{YX} 的**普通最小二乘**（ordinary least squares，OLS）估计。OLS 回归的步骤类似于计算算术均值。在 2.5.4 节已经说明过，均值具有最小化一组数据的全部离差的平方和的理想属性。类似地，回归线亦可最小化预测误差的平方和。

从观测到的 X 和 Y 值中，**双变量回归系数**（bivariate regression coefficient）或回归斜率（b_{YX}）的 OLS 估计量如下：

$$b_{YX} = \frac{\sum(Y_i - \overline{Y})(X_i - \overline{X})}{\sum(X_i - \overline{X})^2}$$

（专栏 8.2 显示了如何将该 OLS 估计推导用于多变量回归方程。）公式的分子是变量 X 和 Y 与各自均值的离差相乘所得乘积的总和。如果再除以（$N-1$），得到的就是**协方差**（covariance），标记为 s_{YX}。即：

$$s_{YX} = \frac{\sum(Y_i - \overline{Y})(X_i - \overline{X})}{N-1}$$

它的计算公式是：

$$s_{YX} = \frac{N\sum X_i Y_i - \sum X_i \sum Y_i}{N(N-1)}$$

b_{YX} 公式的分母是自变量围绕其均值 $\overline{X}$ 的离差平方和。如第 3 章所述，该项再除以（$N-1$）就构成了样本方差：

$$s_X^2 = \frac{\sum_{i=1}^{N}(X_i - \overline{X})^2}{N-1}$$

方差的计算公式是：

$$s_X^2 = \frac{N(\sum X^2) - (\sum X)^2}{N(N-1)}$$

因为 $N-1$ 在协方差和样本方差的分母中都有出现，可将该项从它们的比值里删去。因此，双变量回归系数的 OLS 估计能由下面这个比值估计出来：

$$b_{YX} = \frac{s_{YX}}{s_X^2}$$

虽然前面给出的 b_{YX} 的两个公式从概念上讲是正确的，但是在没有计算机的情况下很难把它们计算出来。接下来的 **b 的计算公式**（computing formula for b）要求没有离差，给出了同样的计算结果，并且只用一个手动计算器就能够计算：

$$b_{YX} = \frac{N\sum Y_i X_i - \sum Y_i \sum X_i}{N\sum X_i^2 - (\sum X_i)^2}$$

截距（intercept）（a）的 OLS 估计很简单：

$$a = \overline{Y} - b\overline{X}$$

这个公式确保不管 a 和 b 的具体取值是多少，坐标点（$\overline{X}$, $\overline{Y}$）始终落在回归线上。因此，要计算截距，我们首先要计算双变量回归系数，然后连同两个变量的均值一起代入前述的公式。

线性回归方程估计 Y 的**条件均值（conditional mean）**，即对于自变量的每一个特定（条件）取值（X_i），因变量与之对应的预测值（$\hat{Y}_i$）。如果 Y 和 X 之间不存在线性关系，斜率 b_{YX} 就等于0。如图6.3所示，在这样的情形下，回归线在离原点 $\bar{Y}$ 个单位的位置平行于 X 轴（上文提到所有回归线都通过两个变量的均值）。所有的预测值都等于 a，因为 $\hat{Y}_i = a + 0X_i$ 意味着 $\hat{Y}_i = a$，所以 $\hat{Y}_i = \bar{Y}$。当回归斜率是0时，已知特定 X_i 值不能计算出 Y 的预测值，该值也与所有观测值的均值不同。然而，当 Y 与 X 确实呈线性相关时，Y 的条件均值依赖于特定的 X_i 值。而且，这些条件均值正好落在由回归斜率和截距决定的直线上。

177

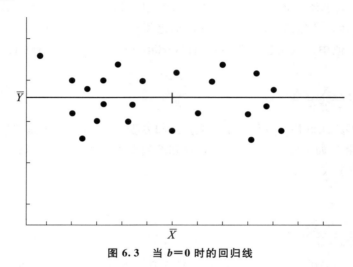

图6.3　当 $b=0$ 时的回归线

6.2.2　将线性回归应用于 GSS 受访者的职业声望

为了将 b_{YX} 和 a 的 OLS 计算公式应用于 GSS 样本数据，表6.1列出了50个个人受访者的值与总和。其他的相关统计量的值则列在该表底部。给定这些值，

$$b_{YX} = \frac{50 \times 30\ 317 - 2\ 191 \times 676}{50 \times 9\ 544 - 456\ 976} = 1.717$$

或者，$b_{YX} = s_{YX}/s_X^2 = 14.177/8.255 = 1.717$。

双变量回归系数测量了自变量变化一个单位时因变量变化的量。因此，受访者的受教育年限每增加一年，职业声望就有1.717分的期望增长。

已知 $\bar{X} = 13.52$，$\bar{Y} = 43.82$ 且 $b_{YX} = 1.717$，我们便很容易计算出 $a = 43.82 - 1.717 \times 13.52 = 20.61$。如此，完整的双变量回归方程是：

$$\hat{Y}_i = 20.61 + 1.72X_i$$

图6.4显示了基于由50个数据点组成的散点图所绘制的回归线。注意这条线在 Y 轴上的截距是20.61，表示如果一个受访者没有接受过教育，预测的职业声望分数将会是20.61——截距的值。回归方程的斜率为正数，即1.72。尽管这条线与数个观测值很接近，但50个数据点中只有一个点刚好落在回归线上。回归线总是通过变量 X 和变量 Y 的均值。在这个例子中，这个点的坐标为（13.52，43.82）。

图6.5阐明了残差或预测误差的概念。正如6.1节所述，残差仅是观测值与应用回归方程所得的预测值之间的差值，即 $e_i = Y_i - \hat{Y}_i$。图6.5说明了预测的两种误差，一种是正的（如46号受访者的

观测值 X_{46}），一种是负的（如 6 号受访者的观测值 X_6）。残差提供了一种测量两个连续变量之间线性关系大小的方法，我们将在下一节详细解释。

表 6.1		GSS 受访者职业声望（Y）与受教育年限（X）的均值、方差、相关与回归系数的计算				178
(1) 受访者	(2) Y	(3) X	(4) X^2	(5) YX	(6) Y^2
1	30	8	64	240	900
2	59	16	256	944	3 481
3	36	12	144	432	1 296
4	25	15	225	375	625
5	30	12	144	360	900
6	21	12	144	252	441
7	36	2	4	72	1 296
8	39	16	256	624	1 521
9	51	12	144	612	2 601
10	64	16	256	1 024	4 096
11	53	18	324	954	2 809
12	61	14	196	854	3 721
13	32	12	144	384	1 024
14	63	15	225	945	3 969
15	35	12	144	420	1 225
16	30	11	121	330	900
17	22	12	144	264	484
18	33	16	256	528	1 089
19	39	12	144	468	1 521
20	40	15	225	600	1 600
21	36	12	144	432	1 296
22	36	13	169	468	1 296
23	35	16	256	560	1 225
24	46	12	144	552	2 116
25	54	12	144	648	2 916
26	30	11	121	330	900
27	64	19	361	1 216	4 096
28	36	15	225	540	1 296

续表

(1) 受访者	(2) Y	(3) X	(4) X^2	(5) YX	(6) Y^2
29	48	13	169	624	2 304
30	50	13	169	650	2 500
31	51	15	225	765	2 601
32	49	14	196	686	2 401
33	36	12	144	432	1 296
34	55	14	196	770	3 025
35	54	19	361	1 026	2 916
36	28	12	144	336	784
37	66	14	196	924	4 356
38	51	17	289	867	2 601
39	60	14	196	840	3 600
40	51	12	144	612	2 601
41	57	18	324	1 026	3 249
42	36	14	196	504	1 296
43	49	14	196	686	2 401
44	48	16	256	768	2 304
45	36	11	121	396	1 296
46	73	11	121	803	5 329
47	47	12	144	564	2 209
48	29	16	256	464	841
49	30	11	121	330	900
50	51	16	256	816	2 601
总和（$\sum$s）	2 191	676	9 544	30 317	104 051

资料来源：1998 General Social Survey。

$$\overline{Y} = \frac{2\ 191}{50} = 43.82$$

$$\overline{X} = \frac{676}{50} = 13.52$$

$$s_Y^2 = \frac{50 \times 104\ 051 - 2\ 191^2}{50 \times 49} = 164.110$$

$$s_X^2 = \frac{50 \times 9\ 544 - 676^2}{50 \times 49} = 8.255$$

$$s_{YX} = \frac{50 \times 30\ 317 - 676 \times 2\ 191}{50 \times 49} = 14.177$$

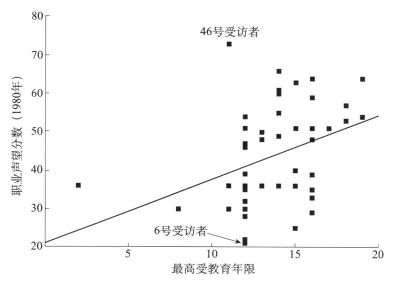

图 6.4　职业声望与受教育年限的散点图（含回归线，$N=50$）

资料来源：1998 General Social Survey。

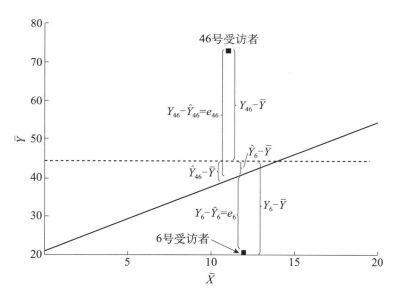

图 6.5　通过回归线和误差项解释观测值的方法

6.3　R^2 和相关

6.3.1　分解平方和

判定两个变量共变强度的一种方法是测量观测值接近回归线的程度。在理想状况下，所有观测值都恰好落在回归线上，根据 X_i 预测得到的 N 个 $\hat{Y}_i$ 值没有误差（即 $\hat{Y}_i - Y_i = 0$）。但在实际的社会调查数据中，完美的预测是根本不可能的。在任何回归中，总是存在或大或小的误差。我们现实的目标是确定预测值和误差对在因变量中观测到的变异的相对贡献。由于 Y 的变异被归因于 X 的效应和随机误差，所以我们可以把一个分数分布的总平方和分解为系统部分和随机部分。

用观测值 Y_i 减去均值会得到一个离差。然后在该离差上同时加减预测值（根据线性回归得到的），可得到如下恒等式：

$$(Y_i - \overline{Y}) = (Y_i - \hat{Y}_i) + (\hat{Y}_i - \overline{Y})$$

这样，每一个观测结果就分成了两部分：

1. $Y_i - \hat{Y}_i$ 表示的是观测值与预测值之间的偏差，这个偏差就是误差项 e_i。

2. $\hat{Y}_i - \overline{Y}$ 表示的是一个观测结果中可以由 Y 与 X 之间的线性关系加以解释的部分。

上述恒等式两边同时取平方，并对 N 个样本观测值求和，结果得到**回归平方和**（regression sum of squares）与**误差平方和**（error sum of squares）。（这种方法可行是因为等式右边平方时交叉相乘的总和等于 0。）如果我们重新调整这些项，结果如下：

$$\sum_{i=1}^{N}(Y_i - \overline{Y})^2 = \sum_{i=1}^{N}(\hat{Y}_i - \overline{Y})^2 + \sum_{i=1}^{N}(Y_i - \hat{Y}_i)^2$$

等号左边的项称为**总平方和**（total sum of squares），记作 SS_{TOTAL}，在 2.5.4 一节中介绍过它是方差的分子。等号右边两项分别代表回归平方和与误差平方和。由此，简化的计算恒等式为：

$$SS_{\text{TOTAL}} = SS_{\text{REGRESSION}} + SS_{\text{ERROR}}$$

183　　这个计算等式表明，假定 Y 和 X 呈线性相关，在因变量中观察到的所有变异（SS_{TOTAL}）可以划分成两部分：一部分是由于与自变量间的线性关系，一部分是由于预测误差。

6.3.2　决定系数

使用回归模型会有多少预测误差被消除呢？如果我们对两个变量之间的相关情况一无所知，那么对于与每个 X_i 对应的 Y_i，最佳的预测值就是样本均值 $\overline{Y}$（见 6.2.1 节和图 6.3）。也就是说，因为在每个个案中用均值代替预测值，误差平方和 $\sum(Y_i - \hat{Y}_i)^2$ 就可简化为 $\sum(Y_i - \overline{Y})^2$。不过 SS_{ERROR} 将会等同于 SS_{TOTAL}；因此，$SS_{\text{REGRESSION}}$ 就等于 0。就我们可以利用 X_i 的信息来提高对 Y_i 的预测而言，我们可以消减误差直到不超过总平方和。

因为 SS_{TOTAL} 依赖于样本规模，为了在各种分布中进行比较，就需要一种把分解的数值标准化的程序。在线性回归中，回归的误差平方和（SS_{ERROR}）与均值的总平方和（SS_{TOTAL}）包含了构建分解的标准化的消减误差比例（PRE）测量的必要信息。正如 5.3 节中已经讨论的，所有的 PRE 测量有一个通用的公式：

$$\text{PRE 统计量} = \frac{\text{无判定规则时的误差} - \text{有判定规则时的误差}}{\text{无判定规则时的误差}}$$

如果使用一种判定规则后剩余的误差跟没有使用判定规则时的误差一样大，那么 PRE 的值就是 0。也就是说，这种判定规则不能消减任何误差。相反，如果使用判定规则后没有误差，那么 PRE 的值就近似于最大值 1.00，意味着所有的误差都被判定规则消除了。因此，PRE 统计量使分解项标准化于 0 和 1 之间，值越大就表明判定规则所"解释"的那部分方差比例越大。

这样，可以把线性回归看成以观测值 X_i 为条件、关于期望均值 $\hat{Y}_i$ 的一种判定规则。如果 Y 和 X 之间存在线性关系，回归方程就可以计算出一个比仅以均值作为判定规则得出的比例更小的预测误差。

184　　回归中的 PRE 统计量称为**决定系数**（coefficient of determination），因为它表明了 Y 的全部变异中

有多大比例是由 Y 与 X 之间的线性关系"决定"的。它的符号为 R_{YX}^2，把分解的两部分代入 PRE 统计量一般公式中就可以得到：

$$R_{YX}^2 = \frac{\sum(Y_i - \bar{Y})^2 - \sum(Y_i - \hat{Y}_i)^2}{\sum(Y_i - \bar{Y})^2}$$

或

$$R_{YX}^2 = \frac{SS_{TOTAL} - SS_{ERROR}}{SS_{TOTAL}}$$

$$= 1 - \frac{SS_{ERROR}}{SS_{TOTAL}}$$

这样，R^2 就等于 1 减去误差平方和与总平方和的比值。平方把 R_{YX}^2 限定在 0.0 和 1.00 之间。当 SS_{ERROR} 等于 0 时（出现完美的预测），$R_{YX}^2 = 1.0$；当 $SS_{ERROR} = SS_{TOTAL}$ 时（即所有的变异来自误差），$R_{YX}^2 = 0.0$。因为 $SS_{REGRESSION} = SS_{TOTAL} - SS_{ERROR}$，所以 R^2 的第四个计算公式为：

$$R_{YX}^2 = \frac{SS_{REGRESSION}}{SS_{TOTAL}}$$

决定系数就是总平方和中归因于拟合数据的最小二乘回归线所解释的比例。

双变量决定系数的计算公式是协方差平方与两个方差乘积的比：

$$R_{YX}^2 = \frac{s_{YX}^2}{s_X^2 s_Y^2}$$

用 6.2.1 节中的协方差的公式计算表 6.1 中的 GSS 数据，可发现：

$$s_{YX} = \frac{50 \times 30\ 317 - 676 \times 2\ 191}{50 \times 49} = 14.177$$

使用表 6.1 中相关列的总和，可计算出 $s_X^2 = 8.255$，$s_Y^2 = 164.110$。由 R^2 公式可得到：

$$R_{YX}^2 = \frac{14.177^2}{8.255 \times 164.110} = 0.148$$

因此，受访者的职业声望变异的 14.8% 可以被受教育年限所"解释"（统计意义的解释）。 *185*

$1 - R_{YX}^2$ 是不能被归因于与 X 之间的线性关系的变量 Y 的方差量，因此称为**非决定系数（coefficient of nondetermination）**。在我们的例子中，它的数值是 $1 - 0.148 = 0.852$。就是说，Y 对 X 的线性关系不能解释 Y 的 85.2% 的方差。在第 9 章中，我们将讨论增加预测变量来创建多元回归方程如何可能进一步降低因变量无法被解释的变异的比例。

6.3.3 相关系数

R_{YX}^2 的平方根总结了两个连续变量间的线性关系，为纪念统计学家卡尔·皮尔逊（Karl Pearson），它被称为皮尔逊积矩**相关系数（correlation coefficient）**。它的公式如下：

$$r_{YX} = \sqrt{R_{YX}^2}$$

$$= \frac{s_{XY}}{s_Y s_X}$$

相关系数的作用在于显示 X 与 Y 之间关系的方向。鉴于 R_{YX}^2 隐藏了这两个变量究竟是正相关还是负相关，可在 r_{YX} 前面加一个正号或负号以表明共变的方向。这个符号应该与回归系数（b_{YX}）的符号是一致的。在我们的例子中，职业声望与受教育年限之间的相关系数为 0.385。R_{YX}^2 被限定在 0 到 1.00

之间，与之不同的是，r_{YX} 的取值范围在完全负相关－1.00 到完全正相关 1.00 之间。若 $r_{YX} = 0$，那么 Y 与 X 不相关。

由 R_{YX}^2 的定义可得出相关系数是对称的，即 $r_{YX} = r_{XY}$。因此，

$$r_{YX} = \frac{s_{YX}}{s_Y s_X}$$

$$= \frac{\sum(Y_i - \overline{Y})(X_i - \overline{X})/(N-1)}{s_Y s_X}$$

$$= \frac{\sum(X_i - \overline{X})(Y_i - \overline{Y})/(N-1)}{s_X s_Y}$$

$$= \frac{s_{XY}}{s_X s_Y}$$

$$= r_{XY}$$

186 虽然相关系数是对称的，但是 Y 对 X 的回归的双变量系数 b_{YX} 并不等于 X 对 Y 的回归的系数 b_{XY}。在 6.3.5 节中，我们将讨论回归系数与相关系数是如何相关的。

6.3.4　Z 值相关

把双变量标准化（即将它们从 Y 和 X 变为 Z_Y 和 Z_X），然后求它们的相关系数，会产生一些有趣的结果。回忆一下专栏 2.4，Z 值分布的方差和标准差总是等于 1。已知 $r_{YX} = s_{YX}/(s_Y s_X)$，两个 Z 值的相关公式为：

$$r_{Z_Y Z_X} = \frac{s_{Z_Y Z_X}}{s_{Z_Y} s_{Z_X}} = \frac{s_{Z_Y Z_X}}{1 \times 1} = s_{Z_Y Z_X}$$

因而，两个 Z 值的相关系数等于它们的协方差！而且，因为 Z 值的均值为 0（也就是 $\overline{Z}_X = \overline{Z}_Y = 0$），$s_{Z_Y Z_X} = \sum(Z_{Y_i} - \overline{Z}_Y)(Z_{X_i} - \overline{Z}_X)/(N-1)$，所以相关系数完全能用 Z 值表示出来：

$$r_{Z_Y Z_X} = s_{Z_Y Z_X} = \frac{\sum Z_Y Z_X}{N-1}$$

另外，考虑到两个 Z 值在原始 Y 和 X 变量方面的定义，即 $Z_{Y_i} = (Y_i - \overline{Y})/s_Y$ 和 $Z_{X_i} = (X_i - \overline{X})/s_X$，可得出：

$$r_{Z_Y Z_X} = \frac{\sum Z_Y Z_X}{N-1}$$

$$= \frac{\sum[(Y_i - \overline{Y})/s_Y][(X_i - \overline{X})/s_X]}{N-1}$$

$$= \frac{\sum(Y_i - \overline{Y})(X_i - \overline{X})/(N-1)}{s_Y s_X}$$

$$= \frac{s_{YX}}{s_Y s_X}$$

$$= r_{YX}$$

也就是说，两个 Z 转换变量 Z_Y 和 Z_X 的相关等于原始变量 Y 和 X 的相关。重要的是，不管变量保留原有的度量还是转变成标准分数，相关系数都保持不变。

187

6.3.5　回归与相关的关系

双变量相关系数和回归系数两者的关系是两个变量标准差的函数。首先，回忆一下 b_{YX} 能表示为

协方差与方差的比：$b_{YX} = s_{YX}/s_X^2$。重组这些项以分离出协方差，可得到 $s_{YX} = b_{YX}s_X^2$；接下来，在相关系数等式 $r_{YX} = s_{YX}/s_Ys_X$ 中将 s_{YX} 替换为 $b_{YX}s_X^2$，可得到 $r_{YX} = b_{YX}s_X^2/(s_Ys_X)$。因此，相关系数能依据双变量回归系数表示为：

$$r_{YX} = b_{YX}\frac{s_X}{s_Y}$$

相反，

$$b_{YX} = r_{YX}\frac{s_Y}{s_X}$$

已知 b_{YX}、s_Y 和 s_X 的值，就可以计算 r_{YX} 的值；或者已知 r_{YX}、s_Y 和 s_X 的值，b_{YX} 的值就被确定了。在 GSS 数据的例子中，

$$r_{YX} = b_{YX}\frac{s_X}{s_Y} = 1.717 \times \frac{2.873}{12.811} = 0.385$$

$$b_{YX} = r_{YX}\frac{s_Y}{s_X} = 0.385 \times \frac{12.811}{2.873} = 1.717$$

这些关系仅在双变量回归的情况下才成立。我们将在第 8 章讨论的多元回归系数和相关系数就没有这样简单的关系。

6.4　回归参数的显著性检验

与其他描述统计一样，研究者通常使用样本数据来估计双变量回归和相关系数。对应于样本统计量 b_{YX}、a、R_{YX}^2 和 r_{YX}，其在总体中的参数值为 β_{YX}、α、ϱ_{YX}^2 和 ϱ_{YX}。正如下面几个小节将介绍的，从样本数据中推论总体参数，我们需要检验已知概率分布的统计量。

6.4.1　检验决定系数

188

决定系数的基本零假设是，在总体中，因变量的变异都不能被归为因变量与自变量之间的线性关系，即：

$$H_0: \varrho_{YX}^2 = 0$$

式中，ϱ_{YX}^2（希腊字母 rho）指的是总体参数。备择假设是总体的 R_{YX}^2 比 0 大，即 $H_0: \varrho_{YX}^2 > 0$。样本 R_{YX}^2 的统计显著性检验使用第 3 章介绍的 F 分布。在回归分析中，总平方和的自由度是 $N-1$。因为回归平方和（定义见 6.3.1 节）是由 b_{YX} 估计得到的（即 X_i 的单一函数），它的自由度为 1。正如总平方和能被分解为两个相互独立的部分（详见 6.3.1 节），自由度也能被分解为：

$$df_{TOTAL} = df_{REGRESSION} + df_{ERROR}$$
$$N-1 = 1 + df_{ERROR}$$
$$N-2 = df_{ERROR}$$

下一步是计算与 $SS_{REGRESSION}$ 和 SS_{ERROR} 相关的**均方**（**mean squares**）。我们将计算两个方差，一个是源于自变量对因变量的效应，一个是由误差引起的。如果回归系数不为 0，则**回归均方**（**mean square regression**）（$MS_{REGRESSION}$）将显著大于**误差均方**（**mean square error**）（MS_{ERROR}）。两项均是由各自的平

方和除以它们所对应的自由度计算得到的：

$$MS_{\text{REGRESSION}} = \frac{SS_{\text{REGRESSION}}}{1}$$

$$MS_{\text{ERROR}} = \frac{SS_{\text{ERROR}}}{N-2}$$

如果总体决定系数的零假设（$H_0 : \varrho_{YX}^2 = 0$）为真，那么 $MS_{\text{REGRESSION}}$ 和 MS_{ERROR} 将会是 σ_e^2，即预测误差（也就是 e_i）方差的无偏估计。然而，如果真实的总体参数大于 0（$H_1 : \varrho_{YX}^2 > 0$），那么我们也期望在样本中 $MS_{\text{REGRESSION}} > MS_{\text{ERROR}}$。因为 F 只是相同 σ_e^2 的两个估计值的比值，零假设可通过计算 F 值来检验：

189

$$F_{1,N-2} = \frac{MS_{\text{REGRESSION}}}{MS_{\text{ERROR}}}$$

式中，两个自由度分别是：$\nu_1 = 1$，$\nu_2 = N-2$。如果计算出的 F 值大于或等于所选定的概率水平 α 所对应的临界值，那么我们拒绝零假设并且推论出 $\varrho_{YX}^2 > 0$（在 α 的概率下犯第一类错误或弃真错误），如果 F 值比临界值小，我们就不能拒绝总体中 $\varrho_{YX}^2 = 0$ 的零假设。

正如 6.3.2 节所示，计算 $SS_{\text{REGRESSION}}$ 的最简单方法源自 $R_{YX}^2 = SS_{\text{REGRESSION}}/SS_{\text{TOTAL}}$ 的事实。因此，

$$SS_{\text{REGRESSION}} = (R_{YX}^2)(SS_{\text{TOTAL}})$$

把 2.5.4 节中方差的定义，即

$$s_Y^2 = \sum(Y_i - \bar{Y})^2/(N-1)$$

与表达式 $SS_{\text{TOTAL}} = \sum(Y_i - \bar{Y})^2$ 相结合，总平方和就能被计算出来：

$$SS_{\text{TOTAL}} = (s_Y^2)(N-1)$$

由此，计算可得 $SS_{\text{REGRESSION}} = (R_{YX}^2)(s_Y^2)(N-1)$。最后，从计算公式中分解总平方和，通过相减可得到需要的最后部分：

$$SS_{\text{ERROR}} = SS_{\text{TOTAL}} - SS_{\text{REGRESSION}}$$

从表 6.1 受教育年限-职业声望的数据中可知，$s_Y^2 = 164.110$，$R_{YX}^2 = 0.148$，$N = 50$。因此，应用上述公式，可得到：

$$SS_{\text{TOTAL}} = 164.110 \times 49 = 8\,041.390$$

$$SS_{\text{REGRESSION}} = 0.148 \times 8\,041.39 = 1\,190.126$$

$$SS_{\text{ERROR}} = 8\,041.390 - 1\,190.126 = 6\,851.264$$

因此，

$$MS_{\text{REGRESSION}} = \frac{1\,190.126}{1} = 1\,190.126$$

$$MS_{\text{ERROR}} = \frac{6\,851.264}{50-2} = 142.735$$

190

如果我们设定 $\alpha = 0.01$，我们可以从附录 E 中看出，自由度为 1 和 40 的 F 的临界值是 7.31。但是我们的检验统计量 $F_{1,48} = 1\,190.126/142.735 = 8.34$。所以，我们能够拒绝零假设，即在总体中 $\varrho_{YX}^2 = 0$，接受备择假设 $\varrho_{YX}^2 > 0$。表 6.2 对这些计算按常用格式进行了汇总，正如第 5 章所解释的，它被称为方差分析汇总表。

表 6.2		GSS 受访者职业声望分析汇总		
来源	*SS*	*df*	*MS*	*F*
回归	1 190.126	1	1 190.126	8.34*
误差	6 851.264	48	142.735	
总计	8 041.390	49		

* 显著性水平 $a = 0.01$。

6.4.2 检验相关系数

因为样本的相关系数 r_{XY} 就是决定系数 R_{XY}^2 的平方根，所以后者的显著性检验也适用于前者。不过，相关系数还存在第二种统计显著性检验。标准正态分布 （Z） 被用来找出在零假设 H_0：$\varrho_{YX} = 0$ 下观测到给定 r_{XY} 的概率。英国统计学家罗纳德·费希尔（Ronald A. Fisher）运用自然对数函数发展了 **r 到 Z 转换（r-to-Z transformation）**，即：

$$Z = \left(\frac{1}{2}\right)\ln\left(\frac{1 + r_{XY}}{1 - r_{XY}}\right)$$

对于手头的计算器上没有自然对数（ln）键的人，附录 F 中费希尔的 r 到 Z 转换表几乎给出了所有可能的相关系数值（对于负的相关系数值，只要在表中数值前附上一个负号，因为正态分布是对称的）。

Z 值的方差与样本规模成反比：

$$\hat{\sigma}_Z^2 = \frac{1}{N - 3}$$

这个检验统计量包含 Z 值之间的差异，同时它也作为一个标准化的正态变量进行分布：

$$Z = \frac{Z_r - Z_Q}{\hat{\sigma}_Z}$$

在零假设下总体的相关系数为 0，即 $Z_\varrho = 0$。

从 GSS 数据中我们已知 $r_{YX} = 0.385$ 和 0 存在显著差异，因此让我们反过来检验一个不同的零假设。比如，已知样本的相关系数是 0.385，样本规模为 50，那么 $\varrho_{XY} = 0.50$ 的概率是多少呢？假定我们设定 $a = 0.05$ （也就是，单尾检验的临界值为 -1.645）。附录 F 中的 r 到 Z 转换表显示这两个相关系数值分别为 0.549 和 0.406，而 $\sigma_Z^2 = 1/(50 - 3) = 0.021$。因此，近似于正态分布的 Z 值分布的检验统计量计算为：

$$\frac{0.406 - 0.549}{\sqrt{0.021}} = -0.99$$

这个 Z 值明显小于拒绝零假设必需的临界值。因此，我们得出结论：我们不能拒绝真实总体相关系数为 0.50 的假设。当然，很多与 0.385 样本点估计一样在相同附近区域的其他数值也不能作为极不可能的参数值而被拒绝。

6.4.3 检验 *b* 和 *a*

在本章中，我们用罗马字母来书写双变量回归方程，这意味着它是用样本数据进行估计的：

$$\hat{Y}_i = a + b_{YX}X_i$$

191

我们用希腊字母来写这些参数所对应的**总体回归方程**（population regression equation）：

$$\hat{Y}_i = \alpha + \beta_{YX} X_i$$

总体参数 α 和 β_{YX} 可用样本数据中的 a 和 b_{YX} 来估计。不要把参数 α 和 β 与相同希腊字母的其他用法混淆，比如概率水平 α 和犯第二类错误的概率水平 β。遗憾的是，现代统计学中使用有限的希腊字母，几个符号服务于多重用途。

总体回归参数的典型零假设是其等于 0，即 $H_0: \beta_{YX} = 0$。选择一个备择假设，据此选择单尾检验还是双尾检验取决于我们对 X 与 Y 之间关系的认识。如果我们确实不清楚 X 对 Y 的效应究竟是使之增大还是减小，那么备择假设为 $H_1: \beta_{YX} \neq 0$，意味着拒绝域是双尾的。但是，如果我们认为只有正向效应是貌似合理的，那么备择假设为 $H_1: \beta_{YX} > 0$，意味着整个拒绝域落在检验统计量抽样分布的右尾。相反，如果仅负相关关系是可信的，那么单尾检验的备择假设为 $H_1: \beta_{YX} < 0$，意味着整个拒绝域落在左尾。

为了检验样本回归估计量 b_{YX} 是否与所假设的总体参数存在显著差异，t 抽样分布被用来估计因错误地拒绝零假设而犯第一类错误的概率。零假设 $\beta_{YX} = 0$ 的 t 检验如下：

$$t = \frac{b_{YX} - \beta_{YX}}{s_b}$$
$$= \frac{b_{YX} - 0}{s_b}$$

式中，s_b 是回归系数标准误 σ_b 的估计量。这里的标准误概念在 3.5 节中已经介绍，它是回归系数抽样分布的标准差。为了检验 $\beta_{YX} \neq 0$ 的假设，两个假定是必需的：

1. 在总体中，对于每一个 X 值，Y 服从正态分布。
2. 预测误差的方差对每个 X 值都是一样的，即**方差齐性**（homoscedasticity）。

因此，根据中心极限定理，当样本规模 N 变大时，b_{YX} 的抽样分布将服从正态分布。这个抽样分布的均值等于总体回归参数 β_{YX}，其方差是：

$$\sigma_b^2 = \frac{\sigma_e^2}{\sum (X_i - \overline{X})^2}$$

分母的估计值可以通过 $\sum (X_i - \overline{X})^2 = (s_X^2)(N-1)$ 从 X_i 的样本方差得出。分子的估计值 σ_e^2（预测误差的方差）即是 R_{YX}^2 显著性检验中的 MS_{ERROR}，即：

$$\hat{\sigma}_e^2 = MS_{ERROR}$$

因为 MS_{ERROR} 有 $N-2$ 个自由度，回归系数的 t 检验也有 $N-2$ 个自由度。于是，在下标中用自由度表示的 t 值为：

$$t_{N-2} = \frac{b_{YX} - \beta_{YX}}{\sqrt{\dfrac{MS_{ERROR}}{\sum (X_i - \overline{X})^2}}}$$
$$= \frac{b_{YX} - 0}{\sqrt{\dfrac{MS_{ERROR}}{(s_X^2)(N-1)}}}$$

在受教育年限-职业声望的 GSS 数据中，单尾检验的备择假设（$H_1: \beta_{YX} > 0$）似乎是可信的，因为我们期待职业声望随着受教育年限的增长而增加。当 $\alpha = 0.01$、$df = 48$ 时，附录 D 中的 t 临界值小于 2.423（用 $df = 40$ 为近似值）。我们计算

$$t_{48} = \frac{1.717 - 0}{\sqrt{\dfrac{142.735}{8.255 \times 49}}} = \frac{1.717}{0.594} = 2.891$$

由于在 6.4 节中我们需要这一信息，记下 $s_b = 0.594$。已知 $t_{48} = 2.891$ 大于临界值 2.423，我们可以拒绝在总体中 $\beta_{YX} = 0$ 的零假设。在几乎不可能出错的情况下，我们得出以下结论：在从 1998 年 GSS 数据里随机选取的 50 个受访者中，职业声望和受教育年限显著地正向共变。需要指出的是，$t = 2.89$ 的平方是 8.35，等于对 R_{YX}^2 进行显著性检验时的 F 值。这一关系不是巧合。如 6.3.5 节所示，在双变量的例子中，r_{YX}（由此得到 R_{YX}^2）与 b_{YX} 之间有着密切关系。当其中一个具有显著性时，另外一个也随之具有显著性。此外，在这两个显著性检验中，$t_{\nu_2}^2 = F_{1,\nu_1}$。因此，我们只需要进行一种检验。

t 检验也可以用于对总体回归截距 α 进行显著性检验，检验的公式如下：

$$t_{N-2} = \frac{a - \alpha}{\sqrt{MS_{\mathrm{ERROR}}}\sqrt{\dfrac{1}{N} + \dfrac{\overline{X}^2}{(N-1)s_X^2}}}$$

式中，$\overline{X}$ 是 X 的均值，s_X^2 是 X 的方差。在受教育年限-职业声望例子中，样本的截距 $a = 20.61$，样本规模 $N = 50$，如果我们设定 $\alpha = 0.05$，对零假设 $H_0: \alpha = 0$ 进行双尾检验，可得到：

$$t_{48} = \frac{20.61 - 0}{\sqrt{142.735} \times \sqrt{\dfrac{1}{50} + \dfrac{13.52^2}{49 \times 8.255}}} = 2.51$$

因为临界值为 2.021，零假设也可以被拒绝，并且有小于 0.05 的概率犯第一类错误或弃真错误。前面已经指出，这个例子中的截距是受教育年限为 0 的人的期望职业声望分数。这个不可能的情况使这个例子中的截距成为一个相对而言无意义的参数。这个结果强调社会研究者必须思考他们的统计分析，而不是只机械地应用公式。

194

6.4.4 置信区间

正如整本书所强调的，与为了拒绝总体参数为零而设计的检验相比，建立在点估计基础上的置信区间更为重要。回归系数的估计标准误是 s_b，可以用来建立围绕样本点估计 b_{YX} 的置信区间。通常来说，给定 α 水平的置信区间的上限和下限是 $b_{YX} \pm (s_b)(\text{c. v.})$。首先，确定双尾检验（因为 b_{YX} 的样本点估计的区间必须是对称的）的概率水平。例如，设定 $\alpha = 0.05$，$df = 48$，选定的临界 t 值等于 ± 2.021。因此，95% 置信区间的上限和下限分别是 $b + s_b \times 2.021$ 和 $b - s_b \times 2.021$。

对大样本（样本规模大于 100）而言，t 的临界值在 $\alpha = 0.05$ 时为 ± 1.96（例如双尾显著性检验的 Z 值）。因为这些值趋近于 2.00，一种统计上的近似主张，如果回归系数是其标准误大小的 2 倍，那么 b_{YX} 在 0.05 水平上是显著的。记住正确的解释是：通过重复抽出规模为 N 的样本，平均的置信区间将包含总体参数 β_{YX} 的机会只有 $1 - \alpha$。正如我们在 3.6 节中指出的，总体参数有 95% 的机会落入特定的区间，这种说法是不正确的，因为它要么落入这个特定的区间，要么没有落入此区间。

在受教育年限-职业声望方程中，围绕回归估计量 b_{YX} 的置信区间被限制为 LCL（下限）$= 1.717 - 0.594 \times 2.021 = 0.52$，UCL（上限）$= 1.717 + 0.594 \times 2.021 = 2.92$。因此围绕 b_{YX} 的置信区间是从 0.52 到 2.92，这个置信区间很宽，但是仍不包括 0。$\alpha = 0.001$ 所对应的置信区间包括 0 吗？

6.5 回归系数的标准化

当自变量和因变量有明确的测量单位时，回归系数的含义是清晰的。因此，一年的学校教育或是一美元的收入是很好理解的衡量标度，它们的单位都具有直观含义。然而，很多社会变量本质上来说是欠缺解释性衡量标度的。例如，宗教信仰虔诚度可以通过对诸如"《圣经》是上帝的话语""人死后可以获得重生"等陈述的赞成频数来测量，工人也许会被要求以 1～10 的等级来评估他们的工作满意度。这般任意衡量标度的待估回归系数并不存在明确的含义。因此，很多研究者倾向于把它们的回归系数标准化。

标准化以后的双变量回归系数称为 **beta 系数**（beta coefficient）或 **beta 权重**（beta weight），符号为 β^*。① 标准化涉及依据标准差对自变量和因变量进行重新调整。一个简单重新调整过程包括：首先将变量 Y 和 X 转换为 Z 值，然后如之前一样对回归方程进行估计。我们也可以通过先将 b_{YX} 乘以自变量的标准差，然后除以因变量的标准差来得到同样的结果：

$$\beta_{YX}^* = (b_{YX})\left(\frac{s_X}{s_Y}\right)$$

在之前的章节中，我们注意到这种转换的结果也是 Y 和 X 的相关系数。因此仅在双变量案例中，标准化的回归系数等于相关系数：$\beta_{YX}^* = r_{YX}$。

我们以标准差作为单位来解释 β_{YX}^*。X 每变化一个单位的标准差，Y 就发生 β_{YX}^* 个标准差的期望变化，变化的大小取决于系数的符号。在受教育年限-职业声望例子中，相关系数 0.38 表明受教育年限每增加一个标准差，预测职业声望增加 0.38 个标准差。

因为一个标准化变量的均值为 0，标准化回归方程的截距也为 0。该结论可通过将 X 和 Y 的均值 0 代入公式求非标准化方程的截距来证明：$a = \bar{Y} - b_{YX}\bar{X}$，即 $a = 0 - b \times 0 = 0$。因此，表示两个 Z 值变量间线性关系的预测方程没有截距项：

$$\hat{Z}_Y = \beta_{YX}^* Z_X$$
$$= r_{YX} Z_X$$

在我们的收入-教育水平例子中，标准化的预测方程是 $\hat{Z}_Y = 0.38 Z_X$。

最后，我们注意到先前陈述的所有 Y 对 X 的回归都能够（通过另一种方式）重述为 X 对 Y 的回归。尽管 $r_{YX} = r_{XY}$ 总是对的（也就是相关系数是对称的），但是非标准化的 $b_{YX} = b_{XY}$ 通常情况下并不成立。（如果你对这点仍不甚清楚，请重读 6.3.5 节。）然而，两个标准化的双变量回归系数的乘积等于它们的相关系数的乘积：$(\beta_{YX}^*)(\beta_{XY}^*) = (r_{YX})(r_{XY})$。而方程右边的 $(r_{YX})(r_{XY})$ 相当于将回归系数平方，也就是回归方程的决定系数：$(r_{YX})(r_{XY}) = r_{YX}^2 = R_{YX}^2$。因此，且不管哪一个变量被假定为因变量或自变量，将互为补充的双变量回归参数相乘，得到的乘积都揭示了任一变量的方差被它与另一个变量的线性关系在统计上所解释的比例。检验 R_{YX}^2 以判定被解释的方差的比例显然更加直截了当。

6.5.1 对均值的回归

预测方程的标准化形式对理解如何将回归这个术语运用于该分析形式是有用的。假定我们对母亲

---

① 再一次，我们为了多种目的而用几个希腊字母来表示统计量的实际值。这里我们用星号（＊）使 beta 系数（β^*）区别于总体参数 β，这在前面的章节中有介绍。

的体重和女儿的体重之间的关系感兴趣。我们抽取 500 位母亲组成样本，把她们与其最大的女儿配对，然后测量每一对母女每个人的体重。若 X 和 Y 分别指代母亲的体重和女儿的体重，可发现 $\bar{Y}=\bar{X}=135$，$s_Y=s_X=15$，$r_{XY}=0.70$。

现在如果我们标准化这两个变量，得到的预测方程为：

$$\hat{Z}_Y = 0.70 Z_X$$

请注意母亲的体重比均值高一个标准差时（也就是 $Z_X=1$），预测出她们的女儿的平均体重高于均值 0.70 个标准差。相反，母亲的体重比均值低一个标准差时（也就是 $Z_X=-1$），预测出其女儿的体重低于均值 0.70 个标准差。这就是说女儿的体重表现为**对均值的回归**（regression toward the mean）；或者说，平均来看女儿体重的预测比母亲体重的预测更接近均值。

表 6.3 给出了母亲体重和女儿体重的观测值和预测值（包括标准化和非标准化的）的例子，从中我们可以清楚地看到这一回归。通常体重高于均值的母亲被预测她们女儿的体重会比她们轻，而体重低于均值的母亲，则被预测她们女儿的体重比她们重。这似乎暗示着，女性总体在体重方面随着时间的推移而变得更有同质性。实际上女儿的预测体重存在较少变异性（比较表 6.3 中的第二列和第四列）。但是，女儿体重的预测值更接近均值而且方差更小这一事实不应该导致读者得出一个错误的结论。因为我们发现在样本中 s_Y 和 s_X 是完全相同的，女儿体重观测值的方差与母亲体重观测值的方差几乎等同。

197

表 6.3　使用依据母亲体重得出的女儿体重的预测值说明对均值的回归

标准化的体重		非标准化的体重	
观测到的母亲的体重	预测的女儿的体重	观测到的母亲的体重	预测的女儿的体重
3	2.1	180	166.5
2	1.4	165	156.0
1	0.7	150	145.5
0	0.0	135	135.0
−1	−0.7	120	124.5
−2	−1.4	105	114.0
−3	−2.1	90	103.5
预测方程 $\hat{Z}_Y=0.7Z_X$		预测方程 $\hat{Y}=40.5+0.7X$	

对均值的回归源自不完全相关。请注意当两个变量完全相关时（$\hat{Z}_Y=1.00\times Z_X$），对均值的回归将不会发生。但是如果 $r_{XY}=0.2$，回归就会很明显。这些例子再次证明两个变量的关系越弱，它们对均值的回归就会越明显；或者，对于 X 的任何值，均值就越成为 Y 的最佳预测结果。而且，X 和 Y 的相关系数越小，$\hat{Y}$（预测的因变量）的方差就越小。我们没有证据表明：

$$s_{\hat{Z}_Y}^2 = r_{XY}^2$$

当 X 和 Y 的关系接近于 0 时，$\hat{Y}$ 的方差也会接近于 0，由此解释了观测值的明显的同质化。

6.6　比较两个回归方程

有时候研究者感兴趣的是变量 X、Y 的相关系数和回归系数在总体 1、2 中是否相等。为了找出这个答案，我们可以采用两种统计检验方法——相关差异检验和回归差异检验。鉴于回归差异检验比较非标准化回归系数（b_{YX}），相关差异检验相当于比较标准化的回归系数 β_{YX}^*。因为变量的标准差在不同的总体中可能差异很大，进而需要对这两种回归系数进行不同的调整，所以这两种统计检验方法可能不会总是产生同样的结果。研究者在做出关于两个总体的相似性和差异性的结论时，应该考虑进行两种检验。

假定从两个总体中抽出两个独立的随机样本，规模分别为 N_1 和 N_2，**相关差异检验（correlation difference test）** 采用的零假设是相关系数在两个总体中相等，即 H_0：$\varrho_1 = \varrho_2$，而与之相反的双尾备择假设是 H_1：$\varrho_1 \neq \varrho_2$。第一步使用附录 F 中费希尔的 r 到 Z 转换表，把两个样本相关系数 r_1 和 r_2 转换为 Z 值。然后，选定显著性水平 α 并使用公式计算检验统计量：

$$Z = \frac{(Z_{r_1} - Z_{r_2}) - (Z_{\varrho_1} - Z_{\varrho_2})}{\sqrt{\dfrac{1}{N_1 - 3} + \dfrac{1}{N_2 - 3}}}$$

式中，$Z_{r_1} - Z_{r_2}$ 是经 Z 转换后的相关系数的样本差异，$Z_{\varrho_1} - Z_{\varrho_2}$ 是假设总体差异为零，$\sqrt{1/(N_1 - 3) + 1/(N_2 - 3)}$ 是差异的估计标准误。

在 1998 年 GSS 数据中，受教育年限（X）和职业声望（Y）的相关系数在 1 196 个男性中是 $r_M = 0.474$，在 1 472 个女性中则为 $r_W = 0.538$。附录 F 显示，经过标准化之后对应为 $Z_{r_M} = 0.517$ 和 $Z_{r_W} = 0.604$。因此，

$$Z = \frac{(0.517 - 0.604) - 0}{\sqrt{\dfrac{1}{1\,196 - 3} + \dfrac{1}{1\,472 - 3}}} = -2.23$$

因为显著性水平为 0.05 时 Z 的临界值是 ± 1.96，我们拒绝零假设。也就是说，受教育年限–职业声望的相关关系在女性总体中比在男性总体中更强。我们的样本相关系数揭示了统计上受教育年限可解释女性职业声望 $0.538^2 = 0.289$ 的方差，但是只能解释男性职业声望 $0.474^2 = 0.225$ 的方差。

回归差异检验（regression difference test） 采用的零假设是非标准化回归系数在两个不同的总体中是相同的，即 H_0：$\beta_1 = \beta_2$，而与之相反的双尾备择假设是 H_1：$\beta_1 \neq \beta_2$。也就是说，它评估的是在总体中回归斜率差异为 0 的概率。检验这个假设需要使用下面的 t 值：

$$t = \frac{(b_1 - b_2) - (\beta_1 - \beta_2)}{\sqrt{s_{b_1}^2 + s_{b_2}^2}}$$

在这两个 1998 年 GSS 子样本中，职业声望对受教育年限的回归的双变量回归系数男性是 $b_M = 2.15$，女性是 $b_W = 2.59$，各自的标准误为 $s_{b_M} = 0.12$，$s_{b_W} = 0.11$，所以，

$$t = \frac{(2.15 - 2.59) - 0}{\sqrt{0.12^2 + 0.11^2}} = -2.70$$

因为这两个大样本的双尾 t 检验的临界值在 $\alpha = 0.01$ 时为 ± 2.58，我们可以轻易地拒绝回归系数在总体中可能相等的零假设。相反，我们得出结论，对女性而言，每增加一年教育所产生的职业声望的回报大于男性，犯第一类错误或弃真错误的可能性小于 1%。

▶ 重要概念和符号回顾

200

以下是在本章中出现的主要概念。这个列表有助于你回顾本章内容，同时也可以作为一个概念掌握的自测。

稳健	散点图	预测变量
线性关系	双变量线性关系（双变量回归）	预测方程
线性回归模型	误差项	残差
回归线	普通最小二乘	双变量回归系数
协方差	b 的计算公式	截距
条件均值	回归平方和	误差平方和
总平方和	决定系数	非决定系数
相关系数	均方	回归均方
误差均方	r 到 Z 转换	总体回归方程
方差齐性	beta 系数（beta 权重）	对均值的回归
相关差异检验	回归差异检验	a
b_{YX}	e_i	$\hat{Y}_i$
s_{YX}	SS_{TOTAL}	$SS_{\text{REGRESSION}}$
SS_{ERROR}	R^2_{YX}	r_{YX}
$r_{Z_Y Z_X}$	α	β_{YX}
ϱ_{YX}	ϱ^2_{YX}	df_{TOTAL}
$df_{\text{REGRESSION}}$	df_{ERROR}	$MS_{\text{REGRESSION}}$
MS_{ERROR}	$\hat{\sigma}^2_Z$	s_b
σ^2_b	σ^2_e	$\hat{\sigma}^2_e$
β^*_{YX}	$\hat{Z}_Y$	$s^2_{Z_Y}$

▶ 习题

201

普通习题

1. 根据以下 10 人的数据，画出散点图来说明年龄和子女数量之间的关系，并用术语描述相关关系。

受访者（i）	年龄（X_i）	子女数量（Y_i）
1	42	5
2	26	2
3	38	2
4	23	1
5	21	0
6	19	0
7	79	6
8	25	2
9	75	4
10	67	3

2. 一位社区社会学家想要用 60 个成年人的数据估计出社区朋友数量（X）和社区事务参与度（Y）之间的线性关系方程。他得到的统计量的值如下：$\bar{X}=8$，$s_X^2=16$，$\bar{Y}=19$，$s_Y^2=25$，$s_{XY}=36$。求非标准化回归方程。为这位社会学家的发现给出实质性的解释。

3. 在 1998 年 GSS 中，让受访者对自己的政治立场在 1（"极度自由"）到 7（"极度保守"）间给出等级。对政治立场在年龄上进行回归分析后得到以下方程：$\hat{Y}_i=3.68+0.009X_i$。请用此方程回答下列问题：

　　a. 你预测一个 80 岁的人政治立场有多保守？

　　b. 你预测一个 20 岁的人政治立场有多保守？

202　　4. 请将下表中缺失的值填上：

	SS_{TOTAL}	$SS_{REGRESSION}$	SS_{ERROR}
a.		4 050	16 200
b.	72.60		32.39
c.	1 427	471.30	
d.	411.62	59.78	

5. 一位研究工作和组织的社会学家假定工作满意度的方差可以用工作满意度和工作责任感之间的线性回归关系来解释。对于因变量，基于 42 位雇员的数据算出 $SS_{ERROR}=5\,500$，样本方差 $s_Y^2=175$。计算这个双变量回归方程的 R^2，并在 $\alpha=0.01$ 的显著性水平上检验该值在统计上是否显著不同于 0。用方差分析的形式表示你的发现并陈述你的结果。

6. 如果 $b_{YX}=1.1$，$s_X=0.8$，$s_Y=0.9$，那么 r_{XY} 和 R_{XY}^2 分别为多少？

7. 假设一个社会心理学家从以下五个主题中搜集数据：在这些主题上的得分可用来衡量人们信任他人的程度和他们上个月中利他行为的数量。求这两个变量的双变量回归方程，把利他行为作为因变量。

主题	信任程度	利他行为
1	70	5
2	85	8
3	92	12
4	64	3
5	79	7

8. 用习题 7 的数据，计算相关系数、决定系数和非决定系数。你能得出什么结论？

9. 如果 $N=31$，$b_{YX}=1.4$，$s_b=0.60$，请在 $\alpha=0.05$ 的显著性水平上检验 $b=0$ 的零假设。

10. 请计算出下表中各项的 β^* 值：

203

b_{YX}	s_Y	s_X
a. 3.00	5.65	0.25
b. −6.39	78	8
c. 0.48	4.70	7.69

需要用到 1998 年 GSS 数据的习题

11. 是否年长的人比年轻人更经常祷告（PRAYFREQ）？请用 PRAYFREQ 这个变量对年龄（AGE）进行回归分析并写出回归方程。将"不知道""无回答"和"不适用"作为缺失值处理。在 $\alpha=0.05$ 水平上，对 b 显著不等于 0 进行单尾检验。

12. 父母参加宗教礼拜的频率是否能解释个人参加宗教礼拜频率的变异？求个人参加礼拜频率对母亲参加礼拜频率的回归系数，以及个人参加礼拜频率对父亲参加礼拜频率的回归系数。计算两个 R_{YX}^2 和 F 值，假设 $H_0: \varrho_{YX}=0$，$\alpha=0.01$。将"无法回答或不记得""没有父母""无回答"和"不适用"作为缺失值处理。

13. 父母拥有第一个子女时的年龄是否能解释他们最终拥有子女的数量？用子女数量（CHLDS）对初次拥有子女的年龄（AGEKDBRN）进行回归分析，将"不知道""无回答"和"不适用"作为缺失值处理。求出相关系数以及标准化回归方程，并通过对 β_{YX}^* 进行 t 检验，判断在 $\alpha=0.001$ 时你是否能够拒绝零假设 $H_0: \beta_{YX}^*=0$。

14. 一个人的教育水平（EDUC）与其配偶的教育水平（SPEDUC）是否相关？用 SPEDUC 对 EDUC 进行回归分析。写出非标准化回归方程，对 R^2 进行 F 检验并在 $\alpha=0.01$ 水平上对样本统计量 b 的值显著不等于 0 进行检验。将"不知道""无回答"和"不适用"作为缺失值处理。

15. 收入（RINCOM98）是否与向非宗教慈善机构的捐款（GIVEOTH）有关？用 GIVEOTH 对 RINCOM98 进行回归分析。将"不知道""无回答"和"不适用"作为缺失值处理。计算 R_{YX}^2 和 F 比率，设定 $\alpha=0.01$。

Ⅳ. 多变量模型

7 多变量列联分析的逻辑

7.1 控制附加变量   7.2 控制 2×2 表中的第三变量

7.3 偏相关系数

在考察双变量关系时，我们已经讨论了离散变量与连续变量的相关测量和显著性检验。我们介绍了一些工具来帮助你确定两个变量是否系统性共变，以及样本关系是否倾向于反映样本所出自的总体。

出于某些研究目的，确定两个变量显著性共变的事实可能就足够了。在大多数情况下的事实是，举例而言，即使在同一职业中，男性的收入通常也高于女性，且几乎不需要再用新的数据来验证。但研究者可能想要探究由其他社会因素，诸如教育水平、工作经验、就业状况（全职或兼职）以及雇主歧视等因素造成的收入差异。在这种情况下，由于变量之间的关系涉及某些理论性问题，研究问题就从对双变量关系的考察转变为对三变量或更多变量关系的考虑。在这一章，我们介绍使用离散变量和连续变量来进行**多变量列联分析（multivariate contingency analysis）**或进行三个或更多个变量数据的统计分析的基本程序。第 10 章会呈现更高阶的处理方法。

7.1 控制附加变量

将附加变量纳入对自变量和因变量之间关系的分析的一个基本原因是澄清它们之间的真实关系。由于其他因素的混淆效应，可能出现两个变量之间的**共变（covariation）**。为了确定两个变量间真实的共变量，我们需要去除由其他因素导致的部分。

在实验室实验中，研究者通过运用实验设计来去除其他因素的影响。一些附加变量可以通过确保它们在实验条件和控制条件下统一适用于所有实验对象而被毫不夸张地"控制不变"。例如，在研究不同施肥量对种子作物生产力的影响时，我们通过确保所有试验地块含有相同类型土壤、接受相同数量水分并有相同的阳光照射以保持土壤、水和阳光的影响不变。那么，我们可以相当肯定，我们所发现的任何植物生长差异，都不是由这些已知的影响作物生长的竞争性因素中的差异造成的。在一个社会实验中，我们可能以持续不变的方法向实验对象提供刺激，并记录他们的反应。

那些可能干扰双变量关系的变量，可以通过在实验中将实验对象**随机分配**（random assignment）给不同的实验处理组来控制。比如，要研究运动对减肥的影响，我们必须尽量消除诸如饮食和代谢率等可能带来的混淆效应。显然，如果所有低脂饮食的实验对象都进行高水平的运动，而高脂饮食的实验对象进行低水平的运动，那么这个实验的结果将是不可信的。由于难以获得具有相同饮食和代谢率的实验对象，所以最好的解决方案是在测量其体重前将人员随机分配，使其在一个指定的时间段进行不同水平的运动（包括一个不进行运动的控制组）。我们可以通过抛硬币或者参考随机数表来将实验对象随机分配至各个实验处理组。这一程序的目的在于确保实验对象在开始他们的运动计划之前，平均而言，实验组与任何其他组在饮食和代谢率上没有差异。

把实验对象随机分配到各个实验处理组的技术有助于消除竞争性因素的混淆效应。因此，它有助于离析出自变量对因变量的真实影响。遗憾的是，所有社会行为都不能通过实验来研究。在通过抽样调查收集的自然产生的数据中，必须使用其他消除竞争性因素的技术。这些技术包括：对可能影响关系的附加变量的识别，对这些因素的测量，以及为使其影响"保持不变"而对数据进行的统计处理。

竞争性因素的统计控制与实验控制不同，因为对后者而言，研究者没有直接的物理能力去塑造所研究的人或物的属性。统计上控制附加变量的方法则是通过调整数据以试图使受访者在竞争性因素上具有相同条件，从而消除它们对研究者感兴趣的双变量关系的影响。统计控制在消除其他变量的混淆效应方面弱于随机化，原因有两个：

1. 在某种程度上始终存在的测量误差降低了统计调整的精度。
2. 识别或涵盖所有潜在的竞争性因素是不可能的。

第二个局限性表明了理论在指导社会研究中的极端重要性。决定选择某些变量进行统计控制而不考虑许多其他可能的候选变量，取决于我们在调查中对这些变量在理论中所起作用的理解。例如，在研究宗教信仰虔诚度对青少年婚前性行为的影响时，我们会以理论和以往的研究为指导，控制父母的监督程度、学业能力、对学校组织的性教育项目的参与以及同龄群体的态度。但我们不会试图去调整眼睛的颜色和饮食偏好的影响。

统计控制的基本目的是消除或至少减小混淆因素对双变量关系的影响。可以区分三种特殊的应用程序来为控制虚假关系、解释以及多重因素提供多种手段。

7.1.1 虚假关系

在控制附加变量时需牢记的一点是，确立两个变量之间的共变关系并不等于证明因果关系。即使自变量的变化在时间上先于因变量的变化，推论因果关系的条件也并不完备。除了时间顺序和共变关系外，因果推论必须消除观测到的关系是**虚假关系**（spuriousness）的可能性。（详见第 11 章对因果推论的讨论。）当两个变量相关的唯一原因是二者都随一个或更多个其他变量而变化时，二者就是虚假相关。

一个虚假关系的经典例证是，在荷兰，曾有人观测到，烟囱顶上有很多鹳筑巢的社区的婴儿出生率高于那些鹳巢少的社区的婴儿出生率。虽然共变和（可能的）时间顺序的条件可以合理地得到满足，但是，即使我们不了解人类生殖知识，我们也不应得出"鹳带来孩子"的结论，因为我们没有排除所观测到的模式是一个或多个竞争性因素同时影响婴儿数量和鹳数量这一可能性。鹳和婴儿在农村比在城市更普遍。污染和卫生水平、社区对人类和动物生活的态度以及选择性迁移的历史模式，都可能导致这两个变量之间产生虚假相关。

再举一个经典的例子：到达火灾现场的消防车数量与随后火灾对建筑物的毁坏程度共变。你能弄清楚是什么（或哪些）竞争性因素使得这是一种虚假的非因果关系吗？

这些例子表明了，当造成两个变量都产生变化的适当的共同因素（通过稍后描述的技术）被控制不变时，这种虚假关系就会消失的明确状况。在社会行为中，则可能会出现不太明显的虚假关系的状况。

> 当两个变量由于一个共同的原因改变，但二者本身在因果上不相关时，在统计上将此共同因素控制不变（也称为剔除由其他变量造成的效应）会消除在数据中观测到的共变。如果对所谓的共同原因进行连续的统计控制不能改变观测到的共变，那么，在简单的双变量关系中，就有更为坚定的理由以断言因果关系的存在。

当然，在这些情况下，所选择的需要控制的变量必须是作为虚假关系原因的现实候选者。当检验虚假的共变关系时，社会理论和以往的经验研究是确定适当的控制因素的不可或缺的信息来源。

7.1.2　解释

将附加变量引入双变量关系研究的另外一个原因是试图提供一种**相关的解释/说明**（explanation/interpretation of association）。两个变量之间可能是因果相关的，但其过程比简单相关所蕴含的过程更为复杂。控制变量之间的关系——代表着连接自变量和因变量的干预过程——可以加深我们对双变量关系的理解。

例如，年龄和自由主义个人道德信念间的反向关系是众所周知的。也就是说，老年人对抚养幼儿、性、吸毒等问题持更不宽容的态度。对这种关系的一个可能的解释是宗教信仰虔诚度。老年人更易于持有传统宗教价值观，这可归结为以下两个原因：一是他们是在信仰高度社会化的年代里长大的（一代人或一段时间的过程）；二是随着年龄的增长，他们可能变得更加关注终极价值（老龄化的过程）。传统宗教教义中包含许多对非宗教事物的信仰和行为禁令与规定。因此，与年轻人相比，老年人可能持有更不宽容的道德信念的一个原因是，他们更为虔诚（这种解释在宗教领袖和社会科学家中都被广泛接受）。当我们将宗教信仰虔诚度控制不变时，我们可以期待观测到的年龄和个人道德信念之间的共变部分或全部消失了。

这一结果并不意味着这两个变量是虚假相关的，而是表明对它们共变的解释可以（或至少部分可以）通过一个过程——一个年龄越大、宗教信仰越虔诚的过程来阐明，这反过来又限制了在其他领域的宽容。在统计意义上，虚假关系和解释性关系在保持其他变量不变以消除或减少初始的双变量关系的方面是相似的。但从实质意义上讲，虚假关系与解释性关系是完全不同的。

> 当两个初始变量之间没有因果关系，但它们都依赖于某一共同原因时，存在一个虚假关系。当两个初始变量之间存在因果关系，且附加的中介变量阐述了对这种关系的理解时，存在一个解释性或阐明性关系。

根据虚假关系和解释性关系这两类效应，图7.1说明了完全解释所观测到的变量 A 和 B 共变的第三个因素所起作用的概念性差异。在虚假关系的例子中，C 是变量 A 和 B 的共同原因，而在解释性关系的例子中，C 是一个更详细地显示了如何将 A 的因果效应传递给 B 的中介因素。关于第三变量在对其他两个变量共变的解释中的角色的理解，无法通过统计模式来揭示。对一个分析是否隐含虚假关系或解释性关系的恰当理解，取决于研究者利用以往的研究和理论来对第三变量的角色进行概念化的能力。

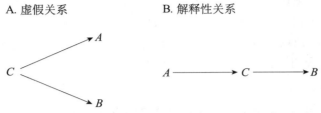

图 7.1　第三变量在双变量共变的分析中所扮演的两种角色

7.1.3　多重因素

自 19 世纪以来，很少有社会理论（或至少在那些前沿的理论中很少有）把人类的行为归结为单一因素。相反，许多社会理论把人类行为归结为**多重因果关系（multiple causation）**；也就是说，在因果关系的意义上，它们确定了某几个变量在对某个因变量的变异的解释中是重要的。有些因素可能会带有重要的政策意涵，因为其价值可能会受到操纵，诸如通过训练项目或资助基金进行的操纵。

在这类研究中，重点不在于单个自变量与因变量之间的关系，而在于发现多个自变量与某个（或某些）感兴趣的因变量的多个、同时的关系。例如，在社会分层研究中，有几位研究者已经发展并检验了几种相当详尽的地位获得过程模型。一个人的收入可能被解释为社会背景、教育水平、职业声望、所在行业以及其他职业变量相互作用的结果。通过同时对几个因果因素进行统计控制，在对虚假关系和解释性关系进行控制的条件下，分析者可以就每个因素对收入影响的相对重要性做出一些推论。

在本章中，我们将通过探究在分类测量的双变量系统中对一个单一的第三变量进行统计控制的基本技术，为多重因素分析奠定基础。我们可以直接把这种技术扩展到三个变量以上，但这不是本章所要涵盖的内容。

7.2　控制 2×2 表中的第三变量

正如我们在第 5 章所提到的那样，最简单的双变量关系可以通过两个二分变量的列联表进行检验。相似地，检验一个双变量关系的其他变量效应的基本原则是利用一个三变量列联表。为了展现这些原则，我们将描述在控制第三变量情况下所有可能出现的结果，并用纯粹假设的数据来举例说明不同的结果。

7.2.1　一个假设的例子：家庭宗教信仰虔诚度和青少年的性行为

为使这个假设的例子更有意义，我们将假设家庭的宗教信仰虔诚度（X）和青少年的婚前性行为（Y）之间有关系。假设数据展示在表 7.1 中，根据青少年所说的是否属于"高宗教信仰虔诚度家庭"和他们是否承认曾经有过性关系，对 192 个回答进行了分类。表 7.1 可以被称为一个**零阶列表（zero-order table）**，其中阶指的是被控制不变的其他变量的数量。

在这个例子中，家庭宗教信仰虔诚度是自变量，婚前性行为是因变量。为此我们把表中的家庭宗教信仰虔诚度做成百分比，也就是说，列的百分比加起来为 100%。这些假设的数据显示，承认自己有婚前性行为的非高宗教信仰虔诚度青少年百分比，是将自己家庭归于高宗教信仰虔诚度的青少年的两倍还多。这个表的相关系数是－0.26，意味着中等程度的负相关。为了在这一章中计算这个相关系数以及其他的相关系数，我们进行了如下编码：是＝1，否＝0。另外，本章用来计算 2×2 表相关系数的公式即为计算 phi 系数的公式（详见 5.3.2 节）：

214

$$\varphi = \frac{bc - ad}{\sqrt{(a+b)(c+d)(a+c)(b+d)}}$$

我们将考虑这个例子表面上的因果关系是否能被其他社会过程——介于家庭宗教信仰虔诚度和青少年婚前性行为之间的社会过程的影响所解释。假定对发生性行为的频繁机会的提供，是决定一个青少年实际上是否有性行为的重要因素。来自宗教信仰更虔诚的家庭的青少年，其行动或许更有可能受到他们父母的限制。如果这个因果关系成立，我们可以预期，当机会被统计控制时，家庭宗教信仰虔诚度和婚前性行为之间的关系可能会改变。

表 7.1 家庭宗教信仰虔诚度和青少年婚前性行为变量的列联表（假设的数据）

		是否来自高宗教信仰虔诚度家庭？		
		否	是	总计
是否曾经有过婚前性行为？	是	42.9% (36)	16.0% (16)	27.1% (52)
	否	57.1% (56)	84.0% (84)	72.9% (140)
	总计	100.0% (92)	100.0% (100)	100.0% (192)

$r_{XY} = -0.26$

如果表 7.1 中的数据依据另一个二分变量进一步列联，其他可能的结果将会出现。在这个假设的例子里，控制变量是青少年能否经常使用汽车（W）。表 7.2 到表 7.5 举例说明了从这些应答中可能发现的四种可能的统计模式：第三变量无效应，第三变量具有部分效应，第三变量具有完全效应，以及第三变量产生交互效应。每个结果都提出了对初始关系的不同解释（这些解释将在 7.2.2 节至 7.2.5 节中进行讨论）。由于被控制不变的其他变量的数量为 1，所以这些表格中的每对表格都被称为**一阶列表**（first-order table）。

215

表 7.2 第三变量无效应的例子（假设的数据）

		能否经常使用汽车？						
		否				是		
		是否来自高宗教信仰虔诚度家庭？				是否来自高宗教信仰虔诚度家庭？		
		否	是	总计		否	是	总计
是否曾经有过婚前性行为？	是	39.7% (25)	15.9% (11)	27.3% (36)	是	37.9% (11)	16.1% (5)	26.7% (16)
	否	60.3% (38)	84.1% (58)	72.7% (96)	否	62.1% (18)	83.9% (26)	73.3% (44)
	总计	100.0% (63)	100.0% (69)	100.0% (132)	总计	100.0% (29)	100.0% (31)	100.0% (60)

$r_{XY} = -0.27$ 　　　　　　　　　　$r_{XY} = -0.25$

7.2.2　第三变量无效应

在表7.2中，原来的2×2表被分成两个分表，每一个分表与原表在形式上相似，但单元格内的频数不同。现在我们得到一个2×2×2表。请注意两个分表的单元格频数与边缘频数，如果成对地相加，必然恰好等于原来2×2表中的频数。如两个分表的总计所示，青少年样本中有大约三分之二的人不能经常使用汽车。同一个分表中的所有受访者在汽车使用情况这个变量上具有相同的水平；也就是说，第一个分表中的132个人都不能经常使用汽车，而第二个分表中的60个人都能经常使用汽车。因此，每一个分表令第三变量"保持不变"，使得我们可以观测另外两个变量之间的共变发生了什么变化。

注意，表7.1这个例子中介绍的家庭宗教信仰虔诚度与性行为之间的关系，在表7.2中仍保持不变。表7.2中两个分表都显示，来自高宗教信仰虔诚度家庭的青少年回答有性行为的比例比其他青少年的一半还小。两个分表中的百分比没有显著的差异。在不能经常使用汽车的青少年中，$r_{XY}=-0.27$，而能经常使用汽车的青少年中，$r_{XY}=-0.25$。这两个数值叫作**条件相关系数（conditional correlation coefficients）**，因为它们指的是在第三变量特定条件下的相关性。

如果两个分表的一阶关系的大小都与原有的零阶关系的大小相同，那么我们可以得出结论：机会——至少是操作化为汽车使用情况的机会——对原来的共变关系没有影响。当我们发现这样的模式时，我们的注意力就要转向解释为什么家庭宗教信仰虔诚度和婚前性行为是相关的。

另一种替代的数据分析方法是计算表7.1和表7.2中数据的优比。如果汽车使用情况对婚前性行为和家庭宗教信仰虔诚度之间的关系没有影响，我们可以预期表7.2中分表的优比（详见5.4节）近似地等于表7.1中的优比。表7.1中的优比是（36×84）/（16×56）=3.38，而表7.2中与"不能经常使用汽车"相关的分表的优比是（25×58）/（11×38）=3.47，"能经常使用汽车"的分表的优比是（11×26）/（5×18）=3.18。对这些假设的数据而言，不管能否经常使用汽车，来自非高宗教信仰虔诚度家庭的青少年发生婚前性行为的可能性都是来自高宗教信仰虔诚度家庭的青少年的三倍还多。

7.2.3　第三变量具有部分效应

表7.3说明了当第三变量被控制不变时的另一种可能结果。在这个案例中，我们可以看到，在两个分表中，家庭宗教信仰虔诚度和婚前性行为之间相关性的大小是非常相近的，但是要比原来2×2表中的相关性弱一点。"不能经常使用汽车"和"能经常使用汽车"的条件相关系数分别是-0.16和-0.17。我们可以得出结论，通过汽车使用情况所测度的机会，部分地解释了原来观测到的另两个变量之间的关系。

表7.3　第三变量具有部分效应的例子（假设的数据）

		能否经常使用汽车？							
		否				是			
		是否来自高宗教信仰虔诚度家庭？				是否来自高宗教信仰虔诚度家庭？			
		否	是	总计		否	是	总计	
是否曾经有过婚前性行为？	是	25.5% (12)	12.9% (11)	17.4% (23)	是	53.3% (24)	33.3% (5)	48.3% (29)	
	否	74.5% (35)	87.1% (74)	82.6% (109)	否	46.7% (21)	66.7% (10)	51.7% (31)	
	总计	100.0% (47)	100.0% (85)	100.0% 132	总计	100.0% (45)	100.0% (15)	100.0% (60)	
		$r_{XY}=-0.16$				$r_{XY}=-0.17$			

为了理解部分效应的含义，可以考虑每个分表中的百分比。在那些并非来自高宗教信仰虔诚度家庭的青少年中，能经常使用汽车的人有过性行为的可能性两倍于不能经常使用汽车的人（53.3%对25.5%）。类似地，在那些来自高宗教信仰虔诚度家庭的青少年中，能经常使用汽车的人有过性行为的可能性是缺少这种机会的人的两倍还多（33.3%对12.9%）。然而，使用汽车的机会并不能消除高宗教信仰虔诚度家庭和非高宗教信仰虔诚度家庭中的青少年在性行为方面的全部差异。来自非高宗教信仰虔诚度家庭的青少年仍然要比来自高宗教信仰虔诚度家庭的青少年更可能有过性行为，但是，与从表7.1中发现的差异相比（其中，使用汽车的机会没有被控制不变），这种差异在某种程度减弱了。因此，如果发现这些结果，我们可得出结论：机会解释了家庭宗教信仰虔诚度和婚前性行为之间的部分相关，但是大量的共变关系仍然留待其他尚未被控制不变的因素来解释。

7.2.4　被第三变量完全解释

表7.4显示了当第三变量能够完全解释零阶列表中观测到的关系时，数据可能会呈现的样子。两个分表中的相关系数（你可以自己检查一下）恰好都为0，这意味着将每个机会水平控制不变后，来自高宗教信仰虔诚度家庭和非高宗教信仰虔诚度家庭的青少年之间在性行为上没有差异。在不能经常使用汽车的青少年中，只有11.1%的人有过婚前性行为，而在那些能经常使用汽车的青少年中，有三分之二的人有过婚前性行为。我们从两个分表的边缘中可以明显看出零阶列表中家庭宗教信仰虔诚度与婚前性行为强烈负相关的原因：超过半数来自非高宗教信仰虔诚度家庭的年轻人能经常使用汽车，但是对于来自高宗教信仰虔诚度家庭的年轻人，8个人中只有1个能经常使用汽车。如果我们在真实的数据中发现这样清晰的模式，那么我们就有可能推论汽车的使用机会能解释两者之间的相关。也就是说，青少年的家庭宗教信仰虔诚度决定了他使用家庭汽车的机会（父母宗教信仰虔诚度越高，就越严格地控制其孩子参加无监护人的约会）。反过来说，汽车的使用机会，是有婚前性行为的一个主要决定因素。

表 7.4	被第三变量完全解释的例子（假设的数据）						
	能否经常使用汽车？						
	否				**是**		
	是否来自高宗教信仰虔诚度家庭？				是否来自高宗教信仰虔诚度家庭？		
是否曾经有过婚前性行为？		否	是	总计		否	是	总计
	是	11.1% (4)	11.1% (8)	11.1% (12)	是	66.7% (32)	66.7% (8)	66.7% (40)
	否	88.9% (40)	88.9% (80)	88.9% (120)	否	33.3% (16)	33.3% (4)	33.3% (20)
	总计	100.0% (44)	100.0% (88)	100.0% (132)	总计	100.0% (48)	100.0% (12)	100.0% (60)
	$r_{XY}=0.00$				$r_{XY}=0.00$			

作为计算分表相关系数的另一个选择，很容易就能计算出分表的优比（见5.4节）。两个表的优比都如其应当的那样等于1.00，因为汽车使用情况解释了家庭宗教信仰虔诚度和婚前性行为两者之间的关系。

为什么将汽车使用情况控制不变，解释了表7.4中家庭宗教信仰虔诚度和青少年婚前性行为两者之间的关系，而解释不了表7.2中的关系呢？为了寻找答案，需要考虑的是，汽车使用情况是如何与另外两个变量关联起来的。作为练习，我们再做两个表，其中一个表示汽车使用情况和宗教信仰虔诚度

219 　　之间的共变，而另一个表示汽车使用情况和青少年婚前性行为之间的共变。（使用分表中行边缘和列边缘。）你会发现，在"无效应"的情况下（表 7.2），汽车使用情况与其他变量事实上无关。将汽车使用情况控制不变对家庭宗教信仰虔诚度和婚前性行为两者之间的关系毫无影响。但是在"完全解释"的情况下（表 7.4），汽车使用情况和两个变量都是强相关：和婚前性行为是正相关（$r_{WY} = 0.60$），和家庭宗教信仰虔诚度是负相关（$r_{WX} = -0.43$）。

　　因此，通过将汽车使用情况控制不变，另外两个变量之间的负向共变就被削减为 0。这种情况在尝试发现对所观测到的成对变量之间关系的统计解释的过程中是最为重要的。第三变量只有在和其他两个变量之间都有非零关系时，才能产生一个对其他两个变量之间的共变的解释。如果最初的双变量关系是正的，那么控制变量必须与自变量、因变量呈正相关，如果最初的双变量关系为负，那么控制变量必须如表 7.4 的例子中那样，和一个变量呈正相关，并和另一个呈负相关。

　　注意，表 7.4 的一阶列表中的模式，与我们在初始两个变量的共变为虚假时发现的情况是一样的。也就是说，不论是在完全解释中，还是在虚假关系中，当竞争性因素被控制不变时，两个变量之间的一阶相关都会降为零。你到底是应该将这样的统计结果视为对初始关系的一种解释，还是将其视为对虚假的初始关系的揭示，取决于你对这一被保持不变的因素的因果角色的理解。在我们所假设的例子中，我们将机会视为一个中介过程——既作为家庭宗教信仰虔诚度的一个结果，又作为造成婚前性行为的一个原因。一个不同的实质性变量具有类似的将一阶关系削减为零的统计效应，可能导致将"家庭宗教信仰虔诚度-婚前性行为"的关系评为虚假关系。举例来说，如果我们已经得到了与表 7.4 相同的结果，其中控制不变的变量是家庭结构（比如青少年是否生活在双亲家庭中），那么如果我们推论双亲家庭比单亲家庭更严格地管理所有个人行为，如宗教行为、性行为、教育行为，我们可能会倾向于将这种关系描述为虚假关系。因此，家庭宗教信仰虔诚度与婚前性行为之间的相关性所反映的不是一种因果关系，而是一种源于家庭状况的更普遍的道德模式。

220 　　我们有关在控制第三变量影响下双变量关系中的完全解释与虚假关系的差异的讨论，应该提醒你注意到这个事实：发现并非由统计结果所决定。在大多数情况下，对社会行为的理解需要更仔细地思考统计关系背后的含义。对基础社会理论和以往经验研究的娴熟掌握，再加上一点常识，能够帮助我们更好地完成这项任务。

7.2.5　第三变量产生交互效应

　　表 7.5 显示了控制 2×2 表的另一个结果，这种情况有时候也会出现。两个分表中的一阶相关具有实质性的差异。在这个例子中，对于能经常使用汽车的青少年来说，家庭宗教信仰与婚前性行为的相关系数是 0，但对那些不能经常使用汽车的青少年来说，其相关系数为 -0.42。使用优比可以将此交互效应解释清楚。对于那些能经常使用汽车的人来说，来自非高宗教信仰虔诚度家庭对发生婚前性行为的可能性没有影响；也就是说，优比等于 1.00，因为每当相关系数为 0 时，优比必为 1.00。相比之下，如果一个人不能经常使用汽车，优比为 7.5。也就是说，如果一个人不能经常使用汽车并且来自非高宗教信仰虔诚度家庭，那么与那些不能经常使用汽车并且来自高宗教信仰虔诚度家庭的人相比，

221 他发生婚前性行为的可能性是后者的 7.5 倍。将第三变量控制不变，减小了一个分表中的相关性，但却增加了另一个分表中的相关性。有时我们甚至可以发现一对正负号相反的条件相关。

　　每当分表中的关系不一致时，就会出现**交互作用效应**（interaction effect）。也就是说，当控制了一个第三变量时，每个分表中两个变量之间的相关性不同。我们不能像在其他三个例子中那样通过参考一个单一类型的结果来描述第三变量的影响。相反，在描述控制变量的效应时，我们必须指定所参考

的是哪一个分表。

发现一个交互效应，通常只是进一步分析的开始。它迫切需要研究者提供一个关于为什么变量之间的共变因第三变量的不同水平而异的解释。

表 7.5		第三变量产生交互效应的例子（假设的数据）						
			能否经常使用汽车？					
		否				是		
		是否来自高宗教信仰虔诚度家庭？				是否来自高宗教信仰虔诚度家庭？		
		否	是	总计		否	是	总计
是否曾经有过婚前性行为？	是	50.0% (26)	11.8% (8)	28.3% (34)	是	25.0% (10)	25.0% (8)	25.0% (18)
	否	50.0% (26)	88.2% (60)	71.7% (86)	否	75.0% (30)	75.0% (24)	75.0% (54)
	总计	100.0% (52)	100.0% (68)	100.0% (120)	总计	100.0% (40)	100.0% (32)	100.0% (72)
		$r_{XY} = -0.42$				$r_{XY} = 0.00$		

7.2.6 条件效应的总结

由于图形的效果常使表格的结果变得更清晰，从表 7.2 至表 7.5 中发现的结果被制成图 7.2。举例来说，图 A 清晰地显示，汽车使用情况对家庭宗教信仰虔诚度与婚前性行为之间的关系没有影响——每一类汽车使用情况所对应的线实际上是完全相同的。然而，图 B 显示，家庭宗教信仰虔诚度和汽车使用情况都影响了婚前性行为的发生率。两个变量都对婚前性行为的解释做出了独立贡献。能经常使用汽车和不能经常使用汽车所对应的两条线之间的较大差异，意味着汽车使用情况影响了曾经有过婚前性行为的青少年的百分比。但是，在高宗教信仰虔诚度家庭和非高宗教信仰虔诚度家庭的成员中，每条线的斜率仍为负的事实显示，家庭宗教信仰虔诚度对婚前性行为有独立影响。因此，汽车使用情况只提供了部分解释。在图 C 中，家庭宗教信仰虔诚度与婚前性行为之间的关系被视为虚假关系，因为汽车使用情况被控制后，在家庭宗教信仰虔诚度上，两条线的斜率为 0。图 D 显示了一个交互效应：对于那些能经常使用汽车的人来说，家庭宗教信仰虔诚度与婚前性行为之间没有关系；相反，对于那些不能经常使用汽车的人来说，家庭宗教信仰虔诚度与婚前性行为之间是一种负关系。

图 7.2 中值得注意的一点是，如果没有交互效应，在控制变量的各类别中，自变量和因变量之间的关系是相同的。因此，当用图形来表示这种关系时，它就表现为两条平行线。这种关系在图 A、C 中表现为两条平行线，正是因为在自变量与控制变量之间不存在交互效应。相反，图 B 中的两条线不太平行，意味着存在部分效应；而图 D 中的两条线不平行，意味着交互效应确实存在。

223

我们有意地选择以上四个例子来清晰地描绘控制第三变量后一个简单 2×2 关系可能出现的不同结果。这些例证被用来展示理想的情况。我们只能委婉地提醒你，在大多数真实数据的情况中，不太可能发现这样被夸大的结果。在我们的个人经验中，我们几乎从未发现类似于表 7.4 显示的情况，在该表中，当一个单一的第三变量被控制不变时，一个较强的双变量关系彻底消失了。更有可能发现的是部分效应（表 7.3）或交互效应（表 7.5）。社会行为很少会这样简单，即控制一个单一的附加变量就能完全解释所观测到的双变量关系。

我们没有对这一节所报告的零阶关系进行显著性检验，但如果我们使用的数据是真实的，我们则需要完成该检验。我们将在下一节做这样的计算，其中我们将使用来自真实的 GSS 数据的例子，演示统计检验如何应用于三变量列联表。

222

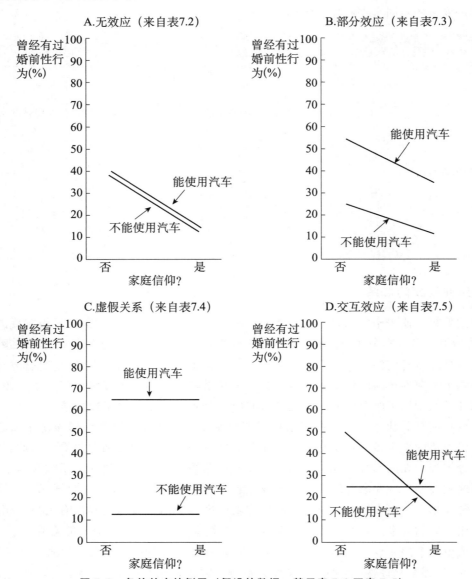

图 7.2　条件效应的例子（假设的数据，基于表 7.2 至表 7.5）

7.3　偏相关系数

正如我们在 7.2 节所做的那样，分析三变量关系需要计算每个列联表的条件相关系数。当交互效应不存在时，可以计算出一个作为条件相关系数的加权均值的单一系数。这被称为**偏相关系数（partial correlation coefficient）**，公式为：

$$r_{XY \cdot w} = \frac{r_{XY} - r_{XW}r_{YW}}{\sqrt{1 - r_{XW}^2} \; \sqrt{1 - r_{YW}^2}}$$

$r_{XY \cdot w}$ 读作"控制了 W 之后（或在 W 存在的情况下）X 与 Y 之间的偏相关"。注意 $r_{XY \cdot w}$ 的计算要求先计算三个零阶相关：r_{XY}，r_{XW}，r_{YW}。

对偏相关系数公式的随意检查并未清晰地揭示控制了一个第三变量后，另外两个变量之间会产生相关。为了阐明这种对相关的测量，我们将使用一种称为**维恩图（Venn diagram）**的视觉展示。在图7.3 中，我们用三个图展示相关系数依次为 0、0.5、1.0 的相关性。在例 A 中，X 与 Y 是不相关的，两个圆根本不重叠。当这两个变量相关且相关系数为 0.5 时，如例 B 所示，Y 的总面积的一半与 X 重叠。而在例 C 中，X 与 Y 完全重合，表现出完全相关性。

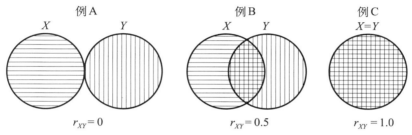

图 7.3　显示两个变量之间相关性的维恩图

现在让我们用图 7.4 中的维恩图来考虑 X、Y、W 三个变量之间的相互关系。注意，例 A 所绘的三个圆意味着 X 与 Y 相关，X 与 W 相关，但是 Y 与 W 不相关。此图清楚地表明，由于 W 没有与 X 和 Y 的重叠部分相交，所以控制了 W 后，X 与 Y 之间的相关性不应减小。现在来看偏相关系数公式中的分子。如果 Y 与 W 如例 A 所示，是不相关的，则分子为 $r_{XY} - r_{XW} \times 0 = r_{XY}$。也就是说，从维恩图中所得的直觉是正确的：为了减小或"解释" X 与 Y 的相关性，有必要使 W 与 X 和 Y 都相关。

现在再来看图 7.4 中的例 B，在这个例子中，X 与 Y 之间重叠的全部面积和 W 相交。在相关术语中，这意味着 X 与 Y 之间的全部相关性可以通过对 W 的考虑来解释。每当 $r_{XY} = r_{XW}r_{YW}$ 时，偏相关中就会出现这种情况，因为偏相关系数公式中的分子因 $r_{XY} = r_{XW}r_{YW}$ 而等于 0。

典型情况出现在图 7.4 的例 C 中。在这个例子中，W 的一部分与 X 和 Y 的重叠部分相交。因此，控制 W 并不能完全解释 X 和 Y 之间的相关关系。虽然偏相关系数 $r_{XY \cdot w}$ 将小于零阶相关系数 r_{XY}，但它不会为 0。

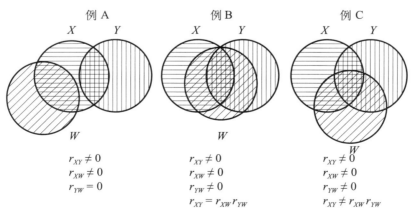

图 7.4　显示对 $r_{XY \cdot w}$ 的解释的维恩图

偏相关系数的平方表示控制 W 之后，Y 被 X "解释"的方差量。如果 W 既不与 X 相关也不与 Y 相关，则 r_{XY}^2 和 $r_{XY.W}^2$ 将几乎一致。然而，如果 W 与 X 和 Y 都相关，则 $r_{XY.W}^2$ 通常将小于 r_{XY}^2。也就是说，W 被考虑在内后，Y 被 X 解释的方差量会更小。

7.3.1 一个例子：三个变量之间的关系

为了说明如何使用偏相关系数，我们将考察 1998 年 GSS 数据集中公开饮酒、对婚前性行为的态度和性别之间的关系。表 7.6 中的例 A 展现了公开饮酒（X）（如去酒吧或旅店）和对婚前性行为的态度（Y）之间的零阶关系。后者由原始的四分类回答被合并为一个介于那些认为婚前性行为"总是"或"几乎总是"错误的人和那些态度更为宽容的人之间的二分变量。[①]

226 **表 7.6** 公开饮酒、对婚前性行为的态度和性别之间的零阶关系

例 A

对婚前性行为的态度（Y）	公开饮酒（X）		
	从不	是	总计
错误	50.7% (443)	21.5% (198)	35.7% (641)
非错	49.3% (431)	78.5% (724)	64.3% (1 155)
总计	100.0% (874)	100.0% (922)	100.0% (1 796)

$$r_{XY}=0.305$$

例 B

对婚前性行为的态度（Y）	性别（W）		
	男性	女性	总计
错误	29.6% (232)	40.4% (409)	35.7% (641)
非错	70.4% (552)	59.6% (603)	64.3% (1 155)
总计	100.0% (784)	100.0% (1 012)	100.0% (1 796)

$$r_{YW}=0.112$$

例 C

公开饮酒（X）	性别（W）		
	男性	女性	总计
从不	41.8% (328)	54.0% (546)	48.7% (874)
是	58.2% (456)	46.0% (466)	51.3% (922)
总计	100.0% (784)	100.0% (1 012)	100.0% (1 796)

$$r_{XW}=0.120$$

资料来源：1998 General Social Survey。

[①] 我们对这一变量进行合并只是为了简化我们的例子。但在对这些数据进行实际分析时，我们不会这么做，因为这将导致我们失去某些有价值的信息。

如表 7.6 所示，两个变量总是强相关。假设我们设定 $\alpha = 0.05$。$t = 13.55$ 时，零阶相关系数 $r_{XY} = 0.305$。因此，我们拒绝总体中 $\varrho_{YX} = 0$ 的零假设，并得出相反的结论：那些声称从不公开饮酒的人更有可能将婚前性行为视为错误，但或许女性比男性更有可能对公开饮酒和婚前性行为都持不宽容态度。

为了检验这种可能性，我们引入性别（W）作为控制变量。这些零阶列表在 7.6 表中也有所显示。在例 B 中，$r_{YW} = 0.112$ 的零阶相关意味着，女性比男性更有可能将婚前性行为视为错误。而且，在例 C 中，$r_{XW} = 0.120$ 的零阶相关表明，女性公开饮酒的可能性低于男性。（在 $\alpha = 0.05$ 水平上，t 值分别为 4.78 和 5.13 时，这两个零阶相关都是显著的。）

现在我们可以计算偏相关系数了：

$$r_{XY \cdot w} = \frac{0.305 - 0.120 \times 0.112}{\sqrt{1 - 0.120^2} \times \sqrt{1 - 0.112^2}} = 0.296$$

也就是说，控制了性别变量后，公开饮酒和对婚前性行为的态度之间的零阶关系从 0.305 被削减到 0.296——变化量微不足道。因而，我们得出结论，公开饮酒和对婚前性行为的态度之间的关系不能被性别变量所解释。

7.3.2 检验偏相关的显著性

我们已经计算出了一个偏相关系数，但是我们尚未检验它是否在统计上显著。为此，我们建立了一个零假设，$H_0 : \varrho_{XY \cdot w} \geqslant 0$，以及一个备择假设，$H_1 : \varrho_{XY \cdot w} < 0$。也就是说，我们期望这种关系是负向的。

对偏相关的检验为：

$$F_{1, N-3} = \frac{r^2_{XY \cdot w}(N-3)}{1 - r^2_{XY \cdot w}}$$

或者，通过对上面等式的右边求平方根，得到 t 检验的表达式：

$$t_{N-3} = \frac{r_{XY \cdot w} \sqrt{N-3}}{\sqrt{1 - r^2_{XY \cdot w}}}$$

使用来自 7.3.1 节例子的结果，并设定 $\alpha = 0.05$，可发现：

$$F_{1, 793} = \frac{0.296^2 \times (1\,796 - 3)}{1 - 0.296^2} = 172.18$$

或

$$t_{793} = 13.12$$

因为进行单尾检验时 t 检验的临界值是 -1.65，所以可以自信地拒绝零假设。也就是说，我们推论，在总体中，即使在性别变量保持不变的条件下，公开饮酒和对婚前性行为的态度也是相关的。

▶ **重要概念和符号回顾**

以下是在本章中出现的主要概念。这个列表有助于你回顾本章内容，同时也可以作为一个概念掌握的自测。

多变量列联分析	共变	随机分配
虚假关系	相关的解释/说明	多重因果关系
零阶列表	一阶列表	条件相关系数

交互效应 偏相关系数 维恩图

$r_{XY \cdot W}$

▶ 习题

普通习题

1. 思考以下两种假设。这些假设表示了哪种因果关系？图解该关系。

　　a. 花更多时间互相交流的已婚伴侣更有可能回应其伴侣的沟通暗示。

　　b. 夫妻对婚姻关系的满意度随着伴侣对沟通暗示的回应的增加而提升。

229　　2. 展示雇员感受到的工作安全感和收入之间的正向共变关系怎样因工作资历而可能变成虚假关系。将这个假设用因果图表示出来。如果这种虚假关系的假设正确，那么当资历被控制不变时，你预期雇员感受到的工作安全感和收入之间的相关系数会发生怎样的变化？

　　3.（通过指定潜在干预变量）对成本高昂的选战和候选人赢得选举之间的因果联系提出三种解释性关系。使用因果图来说明你所确认的这些关系。

　　4. 有关性别、最高教育水平和对堕胎的态度的三变量列联产生下面的分频数表。

		大学学历		高中学历	
		男性	女性	男性	女性
态度	生命权	20	20	40	30
	选择权	25	30	10	20

首先，重建性别和对堕胎的态度的零阶列表。然后计算性别和对堕胎的态度在零阶列表和在两个分表中的相关系数和优比。将教育水平控制不变后所显示的是哪种关系？

　　5. 一位研究者假设，与没有学龄子女的成年人相比，有学龄子女的父母更愿意投票支持增加公共学校支出的学校表决，但却不知这种关系是否在民主党人和共和党人中都存在。据以下数据判定该假设是否成立。

		民主党人		共和党人	
		没子女	有子女	没子女	有子女
学校表决	是	40	45	15	20
	否	10	5	35	30

230　根据父母党派表格重建表决态度的零阶列表，并计算表格的相关系数。然后计算分表的相关关系，并确定这个假设是否正确。

　　6. 表 A 是年龄与对免除贫困国家债务的态度的关系的零阶列表，而表 B 是高宗教信仰虔诚度者的回答分表。

		A. 零阶列表		B. 高宗教信仰虔诚度者分表	
		年轻人	老人	年轻人	老人
债务免除	是	40	30	25	20
	否	25	40	10	10

计算零阶相关系数和条件相关系数以及优比。当宗教信仰虔诚度被控制不变时，会观察到什么样的效应？

7. 在 1998 年 GSS 中，受访者被询问他们在过去一年是否看过限制级影片以及他们是否认为婚外性行为是错误的。这些变量之间的零阶关系如下：

去年是否看过限制级影片？

婚外性行为是错误的吗？		否	是
	否	34	20
	是	590	187

通过将受访者的性别控制不变，我们可以得到以下分表：

去年是否看过限制级影片？

		男性				女性	
		否	是			否	是
婚外性行为是错误的吗？	否	17	16	否		17	4
	是	235	120	是		355	67

这些结果是否支持了受访者的性别可以完全解释观看限制级影片与对婚外性行为的态度之间的关系这一假设？

8. 控制 W 后，计算 X 与 Y 之间的偏相关系数 $r_{XY \cdot W}$。

	r_{XY}	r_{XW}	r_{YW}
a.	0.20	0.40	0.60
b.	0.10	0.25	-0.30
c.	0.60	0.35	0.45
d.	0.40	0.70	0.50

9. 一个研究者对确定在控制居民居住地（农村或城市）(W) 后年龄 (X) 与对跨种族婚姻的态度 (Y) 之间的偏相关关系感兴趣。研究者发现了以下相关性：当样本规模 $N=175$ 时，$r_{XY}=0.60$，$r_{XW}=0.43$，$r_{YW}=0.70$。设定 $\alpha=0.05$，计算偏相关系数和 t 值。该研究者将得出什么结论？

10. 一个家庭社会科学家调查了 100 个成年人并发现：婚龄 (X) 和随后的离婚 (Y) 之间的相关系数为 $r_{XY}=-0.65$，婚龄和社会经济地位（SES）(W) 之间的相关系数为 $r_{XW}=0.75$，而离婚与社会经济地位之间的相关系数为 $r_{YW}=-0.17$。控制社会经济地位后，计算婚龄与离婚之间的偏相关系数。设定 $\alpha=0.01$，检验偏相关系数的显著性。

需要用到 1998 年 GSS 数据的习题

11. 政治分析家指出，自我描述为自由派的人倾向于集中在大学毕业生中，但这种现象可能是一个最近进展。通过将以下变量处理为二分变量来检验该假设：把政治立场（POLVIEWS）分为保守和不保守（中立和自由），把教育水平（EDUC）分为大学毕业和非大学毕业，把受访者的年龄（AGE）分为 45 岁或以下和 45 岁以上。将"不知道""无回答"和"不适用"作为缺失值处理。当年龄被控制不变时，政治立场和教育水平之间的相关会出现怎样的情况？

12. 单身女性中对堕胎的态度（ABSINGLE）和宗教信仰虔诚度（RELITEN）共变，但是这种相关的强度在天主教徒与新教徒之间是否相同呢？将"不知道""无回答"和"不适用"作为缺失值处理。〔注意：排除其他类别之后要将宗教信仰类别（RELIG）控制不变。〕

13. 如果财务奖励是非必要的，那么主观社会阶层（CLASS）和对工作的态度（RICHWORK）

之间是什么样的相关关系？当教育水平被控制后这种关系的强度是否相同？将教育水平（EDUC）处理为一个二分变量：分为大学毕业（16 年及以上）和非大学毕业（16 年以下）两组。将"不知道""无回答"和"不适用"作为缺失值处理。

14. 年龄（AGE）和对老人是否应与其孩子共同居住的态度（AGED）之间的相关关系是怎样的？将 AGE 分为两类：18～59 岁＝1，60～89 岁＝2。将 FAMGEN（指受访者是否与更老的第三代人居住在一起）分为两类：1，2，4，5＝1；3，6，7＝2。将 AGED 是"不一定"的回答编码为缺失值。将"不知道""无回答"和"不适用"作为缺失值处理。当 FAMGEN 被控制不变时，这种相关会发生怎样的变化？列出零阶相关系数和偏相关系数。

15. 人们将其宗教信仰转移至生活的其他方面的企图（RELLIFE），与他们是否赞成公立学校中的性教育（SEXEDUC）相关吗？当人们所拥有子女的数量（CHILDS）作为控制变量介入时，这种相关会发生怎样的变化？将以下变量处理为二分变量：CHILDS，0＝1；1～8＝2。RELLIFE，1，2＝1；3，4＝2。将"不知道""无回答"和"不适用"作为缺失值处理。当 CHILDS 被控制不变时，REL-LIFE 和 SEXEDUC 之间的零阶相关和偏相关分别是怎样的？

8 多元回归分析

8.1　三变量回归问题的实例　　8.2　三变量回归模型

8.3　有 K 个自变量时的多元回归　8.4　参数的显著性检验

8.5　比较嵌套方程　　8.6　虚拟变量回归：包含交互效应的协方差分析

8.7　总体间比较

多元回归分析（multiple regression analysis）考察的是一个因变量和两个或者两个以上自变量，或预测变量之间的共变关系。它是第 6 章介绍的双变量分析方法的扩展，是一种在当今社会科学中应用最广泛的一般线性模型。因此，在本书中参数估计和显著性检验程序对于多元回归分析来说是最重要的技术，它构成后面几章所要讲述的更高级方法的基础。

如今几乎没有社会科学家会假设测量中所有变异完全可由其与单一自变量的共变关系解释。单一因果解释，比如说把个体偏差行为归结为其与不良同伴的交往的结果，已经在很大程度上由多个特殊变异来源设定的复杂解释所取代。因而，种族群体间的冲突可能被假设为源于工作的竞争，广泛的文化、宗教信仰和语言差异，收入的不平等，以及政治权利的被排斥。又比如，孩子的教育水平可能是父母的教育水平、兄弟姐妹的数量、教师的鼓励、智力水平、个人兴趣和同辈压力共同作用的结果。多元回归方法的价值在于它能估计（研究者感兴趣的）因变量的多个假设预测因子的相对重要性。在介绍回归模型以及使用回归模型的详细技术之前，我们将先介绍回归技术适用性的本质性问题。

236

8.1　三变量回归问题的实例

在美国，公众对联邦政府的高度信心对维持政治体制的合法性十分重要。如果民众贬低并减少对以宪法为基础的结构的支持，那么政府在实施其被赋予的功能时就会有困难。不同信仰、经历和事件可能提高或降低民众对政府机构的信心。本章我们将会考察两种影响民众对联邦政府信心的因素的共同效应。首先，一般意识形态的信仰常影响政治体制的方向，比如自由派更倾向于支持国家政府的强权，而保守派则会持反对意见。因此，我们先要检验的命题是：

　　P1：个人的政治意识形态更倾向于保守的话，他对政府机构的信心就更低。

因为学校教育明显为理解和灌输支持民主政治原则提供了智力基础，所以它会鼓励民众重视核心政府机构。因此第二个命题就是：

　　P2：个人的教育水平越高，其对政府机构的信心就越强。

237　　我们将用 1998 年综合社会调查（GSS）数据检验这两个假设，其中对政府机构的信心通过一个三项目指数来测量。**指数（index）**是对其他假设能反映某些基本概念的变量进行概括综合的变量。在这个案例中，指数就是每个人对三个项目的回答的总和。这三个项目涉及对联邦政府行政部门、美国最高法院和国会的态度。在 1998 年 GSS 数据中，受访者被问及他们对这三种机构（以及一些其他的诸如新闻界、商业和工会）分别有多少信心，并提供了三个定序回答的分类："有很大""有一些"和"几乎没有"。表 8.1 显示的就是对这三种机构的信心的频数和百分比分布。

表 8.1		对政府机构的信心指数中三个项目的频数分布					
		A. 行政的		**B. 司法的**		**C. 立法的**	
编码值	回答	N	%	N	%	N	%
1	几乎没有	671	36.4	267	14.8	571	31.0
2	有一些	909	49.3	950	52.5	1 071	58.1
3	有很大	265	14.4	592	32.7	200	10.9
	总计	1 845	100.1*	1 809	100.0	1 842	100.0

* 总计不等于 100% 是由于四舍五入。
资料来源：1998 General Social Survey。

　　为了建立一个指数，我们必须假定该指数包含了它所反映的一些潜在的、不可观测的特征。在这个案例中，我们假定对政府机构有更强信心（潜在的、不可观测的因素）的人更有可能回答他们对行政、司法和立法机构有很大的信心。相反，我们会预期那些对联邦政府基本没有信心的人回答他们对这三种机构几乎没有信心。图 8.1 显示，我们把这三个可观测的 GSS 项目概念化为一种潜在的、不可观测的理论**建构（construct）**的函数——对政府机构的信心。由于这三个可观测的变量或者**指标**

238　**（indicator）**（像它们常命名的那样）被假定反映了单一基本因素，我们期待它们之间具有明确的相关关系。事实上它们的确如此。在 1998 年 GSS 数据中，对行政机构和对司法机构的信心、对行政机构和对立法机构的信心、对司法机构和对立法机构的信心之间的相关系数分别是 0.32、0.40 和 0.39。这些相关关系为三个项目作为衡量对政府机构的信心的单一指数提供了一些证据。专栏 8.1 给出了更多关于这种指数建构的细节，同时也介绍了**克龙巴赫 α 指数**（Cronbach's alpha）的概念，即一种多项目指数内部信度的测量。

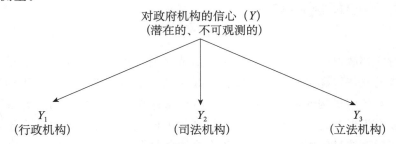

图 8.1　在一系列可观测的指标中，潜在的、不可观测的变量对共变的作用

专栏 8.1 _____

指数建构的介绍

　　社会科学家常常用依据其他变量建构的指数来反映一些潜在的、不可观测的变量。可能最常见的例子就是大家所熟悉的 IQ 测验。IQ 测验的设计者假定，许多单一项目的回答能被加总成一个总分数，即 IQ。指数经常替代社会研究者发现的有助于解释观测到的现象的建构。比如说，我们并不了解是否有称作 IQ 或者宗教信仰虔诚度的东西，但是通过这种建构我们就能够简洁地、有逻辑地、概括地解释所观测到的现象。

　　当一组指标被用以反映一个潜在的建构时，这些项目之间应该具有充分的相关关系。这些项目之间的相关性越高，我们对这些项目测量的是相同建构的信心就越强。更进一步，在测量中对一个给定的相关水平，指标越多，我们对在这些指标基础上建立的指数就越有信心。如果五个不同的人测量同一块空地的长度，然后取五个人的结果的均值，那么比起只让一个人测量，我们更加确信这个结果才是空地长度的真实值。同理，随着构成指数的变量数量的增加，我们对指数的信心也会增强。然而，一个重要的假设是：所有的项目事实上确实在反映一个基本建构。总之，指数的质量可以通过指标间的平均交互相关性以及构成指数的指标数量来判定。*239*

　　描述指数信度的统计量是克龙巴赫 α 系数。它测量了一系列指标的内部一致性，其数值范围从 0（没有内部一致性）到 1（内部完全一致）。克龙巴赫 α 系数的计算公式如下：

$$\alpha = \frac{k\bar{r}}{1+(k-1)\bar{r}}$$

式中，k 是指数中项目的数量，$\bar{r}$ 是构成指数的 k 个项目之间的平均交互相关系数。这个公式说明，增加项目的数量能够提升量表和测量的可信度，而项目间关系的减弱则会降低可信度。

　　以民众对政府机构所持信心为例，我们可以说明在这个三项目的例子中怎样使用 α 系数。$k=3$ 个项目时，内部相关系数是 0.32、0.39 和 0.40。因此，交互相关系数的均值是 $\bar{r}=$（0.32＋0.39＋0.40）/3=0.37。同时，

$$\hat{\alpha} = \frac{3 \times 0.37}{1+(3-1) \times 0.37} = 0.64$$

符号"＾"被用来表示对基本总体参数的估计。

　　因为这个指数仅仅包含三个项目，$\hat{\alpha}$ 等于 0.64 基本上是不能被接受的。我们试图得到的 α 系数应该是 0.70 或更高。如果我们有六个平均相关系数为 0.40 的项目，那么通过这个公式我们就可以得出 $\hat{\alpha}$ 等于 0.80。这一运算表明，指标的数量以及它们的交互相关系数均值都影响我们对一个指数的信心。

_____

　　政治意识形态是通过受访者的政治立场来测量的，后者被分为七类，从"极度自由"（1）到"中立"（4）再到"极度保守"（7）。教育水平被编码为从 0（没有受过正规学校教育）到 20（八年大学教育）。由待检验的 P1 和 P2 可得出以下两个假设：*240*

　　H1：个人的政治立场越偏向保守，其对政府机构的信心就越小。
　　H2：个人接受教育的年限越长，其对政府机构的信心就越大。

8.2　三变量回归模型

类似于 6.1 节中介绍的双变量回归模型，多元回归中的因变量被假定为与自变量是线性相关的。在有两个自变量的案例中，三变量的总体回归方程为：

$$Y_i = \alpha + \beta_1 X_{1i} + \beta_2 X_{2i} + \varepsilon_i$$

式中，α 是常数或截距，β_j 是显示自变量 X_j 对因变量 Y 的影响的回归系数，X_1 和 X_2 是两个自变量，ε_i 是第 i 个个案的误差或残差。则总体预测方程为：

$$\hat{Y}_i = \alpha + \beta_1 X_{1i} + \beta_2 X_{2i}$$

有两个自变量的样本回归方程和预测方程表示如下：

$$Y_i = a + b_1 X_{1i} + b_2 X_{2i} + e_i$$
$$\hat{Y}_i = a + b_1 X_{1i} + b_2 X_{2i}$$

与双变量回归一样，我们用**普通最小二乘**（ordinary leasts squares，OLS）估计来计算 α、β_1 和 β_2 的值，并使得 $\sum e_i^2$ 最小。在没有充分证据的情况下，我们认为下列的样本值是对总体参数的无偏估计：

$$a = \overline{Y} - (b_1 \overline{X}_1 + b_2 \overline{X}_2)$$

$$b_1 = \left(\frac{s_Y}{s_{X_1}}\right)\frac{r_{YX_1} - r_{YX_2} r_{X_1 X_2}}{1 - r^2_{X_1 X_2}}$$

$$b_2 = \left(\frac{s_Y}{s_{X_2}}\right)\frac{r_{YX_2} - r_{YX_1} r_{X_1 X_2}}{1 - r^2_{X_1 X_2}}$$

这里需要注意的是，只要我们知道三个变量的样本均值、标准差和零阶相关系数，就可以计算出所有的回归估计值。因此做回归分析的时候，我们必须经常地在汇总表中计算并报告这些统计量的值。

表 8.2 列出了 GSS 数据中对政府机构的信心这一案例的相关统计量的值。需要注意的是，在矩阵中我们只在下半三角部分列出了一半的系数，因为对于所有的 X 和 Y 都有 $r_{XY} = r_{YX}$，所以列出矩阵的上半部分是多余的。我们还把受访者的政治立场和教育水平的样本数据列入表中，这些数据将在本章后面的例子中用到。

在随后的例子里，为了计算这些和其他统计量估计值，我们做了**列删法**（listwise deletion）的处理；也就是说，我们只保留那些在所有需要分析的变量中都有数据的观测个案。在 1998 年 GSS 中，有 $N = 2\,832$ 个个案。通过列删法我们损失了 $1\,132$ 个个案，使得表 8.2 中的 $N = 1\,700$。这些个案中的大部分被删除是因为 GSS 中的 split-ballot（分投选票法）问卷只对一半的受访者询问了关于信心的三个问题。另一种处理方式是**对删法**（pairwise deletion）。由于回归分析是依赖于相关系数来估计回归系数，而相关关系是基于成对的观测值，所以我们可以使用有效的个案来计算每一个体的相关系数。

表 8.2	对政府机构的信心指数中政治立场与教育水平变量的相关系数、均值和标准差					
	变量	Y	X_1	X_2	均值	标准差
Y	信心	1.000			1.927	0.491
X_1	政治立场	−0.075	1.000		4.150	1.370
X_2	教育水平	0.077	−0.048	1.000	13.340	2.770

注：$N=1\,700$。
资料来源：1998 General Social Survey。

对删法带来两个潜在的问题：首先，因为对于不同的相关关系来说有效的个案数是不同的，所以对于任意一个问题而言 N 是不确定的。然而统计显著性检验的计算中 N 是很关键的。其次，样本数据中因为对删法产生的相关系数矩阵（表）有时是很受限制的，所以估计的系数构成不能在总体中有逻辑地呈现。这种情况的技术细节超过了本书的讨论范围。虽然使用对删法时产生非常受限的相关系数矩阵的可能性很小，但是它仍可能会发生。而且一旦出现，研究者将无法获得回归估计寻求的解释。

只有当列删法的使用导致损失大量的个案时（大约 5% 或更多），我们才推荐使用对删法。在此情况下，使用列删法的一个危险在于个案的非随机性缺失，这会导致总体回归参数的估计是有偏差的。当一个变量存在缺失大量数据的问题时，研究者需要说明这些缺失个案是否会以及如何影响分析。通常的做法是用 t 检验说明，缺失的观测值与剩余的观测值在性别、教育水平、种族等这些主要人口统计特征上没有显著差异。然而，这些变量没有显著差异的结论只具有部分可靠性，因为我们永远无法确凿地知道缺失的数据是由随机因素还是系统因素引起的。你能想到一些导致数据缺失的系统因素吗？

下面，我们将用上述公式来估计对政府机构的信心这个例子中的截距和政治立场以及教育水平二者的回归系数。因为我们需要用 b_1 和 b_2 来估计截距，所以我们在估计 a 之前先估计回归系数 b_1 和 b_2：

$$b_1 = \frac{0.491}{1.370} \times \frac{-0.075 - 0.077 \times (-0.048)}{1 - (-0.048)^2} = -0.026$$

$$b_2 = \frac{0.491}{2.770} \times \frac{0.077 - (-0.075)(-0.048)}{1 - (-0.048)^2} = 0.013$$

$$a = 1.926 - [(-0.026) \times 4.15 + 0.013 \times 13.340] = 1.860$$

因此，这个例子的预测方程如下：

$$\hat{Y}_i = 1.860 - 0.026X_1 + 0.013X_2$$

8.2.1 b_1 和 b_2 的解释

回归系数 b_1 和 b_2 有如下的解释：

多元回归系数（multiple regression coefficient） 表示的是在控制方程中其他自变量的情况下，某一自变量每变化一个单位所引起的因变量增加或减少。

在对政府机构的信心的例子中，因变量的取值范围从"1=几乎没有"到"3=有很大"。这样 $b_1=$ −0.026就表示更为保守的政治立场每增加一个单位的数值，我们会期望看到这个受访者在对政府机构的信心指数上的得分就会平均减少 0.026。而每增加一年教育，受访者的信心指数得分将平均增加 0.013，因为 $b_2=0.013$。

正如第 7 章我们提到控制的概念，如果两个自变量不相关，那么控制其中一个将不会影响另一个自变量与因变量的关系。如果 $r_{X_1 X_2}=0$，我们就可以发现这种现象，于是就会有：

$$b_1 = \left(\frac{s_Y}{s_{X_1}}\right)\frac{r_{YX_1}-(r_{YX_2})(0)}{1-0^2}$$

$$= \left(\frac{s_Y}{s_{X_1}}\right)r_{YX_1}$$

这个公式等于第 6 章介绍的双变量回归系数 b。也就是说，如果两个自变量不相关，其中一个自变量与因变量之间的关系就不会因为控制了另一个自变量而有所改变。在对政府机构的信心的例子中，$r_{X_1 X_2}=-0.048$，非常接近于 0。这个值意味着自变量和因变量之间的双变量回归系数与其相应的多元回归系数应该相差不大，下表指出了仅有的一些差异。

自变量	双变量回归系数	多元回归系数
政治立场	-0.027	-0.026
教育水平	0.016	0.013

8.2.2 标准化回归系数（beta 权重）

由于因变量和政治立场的度量单位都是主观随意的，回归系数的解释比想象的模糊得多。因此，我们认为这里也应该计算 6.5 节介绍双变量回归时所引入的标准化回归（或 beta）系数。如果在估计回归方程之前，先把这三个变量转换成 Z 值，我们就可以得到 beta 权重。

无论自变量的个数是多少，度量回归系数和标准化回归系数（beta 权重）之间都存在下列关系：

$$\beta_j^* = \left(\frac{s_{X_j}}{s_Y}\right)b_j$$

我们只是简单地将度量回归系数乘以自变量 X_j 和因变量 Y 两者标准差的比值。因此，自变量 X_1 和 X_2 的情况如下：

$$\beta_1^* = \left(\frac{s_{X_1}}{s_Y}\right)b_1$$

$$\beta_2^* = \left(\frac{s_{X_2}}{s_Y}\right)b_2$$

代入对政府机构的信心这一案例的数据，能够得出：

$$\beta_1^* = \frac{1.370}{0.491}\times(-0.026)=-0.073$$

$$\beta_2^* = \frac{2.770}{0.491}\times 0.013=0.073$$

由于转换后的 Z 变量均值为 0，标准化回归方程的截距也就等于 0。所以有：

$$\hat{Z}_Y = -0.073Z_1 + 0.073Z_2$$

现在两个自变量的度量单位是一样的，因此我们可以通过检验哪个系数的绝对值更大来判定它们估计对政府机构的信心的相对能力。在这个例子中，差异为零，所以我们得出的结论是政治立场和教育水平对信心有同样的影响。在控制教育水平的前提下，政治立场这个变量每变化一个标准差，我们就可以预期信心指数将平均变化 -0.073 个标准差。与此类似，在控制政治立场的情况下，教育水平每变化一个标准差，就会引起信心指数平均增加 0.073 个标准差。

我们仍然不知道受访者对政府机构的信心的方差有多少可以用这两个自变量来解释。我们也不知道这两个回归系数是否具有统计显著性。接下来的三节我们将考虑这些问题。

8.2.3 三变量例子中的决定系数

正如 6.3.2 节所介绍的，决定系数 $R^2_{Y\cdot x}$ 等于回归平方和（$SS_{\text{REGRESSION}}$）除以总平方和（SS_{TOTAL}）：

$$R^2_{Y\cdot x}=\frac{SS_{\text{REGRESSION}}}{SS_{\text{TOTAL}}}$$

我们可以用同样的公式得出自变量 X_1 和 X_2 在多大程度上能够"解释"因变量 Y。

另一个表示决定系数的公式就是：

$$R^2_{Y\cdot x}=\frac{\sum(Y_i-\bar{Y})^2-\sum(Y_i-\hat{Y}_i)^2}{\sum(Y_i-\bar{Y})^2}$$

$$=\frac{SS_{\text{TOTAL}}-SS_{\text{ERROR}}}{SS_{\text{TOTAL}}}$$

因为 $SS_{\text{TOTAL}}=SS_{\text{REGRESSION}}+SS_{\text{ERROR}}$，并且 $SS_{\text{REGRESSION}}=SS_{\text{TOTAL}}-SS_{\text{ERROR}}$，在双变量的情形下，$\hat{Y}=a+bX_i$，而在有两个自变量的案例中，$\hat{Y}=a+b_1X_{1i}+b_2X_{2i}$。把后一个等式代入上述公式中的 $\hat{Y}_i$，就可以确定 $SS_{\text{REGRESSION}}$ 的数值。

一般情况下，多变量的回归平方和要大于双变量的回归平方和。它绝不会小于双变量的回归平方和，因为增加自变量的目的之一是解释其他变量对因变量的影响。$R^2_{Y\cdot X_1X_2}$ 有多种计算公式，本节介绍了其中的四种。你应该确信它们得到的结果都是一致的。

三变量情况下求决定系数的前两个公式如下：

$$R^2_{Y\cdot X_1X_2}=\frac{r^2_{YX_1}+r^2_{YX_2}-2r_{YX_1}r_{YX_2}r_{X_1X_2}}{1-r^2_{X_1X_2}}$$

$$R^2_{Y\cdot X_1X_2}=\beta^*_1 r_{YX_1}+\beta^*_2 r_{YX_2}$$

我们为 R^2 加下标，以澄清用来预测因变量的相应自变量。下标中点的左侧是因变量（Y），右侧则是自变量 X_1 和 X_2。

我们可以用上述两个公式中的任何一个来计算政治立场和教育水平所能解释的对政府机构的信心的方差比例。我们会选择第二个公式进行计算，因为这个公式的计算量更小一些。用表 8.2 中的 GSS 数据和上一节中计算出来的 beta 权重，可得到：

$$R^2_{Y\cdot X_1X_2}=(-0.073)\times(-0.075)+0.073\times0.077$$
$$=0.011$$

也就是说，这两个预测因素仅能解释信心方差的 1.1%。考虑到还有约 99% 不能被解释，那么很显然，我们需要寻找超越这两个简单命题的理论解释。

决定系数的另外两个公式不是计算式而是定义式，因为它们明确了系数的含义，其表示如下：

$$R^2_{Y\cdot X_1X_2}=r^2_{YX_1}+(r^2_{YX_2\cdot X_1})(1-r^2_{YX_1})$$

$$R^2_{Y\cdot X_1X_2}=r^2_{YX_2}+(r^2_{YX_1\cdot X_2})(1-r^2_{YX_2})$$

这两个等式说明决定系数可以依这两个自变量分为两个组成部分。在第一个等式中，第一部分是用 X_1 做独立解释所得出的 Y 的方差量——$r^2_{YX_1}$。第二部分是在 X_1 不变的情况下，X_2 可以进一步预测的 Y 的方差量。$(r^2_{YX_2\cdot X_1})(1-r^2_{YX_1})$ 这一项表示在 X_1 不变的情况下，Y 和 X_2 的**部分相关（part correlation）**的平方。［注意：部分相关系数是偏相关系数（$r_{YX_2\cdot X_1}$）的平方与（$1-r^2_{YX_1}$）的乘积。因此，部分相关与偏相关是密切相关的。］

图 8.2 用维恩图来检测这两个部分是怎样与决定系数相联系的。图 A 表示第一个等式，显示了 Y 与 X_1 的交叠部分 $r^2_{YX_1}$，其中也包括 Y、X_1、X_2 共同的交集。$(r^2_{YX_2 \cdot X_1})(1-r^2_{YX_1})$ 则用 Y 与 X_2 的交集减去三者共同交集的部分来表示。换句话说，我们先把 Y 在 X_1、X_2 共同作用下的全部方差分配给 X_1，然后再加上由 X_2 单独解释的 Y 的方差。

A. $R^2_{Y \cdot X_1 X_2} = r^2_{YX_1} + (r^2_{YX_2 \cdot X_1})(1-r^2_{YX_1})$

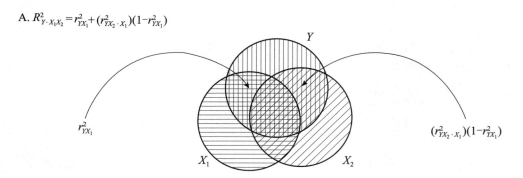

B. $R^2_{Y \cdot X_1 X_2} = r^2_{YX_2} + (r^2_{YX_1 \cdot X_2})(1-r^2_{YX_2})$

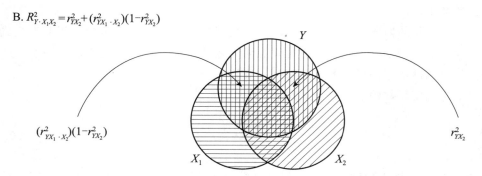

图 8.2 展示 $R^2_{Y \cdot X_1 X_2}$ 两种不同但却等价的分解过程的维恩图

第二个等式与图 8.2 中的图 B 显示了另一种异曲同工的分析方法。这种分析方法用 Y 与 X_2 的交集，包括三者的共同交集来表示 $r^2_{YX_2}$。与图 A 同理，决定系数同样包括了 X_2 不变的情况下，由 X_1 所能解释的 Y 的方差量，也就是 $(r^2_{YX_1 \cdot X_2})(1-r^2_{YX_2})$。

这两个可以相互替换的公式说明了很重要的一点：

> 当 X_1 和 X_2 既与因变量相关，又彼此相关的时候，就不能将两个变量各自解释的 Y 的方差区分开来。然而，如果两个自变量之间不相关，比如它们是在一项实验中（或者说被试者确实是被随机分配到各种实验条件下的），那么我们就可以单独计算 X_1 和 X_2 所能解释的 Y 的方差量。

在社会科学研究中人们倾向于使用实验方法而不是非实验方法去研究问题的原因之一，则是实验方法有更强的能力来分离不同变量所解释的方差。当一个实验具有可行性和伦理正当性时，我们就能得到一种确定自变量对因变量的效应的更好方法。

当 X_1 与 X_2 不相关时，Y 的总方差就可以被分为两个部分，一部分由 X_1 引起，另一部分由 X_2 引起。如果对前文 $R^2_{Y \cdot X_1 X_2}$ 的第一个公式来说，$r_{X_1 X_2} = 0$，那么

$$R^2_{Y \cdot X_1 X_2} = \frac{r^2_{YX_1} + r^2_{YX_2} - 2r_{YX_1} r_{YX_2}(0)}{1-0^2}$$

$$= r^2_{YX_1} + r^2_{YX_2}$$

也就是说，如果 X_1 与 X_2 不相关，那么预测 Y 的方差量就可分别简化为 $r_{YX_1}^2$ 和 $r_{YX_2}^2$，这两个部分的总和为决定系数 $R_{Y \cdot X_1 X_2}^2$。图 8.3 中的维恩图表明了这个特征。

决定系数的平方根称为**多元相关系数**（**multiple correlation coefficient**）。一些研究者会在他们的论文里报告 $R_{Y \cdot X_1 X_2}$，但它没有明确的含义，因此作为解释说明的统计量不及 $R_{Y \cdot X_1 X_2}^2$ 常用。

$$R_{Y \cdot X_1 X_2}^2 = r_{YX_1}^2 + r_{YX_2}^2$$

249

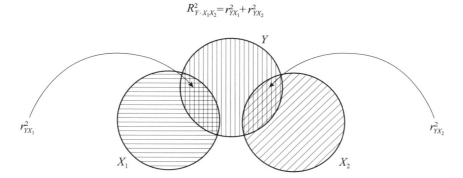

图 8.3　展示 X_1 与 X_2 不相关时 $R_{Y \cdot X_1 X_2}^2$ 分解过程的维恩图

8.2.4　检验双自变量决定系数的显著性

在 6.4.1 节中我们曾用在 1 和 $N-2$ 自由度下的 F 检验对双变量回归中的 $R_{Y \cdot X}^2$ 进行了显著性检验。双自变量的总体决定系数是 $\varrho_{Y \cdot X_1 X_2}^2$，零假设为 $H_0: \varrho_{Y \cdot X_1 X_2}^2 = 0$。我们也将用 F 检验来检验这个假设，尽管自由度与双变量回归有所不同。不管有多少个自变量，与 SS_{TOTAL} 相关的自由度均为 $N-1$。在有两个自变量的案例中，$SS_{\text{REGRESSION}}$ 是由两个回归系数估计得来的，因此相关的自由度为 2。由于我们已知此情况，通常 $df_{\text{TOTAL}} = df_{\text{REGRESSION}} + df_{\text{ERROR}}$，通过减法运算可得 $df_{\text{ERROR}} = N-3$。这样你就能够自己计算出这个值。

我们可以用平方和除以合适的自由度来计算 F 检验所需的均方值。也就是对于两个自变量，可得到：

$$MS_{\text{REGRESSION}} = \frac{SS_{\text{REGRESSION}}}{2}$$

$$MS_{\text{ERROR}} = \frac{SS_{\text{ERROR}}}{N-3}$$

如果关于总体的零假设 $\varrho_{Y \cdot X_1 X_2}^2 = 0$ 为真，那么 $MS_{\text{REGRESSION}}$ 和 MS_{ERROR} 对预测误差 σ_e^2 所做的均为无偏估计。然而，如果总体中 $\varrho_{Y \cdot X_1 X_2}^2$ 大于 0，那么 $MS_{\text{REGRESSION}}$ 也将大于 MS_{ERROR}。如果在给定样本中，$MS_{\text{REGRESSION}}$ 与 MS_{ERROR} 的比值大于预先设定的临界值，我们就拒绝总体中 $\varrho_{Y \cdot X_1 X_2}^2 = 0$ 这个零假设。

250

我们特地选择一个 α 水平来进行如下的统计检验计算：

$$F_{2, N-3} = \frac{MS_{\text{REGRESSION}}}{MS_{\text{ERROR}}}$$

接下来我们在附录 E 中查找出，在选定的 α 水平上，自由度分别是 2 和 $N-3$ 的 F 的临界值。如果检验统计量等于或大于临界值，那么我们就拒绝总体中 $\varrho_{Y \cdot X_1 X_2}^2 = 0$ 的零假设，否则我们无法拒绝零假设。

为了计算 F 检验统计量的均方，我们需要知道分子 $MS_{\text{REGRESSION}}$ 和分母 MS_{ERROR} 的值。计算样本数据的总平方和与双变量例子同理。因此，

$$SS_{\text{REGRESSION}} = R^2_{Y \cdot X_1 X_2} SS_{\text{TOTAL}}$$

$$SS_{\text{ERROR}} = SS_{\text{TOTAL}} - SS_{\text{REGRESSION}}$$

现在我们可以问在 8.2.3 节中观测到的决定系数 0.011 在总体中是否与 0 存在显著差异。我们设定 $\alpha = 0.01$。通过查附录 E，我们得出自由度为 2 和 1 697 的 F 的临界值是 4.61。为计算平方和，我们注意到表 8.2 中 $s_Y = 0.491$；因此，在 $N = 1 700$ 时，样本中因变量 Y 的方差 $s^2_Y = 0.491^2 = 0.241$。因为一般来说，$SS_{\text{TOTAL}} = s^2_Y(N-1)$，所以可以得到：

$$SS_{\text{TOTAL}} = 0.241 \times (1\,700 - 1) = 409.46$$

$$SS_{\text{REGRESSION}} = 0.011 \times 409.46 = 4.50$$

$$SS_{\text{ERROR}} = 409.46 - 4.50 = 404.96$$

接下来，我们把这些估计值除以它们各自的自由度来确定均方：

$$MS_{\text{REGRESSION}} = \frac{4.50}{2} = 2.25$$

$$MS_{\text{ERROR}} = \frac{404.96}{1\,697} = 0.24$$

那么检验统计量的值就是：

$$F_{2,1\,697} = \frac{2.25}{0.24} = 9.38$$

因为统计检验量的估计值远大于临界值，所以我们的结论就很清楚，即拒绝 1998 年 GSS 样本所出自的总体中的决定系数等于 0 的零假设。尽管政治立场和教育水平的总体线性影响对因变量（对政府机构的信心）的解释力度仅有 1.1%，但是我们得出总体参数 $\varrho^2_{Y \cdot X_1 X_2} = 0$ 这个结论的可能性却只有百分之一。研究中的大样本 N 显然帮助我们获得了足够大与稳健的 R^2 以拒绝零假设。这个例子强调，正如我们常常观察到的那样，统计显著性不等于实质上的重要性。

8.2.5 检验 b_1 和 b_2 的显著性

通过检验两个零假设可以确定总体中的两个回归系数是否等于 0。这两个假设都将总体参数设为零，即 $H_0: \beta_1 = 0$ 以及 $H_0: \beta_2 = 0$。这一部分我们将首先说明如何检验被估计的样本回归系数 b_1 是否具有统计上的显著性，然后对 b_2 进行统计显著性检验。然而，这两个检验是非常相似的。

为了检验观测到的 b_1 在统计意义上是否不等于 0，我们像在第 6 章双变量回归的案例中所做的那样首先建立一个变量 t。那么在三变量情况下，

$$t = \frac{b_1 - 0}{s_{b_1}}$$

为了得到 t 的值，我们需要估计回归系数的标准误 s_{b_1}。如果我们假设因变量 Y 对共同影响其结果的 X_1 和 X_2 都服从正态分布，那么随着样本规模 N 的增大，b_1（b_2 也同样）的抽样分布也都趋向于正态分布。而且，b_1 的抽样分布的均值将等于 β_1，也就是 $E(b_1) = \beta_1$。由此得到 b_1 的抽样分布方差如下：

$$\sigma^2_{b_1} = \frac{\sigma^2_e}{\sum (X_{1i} - \overline{X}_1)^2 (1 - \varrho^2_{X_1 \cdot X_2})}$$

正如在双变量回归的例子所证实的，我们可以用 MS_{ERROR} 来估计分子 σ^2_e。$\varrho^2_{X_1 \cdot X_2}$ 项是通过 X_2 来预测 X_1 的相关关系的平方。它可以用样本统计量 $R^2_{X_1 \cdot X_2}$ 来估计。一旦我们获得 σ^2_e 和 $\varrho^2_{X_1 \cdot X_2}$ 的估计值，就可以计算 $\sigma^2_{b_1}$ 的样本估计值。那么对于样本统计量来说，

$$s_{b_1}^2 = \frac{MS_{\text{ERROR}}}{\sum (X_{1i} - \overline{X}_1)^2 (1 - R_{X_1 \cdot x_2}^2)}$$

这个值的平方根被用作 t 值的分母。因为有 $N-3$ 个自由度与 MS_{ERROR} 相关，所以 t 值的自由度为 $N-3$。因此，对于 b_1 我们可以得出：

$$t_{N-3} = \frac{b_1}{s_{b_1}} = \frac{b_1}{\sqrt{\dfrac{MS_{\text{ERROR}}}{\sum (X_{1i} - \overline{X}_1)^2 (1 - R_{X_1 \cdot x_2}^2)}}}$$

在上一节中，对于信心的例子我们得出 $MS_{\text{ERROR}} = 0.24$。因为 $s_{X_1}^2 = \sum (X_{1i} - \overline{X}_1)^2 / (N-1)$，我们也就得出 $\sum (X_{1i} - \overline{X}_1)^2 = s_{X_1}^2 (N-1)$。表 8.2 显示 $s_{X_1} = 1.370$，因此有 $s_{X_1}^2 = 1.370^2 = 1.877$。当 $N = 1\,700$ 时，$\sum (X_{1i} - \overline{X}_1)^2 = 1.877 \times (1\,700 - 1) = 3\,189.02$。我们还可以从表 8.2 看出 $r_{X_1 X_2} = -0.048$，因此得到 $R_{X_1 \cdot x_2}^2 = 0.002\,3$。

现在我们设定 $\alpha = 0.01$，并计算 $t_{1\,697}$：

$$t_{1\,697} = \frac{-0.026}{\sqrt{\dfrac{0.24}{3\,189.02 \times (1 - 0.002\,3)}}}$$

$$= \frac{-0.026}{0.008\,7} = -2.99$$

根据 $\alpha = 0.01$ 以及 $df = 1\,697$，我们从附录 D 中看出对此进行双尾检验的临界值是 ± 2.576。因为观测到的统计检验结果比这个临界值大，所以我们拒绝总体中 $\beta_1 = 0$ 的零假设。我们的结论就是，更保守的政治立场会降低对政府机构的信心。但是，如果我们选择 $\alpha = 0.001$ 又会是怎样的结果呢？

系数 b_2 的统计显著性检验与 b_1 非常类似。对它进行 t 检验的结果如下：

$$t_{N-3} = \frac{b_2}{s_{b_2}} = \frac{b_2}{\sqrt{\dfrac{MS_{\text{ERROR}}}{\sum (X_{2i} - \overline{X}_2)^2 (1 - R_{X_2 \cdot x_1}^2)}}}$$

式中，

$$R_{X_2 \cdot x_1}^2 = r_{X_2 X_1}^2$$

我们已知 MS_{ERROR} 是 0.24，而且从表 8.2 中我们可以看出，当 $N = 1\,700$ 时，$s_{X_2}^2 = 2.770^2 = 7.672\,9$，$r_{X_1 X_2} = -0.048$。因此，$\sum (X_{2i} - \overline{X}_2)^2 = s_{X_2}^2 (N-1) = 7.672\,9 \times 1\,699 = 13\,036.26$。因此，$R_{X_1 \cdot x_2}^2 = (-0.048)^2 = 0.002\,3$。如果我们再次设定 $\alpha = 0.01$，那么就能够得出双尾检验的临界值是 ± 2.576，由此我们可以计算出检验统计量的值：

253

$$t_{1\,697} = \frac{0.013}{\sqrt{\dfrac{0.24}{13\,036.26 \times (1 - 0.002\,3)}}}$$

$$= \frac{0.013}{0.004\,3} = 3.02$$

根据这一结果我们又一次拒绝了总体中 $\beta_2 = 0$ 的零假设。我们的结论就是，更高的教育水平提升了对政府机构的信心。如果选择了 $\alpha = 0.001$，我们还能做出相同的决定吗？

表 8.3 归纳了关于对政府机构的信心的两个假设的检验结果，这些结果都支持了这两个命题。也就是说，控制了教育水平变量后，政治立场越保守，信心就会越低。同样，如果控制了政治立场这个变量，那么随着教育水平的提升，信心也会增加。然而在接受这些命题之前，我们需要确定是否存在

像年龄或收入这样也可以解释所观测到的这些关系的其他变量。多元回归方法可以在它的方程中轻易
地容纳添加的自变量，这在本章后边的部分将给出说明。

254

表 8.3		政治立场和教育水平变量对政府机构信心指数的回归结果		
自变量	b_j	B_j^*	s_{b_j}	t
政治立场	-0.026	-0.073	0.008 7	-2.99^*
教育水平	0.013	0.073	0.004 3	3.02^*
截距	1.859	—	0.070 0	26.56^*

* 显著性水平 $\alpha=0.01$。
注：$N=1\ 700$。

8.2.6 b_1 和 b_2 的置信区间

与双变量的情况类似，我们可以用 b_1 和 b_2 的标准误来建立这些多元回归参数的样本点估计的置信
区间。如果我们设定 $\alpha=0.01$，那么总体参数 β_1 的置信区间的上下限就有 99％的可能分别是 b_1+
$s_{b_1}\times 2.576$ 和 $b_1-s_{b_1}\times 2.576$。从表 8.3 中可以看出 $s_{b_1}=0.008\ 7$，$b_1=-0.026$，我们可计算 $\text{UCL}_{99}=$
$-0.026+0.008\ 7\times 2.576=-0.003\ 5$，$\text{UCL}_{99}=-0.026-0.008\ 7\times 2.576=-0.048$。因此，对于
β_1，99％的置信区间在 -0.048 到 $-0.003\ 5$ 之间。

对于 β_2，99％的置信区间的上下限可用 $b_2+s_{b_2}\times 2.576$ 和 $b_2-s_{b_2}\times 2.576$ 分别进行计算。你可以
确信，对于政府机构数据，上下限分别是 0.024 和 0.002。

8.2.7 三变量例子中的偏相关

第 7 章介绍了偏相关的方法。对于三个变量 Y、X_i 和 X_j，

$$r_{YX_j\cdot X_i}=\frac{r_{YX_j}-r_{YX_i}r_{X_iX_j}}{\sqrt{1-r_{YX_i}^2}\ \sqrt{1-r_{X_iX_j}^2}}$$

偏相关系数是在控制第三变量 X_i 后对变量 Y 与另一变量 X_j 的关系的估计。偏相关系数的平方是在控
制（或考虑）X_i 后，X_j 所能解释的 Y 的方差量。正如我们在 8.2.2 节与 8.2.3 节中指出的，标准化回
归系数（beta）由下列公式给出：

$$\beta_j^*=\left(\frac{s_{X_j}}{s_Y}\right)b_j=\frac{r_{YX_j}-r_{YX_i}r_{X_iX_j}}{1-r_{X_iX_j}^2}$$

我们注意到这个公式中的 beta 权重与上文中的偏相关系数公式具有相同的分子。这说明以上两种
统计计算通常具有相同的符号并且大小近似。它们的相似性致使一些研究者和统计学家倾向于把来自
多元回归分析的标准化系数作为**偏回归系数（partial regression coefficient）**。我们可以通过政治立场和
255 教育水平对政府机构信心的回归分析这个案例来说明 β_j^* 和 $r_{YX_j\cdot X_i}$ 的相似性。正如在 8.2.2 节中我们已
经得到的，$\beta_1^*=-0.73$，且

$$r_{YX_1\cdot X_2}=\frac{-0.075-0.077\times(-0.048)}{\sqrt{1-0.077^2}\times\sqrt{1-(-0.048)^2}}=-0.071\ 6$$

由于在三变量案例中多元回归与偏相关系数分析的结果十分接近，其中一个就是多余的。一般来
说人们对回归系数更感兴趣，所以偏相关系数通常既没有在研究报告中出现也没有被讨论。偏相关系
数一个重要而且有趣的应用是一种在第 11 章介绍的叫路径分析的技术。

偏相关系数的显著性检验与对回归系数的检验相同。因此，如果你对回归系数的显著性进行了检验，那么也就间接地检验了偏相关系数的显著性。

8.3 有 K 个自变量时的多元回归

如果有 K 个自变量，并且假定每一个都以线性、递增模式影响同一个连续的因变量，那么第 i 个观测值所对应的**总体回归模型**（population regression model）就是：

$$Y_i = \alpha + \beta_1 X_{1i} + \beta_2 X_{2i} + \cdots + \beta_K X_{Ki} + \varepsilon_i$$
$$= \alpha + \sum_{j=1}^{K} \beta_j X_{ji} + \varepsilon_i$$

式中，α 是常数或截距；β_j 是回归系数，表示自变量 X_j 对因变量 Y 的效应；ε_i 是误差项，或者是第 i 个个案的残差。

为了用样本数据估计总体回归参数，我们要选择一个能够使方差最小的**最优线性无偏估计**（best linear and unbiased estimate，BLUE）。专栏 8.2 总结了多元回归方程中要求 BLUE 具备的条件。其中**样本回归方程**（sample regression equation）和**预测方程**（predication equation）如下：

$$Y_i = a + b_1 X_{1i} + b_2 X_{2i} + \cdots + b_K X_{Ki} + e_i$$
$$\hat{Y}_i = a + b_1 X_{1i} + b_2 X_{2i} + \cdots + b_K X_{Ki}$$

256

在有 K 个变量的情况中，多元回归系数 b_j 表示的是，当控制（保持不变）方程中其他 $K-1$ 个变量后，第 j 个自变量每变化一个单位所引起的因变量的方差量。截距项表示当所有的自变量测量值等于 0 的时候，因变量的期望值。

专栏 8.2 _____

BLUE 回归条件

有几个属性构成了最优线性无偏估计（BLUE）的特点，这些特点是通常在基于样本数据（a 和 b）的估计值推论总体回归参数（α 和 β）时需考虑的。当中的假设如下所示：

1. 因变量和自变量之间的关系是线性的，且没有不相关的变量被忽略或是包含在方程中。

2. 对所有变量的测量都是无误差的。

3. 单一回归方程的误差项（e_i）具有以下的性质：

a. e_i 服从正态分布。

b. 误差项的期望值（均值）为 0：$\sum_{i=1}^{N} e_i = 0$。

c. 误差项是独立分布的，且方差不变（方差齐性）：$\dfrac{\sum e_i^2}{N} = \sigma_e^2$。

d. 每一个自变量与方程的误差项都是不相关的：$\varrho_{x_{ji} e_i} = 0$。

4. 在相关方程组中（见第 12 章），一个方程中的误差被假定为与另一个方程中的误差不相关：$\varrho_{e_i e_j} = 0$。

违背了上述 BLUE 假设可能会导致普通最小二乘回归的估计有偏差，或者是显著性检验出现错误，尽管对某些违例来说参数估计可能是"有解释力的"。贝尔斯利等人的《回归诊断》（D. Belsley et al.，

257

Regression Diagnostics，New York：Wiley，1980）一书提到了一种高级方法，可用来检测这些假设被违背的严重程度，比如残差检验。诸如加权最小平方的方法，也可以在适当的时候替代 OLS 估计。

总体回归参数 α 和 β_j 是通过普通最小二乘（OLS）估计得出的，这样就确保了在预测中误差平方和（$\sum e_i^2$）是最小的。对于那些熟悉微积分的学生来说，专栏 8.3 解释了 OLS 估计背后的原则。计算机处理多元回归程序的基本输入数据是 K 个变量及其均值和标准差向量的相关矩阵。表 8.4 显示的是对一个具体例子进行分析的数据。它只给出了相关矩阵的下三角。因为对于所有成对的 A 和 B 来说 $r_{AB} = r_{BA}$，所以矩阵的上半部分其实是多余的。

260 为了举例说明有两个以上自变量时的多元回归，我们分析了表 8.4 中的八个变量。我们试图解释受访者性行为频率（一个从"从来没有"到"一周四次或以上"的 7 点定序量表）作为七个自变量的线性递增函数的因变量的变异。三个自变量代表生命周期的不同阶段（年龄、婚姻状况、子女数量），两个测量宗教活动（参加礼拜频率和祷告频率），还有两个指向社会地位（教育水平和职业声望）。之后我们比较了三个**嵌套回归方程**（nested regression equations）的结果，嵌套回归方程就是指为了观测自变量和因变量的关系的变化，自变量被连续地加入一个方程中。〔下面所有分析都是由计算机来进行的，计算结果达到小数点后很多位，因此结果可能因取整数（四舍五入）而不同。〕

表 8.4									性行为频率回归分析的相关系数、均值与标准差		
	变量	1	2	3	4	5	6	7	8	均值	标准差
(1)	性行为频率	1.000								2.82	1.97
(2)	年龄	−0.437	1.000							44.41	16.34
(3)	婚姻状况	0.261	0.114	1.000						0.47	0.50
(4)	子女数量	−0.057	0.431	0.263	1.000					1.74	1.61
(5)	参加礼拜频率	−0.060	0.121	0.183	0.168	1.000				3.56	2.75
(6)	祷告频率	−0.098	0.171	0.066	0.201	0.546	1.000			4.20	1.53
(7)	教育水平	0.130	−0.153	0.058	−0.232	0.061	−0.030	1.000		13.40	2.92
(8)	职业声望	0.045	0.074	0.131	−0.069	0.099	0.052	0.521	1.000	43.52	13.46

注：$N = 1\,700$。

资料来源：1998 General Social Survey.

258 **专栏 8.3** _____

用 OLS 推导回归方程的估计量 a 和 b

普通最小二乘（OLS）估计的基本原则就是找到 a 和 b_k 的值，使得误差平方和尽可能小。这种情形通过双变量回归方程的例子很容易加以说明：

$$Y_i = a + b_1 X_{1i} + b_2 X_{2i} + e_i$$

第 i 个观测值的误差正是该个案的观测值与回归方程预测值之间的差：

$$e_i = (Y_i - \hat{Y}_i)$$

如果 $\hat{Y}_i$ 被回归方程估计量所代替，对其平方以及对 N 个个案求和，那么 OLS 所希望最小化的值就是误差项的平方和（$\sum e_i^2$）或者

$$\sum (Y_i - \hat{Y}_i)^2 = \sum (Y_i - a - b_1 X_{1i} - b_2 X_{2i})^2$$

根据微积分的基本知识，任何二次方程都是在一阶导数等于 0 的时候达到最小值。因此对于每一个 a 和 b_k 的估计值，对上面表达式的右侧部分求偏导，并让它们都等于 0，那么就有：

$$-2\sum (Y_i - a - b_1 X_{1i} - b_2 X_{2i}) = 0$$
$$-2\sum X_{1i}(Y_i - a - b_1 X_{1i} - b_2 X_{2i}) = 0$$
$$-2\sum X_{2i}(Y_i - a - b_1 X_{1i} - b_2 X_{2i}) = 0$$

将上面的三个方程简化并重新再整理成所谓的直线形标准方程（与正态分布没有关系）：

$$\sum Y_i = Na + b_1 \sum X_{1i} + b_2 \sum X_{2i}$$
$$\sum X_{1i} Y_i = a \sum X_{1i} + b_1 \sum X_{1i}^2 + b_2 \sum X_{1i} X_{2i}$$
$$\sum X_{2i} Y_i = a \sum X_{2i} + b_1 \sum X_{1i} X_{2i} + b_2 \sum X_{2i}^2$$

含有三个未知数的这三个方程可以通过给定未知数的特殊估计值来解决。为了得出 a，可以将第一个 标准方程两边同时除以 N，重新整理后得到：

$$a = \bar{Y} - b_1 \bar{X}_1 - b_2 \bar{X}_2$$

这个方程表明最小平方回归线总是通过一点，这一点的坐标是所有变量的均值，即 $\bar{Y}$、$\bar{X}_1$ 以及 $\bar{X}_2$。

为了得到 b 的表达式，我们先从对回归误差的定义 $e_i = Y_i - \hat{Y}_i$ 开始。因为 $\hat{Y}_i = a + b_1 X_{1i} + b_2 X_{2i}$，$a = \bar{Y} - b_1 \bar{X}_1 - b_2 \bar{X}_2$，所以我们可以在这个公式中用均值代替 a：

$$\hat{Y}_i = \bar{Y} + b_1(X_{1i} - \bar{X}_1) + b_2(X_{2i} - \bar{X}_2)$$

然后再将其代入误差项的公式中：

$$
\begin{aligned}
e_i &= Y_i - \hat{Y}_i \\
&= Y_i - [\bar{Y} + b_1(X_{1i} - \bar{X}_1) + b_2(X_{2i} - \bar{X}_2)] \\
&= (Y_i - \bar{Y}) - b_1(X_{1i} - \bar{X}_1) - b_2(X_{2i} - \bar{X}_2)
\end{aligned}
$$

因为对 b 的 OLS 估计必须使误差项的平方和最小，所以下一步就是要计算出平方和：

$$\sum e_i^2 = \sum (Y_i - \hat{Y}_i)^2 = \sum [(Y_i - \bar{Y}) - b_1(X_{1i} - \bar{X}_1) - b_2(X_{2i} - \bar{X}_2)]^2$$

最后，针对这些估计中每一个 b 的结果，对表达式的右边进行求导：

$$b_1 = \frac{(\sum YX_{1i})(\sum X_2^2) - (\sum YX_{2i})(\sum X_1 X_{2i})}{(\sum X_{1i}^2)(\sum X_{2i}^2) - (\sum X_{1i} X_{2i})}$$

$$b_2 = \frac{(\sum YX_{2i})(\sum X_1^2) - (\sum YX_{1i})(\sum X_2 X_{1i})}{(\sum X_{2i}^2)(\sum X_{1i}^2) - (\sum X_{2i} X_{1i})}$$

推导包含更多自变量的回归方程的参数估计量可以使用类似的过程，但是当有更多自变量加入这个方程的时候，写这些公式就变得更加艰难。因此，对多元回归方程的解答，可以通过计算机程序执行矩阵代数处理使其变得简洁。

我们的第一个方程是三个生命周期指标对性行为频率的回归：X_1 表示年龄；X_2 表示婚姻状况，其中 1＝已婚，0＝未婚；X_3 表示生育子女的数量。那么，对这一方程的估计如下：

$$\hat{Y}_i = 4.802 - 0.061 X_{1i} + 1.171 X_{2i} + 0.102 X_{3i}$$

正如在 8.2 节所讨论的那样，每一个度量回归系数都测量了在控制方程中其他自变量的情况下，某一自变量每变化一个单位，因变量增加或者减少的量。在这个例子中，因变量测量的是性行为频率。因此 $b_1 = -0.061$ 的意思就是年龄每增加一岁，我们会期望受访者的性行为频率在 6 点量表中的得分平均减少 0.061。因此，比较一个 20 岁的人和一个 60 岁的人，我们就能够得出 $0.061\times40=2.44$ 的平均估计差值，这远比量表中"每月两次或三次"与"每周两次或三次"的差距更精确。已婚人士比未婚人士有更频繁的性行为，表现在量表中对因变量的影响要大于 1（$b_2=1.171$）。而且，每多生育一个子女，性行为频率的得分就会增加 0.1（$b_3=0.102$）。

回想一下我们在 8.2.2 节中提到的通过自变量 X_i 的标准差比上因变量 Y 的标准差，再乘以度量回归系数就可以计算出标准化回归系数（或 beta 权重）。因此在有三个自变量的回归方程中，β 权重如下所示：

$$\beta_1^* = \frac{16.34}{1.967}\times(-0.061)=-0.507$$

$$\beta_2^* = \frac{0.50}{1.967}\times1.171=0.298$$

$$\beta_3^* = \frac{1.61}{1.967}\times0.102=0.083$$

261 因为 Z 转换变量的均值为 0（见专栏 2.4），所以一个标准化回归方程是没有截距的，一个完整的标准化多元回归方程是：

$$\hat{Z}_{Y_i} = -0.507Z_{X_{1i}}+0.298Z_{X_{2i}}+0.083Z_{X_{3i}}$$

三个自变量都采用了同样的测量尺度（这里指标准差），所以它们对性行为频率产生的相对影响可以通过检验三个变量中谁的系数绝对值最大来进行比较。受访者的年龄明显得到了最大的 β 值，婚姻状况次之，子女数量最小。因此我们得到的结论就是，在控制其他变量影响的情况下，比起年龄和婚姻状况，子女数量这个变量对性行为频率的预测能力较弱。年龄的标准化回归系数 -0.507 意味着受访者的年龄每变化一个标准差，期望的性行为频率就会减少半个标准差。相反，控制了其他两个变量后，子女数量这个变量每变化一个标准差，性行为频率仅增加 0.102 个标准差。

8.3.1　有 K 个自变量时的决定系数

包含 K 个自变量的多元回归方程的决定系数的一个简单公式表示如下：

$$R^2_{Y\cdot X_1 X_2\cdots X_K} = \beta_1^* r_{YX_1}+\beta_2^* r_{YX_2}+\cdots+\beta_K^* r_{YX_K}$$
$$= \sum_{j=1}^{K}\beta_j^* r_{YX_j}$$

R^2 的下标是用以标明预测因变量的自变量，被预测的变量（Y）是在中间圆点的左边，且所有预测变量，从 X_1 到 X_K 都出现在中间圆点的右边。需要指出的是，多元回归决定系数的值是每一个标准化回归系数和所对应预测变量与因变量的相关系数乘积的总和。当 β_j^* 小于与其相对应的 r_{YX_j} 的时候，就意味着预测变量是相关的，也就是说单一的 X 对多元 R^2 的净贡献要小于它和 Y 的相关系数的平方。实际上，多元 R^2 所代表的是在控制了其他预测变量的共同影响后，剩下的每一个预测变量与因变量共变 262 部分的和。正因为如此，多元回归系数有时也叫偏回归系数。

使用上面的标准化回归方程和表 8.4 中的相关系数可以得到这个例子中 R^2 的估计值：

$$R^2_{Y\cdot X_1 X_2 X_3} = (-0.507)\times(-0.437)+0.298\times0.261+0.083\times(-0.057)$$
$$= 0.2946$$

加入了三个自变量的线性递增的综合模型共同解释了性行为频率变异的约 29.5%。

因为还有约 70.5% 的变异仍没有获得解释，所以仍有在初始的回归方程中加入其他的预测变量从而增大可以解释的方差比例的空间。然而我们在方程中增加的预测变量越多，我们未觉察到的利用共变机会去增大 R^2 的可能性就越大。因此，在增加预测变量前需考虑其带来的不利影响。**调整后的决定系数**（adjusted coefficient of determination）（R^2_{adj}）将相对于观测个案数的自变量的数量考虑在内。事实上，要增加对变异的解释力就要求自由度中必须包括每一个预测变量和截距 a：

$$R^2_{\text{adj}} = R^2_{Y \cdot x_1 \cdots x_K} - \frac{K(1 - R^2_{Y \cdot x_1 \cdots x_K})}{N - K - 1}$$

对于像 GSS 数据这样的大样本，调整后的值仅轻微地减小了未调整的 R^2 值。在这个有三个预测变量的方程中，对 R^2 的调整使可解释的变异减少了 0.2%：

$$R^2_{\text{adj}} = 0.294\ 6 - \frac{3 \times (1 - 0.294\ 6)}{1\ 086 - 3 - 1} = 0.292\ 6$$

就像我们在生活中所遇到的那样，在多元回归中也是没有"免费的午餐"可以享用的。

在这个三变量多元回归案例中，还有一种方法可用于计算 K 个变量的多元 R^2：

$$
\begin{aligned}
R^2_{Y \cdot x_1 \cdots x_K} &= \frac{\sum(Y_i - \bar{Y})^2 - \sum(Y_i - \hat{Y}_i)^2}{\sum(Y_i - \bar{Y})^2} \\
&= \frac{SS_{\text{TOTAL}} - SS_{\text{ERROR}}}{SS_{\text{TOTAL}}} \\
&= \frac{SS_{\text{REGRESSION}}}{SS_{\text{TOTAL}}}
\end{aligned}
$$

因为 $SS_{\text{TOTAL}} = SS_{\text{REGRESSION}} + SS_{\text{ERROR}}$，所以 $SS_{\text{REGRESSION}} = SS_{\text{TOTAL}} - SS_{\text{ERROR}}$。每一个多元回归的计算程序都会自动计算出这些平方和以及 R^2 和 R^2_{adj} 的值。

263

8.4 参数的显著性检验

8.4.1 检验有 *K* 个自变量时的 *R²*

8.2.4 节中针对一个有三个变量的例子，我们使用自由度是 1 和 $N-3$ 的 F 检验以检验假设：总体中的决定系数（ρ^2）显著不为 0。以同样的思路，我们也可以使用一个样本中多元回归的 R^2 来检验零假设 $H_0: \rho^2 = 0$。在一个有 K 个自变量的案例中，这个零假设相当于要检验 K 个回归系数都为 0（也就是总体中 $H_0: \beta_1 = \beta_2 = \cdots = \beta_K = 0$）。回归方程中与 SS_{TOTAL} 相关的自由度，不管有几个自变量，总是等于 $N-1$。如果一个方程有 K 个自变量，$SS_{\text{REGRESSION}}$ 与方程相关的自由度就是 K，每一个自由度对应一个预测变量。因为通常来说，$df_{\text{TOTAL}} = df_{\text{REGRESSION}} + df_{\text{ERROR}}$，其中 $df_{\text{ERROR}} = N - K - 1$。

为了计算 F 检验中需要的均方，我们用每个平方和除以与之相关的自由度。那么，有 K 个自变量的计算就是：

$$MS_{\text{REGRESSION}} = \frac{SS_{\text{REGRESSION}}}{K}$$

$$MS_{\text{ERROR}} = \frac{SS_{\text{ERROR}}}{N - K - 1}$$

当零假设 $\rho^2 = 0$ 在总体中确实存在时，$MS_{\text{REGRESSION}}$ 和 MS_{ERROR} 是预测误差的方差无偏估计，σ^2_e。然而如

果在总体中 $e^2 > 0$，$MS_{\text{REGRESSION}}$ 就大于 MS_{ERROR}，F 比率的检验统计量就如下所示：

$$F_{K,N-K-1} = \frac{MS_{\text{REGRESSION}}}{MS_{\text{ERROR}}}$$

对于给定的显著性水平 α，在附录 E 中查找自由度为 K（列标题）和 $N-K-1$（行标题）时的临界值以拒绝可能错误的零假设。

264 　　要计算 F 检验的均方需先从样本数据中计算 $SS_{\text{REGRESSION}}$ 和 SS_{ERROR}。这个计算过程和之前的双变量回归（见 6.4.1 节）以及三变量回归（见 8.2.4 节）一致：

$$SS_{\text{TOTAL}} = (s_Y^2)(N-1)$$

$$SS_{\text{REGRESSION}} = (R_{Y \cdot X_1 \cdots X_K}^2)(SS_{\text{TOTAL}})$$

$$SS_{\text{ERROR}} = SS_{\text{TOTAL}} - SS_{\text{REGRESSION}}$$

　　为了确定这个决定系数在总体中是否显著地不为 0，我们设定 $\alpha = 0.001$，这样自由度为 3 和 1 082 时修正的临界值 $F = 5.42$。性行为频率的标准差 $s_Y = 1.967$（表 8.3 给出了这个四舍五入近似值），因此，样本方差就是 3.869。所以计算的结果就是：

$$SS_{\text{TOTAL}} = 3.869 \times (1\ 086 - 1) = 4\ 197.87$$

$$SS_{\text{REGRESSION}} = 0.294\ 6 \times 4\ 197.87 = 1\ 236.69$$

$$SS_{\text{ERROR}} = 4\ 197.87 - 1\ 236.69 = 2\ 961.18$$

接下来用这些值除以它们各自的自由度就得到了均方：

$$MS_{\text{REGRESSION}} = \frac{1\ 236.69}{3} = 412.23$$

$$MS_{\text{ERROR}} = \frac{2\ 961.18}{1\ 082} = 2.74$$

因此，检验统计量的值就是：

$$F_{3,1\ 082} = \frac{412.23}{2.74} = 150.45$$

因为在 $\alpha = 0.001$、自由度为 3 和 1 082 的时候临界值 $F = 5.42$，所以我们很肯定地拒绝总体中 $e^2 = 0$ 的零假设。

　　另一个更简单的计算 F 比率的方法是直接使用多元 R^2：

$$F_{K,N-K-1} = \frac{MS_{\text{REGRESSION}}}{MS_{\text{ERROR}}}$$

$$= \frac{R_{Y \cdot X_1 \cdots X_K}^2 / K}{(1 - R_{Y \cdot X_1 \cdots X_K}^2)/(N-K-1)}$$

265 使用性行为频率这个例子中的结果，可得到：

$$F_{3,1\ 082} = \frac{0.294\ 6/3}{(1 - 0.294\ 6)/(1\ 086 - 3 - 1)} = 150.63$$

这个结果和之前计算出来的 F 值之间存在微小差别是因为取整（四舍五入）。这个公式的变体能非常方便地对嵌套回归方程中的决定系数进行比较。专栏 8.4 展示了这个公式的推导过程。

专栏 8.4 _____

对有多个自变量时的决定系数的 F 检验的推导

　　当检验有两个或更多自变量时的决定系数时，$MS_{\text{REGRESSION}} = SS_{\text{REGRESSION}}/df_{\text{REGRESSION}}$，$MS_{\text{ERROR}} =$

$SS_{\text{ERROR}}/df_{\text{ERROR}}$。对于 K 个自变量，K 个自由度和 $SS_{\text{REGRESSION}}$ 相关，$N-K-1$ 个自由度和 SS_{ERROR} 相关。因此，

$$F_{K,\,N-K-1}=\frac{SS_{\text{REGRESSION}}/K}{SS_{\text{ERROR}}/(N-K-1)}$$

在 6.4.1 节中我们给出了：

$$SS_{\text{REGRESSION}}=(R^2_{Y\cdot X})(SS_{\text{TOTAL}})$$

$$1=R^2_{Y\cdot X}+\frac{SS_{\text{ERROR}}}{SS_{\text{TOTAL}}}$$

后一个公式可以变形为 $SS_{\text{ERROR}}=(1-R^2_{Y\cdot X})(SS_{\text{TOTAL}})$。将有 K 个自变量的案例的两个结果代入这个公式中，就得到 F 为：

$$F_{K,\,N-K-1}=\frac{(R^2_{Y\cdot X_1\cdots X_K})(SS_{\text{TOTAL}})/K}{(1-R^2_{Y\cdot X_1\cdots X_K})(SS_{\text{TOTAL}})/(N-K-1)}$$

$$=\frac{R^2_{Y\cdot X_1\cdots X_K}/K}{(1-R^2_{Y\cdot X_1\cdots X_K})/(N-K-1)}$$

式中，SS_{TOTAL} 在分子、分母中同时被消掉了。

8.4.2 检验 b_i

对于第 j 个自变量 X_j，回归参数 b_j 的估计标准误可以通过下面的公式来计算：

$$s_{b_j}=\sqrt{\frac{\sigma^2_e}{(s^2_{X_j})(N-1)(1-R^2_{X_j\cdot X_1\cdots X_{K-1}})}}$$

分子中估计量（σ_e）的标准误就是误差均方的平方根：

$$\sigma^2_e=MS_{\text{ERROR}}=\frac{SS_{\text{ERROR}}}{N-K-1}$$

在性行为频率和三个预测变量的方程中，$\sigma^2_e=2\,961.18/(1\,086-3-1)=2.737$。对于分母中的前两项 $(s^2_{X_j})(N-1)$，性行为频率的例子中给出以下结果：对年龄来说，$16.34^2\times1\,085=289\,690.23$；对婚姻状况来说，$0.50^2\times1\,085=271.25$；对子女数量这个变量来说，$1.61^2\times1\,085=2\,812.43$。

标准误公式分母中的第三项有些复杂。它包括了公式中已有自变量 X_j 对剩下的 $K-1$ 个预测变量的依次回归，然后再用 1 减去得到的 R^2。因此，在性行为频率这个例子中还需要另外三个多元回归方程，而且每一个方程都是某个自变量 X_j 基于另外两个自变量的回归。例如，基于婚姻状况（X_2）和子女数量（X_3）对年龄（X_1）进行回归。完成这些回归之后，接着就可以计算三个 R^2 的值：年龄为 0.186，婚姻状况为 0.069，子女数量为 0.232。由此，我们就得到了回归系数的三个标准误的估计值：

$$s_{b_1}=\sqrt{\frac{2.737}{289\,690.23\times(1-0.186)}}=0.003$$

$$s_{b_2}=\sqrt{\frac{2.737}{271.25\times(1-0.069)}}=0.104$$

$$s_{b_3}=\sqrt{\frac{2.737}{2\,812.43\times(1-0.232)}}=0.036$$

这些值都列在了表 8.5 中的第二列的括号里。当然在实际操作中，计算机程序会自动通过相关矩阵和标准误的矢量计算出所有多元回归系数的标准误。

267

自变量	1	2	3
截距	4.802***	4.985***	4.345***
	(0.149)	(0.191)	(0.318)
年龄	−0.061***	−0.060***	−0.061***
	(0.003)	(0.003)	(0.003)
婚姻状况	1.171***	1.208***	1.167***
	(0.104)	(0.105)	(0.106)
子女数量	0.102**	0.113**	0.134***
	(0.036)	(0.036)	(0.037)
参加礼拜频率	—	−0.044*	−0.050*
		(0.022)	(0.022)
祷告频率	—	−0.022	−0.020
		(0.040)	(0.040)
教育水平	—	—	0.003
			(0.021)
职业声望	—	—	0.005
			(0.004)
R^2	0.295***	0.300***	0.304***
R^2_{adj}	0.293***	0.296***	0.300***

表 8.5　　　　　　　　　　　　性行为频率的嵌套多元回归方程

注：括号中的数字是标准误。
$N = 1\ 086$。
* $p < 0.05$, ** $p < 0.01$, *** $p < 0.001$。

　　回归系数的统计显著性检验的最后一步是对总体回归系数为 0 的零假设 $H_0: \beta_j = 0$ 进行 t 检验。如果假设作用的方向已知，那么备择假设可以是单尾的，即 $H_1: \beta_j < 0$ 或 $H_1: \beta_j > 0$；但是在没有关于回归参数的可能迹象的先验信息的情况下则应该使用双尾检验：$H_1: \beta_j \neq 0$。给定一个多元回归中 b_j 的样本估计值，t 检验的方法同双变量回归：

$$t_{N-K-1} = \frac{b_j - \beta_j}{s_{b_j}} = \frac{b_j - 0}{s_{b_j}} = \frac{b_j}{s_{b_j}}$$

继续使用性行为频率的例子，那么计算出来的 t 值就是：

268

$$t_{1\ 082} = \frac{b_1}{s_{b_1}} = \frac{-0.061}{0.003} = -20.33$$

$$t_{1\ 082} = \frac{b_2}{s_{b_2}} = \frac{1.171}{0.104} = 11.26$$

$$t_{1\ 082} = \frac{b_3}{s_{b_3}} = \frac{0.102}{0.036} = 2.83$$

通过附录 D 可以查出如果进行双尾检验，那么在 $df = \infty$、$\alpha = 0.01$ 的情况下拒绝零假设的临界值是 ±2.576。因此，我们得到的结论是，受访者的性行为频率是三个自变量的一个线性函数。

　　在这里需要注意两点。首先，除非 K 个自变量之间不存在相关关系，否则 K 个用来进行显著性检

验的 t 值就是不独立的。因此，报告的统计性显著的可能性会略有偏差，尽管一般情况下这个偏差都小到不会产生实际影响。其次，K 个预测变量之间如果极度相关，可能就会导致 b_j 的标准误的估计值产生严重偏差。从上边给出的公式中我们可以看到，如果一个系数的标准误达到一定程度，就能够用由余下的 $K-1$ 个预测变量组成的线性关系来预测。这种情况被称为**多重共线性（multicollinearity）**。通过其他变量准确地预测一个变量（也就是说完全多重共线时 $R^2=1.00$）的结果并不能估计我们所需要的方程。更常见的情况是，一个自变量的大部分方差被其他的自变量解释了。虽然有一些方法可以检验多重共线性的存在，但是这已经超出本书的范围。当然一些研究者应该持续直观地对他们方程中的相关矩阵进行检查（如表 8.1）。如果预测变量之间存在很强的相关关系（比如 0.8 或是更高），那么这个回归中就可能存在多重共线性的风险，并且会产生较大的标准误。在这样的情况下，我们需要剔除一个或是多个预测变量，并重新对方程进行估计。

对多元回归的总体截距 α 的假设也可以进行显著性检验。因为社会研究中的实际问题很少关注这一项，所以我们不提供公式去计算它的标准误。但是计算机程序从样本数据中可以产生一个 s_a 估计值，将其代入 t 检验就能得到：

$$t_{N-K-1}=\frac{a-\alpha}{s_a}$$

性行为频率的公式中截距的标准误是 0.149，因此观测到的 t 值就是 $4.802/0.149=32.23$，这个值已 *269* 经充分大且足以拒绝 $\alpha<0.001$ 时总体参数为 0 的零假设。但是零假设是没有实际意义的，因为我们没有理由相信当所有三个预测变量值都为 0 的时候，性行为频率也会是 0。

以上我们所描述的显著性检验的程序只适用于度量形式的回归系数。因为可能会产生相同的结果，所以标准化回归系数（beta 权重）没有类似的检验方法。大多数的计算机程序只是计算和输出对 b_j 的标准误的估计，而没有 β_j^* 的值。但是适用于前者的 t 值同样适用于后者。

当一个多元回归方程所有的标准误和 t 值都被计算出来之后，我们就可以给出对一系列的样本描述和推论统计的简洁叙述。社会科学各学科的期刊风格迥异，但是我们找到的最正规的格式包括四项：（1）将非标准化回归系数写成方程形式，并在其后给出调整后的 R^2；（2）同样以方程的形式给出标准化回归参数；（3）在括号中给出标准误；（4）在括号中给出 t 值和 F 值。这样，性行为频率的公式就表示为：

$$\hat{Y}_i=4.802 \quad -0.061X_1+1.171X_2+0.102X_3,\ R_{\text{adj}}^2=0.293$$
$$\hat{Z}_{Y_i}= \qquad -0.507Z_1+0.298Z_2+0.083Z_3$$
$$(0.149)\quad (0.003)\quad (0.104)\quad (0.036)$$
$$(32.23)(-20.33)\quad (11.26)\quad (2.83)\quad (F_{3,1\,082}=150.63)$$

当几个方程必须被报告时，那么表格是一种更合适也更简洁的形式，例如表 8.5 给出的嵌套多元回归方程。

8.4.3 b_i 的置信区间

使用回归系数的标准误我们就可以像 8.2.6 节中给出的三变量例子一样对每一个 b_j 的点估计构建置信区间。比如设定 $\alpha=0.01$，那么对于总体参数 β_j，99% 的置信区间的上限和下限就分别为 $b_j \pm s_b t_{\text{c.v.}}$。既然 $b_1=-0.061$ 且 $s_b=0.003$，那么置信区间的下限就是 $-0.061-0.003\times2.576=-0.069$，上限是 $-0.061+0.003\times2.576=-0.053$。因此有 99% 的信心可以说年龄参数的置信区间介于 -0.069 和 *270* -0.053 之间，显然这个范围不包括 0（回忆之前显著性的双尾检验，它允许我们拒绝真实的总体参数等于 0 的零假设）。你需要理解的是，在 99％的置信水平上婚姻状况的置信区间是 0.90 到 1.44，而子女数量这个变量的置信区间则是 0.01 到 0.19。

8.5 比较嵌套方程

我们在之前提到可以有更多的自变量进入回归方程中，这将形成一组嵌套方程。表 8.5 给出的是在最初预测性行为频率（出现在第一列）方程基础上的两个扩展结果。第二列的方程中增加了两个测量宗教活动的变量——参加礼拜频率和祷告频率。加入这些变量对第一个方程中的一些系数的估计值只产生了很小的影响，两个新变量中只有参加礼拜频率这个变量是显著的（在 $p<0.05$ 时显著）。需要指出的是，尽管加入了这两个变量后减少了两个自由度，但同时稍微增大了调整后的 R^2（它比未调整的 R^2 更有意义），它从第一个方程的 29.3％增大到第二个方程的 29.6％。也就是说，参加礼拜越频繁，性行为频率就会越低。最后，第三列的方程中增加了教育水平和职业声望这两个变量，但是它们都不具有统计显著性，而且在付出减少两个自由度的代价下，调整后的 R^2 也只增加了不到 0.5 个百分点。

方程 1 中的自变量被方程 2 所包含，反过来，它又被方程 3 的预测变量所涵盖。我们可以用一个检验来判定加入方程的变量是否明显增加了可解释的方差量。就像我们检验 R^2 是否明显大于 0 时要考虑自由度一样，我们必须要注意嵌套方程中每一个方程都有不同的自由度。公式使用的是未调整的决定系数（因为计算中会对 df 进行调整）：

$$F_{(K_2-K_1),(N-K_2-1)} = \frac{(R_2^2 - R_1^2)/(K_2 - K_1)}{(1 - R_2^2)/(N - K_2 - 1)}$$

R^2 和 K 的下标表明的是这些值属于第一个方程（包含自变量较少）还是第二个方程（包含自变量较多）。如果 F 值显著，那么 R^2 的差异在很大程度上与加入第二个方程的自变量的个数有关。

271

为了说明这个过程，我们需要进行统计检验来比较表 8.5 中的第一个方程和第二个方程：

$$F_{(5-3),(1\,086-5-1)} = \frac{(0.300-0.295)/(5-3)}{(1-0.300)/(1\,086-5-1)} = \frac{0.005/2}{0.700/1\,080} = 3.86$$

在自由度分别为 2 和 1 080 的情况下，设定 $\alpha=0.05$，临界值近似 3.00，F 值大到足以拒绝在 $p<0.05$ 条件下的零假设：$H_0: \varrho_2^2 - \varrho_1^2 = 0$。此外如果仍然设定 $\alpha=0.05$，你能够证明第三个方程比第二个方程显著增大了对方差的解释力度吗？

8.6 虚拟变量回归：包含交互效应的协方差分析

8.6.1 协方差分析

到现在为止，我们关于多元回归分析的讨论是假定所有的变量都是连续测量，但是许多重要的社会变量实际上是离散或是定类的。在第 5 章、第 7 章、第 10 章中我们讨论如何分析这类因变量。本节我们将介绍使用离散变量作为自变量、连续变量作为因变量的回归方法。为了说明这种方法，请考虑以下假设：职业声望——对一份"好"工作的一种测量——因各人的性别-种族分类而各有不同。通过 1998 年 GSS 检验这种假设，我们基于四类人对 NORC 职业声望得分求回归［从 17（＝各种各样为食物奔波的职业）到 86（＝物理学家）]：1＝白人女性，2＝白人男性，3＝黑人女性，4＝黑人男性（我们排除了"其他种族"的所有个案）。因为这些数字是任意的，性别-种族变量不能够直接代入回归方程中。一种方法是创建一套 J 个**虚拟变量**（**dummy variable**）作为预测变量，使之成为可解释的不同类别。每一个 D_j 都是可以进行编码的离散变量，1 代表个案有具体属性，0 代表没有。因此，对四个性别-种族的组合来说，四个虚拟变量分别是：

272

> 如果被调查对象是白人女性，则 $D_{WW}＝1$，否则为 0。
> 如果被调查对象是白人男性，则 $D_{WM}＝1$，否则为 0。
> 如果被调查对象是黑人女性，则 $D_{BW}＝1$，否则为 0。
> 如果被调查对象是黑人男性，则 $D_{BM}＝1$，否则为 0。

在回归方程中一套 J 个虚拟变量的任何 $J-1$ 个变量都可能会进入其中。因为只有一个虚拟变量的信息决定最后一个类别的值，所以第 J 个虚拟变量与其他变量不是线性独立关系。举例来说，如果受访者关于 D_{WW} 被编码为 0，关于 D_{WM} 被编码为 0，关于 D_{BW} 被编码为 1，那么我们知道这个人在 D_{BM} 上一定被编码为 0，因为这个人是个黑人女性，所以不能同时是黑人男性。同样，在知道 D_{WM}、D_{BM} 和 D_{BW} 的值都为 0 时就表明受访者一定是个白人女性（也就是 $D_{WW}＝1$）。总之，如果一个离散变量有 J 类，那么，任何 $J-1$ 个由 J 产生的虚拟变量能够在回归方程中运用。特别是二分变量，像老师和学生，在回归分析中就能够用 0－1 这样的虚拟变量来表示。

选择"白人男性"作为遗漏类，我们对 GSS 数据中 2 496 个受访者中的白人女性、黑人女性、黑人男性虚拟变量的职业声望得分求回归，可得到下面的等式：

$$\hat{Y}_i＝45.26 \quad -0.61D_{WW} \quad -6.47D_{BM}-4.07D_{BW}, \quad R^2_{adj}＝0.015$$
$$(105.05)(-1.03) \quad (-5.29) \quad (-4.12) \quad (F_{3, 2\,492}＝13.69)$$

这个方程的截距说明控制了性别和种族之后，受访者的平均职业声望是 45.26，也就是保险推销员、水管工和牙科护理人员的得分情况。所有这三个虚拟变量的系数都有负向的标记，且两个变量在 $p<0.001$ 时显著。因此相对于白人男性，其他三个性别-种族人群拥有较低的平均职业声望，尽管白人女性的系数即使在 $p<0.05$ 时也不显著。需要说明的是，调整后的 $R^2＝0.015$ 在 $\alpha＝0.001$ 水平上是显著的，因为从附录 E 中可以看出 df 为 3 和 2 492 时 F 的临界值是 5.42。然而，四个种族-性别的组合仅能够解释职业声望变异的 1.5%。

四个性别-种族类别的离散回归方程能从单个方程中衍生出来。当 $D_{WW}＝1$ 时，可预测白人女性的职业声望为：

$$\hat{Y}_{WW}＝45.26-0.61\times1-6.47\times0-4.07\times0$$
$$＝44.65$$

类似地，当 $D_{BM}＝1$ 时，可预测黑人男性的职业声望为：

273

$$\hat{Y}_{BM}＝45.26-0.61\times0-6.47\times1-4.07\times0$$
$$＝38.79$$

而当 $D_{BW}＝1$ 时，可预测黑人女性的职业声望为：

$$\hat{Y}_{BW}＝45.26-0.61\times0-6.47\times0-4.07\times1$$
$$＝41.19$$

因为白人男性虚拟变量在方程中被遗漏，这个类别表现为没有方程，但是以下计算表明，它的预测值就是截距：

$$\hat{Y}_{\text{WM}} = 45.26 - 0.61 \times 0 - 6.47 \times 0 - 4.07 \times 0$$
$$= 45.26$$

也就是说，白人男性的平均职业声望得分是 45.26，这要大于其他三个性别-种族人群的预测值。

　　对给定的虚拟变量进行的 t 检验有一个特别的解释——它是对两个均值间差异的检验。尤其它检验的是与给定类别（如白人女性）相关的均值和被遗漏类别（如例子中的白人男性）的均值的差异。因此，D_{WW} 的 t 值表示的就是总体中的白人女性和白人男性的平均职业声望值（44.65 和 45.26）的差异是否显著。如果我们设定 $\alpha = 0.05$，t 值就是回归系数与它的标准误的比值：$-0.61/0.59 = -1.03$。因此均值的差异是不显著的，因为 t 的临界值是 ± 1.96。另外两个虚拟变量的 t 值分别是 $D_{\text{BM}} = -5.29$ 和 $D_{\text{BW}} = -4.12$，这表明黑人女性和黑人男性的平均职业声望得分相对白人男性都有显著的差异。

　　重要的是，$J-1$ 个虚拟变量中的任意一个进入方程，R^2 的值和因变量的预测值都是不变的。然而，对系数的 t 检验必然会因为参照项（被遗漏项）的不同而不同。这里我们得到一个重要的启示，即研究者应该谨慎选择实际或理论上很重要的组群作为被遗漏项，这样才能进行有意义的统计检验。在前边的例子中，我们有目的地选择在因变量上平均得分最高的类别作为参照的虚拟变量。

274　　　当多元回归方程同时包括一组虚拟变量和一个或多个连续测量作为其预测变量时，该模型称为**协方差分析（analysis of covariation，ANCOVA）**，反映了经验研究中的方法起源。连续变量称为**协变量（covariate）**，虚拟变量指的是**处理水平（treatment level）**。协方差分析中的每一个预测变量都会对因变量产生附加影响，因此在虚拟变量的每一个类别中，协变量的影响都是相同的。假设我们选择教育水平（接受正规学校教育的年限）作为协变量（X_1），并且将其包括在含有三个性别-种族虚拟变量的职业声望方程中。方程结果如下（括号中的数字是 t 值）：

$$\hat{Y}_i = 13.88 \quad - 0.41 D_{\text{WW}} - 3.67 D_{\text{BM}} - 1.93 D_{\text{BW}} + 2.31 X_1, \quad R^2_{\text{adj}} = 0.258$$
$$(11.97) \quad (-0.81) \quad (-3.44) \quad (-2.24) \quad (28.58) \quad (F_{4,2\,491} = 217.88)$$

教育水平的 t 值清晰地揭示出对职业声望来说它是强有力的预测变量。实际上每增加一年学校教育，受访者的平均得分几乎就会高出 2.31。因此，大学毕业生（16 年的学校教育）的期望职业声望值高出高中毕业生（12 年的学校教育）9 还多，也就是 $2.31 \times (16-12) = 9.24$。当方程包括教育水平变量时，其截距和三个性别-种族虚拟变量的系数就会变小。尽管白人女性的系数仍然不显著，但是黑人女性和黑人男性与白人男性相比依旧占据较低的职业地位。

　　正如前文所提到的，在协方差分析方程中教育水平对职业声望产生了附加影响。比如，对拥有 12 年学校教育的黑人女性来说，其预测职业声望值是 $\hat{Y}_1 = 13.88 - 1.93 \times 1 + 2.31 \times 12 = 39.67$。这个职业声望值与受过大学教育的黑人女性（有 13 年的学校教育）的 $\hat{Y}_1 = 13.88 - 1.93 \times 1 + 2.31 \times 13 = 41.98$ 相差 2.31。同样的 2.31 的差异也出现在任何一个性别-种族群体中在教育水平上有一年差别的个体之间。也就是说，教育水平对职业声望的影响在每一个虚拟变量类别中都是恒定的。

　　研究者或许想知道除了协变量（如教育水平）的解释，一套虚拟变量是否对因变量（这个例子中就是职业声望）的方差有显著的贡献值。为了回答这个问题，我们可以使用 8.5 节所介绍的两个决定系数之间差异的 F 检验来说明。在我们的例子中，$R^2_2 = 0.255$ 是方程（包括了性别-种族虚拟变量和教育水平这个协变量）中未调整的决定系数，同时 $R^2_1 = 0.255$ 是教育水平和职业声望的相关系数的平方。

275　（我们使用未调整的 R^2 而不是调整值是因为 F 检验考虑到了自由度。）如果 F 检验是显著的，那么这意味着至少一组的截距可能不同于总体中其他组的截距。我们设定 $\alpha = 0.05$，参考附录 E 得出自由度为 3 和 2 491 时的临界值是 2.60。因此，显著性检验的结果就是：

$$F_{(4-1),(2\,496-4-1)}=\frac{(0.259-0.255)/(4-1)}{(1-0.259)/(2\,496-4-1)}=4.48$$

既然 $F=4.48$，那么我们就有理由相信一组或多组的截距与其他组的截距有显著差异。虚拟回归系数的检验说明黑人女性和黑人男性的截距明显小于白人男性的截距。

8.6.2 包含虚拟变量的方差分析

现在你或许已经认识到多元回归和协方差分析都是一般线性模型的特殊变体。如果只有一组虚拟变量，那么回归和单因素方差分析是相同的。我们用例子而不是算术推导把虚拟回归系数转换成方差分析效应。表 8.6 显示方差分析和回归产生的系数，此时 GSS 受访者的政治立场（从 1＝极度自由到 7＝极度保守）是因变量，而分为七个类别的政党认同是自变量。一般来说，越强烈地认同共和党，其在政治立场上越趋向于保守。乍一看两组效应是相互冲突的。超过一半的方差分析系数（α_j）是负的，然而没有一个虚拟回归系数（b_j）是负的。然而，我们也要意识到每一种测量尺度的参照点都是不同的。对方差分析而言，这种作用是通过每个实验类别的均值对样本总均值的偏差计算出来的（见 4.1.2 节）。虚拟回归效应是通过与被遗漏项均值的偏差计算得出的，在这个例子中就是"强烈支持民主党"这一项（见 8.6.1 节）。

将这些值从一种测量尺度转换为另一种测量尺度只需要将它们按照调整因素修正。对单因素方差分析和有一组可以比较的虚拟变量的回归而言，调整因素包括样本均值 $\overline{Y}$ 和样本回归截距的估计值 a。虚拟回归系数转换成方差分析效应可表示为：$\alpha_j=b_j+(a-\overline{Y})$。对该等式重新排列，可以得到方差分析效应转换成虚拟回归系数的式子：$b_j=\alpha_j+(\overline{Y}-a)$。

举例来说，使用表 8.6 中的值，通过添加截距和均值的差值（$3.48-4.10=-0.62$），对于自变量，回归系数（0.45）能够转换成方差分析效应（-0.17）。同样，通过添加均值和截距的差值（$4.10-3.48=0.62$），对"强烈支持民主党"一项的方差分析效应（-0.62）变成了回归系数（0.00，因为该项就是被遗漏项）。你要相信一种方法中所有余下的系数都能在另外的步骤中转换成与之相应的值。这七个类别分别产生的均值（见表 8.6 的最后一列）与作为虚拟变量分析得到的预测均值是相同的。也就是说，使用虚拟变量进行方差分析能够获得所有的信息。因此，方差分析和多元回归在常规的一般线性模型中基本是等价的。

表 8.6 政党认同对政治立场的效应、ANOVA 与虚拟变量回归比较

政党认同类别	方差分析 α_j	回归 b_j	均值
总均值	4.10	—	4.10
截距	—	3.48	—
强烈支持民主党	−0.62	0.00[a]	3.48
一般支持民主党	−0.36	0.26	3.74
独立，亲民主党	−0.44	0.18	3.66

续表

政党认同类别	方差分析 α_j	回归 b_j	均值
独立	-0.17	0.45	3.93
独立，亲共和党	0.42	1.04	4.52
一般支持共和党	0.51	1.13	4.61
强烈支持共和党	1.31	1.93	5.41
	$\eta^2 = 0.169^*$	$R^2 = 0.169^*$	
	$F_{6,2\,615} = 88.51^*$	$F_{6,2\,615} = 88.51^*$	

注：$N = 2\,622$。

缺失数据：210 个个案。

ª 虚拟变量回归中被遗漏的类别。

* $p < 0.001$。

资料来源：1998 General Social Survey。

8.6.3　包含交互项的回归方程

　　虚拟变量对估计和检验**交互效应（interaction effects）**尤其有用，交互效应反映了在第三变量的分类范围内，两个变量间关系的差异。假定我们相信性别-种族不仅影响职业声望，而且这种影响会因为人们的教育水平的不同而发生变化。也就是说，一个性别-种族群体中教育水平高的成员会比另一个群体中教育水平高的成员取得更高或更低的职业声望。换言之，不仅不同性别-种族群体的截距会发生变化，回归斜率也会变化。为了检验这种假设，我们必须将教育水平变量（X_1）和虚拟变量同时引入回归方程中，并且该方程还应包括连续变量乘以虚拟变量所产生的三个交互项，比如 $X_1 D_{WW}$。结果，每个交互项的值就等于群体成员连续变量的值，但对不属于该群体的成员，这个值等于 0。因此，教育水平乘以白人女性虚拟变量所产生的交互项给出了白人女性受访者的得分与其仅在教育水平变量上的得分是一样的，而黑人女性和黑人男性受访者的得分则为 0。

　　为了检验一组交互效应，有多重交互项存在的方程中的 R_2^2 要和只包括对变量的附加效应的方程中的 R_1^2 进行比较。对两个方程决定系数的差异进行统计检验同样使用 8.5 节中用来比较嵌套方程的 F 检验。我们的零假设是总体中 $H_0 : \varrho_2^2 - \varrho_1^2 = 0$。如果假设能够在给定的 α 水平上被拒绝，我们就能得出结论，认为交互效应显著存在。对于只有教育水平和三个性别-种族虚拟变量的方程来说，$R^2 = 0.259$，而当方程引入三个交互项之后，$R^2 = 0.263$。（同样，因为 F 检验考虑了自由度，所以我们用的是两个未调整的决定系数。）因此，

$$F_{(7-4),(2\,496-7-1)} = \frac{(0.263-0.259)/(7-4)}{(1-0.263)/(2\,496-7-1)} = 4.50$$

从而我们就能得出结论，即该例子中至少有一个显著的交互效应存在。完整的回归方程（括号中的数字是 t 值）可以表示为：

$$\hat{Y}_i = 17.11 \quad -7.33 D_{WW} + 0.97 D_{BM} - 5.35 D_{BW} + 2.08 X_1$$
$$(9.94) \quad (-3.07) \quad (0.18) \quad (-1.32) \quad (16.77)$$
$$+ 0.51 X_1 D_{WW} - 0.40 X_1 D_{BM} + 0.25 X_1 D_{BW}, \quad R_{\text{adj}}^2 = 0.263$$
$$(2.87) \quad (-0.93) \quad (0.81) \quad (F_{7,2\,488} = 126.54)$$

尽管这些关系比 8.6.1 节中估计的协方差分析方程更复杂，但是它们能通过计算教育水平对每一个 *278* 具体的性别-种族类别的效应得到解释。教育水平的影响体现在受教育年限每增加一年职业声望得分就会上升 2.08，并且这个效应对每个群体都一样。三个教育水平-虚拟变量的交互效应只适用于虚拟变量取值为 1 的那个群体。因为对于作为被遗漏项的白人男性来说不存在虚拟变量，所以教育水平变量的影响就只是共同的系数，即受教育年限每增加一年职业声望得分就增加 2.08。对白人女性而言，交互效应系数 0.51 十分显著，必须被加到共同的教育水平系数中，于是就得到一个增大了的系数，也就是受教育年限每增加一年，职业声望得分就提高 2.08＋0.51＝2.59。因此在总体中，受教育年限每增加一年，白人女性所提高的职业声望得分就会比白人男性所提高的多。黑人女性所受到的教育影响是每年其职业声望得分提升 2.08＋0.25＝2.33。然而，这个交互效应并非显著区别于零，这意味着受教育年限每增加一年，黑人女性所提高的职业声望与白人男性所提高的职业声望并无显著差别。同样，黑人男性的负交互系数（－0.40）并不显著，这说明总体中教育水平对职业声望的效应在黑人男性和白人男性群体中可能是完全一致的。

8.7 总体间比较

在多元回归中对系数进行标准化有这样一个好处：使得对变量的解释能够不再依赖其测量单位（比如年、天、分钟等）。但是假设我们对比较从两个不同总体中抽取的样本的回归方程系数估计感兴趣。比如，我们可能对不同历史时期、不同国家或同一社会中的不同子总体的多元回归比较感兴趣。我们没有理由想要看到这些总体中的变量标准差（通常用 β^* 来计算）是相等的。实际上，我们更希望它们是有差异的。举例来说，在 20 世纪，随着受教育年限和年收入的增长，这些测量结果之间的差异性也在增加。因此，如果我们用总体或样本中标准差的估计值对每一个方程中的 b 进行标准化，那么我们会对每个预测变量的相对重要性得出错误的结论。

表 8.7 举例说明了三个多元回归方程的情况，这三个方程展示了 1998 年 GSS 受访者的年收入 *279*（以千美元计算）受他们的职业声望、受教育年限、当下的年龄和作为虚拟变量的种族（黑人以及其他）的影响程度。第一个方程在没有缺失值的情况下适用于所有 1 839 位受访者。第二和第三个方程分别是对 875 位男性和 964 位女性的回归估计。种族对收入的影响在女性的方程中并不显著地区别于 0，而其他变量的效应都十分显著。教育水平系数对两种性别的人的收入的影响是相等的（2.16），但是职业声望系数和年龄系数对收入的影响则是男性高于女性。然而，这些差异的大小会依赖于被检验 *280* 的系数的类型。比如，尽管未经标准化的教育水平系数对男性和女性来说都一样（2.16/2.16＝1.00），但是标准化后的系数则是女性高出男性四分之一（0.28/0.22＝1.27）。同样的分歧也出现在年龄的效应（标准化值为 0.23/0.19＝1.21，未标准化值为 0.50/0.29＝1.72）以及职业声望的效应上（标准化值为 0.27/0.25＝1.08，未标准化值为 0.55/0.36＝1.53）。

在这些不同的结果中，哪类系数应该被强调呢？首先，我们鼓励研究者坚持描述这两种类型的方程（就像我们在表 8.7 中所做的那样），以便读者可以对这两个方程进行比较从而得出他们自己的结论。其次，我们认为每一类系数都有其价值，但效应是不同的。标准化系数 β 在比较方程内不同预测变量的相对重要性时是有用的。因此，通过对男性回归方程中的 β^* 系数平方，我们就能发现在预测年收入时，职业声望（解释了收入 0.073 的方差）的净效应要稍微大于年龄（0.053）和教育水平（0.048）。但是，对于女性来说，最重要的预测变量却是教育水平（0.078），之后依次是职业声望（0.063）和年龄（0.036）。

表 8.7	样本中所有受访者、男性与女性年收入（以千美元为单位）的回归		
自变量	所有受访者	男性	女性
截距	−33.55[a]	−37.06	−33.12
	—	—	—
	(3.12)[c]***	(4.96)***	(3.48)***
职业声望	0.43[a]	0.55	0.36
	0.24[b]	0.27	0.25
	(0.04)[c]***	(0.07)***	(0.05)***
教育水平	2.11	2.16	2.16
	0.23	0.22	0.28
	(0.22)***	(0.33)***	(0.25)***
年龄	0.40	0.50	0.29
	0.20	0.23	0.19
	(0.04)***	(0.06)***	(0.04)***
黑人	−4.81	−5.22	−2.27
	−0.07	−0.06	−0.04
	(1.46)***	(2.56)***	(1.49)***
R^2_{adj}	0.230***	0.245***	0.268***
(N)	(1 839)	(875)	(964)

缺失值数据：993 个个案。
[a] 非标准化回归系数。
[b] 标准化回归系数。
[c] 标准误。
对于 t 值：* $p<0.05$，** $p<0.01$，*** $p<0.001$。
资料来源：1998 General Social Survey。

　　当我们致力于比较方程间的预测变量时，非标准化系数则更有意义。比如，年龄的标准化系数对于男性和女性而言是十分相近的（0.23 和 0.19），这表明他们的年龄对收入的效应差异微乎其微。然而，如果我们比较非标准化系数就会看到明显的性别对立：男性和女性的年收入在每变化一岁时的期望差异是（0.50−0.29）×1 000＝210 美元。因此，因性别而产生的收入差距的确随着工作时间的增加而加大，例如 30 岁时候的 6 300 美元在 60 岁时就翻倍成 12 600 美元。度量系数会产生这种大的影响的主要原因在于收入变化中实际存在的性别差异。不仅是男性的年收入高于女性（36 120 美元对 24 190 美元），而且男性收入的标准差（27 010 美元）也要高出女性（19 700 美元）三分之一还多。因此，对每个方程中的年龄系数进行标准化就会导致非标准化回归系数的相对值出现重大变化。

　　对特定的一组方程而言，所估计的多元回归系数的差异可以用 t 检验来进行统计显著性检验，以说明非标准化系数的差异。其零假设是第一个方程中的一个回归系数等于第二个方程中与之相应的回归系数。也就是对于第 k 个预测变量而言，$H_0 : \beta_{k_1} = \beta_{k_2}$。有 $N_1 + N_2 - k_1 - k_2 - 2$ 个自由度的 t 检验的公式为：

$$t_{N_1 + N_2 - k_1 - k_2 - 2} = \frac{b_{k_1} - b_{k_2}}{\sqrt{s_{e_1}^2 + s_{e_2}^2}}$$

式中，b_{k_1} 和 b_{k_2} 为变量 k 在每个方程中的估计回归系数，$s_{e_1}^2$ 和 $s_{e_2}^2$ 为系数标准误的平方。对表 8.7 中的年龄系数进行 t 检验，可以得到：

$$t_{1\,829} = \frac{0.50 - 0.29}{\sqrt{0.06^2 + 0.04^2}} = 2.91$$

该值在 $p<0.01$ 时显著。因此，我们可以得出以下结论：总体中年龄对收入的影响男性可能要比女性大。你可以采用这种检验方法去证明职业声望（而非教育水平或种族）对收入的效应中的性别差异。

▶重要概念和符号回顾

以下是在本章中出现的主要概念。这个列表有助于你回顾本章内容，同时也可以作为一个概念掌握的自测。

多元回归分析	指数	建构
指标	克龙巴赫 α 指数	普通最小二乘
列删法	对删法	多元回归系数
部分相关	多元相关系数	偏回归系数
总体回归模型	最优线性无偏估计（BLUE）	样本回归方程
预测方程	嵌套回归方程	调整后的决定系数
多重共线性	虚拟变量	协方差分析（ANCOVA）
协变量	处理水平	交互效应
α	β_j	a
b	β_j^*	$R^2_{Y \cdot X_1 X_2}$
SS_{TOTAL}	$SS_{\text{REGRESSION}}$	SS_{ERROR}
$MS_{\text{REGRESSION}}$	MS_{ERROR}	$r_{YX_j \cdot X_i}$
$R^2_{Y \cdot X_1 X_2 \cdots X_K}$	R^2_{adj}	s_{b_j}
σ_e^2	D	

282

▶ 习题

普通习题

1. 用下面的数据计算 X_1 和 X_2 作用于 Y 的回归系数 a、b_1 和 b_2，并将结果用预测方程的形式表示出来：

变量	均值	标准差	相关系数		
			X_1	X_2	Y
X_1	5	3	1.00		
X_2	25	8	0.60	1.00	
Y	20	6	0.40	−0.30	1.00

2. 计算习题 1 中数据的 beta 权重，并写出标准化变量的回归预测方程。

3. 使用包括 123 个受访者的样本调查数据得到一个有四个自变量的回归方程，用于预测对死刑的态度，决定系数是 0.035。当显著性水平为 $\alpha=0.05$ 时，这个决定系数是否显著不为零？如果样本规模为 1 230，那么在同样的显著性水平上这个决定系数会显著不为零吗？

4. 样本规模为 265 时年龄（X_1）和教育水平（X_2）对吸食大麻合法化的态度的回归得出以下系数的估计值和标准误：

$$b_1=-6.24 \qquad\qquad s_{b_1}=3.46$$
$$b_2=0.33 \qquad\qquad s_{b_2}=0.12$$

当显著性水平为 $\alpha=0.01$ 时，对零假设 $\beta_1<0$ 和 $\beta_2>0$ 进行单尾检验。

5. 如果 $N=300$，$b_1=-3.83$，$MS_{\text{ERROR}}=12.75$，$\sum(X_{1i}-\bar{X}_1)^2=16.83$，并且 $R^2_{X_1\cdot x_2}=0.294$，那么当显著性水平 $\alpha=0.001$ 时，对 b_1 进行双尾检验是否具有显著性？

6. 计算习题 5 中 b_1 在置信水平为 95% 和 99% 时的置信区间。

7. 给出以下基于样本规模为 743 个城市居民的样本的非标准化回归方程的实际解释，这个方程中的 Y 为测量每年参加职业运动赛事数量的 10 点量表，X_1 是教育水平，X_2 表示年收入（以万美元为单位），X_3 表示性别（虚拟变量：1＝女性，0＝男性）。括号中的数字是 t 值：

$$\hat{Y}=-8.73\quad-0.59X_1+1.46X_2-5.40X_3$$
$$(-3.76)\ (-1.42)\quad(2.14)\ (-2.87)$$

8. 用下列这些类别构建最喜欢的音乐类型的虚拟变量编码，并以矩阵（行和列）形式表示出你的结果：乡村、摇滚、说唱、爵士、古典和没有。

9. 在一项对三种行业的 634 个企业的研究中，D_M＝制造，D_R＝零售，D_T＝运输；X_1 测量每年的销售量；Y 表示每年的利润率。构建两个回归方程，使你能够研究不同行业类型和销售量是否在预测企业利润率时产生了交互效应。

10. 通过对规模为 718 的样本的回归分析，我们可以预测在年收入（X，以千美元为单位）和一组职业虚拟变量（D_1＝白领，D_2＝蓝领）作用下人们每天观看体育电视节目的时长。这三个估计回归方程是：

$$\hat{Y}=2.76-0.64D_1,\ R^2_1=0.153$$
$$\hat{Y}=2.84-0.57D_1-0.08X,\ R^2_2=0.197$$
$$\hat{Y}=2.84-0.48D_1-0.06X+0.07XD_1,\ R^2_3=0.214$$

　　a. 不同职业与观看体育电视节目的时长之间是否有显著的交互效应？设定 $\alpha=0.001$。

　　b. 运用交互方程计算一个年收入为 45 000 美元的白领工人在观看体育电视节目上花费的时间。

需要用到 1998 年 GSS 数据的习题

11. 基于教育水平（EDUC）和年龄（AGE）对某人工作满意度（SATJOB）进行回归分析。

　　a. 计算回归系数，并检验它们的显著性及 beta 权重。

　　b. 计算调整后的决定系数并检验其显著性。

　　c. 对这些结果进行解释。

注意：对工作满意度重编码，从而使满意度最高的类别有最大的值（1＝4，2＝3，3＝2，4＝1）。为所有变量设置缺失值。在进行 t 检验时使用的显著性水平 $\alpha=0.001$。

12. 在习题 11 的工作满意度回归方程中，加入有关婚姻状况（MARITAL）的四个虚拟变量。将婚姻状况编码为已婚、寡居、离婚和分居，并将"未婚"作为参照项。

a. 相对于参照项来说，这四种婚姻状况对工作满意度有什么影响？

b. 相比习题 11 方程中的 R^2，在方程中加入婚姻状况虚拟变量后这个方程的 R^2 值是否显著增大了呢？设定 $\alpha = 0.05$。

13. 基于父亲教育水平（PAEDUC）和职业声望（PAPRES80）对受访者教育水平（EDUC）进行回归分析。比较其标准化回归系数，并判断哪个自变量对受访者教育水平的影响最强烈。在已知的自由度下，自变量的线性组合能够在多大程度上解释因变量的变异呢？

14. 年龄对参加宗教礼拜频率的影响会随着宗教信仰类别的不同而发生变化吗？对宗教信仰类别（RELIG）建构虚拟变量（新教、天主教和基督教，其他宗教和无宗教信仰视为被遗漏项），并且建立与年龄（AGE）相关的三个交互项。

a. 检验协方差分析方程的 R^2，这个方程是根据年龄和三个宗教信仰类别虚拟变量来预测参加宗教礼拜频率这个因变量的，设定 $\alpha = 0.05$。 *285*

b. 对包括年龄和宗教信仰类别虚拟变量的交互项的回归方程检验 R^2，设定 $\alpha = 0.05$。

c. 检验以上两个方程中的 R^2 的差异，设定 $\alpha = 0.05$。

15. 使用回归和方差分析来判定受访者的政治立场（POLVIEWS）是否在美国九个人口普查区（REGION）之间显著不同。

a. 将太平洋地区作为被遗漏项，分别计算方差分析效应和虚拟回归系数。

b. 将每一个回归系数 β_j 转换成方差分析 α_j 的公式是什么？

c. 给出方差分析汇总表，并计算出在 $p < 0.001$ 时拒绝零假设所需的临界值。

9 非线性和 logistic 回归

9.1　非线性回归

9.3　logistic 转换及其性质

9.5　多项 logit 模型

9.2　二分因变量

9.4　估计和检验 logistic 回归方程

　　在前一章,多元回归分析使用的所有变量都是用等间距的尺度测量的。因此度量回归系数表示自变量对因变量的净效应,而且这种效应在预测变量的范围内保持不变。也就是说,β_i 估计值表示自变量每增加一个单位因变量就相应增加的量为 β。举例来说,如果一年的教育预计产生年收入 950 美元的回报,那么对于受过 10 年教育和受过 20 年教育的人来说,额外的受教育年限的作用是一样的。在本章中我们将考虑由自变量水平导致因变量变化量不同的情况。尽管这样的关系无法由线性回归线来精确表示,但是通过变量尺度的转换,非线性关系可以转化为线性关系。转换后的变量之间的关系就可以通过前述章节的方法进行估计了。在本章中,我们还将检验因变量为二分或者是多类别离散变量的logistic 回归分析。我们将讨论估计这些关系所需的方法。

9.1　非线性回归

9.1.1　比较线性与非线性关系

　　在没有理由预计两个连续变量以非线性的方式相联系时,研究者可以检验一个假设,即它们只存在线性关系。这个过程包括一个预测变量与因变量的线性和非线性关系所解释的因变量的方差比例的比较。为了简化叙述,我们只检验双变量的情况,尽管这个过程也适用于多变量方程。我们力图拒绝如下的零假设:

　　　　H_0:Y 与 X 只存在线性关系。

假设检验的过程遵循以下几个熟悉的步骤:

1. 把自变量拆分为一组定序离散类别，并且不严重歪曲原始分布。一般来说，6～20 个类别已足够。
2. 用步骤 1 中拆分的类别作为自变量，进行因变量的单因素方差分析（ANOVA，参见第 4 章）。
3. 利用方差分析的平方和，计算 η^2（eta 平方，见 4.4 节）。这个统计量测量的是因变量在统计意义上由预测变量类别的线性以及非线性关系解释的方差比例。
4. 把自变量当作一个连续变量，用同样分类的自变量对因变量进行回归。计算 R^2，它测量的是在统计意义上由预测变量的线性关系解释的因变量的方差比例。
5. 从 η^2 中减去 R^2 以除去关系中的线性部分，只余下非线性部分。计算这种差异的 F 值，以此来检验在给定的 α 水平上总体的非线性相关是否不为零。公式为：

$$F_{K-2,N-K} = \frac{(\eta^2 - R^2_{Y \cdot X})/(K-2)}{(1-\eta^2)/(N-K)}$$

式中，K 是与方差分析相关的类别数目，（$K-2$）和（$N-K$）是 F 值的自由度。

如果 F 值显著大于临界值，那么我们必须拒绝总体中变量之间是线性相关的零假设（即 H_0：$\eta^2 = e^2_{Y \cdot X}$），接受备择假设：H_1：$\eta^2 > e^2_{Y \cdot X}$。这就是说，在线性被纳入考虑后，总体中非线性相关可能大于零。 *289*

举例来说，图 9.1 使用 1998 年综合社会调查（GSS）数据绘制了分成七个当前年龄间隔或同期群的 1 596 个女性生育子女数的均值。这些均值明显没有落在一条直线上。18～30 岁的女性生育的子女最少（0.89），部分原因是很多人仍然处在她们的生育年龄高峰。在 1998 年 61～70 岁的女性生育了最多的子女（均值为 3.17），而年龄更大的两个同期群平均而言生育的子女较少。这个动态变化可能主要与历史有关，考虑到年龄为 61～70 岁的同期群在 20 世纪 50 年代的"婴儿潮"中达到了生育年龄，而年龄更大的女性则经历了经济大萧条时期的"生育低谷"。

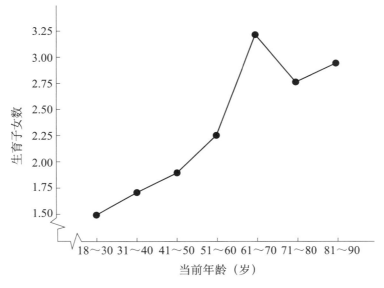

图 9.1　当前年龄的女性所生育子女数的均值

资料来源：1998 General Social Survey。

以十岁分组的女性年龄对生育子女数的线性回归得出估计的 $R^2 = 0.159$，其表示当前年龄线性地 *290* 解释了生育子女数方差的 15.9%。然而，对七个类别进行单因素方差分析得到 $\eta^2 = 0.177$，这表示如果考虑到非线性，那么当前年龄就能解释生育子女数方差的 17.7%。因为 $\alpha = 0.001$，查阅附录 E 得到的临界值是 $F_{5,1\,589} = 4.10$。检验统计量的值为：

$$F_{5,1\,589} = \frac{(0.177 - 0.159)/(7-2)}{(1-0.177)/(1\,596-7)} = 6.95$$

因此，我们可以拒绝零假设而接受备择假设，即在 GSS 样本所出自的总体中生育子女数与女性当前年龄是非线性相关的，其中犯第一类错误的可能性很小。

9.1.2 非线性方程的函数形式

一旦发现了非线性，下一步就要确定准确的函数式了。在数学符号中，$Y = f(X)$ 的表达式仅仅意味着因变量的期望值 $\hat{Y}_i$ 是自变量值 X_i 的某一（非特定）函数。普通最小二乘（OLS）回归指定关系采用一种线性和加法的形式：$\hat{Y}_i = \alpha + \beta X_i$。但是还有很多其他函数形式表示各种类型的非线性关系，正如图 9.2A~D 中的一些示例方程在 X 为正数时的绘图所示。在图 9.2A 的二次（抛物线）函数中，$\hat{Y}_i = \alpha + \beta X_i^2$，截距 α 表示函数曲线穿过 Y 轴的那一点（即 $X_i = 0$）。Y 的变化量随 X 轴上值的连续变化而逐渐增大。如果 β 系数为负，那么抛物线的方向相反，表示 X 值的连续增大预示着 Y 的负变化量增加。在图 9.2B 的倒数函数中，$\hat{Y}_i = \alpha + \beta / X_i$，常数参数 β 除以 X，当 X 增大时，Y 的预测值连续更小地变化，并在 Y 轴上逐渐接近极值（渐近线）α。

在图 9.2C 描绘的两个自然对数函数中，$\hat{Y}_i = \alpha + \beta \log_e X_i$，$X$ 值的连续增大预示着 Y 的变化量更小地增加，尽管 Y 没有达到极限。对数函数的曲线变平缓的速度取决于 β（在两个例子中都等于 1），而曲线与 X 轴的交点则取决于 α（曲线不会交于 Y 轴，因为 X 值为负的对数是不被定义的）。最后，在图 9.2D 中的指数函数，$\hat{Y}_i = e^{\alpha + \beta X_i}$，类似于抛物线，但是随着函数中 X 的变化，Y 值变化得更快。（在 X 取相同值时计算并比较 X^2 和 e^x。）指数曲线的精确形状和位置取决于它的参数：如果 $\beta > 0$，那么曲线的弯曲度随着 X 的增大而增大，如图 9.2D 所示；如果 $\beta < 0$，弯曲度则随着 X 的增大而减小。e 是**尤拉常数（Euler's constant）**，它是一个无理数，被用作自然对数的底（X 的自然对数表示为 $\log_e X$ 或 $\ln X$）。e 的近似值是 2.718 28。

291

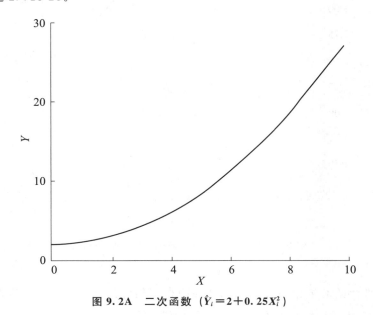

图 9.2A 二次函数（$\hat{Y}_i = 2 + 0.25 X_i^2$）

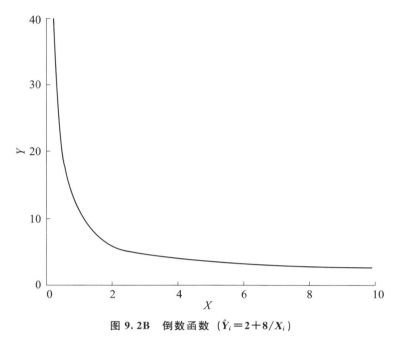

图 9.2B　倒数函数（$\hat{Y}_i = 2 + 8/X_i$）

以上以及其他非线性函数可以通过转换预测变量而被纳入传统的 OLS 估计方法。根据所要求的函数形式，自变量的值被转换为一个新的变量，然后这个新的变量便可进入 OLS 回归方程中。例如，如果 X_i 与 Y_i 既有线性关系又有抛物线关系，方程在总体中记为 $\hat{Y}_i = \alpha + \beta_1 X_i + \beta_2 X_i^2$。如果我们生成一个包含 X 的平方的第二变量，就参数而言方程就是线性的，而就变量而言方程仍然是非线性的。X 和 X^2 如果没有严重的多重共线性便可以进入同一个回归方程中（也就是，它们没有高度相关；见 8.2.2 节）。

为了说明这一过程，让我们看看个人的年收入（Y）和他们的年龄（X）之间的关系。尽管我们期望收入能够随着年龄增大而增长（在很大程度上雇主通过工作经验的增加对雇员的价值进行排序），但我们不期望收入在整个 40 年的黄金工作时段内一直增长。相反，在初始的增长后，收入趋于平稳可能甚至随着人们接近退休年龄而下降。因此，在例子中一个二次方程似乎是合理的：$\hat{Y}_i = \alpha + \beta_1 X_i - \beta_2 X_i^2$。式中，$Y$ 是以百美元为单位的年收入，X 是以岁计算的年龄，X^2 是年龄的平方。β_1 为正数时，它与假设的收入随年龄的增长相一致，而 β_2 为负数则反映了收入随年龄平方的增长而减少的假设。使用 1998 年 GSS 中 879 个当前正在工作的男性为样本，将受访者的收入类别重新编码为以千美元计的中间值，那么估计的 OLS 回归方程是（括号中的数字是标准误）：

$$\hat{Y} = -49.970 + 3.758X_i - 0.037X_i^2$$
$$(8.05)\quad (0.381)\quad (0.004)$$
$$R_{adj}^2 = 0.130$$

在 $\alpha = 0.05$ 水平上，线性系数和二次系数显著区别于 0。年龄每增加 1 岁，人们的年收入增加 3 758 美元，而年龄平方每增加一个单位，则二次项减少 37 美元的收入。为找到收入峰值所对应的年龄，可以用基础微分来确定年龄曲线的斜率等于 0 的点。取关于 X 的估计方程的一阶导数：

$$\frac{\delta Y}{\delta X} = 3.758 - 2 \times 0.037X$$

294 设方程等于零：$3.758-0.074X=0$。对其求解便得到 $X=50.8$ 岁。

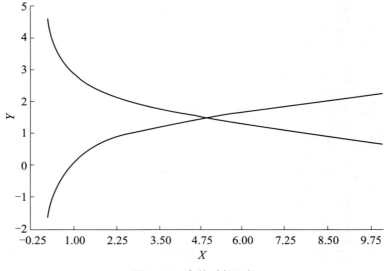

图 9.2C　自然对数函数

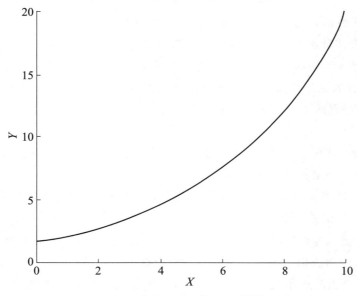

图 9.2D　指数函数 （$\hat{Y}_i=e^{0.5+0.25X_i}$）

　　对数函数也可以通过转换预测变量来估计。那么利用转换的测量方式得到的 OLS 回归从估计的参数来看是线性的，而从变量来看依然是对数形式的。为了进行说明，我们指定一个女性生育子女数和其生育第一胎的年龄之间的对数函数。女性生育第一胎的年龄越小，其可能生育的子女就越多。我们假设在负对数形式下，女性生育第一胎的年龄越大，其生育的子女就越少。一个适当的设定是：$\hat{Y}_i=\alpha-\beta\log_e X_i$。式中，$Y$ 是已生育子女数，$\log_e X_i$ 是生育第一胎年龄的自然对数（以 e 为底）。系数 β 为负时与我们假设第一胎生育较晚的女性最后将有较少的子女相一致。以 1998 年 GSS 中 1 199 个女性作
295 为样本，则 OLS 回归估计（括号中的数字是标准误）为：

$$\hat{Y} = 9.343 - 2.188 \log_e X_i$$
$$(0.610) \quad (0.197)$$
$$R_{\text{adj}}^2 = 0.093$$

正如任一非线性方程所示，子女数的期望值在（已做对数转换的）年龄变量中并非恒定。例如，这一方程可以预测一位首次生育发生在 17 岁时的女性（$\log_e 17 = 2.833$）会有 $9.343 - 2.188 \times 2.833 = 3.14$ 个子女，而 20 岁生育第一胎的女性（$\log_e 20 = 2.996$）则只有 $9.343 - 2.188 \times 2.996 = 2.79$ 个子女，三年的延迟会产生 0.35 个子女的差异。然而，27 岁和 30 岁第一次生育的女性则预期分别会有 2.13 个和 1.90 个子女，这三年的跨距产生了 0.23 个子女的差异。可见，一位女性的生育历史显著地依赖于她开始生育的年龄。

图 9.2D 所示的指数函数只是数个可选择的规范之一。另一种经常用来检验增长过程的指数函数是 $\hat{Y}_i = \alpha X_i^\beta$。此处，分离出截距的回归参数是预测变量的指数。一种在参数中保持线性的恰当转换是对估计方程的两侧取自然对数：

$$\hat{\log_e} \hat{Y}_i = \log_e \alpha + \beta \log_e X_i$$

β 和 $\log_e \alpha$ 参数的无偏估计可以从 $\log_e X$ 对 $\log_e Y$ 的 OLS 回归中获得。为了重新获得原始的 α 参数值，对估计的 $\log_e \alpha$ 取逆对数。举例来说，图 9.3A 显示的是美国自 1790 年至 1990 年间每十年一次普查的人口数（以百万计）。该图清楚地显示了两个世纪间的加速增长（在 1930—1940 年经济大萧条期间有一个明显的扰动）。但图 9.3B 的绘图则更近似于一种直线关系。估计的双对数 OLS 方程（括号中的数字是标准误）如下：

$$\hat{\log_e} \hat{Y}_i = -0.25 + 1.92 \log_e X_i$$
$$(0.080) \quad (0.070)$$
$$R_{\text{adj}}^2 = 0.972$$

式中，以每十年时间对 X 值重新编码，从 1790 年 $= 2$ 到 1990 年 $= 22$。R^2 值显示，几乎所有的对数化人口的变异都由这个设定俘获了（未取对数的每十年人口数的线性回归计算出 $R^2 = 0.920$）。估计的截距（-0.25）的逆对数是 0.78，因此美国人口指数增长的估计方程为：$\hat{Y}_i = 0.78 X_i^{1.92}$。指数（1.92）可以解释为因变量相对于自变量的"弹性"。就是说，X 每变化 1%，因变量的期望值就会产生预期 1.92% 的变化。在分析中，因为两个世纪的 1% 就是两年，所以美国人口每两年的平均增长为 1.92%（也就是，每十年 9.60% 的增长）。指数的双对数方程的导数也可以用来计算在 X 轴上任意一点 X_i 处指数增长线的斜率的期望值： *296*

$$\frac{\delta Y}{\delta X} = 在 X_i 处的斜率 = \alpha \beta X_i^{\beta} - 1$$
$$= 0.78 \times 1.92 X_i^{1.92 - 1}$$
$$= 1.50 X_i^{0.92}$$

一个指数性的斜率呈非线性变化，并随着时间的流逝而变得越来越大。例如，在第 9 次人口普查（1860 年）中，方程估计美国人口会以每十年 $1.50 \times 9^{0.92} = 11.3$（单位为百万）的速度增长。而第 21 次普查（1980 年）中期望斜率值是前者的两倍多，达到了 $1.50 \times 21^{0.92} = 24.7$（单位为百万）的增长。而实际的人口增长量分别是 840 万和 2 650 万。当用对数方程来预测 2090—2100 年这十年间（第 32 次普查观测）的人口增长时，美国预计会有 $1.50 \times 32^{0.92} = 36.4$（单位为百万）的新增人口。不过，在下一个世纪中，这样快速的增长能否维持还是一个未知数。 *297*

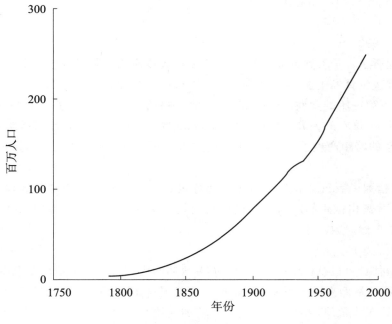

图 9.3A　人口普查年的美国人口

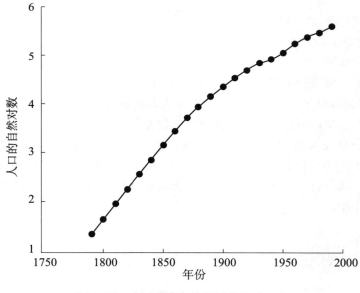

图 9.3B　人口普查年的美国人口（$\log_e$）

9.2　二分因变量

　　迄今为止，我们已经估计了只有连续因变量的回归，因为它与专栏 8.2 所讲的最佳线性无偏估计
298　（BLUE）准则非常相近。在 OLS 框架下，技术上并不阻碍我们分析二分因变量（1－0）和虚拟因变

量。例如，在 1998 年 GSS 数据里，1996 年总统竞选中有 923 位受访者表示他们投票支持比尔·克林顿（编码为 1），而 589 位受访者表示投票支持鲍勃·多尔（编码为 0）。[在此例中，我们忽略表示支持罗斯·佩罗或两党外的其他候选人的 215 位受访者。] 克林顿的支持率是 0.61。这个二分变量在四个预测变量上的 OLS 回归产生下面的非标准化参数（括号中的数字是标准误）：

$$\hat{Y}_i = 1.389 - 0.136X_{1i} - 0.054X_{2i} - 0.087X_{3i} - 0.008X_{4i} - 0.038X_{5i}$$
$$(0.051)\quad(0.005)\quad(0.007)\quad(0.024)\quad(0.003)\quad(0.019)$$
$$R^2_{\text{adj}} = 0.532$$

式中，$\hat{Y}$ 是对克林顿的期望投票，X_1 是受访者的政党认同（0～6 编码，0 表示强烈支持民主党，6 表示强烈支持共和党），X_2 表示受访者的政治立场（1～7 编码，1 表示极度自由，7 表示极度保守），X_3 是一个种族虚拟变量（1 表示白人，0 表示其他），X_4 是受教育年限（从 0 到 20 年）；X_5 是居住地区（1 表示南部，0 表示其他）。因为因变量的取值范围限于两种选择，所以方程可以解释为一个支持克林顿的**线性概率模型**（linear probability model）。比如，对共和党的认同每增加一个点使一个人投票支持克林顿的比例减少了 0.136；白人投票支持克林顿的比例比其他族群低 0.087；如此等等。

　　二分因变量违反回归分析中的两个基本假设，这使得线性概率模型是不可取的。首先，误差项服从正态分布的最优线性无偏估计假设不被满足。回归误差是观测值与预测值之间的差值：$e_i = Y_i - \hat{Y}_i = Y_i - (\alpha + \sum \beta_{ji} X_{ji})$。然而，因为受访者只有 0 和 1 两个观测值，它们的误差项只能取两个值。对于 $Y_i = 1$，$e_i = 1 - \alpha - \sum \beta_{ji} X_{ji}$；而对于 $Y_i = 0$，$e_i = -\alpha - \sum \beta_{ji} X_{ji}$。因此，尽管 β_j 的 OLS 参数估计是无偏的，但它们并不是最有效的估计（也就是说，得到尽可能小的抽样方差；见 3.10 节）。利用这些估计的参数和它们的标准误进行的假设检验可能得出无效的结论，甚至对于非常大的样本也是如此。

　　二分因变量回归的第二个问题是，有些期望值可能是无意义的。因为参数描述的是预测变量与因变量的多元线性关系，有些极端组合的期望值可能会落在 0 和 1 的范围之外。这样的结果是没有意义的，因为负值的概率以及大于 1 的可能性是不被定义的。举例来说，考虑在所有自变量取极大值时促使受访者投票支持克林顿的期望值：

$$\hat{Y}_i = 1.389 - 0.136 \times 6 - 0.054 \times 7 - 0.087 \times 1 - 0.008 \times 20 - 0.038 \times 1$$
$$= -0.09$$

投票支持克林顿的概率是 −0.09，这显然是无法理解的。同样，自变量取相反的配置值时，会产生另一个预期支持克林顿的概率：

$$\hat{Y}_i = 1.389 - 0.136 \times 0 - 0.054 \times 1 - 0.087 \times 0 - 0.008 \times 0 - 0.038 \times 0$$
$$= 1.34$$

这个支持克林顿的概率也是无法想象的。

　　正如上述例子中所表明的那样，OLS 回归的线性概率模型并不是完美的。我们需要引入一种替代方法，它不需要概率是预测变量的线性函数这一不现实的假设。所幸，这样可替代的非线性函数形式是存在的，它适用于二分以及非定序离散因变量，在本章剩余部分将会进行介绍。

9.3　logistic 转换及其性质

　　百分比和比例（p）并非测量二分响应变量仅有的方式。p 的 **logistic 转换**（logistic transformation of p）就是一种有一些深刻性质的实用的替代选择。利用自然对数（就是以尤拉常数 e 为底的对数），通过 p_i 比上 $1-p_i$ 建立发生比，然后取这一比值的自然对数，第 i 个观测值的 **logit**（logistic 概率单位）就能被计算出来（即 logit 是发生比的自然对数）：

$$L_i=\log_e\left(\frac{p_i}{1-p_i}\right)$$

logit 以某中心值呈对称分布。当 $p_i=0.50$ 时，其互补值也是 $1-0.50=0.50$。因此，这个比值的自然对数就是 $L_i=\log_e(0.50/0.50)=\log_e1=0$。但是当二分变量向其中一个方向越来越接近极值 0 或 1 时，logit 值向两侧移动更远，如下面的计算所示：

p_i	0.10	0.20	0.30	0.40	0.50	0.60	0.70	0.80	0.90
$1-p_i$	0.90	0.80	0.70	0.60	0.50	0.40	0.30	0.20	0.10
logit	-2.20	-1.39	-0.85	-0.41	0.00	0.41	0.85	1.39	2.20

虽然这些概率都以不变的 0.10 为间距，但是它们离 $p_i=0.50$ 越远，对应的 logit 之间的距离也就越大。也要注意到尽管 logit 没有上下限，但是当 p_i 刚好等于 1.00 或 0.00 的时候，logit 是不被定义的。图 9.4 绘制了概率向 logit 的连续转换。它表示 $Y_i=1$［如 $p(Y_i)=1$］时的累积概率分布，其中 Y_i 是二分变量，对数发生比的值域从负无穷到正无穷。这条 S 形曲线非常类似于标准正态分布（Z 值）的累积概率图。在 $p_i=0.25$ 到 0.75 的范围内，logistic 转换几乎是线性的；因此，线性概率模型给出了与 logistic 非常相似的结果。然而，当一个二分变量在其中一个方向更偏斜时，logistic 的非线性会变得更加明显。对于在正或负两个方向上非常大的 L_i 值，Y_i 的概率分别都无限接近但是永远不能达到 1.00 或 0.00。因此，就算是非常极端的 logit 估计，也从未与落在有意义的 0-1 范围之外的期望概率值有关。这个对 logistic 转换的期望值的约束是其优于线性概率形式的最重要的特点。

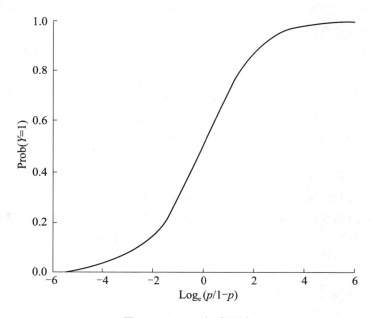

图 9.4　logistic 概率形式

因为 logit "扩展" 了极高与极低的概率，它对在不同水平上进行概率的比较是有用的。表 9.1 显示了 1945 年至 1960 年间，大约以四年为间距，四组已经升入五年级的美国同期群后期的升学率情况。

最上面的栏目反映了每一个同期群后来升入八年级、高中毕业和进入大学的构成比。在这期间，在三个学校层级中每个相继的同期群的升学率都在提高，但是从三个学校层级的不同起始比率进行比较是复杂的。例如，比较 1945 年与 1960 年的构成比，升入八年级的比例仅提高了 0.109，而高中毕业和进入大学的构成比的变化是前者的两倍甚至两倍多，分别达到了 0.265 和 0.218。但我们也可以肯定地说，相对于 1945 年的构成比，15 年中大学的入学率几乎翻倍，高中毕业率提高了 50%，而在过去的 15 年时间里八年级的入学率仅增长了八分之一。这两种对构成比的解释都表明，1945—1960 年间，三个不同学校层级的入学率以不同的水平变化。因为构成比和百分比被约束在 0 到 1（或者 0% 到 100%）的区间内，这样的比较就无法调整"地板"和"天花板"效应。也就是说，50% 比率上 1% 的变化和 98% 比率上 1% 的变化是不同的。

表 9.1	四个同期群在三个学校层级中的入学率		
	后续的学校教育		
	升入八年级	高中毕业	进入大学
同期群升入五年级的时间（年）	构成比		
1960	0.967	0.787	0.452
1965	0.948	0.642	0.343
1951	0.921	0.582	0.308
1945	0.858	0.522	0.234
	发生比		
1960	29.303	3.695	0.825
1955	18.231	1.793	0.522
1951	11.658	1.392	0.445
1945	6.042	1.092	0.305
	logit		
1960	3.378	1.307	−0.193
1955	2.903	0.584	−0.650
1951	2.456	0.331	−0.809
1945	1.799	0.088	−1.186

资料来源：U. S. Census Bureau. 1975. *Historical Statistics of the United States：Colonial Times to 1970*. *Part 1*. Washington DC：U. S. Government Printing Office. Series H587 –597，p. 379。

由于对称性，一个发生比 $p_i/(1-p_i)$ 的 logistic 转换和一个倒转的发生比 $(1-p_i)/p_i$ 会产生值相等但是符号相反的 logit。例如，构成比 0.75 和 0.25 对应于 $0.75/(1-0.75)=3.000$ 和 $0.25/(1-0.25)=0.333$ 的发生比。取自然对数，两个发生比会分别产生 1.0986 和 −1.0996 的 logit，表明它们基本等值。表 9.1 中第二和第三个栏目先是把入学的构成比转换为发生比，再转换为 logit。图 9.5 绘制了这些 logit，揭示了 15 年间四个同期群在三个学校层级中的入学率趋势。在发生比的自然对数中，每个趋势大致呈线性，仅有 1960 年的同期群有大的偏差，即在高中毕业中有一个明显的突增。因此我们有理由得出结论，认为 20 世纪中期美国同期群的入学率在三个学校层级中以近似恒定的比率增长。

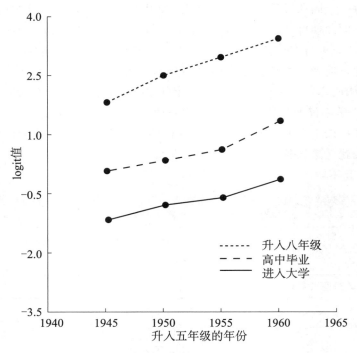

图 9.5　在三个学校层级中四个同期群入学率的 logit

　　logit 为不尽如人意的线性概率模型的替代选择提供了一个适当基础。我们以线性概率模型为始进行以下推导，把因变量的第 i 个观测值为 1 的概率表示为 K 个预测变量的线性加法函数：

$$\text{Prob}(Y_i=1)=p_i=\alpha+\sum_{j=1}^{K}\beta_j X_{ji}$$

303　　正如 9.2 节所指出的，线性概率模型的问题是概率 p_i 被约束在 0 到 1 的范围内，而表达式 $\alpha+\sum\beta_i X_{ji}$ 则没有被这样约束。为避免这个难题，在二分变量情况下，我们可以通过生成概率的比值来消除观测值为 1 或 0 的个案中的概率上限。也就是说，在由这两个概率构成的发生比中，

$$\frac{\text{Prob}(Y_i=1)}{\text{Prob}(Y_i=0)}=\frac{p_i}{1-p_i}$$

比值一定是正的，因为 $0\leqslant p_i\leqslant 1$，但是这个比值在 p_i 越来越接近 1 时是无上限的。通过取这个发生比

304　的自然对数，即 $\log_e(p_i/1-p_i)$，我们可以剔除接近于 0 的低概率，产生的值的范围是从负无穷到正无穷的实数。注意上述概率的对数比被定义为 $\text{logit}(L_i)$。现在使这个转换的因变量与预测变量的线性函数相等：

$$\log_e\left(\frac{p_i}{1-p_i}\right)=\alpha+\sum_{j=1}^{K}\beta_j X_{ji}$$

设 $\alpha+\sum\beta_j X_{ji}=Z$，简化右侧的表达式，就得到：

$$\log_e\left(\frac{p_i}{1-p_i}\right)=Z$$

为了解出 p_i，我们对等式两边使用逆对数或幂函数，即 $\exp X$ 或 e^X。［自然对数的底是尤拉无理数 $e\approx$ 2.718 28，其中 $\log_e(e^X)=X$，且 X 的逆对数 $\exp X=e^X$。］因此，p_i 的解就是：

$$\exp\log_e\left(\frac{p_i}{1-p_i}\right)=\exp Z$$

$$\frac{p_i}{1-p_i}=\exp Z$$
$$p_i=(1-p_i)e^z$$
$$p_i=e^z-p_i e^z$$
$$p_i+p_i e^z=e^z$$
$$p_i(1+e^z)=e^z$$
$$p_i=\frac{e^z}{(1+e^z)}=\frac{1}{(1+e^{-z})}$$

在最后步骤右侧的两个表达称为 logistic 函数。用最初的表达式再次替换 Z，我们可以看到第 i 个个案在二分因变量上取值为 1 的概率：

$$p_i=\frac{1}{(1+e^{-a-\Sigma\beta_j X_{ji}})}$$

因为第 i 个观测值的 $\text{logit}(L_i)$ 被定义为发生比的自然对数，我们可以用 logistic 函数替换概率 p_i：

$$L_i=\log_e\left(\frac{p_i}{1-p_i}\right)$$
$$L_i=\log_e(e^{a+\Sigma\beta_j X_{ji}})$$
$$L_i=\alpha+\sum\beta_j X_{ji}$$

专栏 9.1 给出了推导的补充细节。在总统选举例子中，投票给克林顿的概率相对于投票给多尔的概率的发生比是 $0.61/(1-0.61)=0.61/0.39=1.56$。这个数字的自然对数是 0.445。图 9.6 阐明了基于相同的二分样本数据计算的 logistic 回归线与假设的线性概率回归线的差别。对 Z 的极值而言，预测的线性概率小于 0 和大于 1，但是对于任意的 Z 值，logit 都不会超出 0 到 1 的范围。 *305*

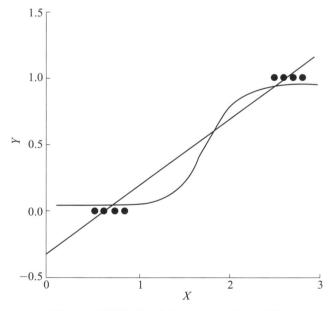

图 9.6　线性概率回归与 logistic 回归之比较

　　尽管潜在的概率不是预测变量的线性函数，但是对数发生比的转换使得 logit 成为自变量 X_K 的线性加法函数。一个二分的 logit 可直接解释为 $Y=1$ 的概率与 $Y=0$ 的概率的发生比（的自然对数）。当因变量的一个观测值为 1 的概率恰好为 0.5 的时候，logit 为 0（即 $p_{Y=1}/p_{Y=0}=0.50/0.50=1.00$，因 *306*

此 $\log_e 1.00=0.0$），此时就如图 9.4 所示，对数曲线是对称的。当 $Y=1$ 的概率大于 $Y=0$ 的概率的时候，logit 大于 0。最后，当 $Y=1$ 的概率小于 $Y=0$ 的概率的时候，logit 小于 0。在 $Y=0$ 的概率恰好为 0 的情形下，logit 不被定义：以 0 作为分母的除法在数学上是不可能的。但是当 $Y=1$ 的概率接近于完全确定（即 $p_{Y=1}\rightarrow1.00$），并且由此 $Y=0$ 的概率趋向于 0（$p_{Y=0}\rightarrow0$）的时候，logit 趋向于无穷大（参见图 9.4 右边）。在相反的情况下，$Y=0$ 的概率趋向于 1，而且由此 $Y=1$ 的概率趋向于 0，此时 logit 则趋向于负无穷（见图 9.4 左边）。二分变量的案例中取两个概率比值的自然对数，这一 logit 的性质成为多变量分析时非常有用的函数形式。

专栏 9.1

logit 的推导

首先，为了简化表达，设 $\alpha+\sum\beta_jX_{ji}=Z$。假设第 i 个观测值为 1 的概率是：

$$p_i=\frac{1}{1+e^{-z}}$$

它的互补的概率便是：

$$1-p_i=1-\frac{1}{1+e^{-z}}=\frac{1+e^{-z}-1}{1+e^{-z}}=\frac{e^{-z}}{1+e^{-z}}$$

取这对互补项的比值并简化：

$$\frac{p_i}{1-p_i}=\frac{1/(1+e^{-z})}{e^{-z}/(1+e^{-z})}=\frac{1}{e^{-z}}=e^z$$

下一步，取比值的自然对数：

$$\log_e\left(\frac{p_i}{1-p_i}\right)=\log_e\left(\frac{1}{e^{-z}}\right)=\log_e(e^z)=Z$$

最后，替换 Z 并且把结果定义为第 i 个观测值的 logit L，得到：

$$\log_e\left(\frac{p_i}{1-p_i}\right)=L_i=\alpha+\sum\beta_jX_{ji}$$

9.4 估计和检验 logistic 回归方程

9.4.1 参数估计

logistic 回归与多元回归分析是类似的，尽管其因变量是二分变量的对数发生比而并非连续的测量。正如多元回归一样，logistic 回归中的自变量或预测变量可能是连续测量、二分变量、多类别虚拟变量或交互项。包含 K 个自变量的基本**二分 logistic 回归方程**（dichotomous logistic regression equation）如下：

$$\hat{L}_i=\alpha+\beta_1X_{1i}+\beta_2X_{2i}+\cdots+\beta_KX_{Ki}$$

两个概率比值 $p_i/(1-p_i)$ 的期望自然对数（logit）是 K 个预测变量的线性函数。取上述方程的逆对数［即采用 $e(\log_eW)=W$ 和 $e(Z)=e^z$ 的原则］，我们可以重写基本二分 logistic 回归方程，以揭示自变量是如何影响概率比值的：

$$e(\hat{L}_i) = e\left[\log_e\left(\frac{p_Y=1}{p_Y=0}\right)\right]$$

$$\frac{p_Y=1}{p_Y=0} = e^{a+\beta_1 X_1 + \beta_2 X_2 + \cdots + \beta_K X_K}$$

logistic 回归方程与加法多元线性回归方程类似，当中系数 β_j 表示当对应的预测变量 X_j 变化一个单位时，因变量发生比的对数变化了多少。

适用于多元回归的 OLS 不适合对 logistic 回归参数进行估计。取而代之的是一种叫**最大似然估计**（**maximum likelihood estimation，MLE**）的方法。简言之，MLE 就是用一系列连续近似值来估计未知的真实总体参数值 α 和 β_j。其目标是用样本数据 a 和 b_j 来估计参数，使已经得到的样本观测值最大似然化。MLE 与 OLS 不同，后者利用最小二乘准则（差异的平方和）来判定 Y 的观测值和预测值之间的匹配性，而前者在给定的参数集是真实的前提下，计算每个样本观测值 Y_i 的概率。产生最高概率的那一组就包含了最大似然估计。

由于 MLE 没有类似于 OLS 回归中用到的标准方程那样的代数公式，它的计算就要求有一个能够 *308* 检验很多参数集直到最优选择得以确认的计算机程序。（大部分计算机程序都采用牛顿-拉夫逊方法。）这个程序以一个起始预测值开始（典型地，所有参数都等于 0）。经过一系列的迭代或者循环，产生新的估计值，然后把它们与前面的值进行比较。这个迭代一直持续到相继的估计值与前面的估计值的差距小于某个特定小额。对于大样本而言，MLE 参数估计是无偏的、有效的和服从正态分布的，因此可以使用我们前面检验过的统计量进行显著性检验。

回想 9.2 节中来自 1998 年 GSS 数据的例子，我们使用了五个自变量——政党认同、自由还是保守的政治立场、白色人种、教育水平和南部居民来预测 1996 年总统选举中克林顿和多尔的期望支持率。我们现在使用这些相同的变量来估计一个 logistic 回归方程。这个估计方程（括号中的数字是标准误）是：

$$\hat{L}_i = 6.932 \ - \ 0.812X_{1i} - 0.459X_{2i} - 1.104X_{3i} - 0.072X_{4i} - 0.280X_{5i}$$
$$\quad\quad (0.571) \quad (0.046) \quad (0.066) \quad (0.281) \quad (0.028) \quad (0.171)$$

五个预测变量的 t 值可以通过参数值除以其标准误计算得到，在 $\alpha < 0.05$ 或者更小时，除了居住地区，t 值在统计上都是显著的。[①]

直接解释每个系数是比较棘手的，因为还要考虑到对数发生比，而这几乎是一个常规框架。不过，正号或负号反映了一个预测变量如何线性地增大或者减小了对数发生比。因此，一个系数可以进行类似于线性回归参数那样的解释，只要我们牢记因变量不是一个概率，而是两个概率发生比的对数值。在上述例子中，正的系数意味着认同为共和党（即 X_1 中的高取值）、持保守政治立场（X_2）、是白人（X_3）、有更多受教育年限（X_4）和居住在南部（X_5）减小了投票支持克林顿的对数发生比。而在这些预测变量上取值较低的人有更高的投票重新选举总统的对数发生比。

围绕 logistic 回归系数点估计的置信区间的计算类似于 OLS 回归过程。对于给定 α 水平的大样本，*309* $(1-\alpha)(100\%)$ 置信区间的上下限在 b_j 估计值附近，被计算为：

$$b_j \pm t_{\alpha/2} s_{b_j}$$

式中，s_{b_j} 是估计的 b_j 系数的标准误。例如，对于政党认同（X_1）的 logistic 系数，95% 的置信区间

---

① SPSS 中的 logistic 回归一般产生方程估计。它输出的是 β 的估计值和标准误而不是 t 值，它计算"沃尔德统计量"。该统计检验被用于检验具有一个自由度的卡方，同时它的值精确等于 t 值的平方。因此，为了强调 OLS 回归和 logistics 回归之间的相似性，我们只计算并讨论 t 值。

是 $-0.812\pm0.046\times1.96$，即 LCL$=-0.902$，UCL$=-0.722$。

在 9.2 节中我们提及如果二分因变量用 OLS 回归来估计，自变量的极值可能会使预测值超出定义范围（即预测值不在 0 到 1 这个概率范围内）。将一个支持克林顿的选民的极端组合应用于 logistic 回归方程，得出：

$$\hat{L}_i = 6.932 - 0.812\times6 - 0.459\times7 - 1.104\times1 - 0.072\times1 - 0.280\times1$$
$$= 6.932 - 4.872 - 3.213 - 1.104 - 0.072 - 0.280 = -2.609$$

为了把 -2.609 转换回概率，我们利用基本的 logistic 函数 $F(Z) = e^Z/(1+e^Z)$，其中 $Z = a + \sum b_j X_{ji}$。因此，一个在五个自变量上都具有这些极端反克林顿值的人投票给克林顿的期望概率为：

$$P(Y=1) = \frac{e^{-2.609}}{1+e^{-2.609}} = \frac{0.074}{1+0.074} = \frac{0.074}{1.074} = 0.069$$

换言之，这样的人有 0.069 的预测概率会投票支持克林顿，而不是根据 OLS 回归方程得出的荒谬的 -0.09 的概率。同样，对于那些极端支持克林顿的选民的预测值，logistic 回归方程产生的 $Z=6.473$，转换为投票支持克林顿的期望概率就是 0.998。这个结果比线性概率模型无意义的概率估计值（1.34）更为可信。

9.4.2 幂参数

在线性回归中，参数 β_j 测量的是自变量一个单位的变化或差异对因变量所产生的效应。这个回归效应对于所有自变量的值而言都是固定的。而在 logistic 回归中，变量在它们初始尺度上的非线性关系使得解释过程变得复杂，因为自变量的效应会随着自变量水平的变化而不同。以教育水平对 1996 年总统大选的影响这个双变量 logistic 回归为例，得到这样一个估计方程：$\hat{L}_i = 1.612 - 0.084X_i$。$\beta$ 参数估计的解释就是，在学校教育方面一年的时间差异会使投票支持克林顿的对数发生比减小 0.084。因为我们从未想到对数发生比，所以这个推论并不十分明显。然而，通过取幂（逆对数），logistic 回归系数就能被转换为一个数值，以说明自变量对非对数发生比的影响。

通过对上述的 logistic 回归方程两边同时取幂，我们发现了受教育年限与投票支持克林顿相对于投票支持多尔的发生比之间的关系：$p_1/p_2 = e^{1.612-0.084X_1}$。图 9.7 显示了预测的 logit 及转换后得到的投票支持发生比在受教育年限变量的范围内都是怎样变化的。后者关系的非线性从图形中可以很容易看到：随着教育水平的提升，投票支持克林顿的发生比下降，但以递减的速度下降。我们可以通过从教育水平参数的幂值中减去 1 得到该变动关系的一个定量估计：$e^{-0.084} - 1 = -0.080\,5$。最后，将该比例乘以 100%，我们就得到了值 -8.05%，它揭示了受教育年限每增加一年能使得投票支持克林顿的发生比减小超过 8%。这个恒定的比例效应在自变量的任意值上都会出现，虽然减小的程度在最低教育水平上是最大的。请对在 9.4.1 节中包含政党认同和政治立场变量的多元 logistic 回归系数运用参数转换公式 $(e^\beta - 1)(100\%)$，并解释这两个连续自变量的百分比每变化一个单位时你所进行的计算。

对于一个二分（0-1）自变量来说，另外一个简单的转换允许用一个直接概率来解释它对因变量的效应。这种转换只需要将估计的 logistic 回归参数乘以二分因变量的方差 $[(p_1)(1-p_1)]$ 即可。这个结果说明了剔除方程中的其他变量，一个预测变量对因变量的发生概率（对样本均值的估计）的比例效应。在总统选举的例子中，因为投票支持克林顿的构成比为 0.61，它的方差是 $0.61\times(1-0.61) = 0.238$。因此，白人投票给克林顿的效应就是 $-1.104\times0.238 = -0.263$。也就是说，相对于非白人种族，白人种族投票支持克林顿的概率要减小 26.3%。那么，居住在南部地区对投票支持克林顿的概率会有什么影响呢？

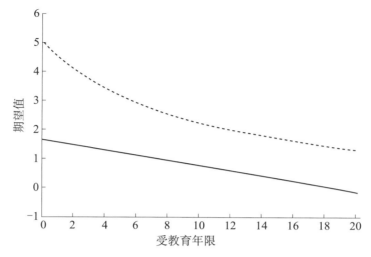

图 9.7 投票和教育水平的 logistic 回归

9.4.3 测量方程拟合优度

有四种方式可用于评估全部的 logistic 方程对数据的拟合优度。第一种是**对数似然比（log likeli-hood ratio）**，它让两个嵌套 logistic 回归方程进行比较，其中一个方程受另一个方程的限制。如果限制较少的方程有 K_1 个自变量而限制较多的方程有 K_0 个自变量，那么这 K_0 个自变量也都会出现在限制较少的方程中。其零假设是：在总体中，这 $K_1 - K_0$ 个 logistic 回归参数与 0 都没有显著差异。也就是说，对于所有的 β_j，其中 $j > K_0$，就有 $H_0: \beta_{K_0+1} = \beta_{K_0+2} = \cdots = \beta_{K_1} = 0$。备择假设为：至少有一个参数 β_j 与 0 有显著差异。

L_1 是有 K_1 个自变量的受限较少的方程的最大似然值，它的自由度是 $N - K_1 - 1$。L_0 是有 K_0 个自变量的受限较多的方程的似然值，自由度是 $N - K_0 - 1$。检验统计量 G^2 通常在计算机软件中标注为卡方模型，是这两个似然值之比。它服从卡方分布，自由度是两个方程的预测变量个数之差，即 $df = K_1 - K_0$。统计检验的公式如下：

$$G^2 = -2 \log_e \left(\frac{L_0}{L_1} \right) = (-2 \log_e L_0) - (-2 \log_e L_1)$$

对数似然比检验最常用的方法是除了截距 α 外让方程中所有参数都等于 0，此时 α 等于因变量编码为 1 时的样本比例。在投票的例子中，只有截距的方程（$K_0 = 0$）得出 $-2L_0 = 1\ 011.9$。[1] 包括所有五个预测变量的方程（$K_1 = 5$）就有 $-2L_1 = 1\ 948.1$。因此，$G^2 = (-2 \log L_0) - (-2 \log L_1) = 1\ 948.1 - 1\ 011.9 = 936.2$，自由度 $df = 5$。如果设定 $\alpha = 0.05$，附录 B 显示临界值等于 9.49。因此，我们拒绝所有五个预测变量系数都是 0 的零假设，接受至少有一个参数很可能非零的备择假设。

每个 β_j 系数还可以用对数似然比来检验。K_1 个受限较多的方程被估计，每个方程只删除一个预测变量。全受限方程、受限较少方程和受限较多方程的对数似然比的差别是相对于单一自由度的差别（$\alpha = 0.05$，临界值 $\chi^2 = 3.84$）来进行检验的。例如，当教育水平从全受限方程的五个预测变量中删去时，$-2 \log L = 1\ 018.6$，于是 $G^2 = 1\ 018.6 - 1\ 011.9 = 6.7$，在 $p < 0.01$ 时显著，但在 $p < 0.001$ 时则

---

[1] 这个值是用标准 logistic 回归软件包经过程序化运算并输出的。

不显著。假设不含政党认同变量的方程 $-2\log L = 1\,454.8$，不含政治立场变量的是 $1\,062.5$，不含种族变量的是 $1\,029.4$，不含居住地变量的是 $1\,014.6$，则你可以相信在 $\alpha=0.05$ 水平上，除了居住地外，每个预测变量都显著提高了方程对数据的拟合优度。

第二种检验统计量是**拟合优度统计量**（goodness-of-fit statistic），它利用标准化残差来比较概率观测值与方程估计的概率预测值。拟合优度统计量是残差平方与估计标准差之比的平方的总和：

$$Z^2 = \sum_{i=1}^{N} \frac{(p_i - \hat{p}_i)^2}{(\hat{p}_i)(1-\hat{p}_i)}$$

概率预测值与概率观测值越接近，拟合越好，因此 Z^2 值越小。这个统计量呈卡方分布，自由度近似等于 $N-K_1-1$。在五个预测变量的投票模型中，拟合优度值是 $1\,763.4$，自由度 $df=1\,447$，这与我们

313 在上面得出的结论相同。那就是，四个 logistic 回归系数中至少有一个显著区别于 0。①

第三种方式是**伪 R^2**（pseudo-R^2），它考虑到了卡方分布与样本规模成比例的事实。对于样本规模 N，它调整了卡方模型，而且它度量了由 K_1 个自变量解释的方差：

$$\text{伪 } R^2 = \frac{G^2}{N+G^2}$$

当所有预测变量都和因变量无关（由此 $G^2=0$）时，这个测量值等于 0，但是它永远不可能等于 1，即使自变量完美地预测了因变量。这个伪 R^2 公式也没有考虑方程中预测变量的个数，也就是说，它的值也没有按照自由度进行调整。此外，这个测量没有抽样分布。因此，伪 R^2 的显著性检验是不存在的，它仅仅是一个描述性测量，大致表明由 K_1 预测变量对观测到的因变量变异所能解释的比例。

对于有五个预测变量的投票模型，伪 $R^2 = 936.2/(1\,453+936.2)=0.39$，这意味着投票选择中的大约五分之二的变异可以由其中四个自变量来解释。

最后，已知自变量观测值的特定组合值，logistic 回归方程可以根据因变量中最有可能的类别将观测值分类。然后，再把这些预测值与所有 N 个样本个案的观测值进行比较，这些精确类别的百分比可以用来判定方程解释二分变量结果的好坏。在投票数据中，五个预测变量的 logistic 方程准确地识别了 881 个克林顿支持者中的 777 个（88.2%），以及 572 个多尔支持者中的 473 个（82.7%），总的精确度是 86%（$1\,250/1\,453$）。这个成功率并不像看起来那么让人印象深刻；要知道只有 61% 的概率能够正确预测哪些受访者会投票给克林顿（同样的样本构成比）。尽管如此，投票者的政党认同、政治立场、种族、教育水平以及地理居住地区等信息确实减少了分类误差的三分之二（从 39% 的错误减少到 14%）。

314 ## 9.5　多项 logit 模型

二分 logistic 回归分析是非线性回归的一个特例，而这种非线性回归也包括多类别因变量，即**多项 logit 模型**（multinomial-logit model）。自然二分变量不能涵盖对潜在特性的所有测量。比如，工人的雇用状态可分为全职、兼职、失业、未被雇用以及无劳动能力。人为地把所有观测值分为雇用和未被雇用的二分法会隐藏而非揭示一些信息。幸运的是，上述所讨论的 logistic 回归估计方法可以扩展到分析

---

① 拟合优度统计量是利用诸如 SPSS 这样的 logistic 回归软件包经过程序化计算并输出的。

M 个非定序离散类别。对此，我们通过在之前分析的 GSS 投票案例中（589 个多尔支持者和 923 个克林顿支持者）增加 830 个未投票的 GSS 受访者，即在 $N = 2\,342$ 的样本中创立一个三分类别（$M = 3$）来阐述（我们继续忽略那些投票给佩罗以及其他第三政党总统候选人的受访者）。

第 i 个观测值出现在多类别因变量第 j 个类别中的概率记为 p_{ij}。因此，如果将支持多尔的选民、支持克林顿的选民和未投票者分别标记为类别 0、1 和 2，那么它们的概率就分别被记为符号 p_{i0}、p_{i1} 和 p_{i2}。概率被定义为相对频率，这样，M 个类别的概率和一定等于 1：

$$\sum_{j=1}^{M} p_{ij} = 1$$

因此，在我们的 GSS 选民样本中，$p_{i0} + p_{i1} + p_{i2} = 0.251 + 0.394 + 0.354 = 1.00$（经过四舍五入）。

在一个 logistic 回归方程中，期望概率值以非线性方式依赖于 K 个自变量的集合进行预测这个关系可通过一个多变量 logistic 分布函数来表示：

$$p_{ij} = \frac{e^{\sum a + \beta_{kj} X_{kji}}}{\sum_{j=1}^{J} e^{\sum a + \beta_{kj} X_{kji}}}$$

式中，p_{ij} 是第 i 个个案在因变量的第 j 个类别中的概率。三个下标表示 logistic 方程中第 k 个预测变量的第 i 个观测值在多类别因变量的第 j 个类别中。为了求解这些包含特殊参数估计的方程，线性约束必须着眼于与第 k 个预测变量有关的 β 的集合。常见的约束是它们加总等于 0：　*315*

$$\sum_{j=1}^{M} \beta_{kj} = 0$$

正如在线性回归中包含虚拟预测变量一样（详见 8.6 节），一个多类别因变量的 M 个类别只有 $M-1$ 个自由度。除了要求 K 个预测变量的 β 加总等于 1 外，我们还要指定第 M 个方程的所有系数等于 0。这样，每个估计的系数 β_{kj} 就能显示相对于被遗漏的类别 M，预测变量 X_k 对受访者 i 处于第 j 个因变量类别的发生比的效应。哪一个因变量类别被标记为参照组或基线组是可以任意选择的。在 9.4 节的二分总统选举案例中，我们选择支持多尔的选民作为被遗漏的类别；反之，如果我们选择支持克林顿的选民作为控制组，将会出现镜像结果。对于多项 logit 模型，非线性转换不能保证概率和等于 1。但是如专栏 9.2 所示，每个类别相对于基准类别的概率比值的自然对数的总和被要求必须等于 1。

专栏 9.2

相对于基准类别的多类别概率

对于一个 $M \geqslant 2$ 的非定序离散多类别因变量和 $K \geqslant 1$ 个预测变量，任意选定基准或参照类别 M 得到 logit 概率：

$$p(Y_i = M) = \frac{1}{1 + \sum_{j=1}^{M-1} e^{Z_{im}}}$$

对于因变量的 $m = M - 1$ 个其他类别（下标 i 表示第 i 个个案），其中 Z_{im} 表示：

$$a + \sum_{k=1}^{K} \beta_{jk} X_{jki}$$

给定第 m 个因变量类别，它的相对于第 M 个基准类别的 logit 是：　*316*

$$\log_e \left[\frac{p(Y_i = m)}{p(Y_i = M)} \right] = Z_{im}$$

对该表达式取幂，重新整理如下：

$$\frac{p(Y_i=m)}{p(Y_i=M)}=e^{z_{im}}$$

因此，$p(Y_i=m)=p(Y_i=M)e^{z_{im}}$。

现在，把该专栏中的第一个方程代入前一段的方程中，并计算出乘积，我们就得到下面关于第 i 个观测值落在因变量第 m 个类别中的概率方程：

$$p(Y_i=m)=\left(\frac{1}{1+\sum\limits_{j=1}^{M-1}e^{z_{im}}}\right)(e^{z_{im}})=\frac{e^{z_{im}}}{1+\sum\limits_{j=1}^{M-1}e^{z_{im}}}$$

接下来，通过在第 M 个基准方程中设定 α 以及所有 β 都等于 0 将上面方程的分母标准化。一般来说，$e^0=1$，于是当第 M 个方程中的 α 和所有 β 都设为 0 时，$e^{z_{im}}=1$。因此，我们可以用指数项来代替分母中的 1：

$$p(Y_i=m)=\frac{e^{z_{im}}}{1+\sum\limits_{j=1}^{M-1}e^{z_{im}}}=\frac{e^{z_{im}}}{e^{z_{im}}+\sum\limits_{j=1}^{M-1}e^{z_{im}}}=\frac{e^{z_{im}}}{\sum\limits_{j=1}^{M}e^{z_{im}}}$$

现在分母加总了所有 M 个方程，因此，第 m 个类别中观测值 Y_i 的概率可由所有 M 个类别的和表示。

最后，也可以把概率公式应用于第 M 个类别，当中所有参数设为 0：

$$p(Y_i=M)=\frac{e^0}{e^0+\sum\limits_{j=1}^{M-1}e^{z_{im}}}=\frac{1}{1+\sum\limits_{j=1}^{M-1}e^{z_{im}}}=\frac{1}{\sum\limits_{j=1}^{M}e^{z_{im}}}$$

317 当所有 M 个类别的概率加总时，它们的和就等于 1。也就是：

$$\sum_{j=1}^{M}p_i=\sum_{j=1}^{M-1}\left(\frac{e^{z_{im}}}{\sum\limits_{j=1}^{M}e^{z_{im}}}\right)+\frac{1}{\sum\limits_{j=1}^{M}e^{z_{im}}}$$

$$=\frac{\sum\limits_{j=1}^{M-1}e^{z_{im}}+1}{\sum\limits_{j=1}^{M}e^{z_{im}}}$$

$$=\frac{\sum\limits_{i=1}^{M}e^{z_{im}}}{\sum\limits_{j=1}^{M}e^{z_{im}}}=1.00$$

表 9.2 显示的是三分投票例子中的参数估计，其中未投票者作为被遗漏的基准类别。正如在 9.4 节中的二分方程系数表示相对于多尔支持克林顿的可能性，表 9.2 的上半部分中多项 logit 系数表示相对于未投票者投票支持多尔的每个预测变量的效应，下半部分的参数则表示相对于未投票者投票支持克林顿的效应。从逻辑上讲，这些系数中有很多都有相反的符号。例如，对于多尔的支持者来说，0.513 的政党认同参数意味着共和党认同者更可能投票给多尔而不是待在家里不去投票；而对于克林顿的支持者来说，−0.484 的参数意味着共和党认同者去投票的可能性小于投票给民主党候选人。类似地，对比未投票者，政治保守者更可能投票给多尔（0.434），却很少去支持克林顿（−0.040）。种族和教育水平变量在两个选民集合中是正值意味着白人和教育水平较高的受访者更倾向于去投票而不 *318* 是待在家里，而且支持多尔的系数会略高于支持克林顿的系数。在这两个方程中，居住地区的系数为负，表示居住在南部的人在选举日当天宁可待在家里也不愿去投票支持任何一方候选人。

表 9.2	1996 年总统选举的多项 logit 回归的附加参数估计（未投票者为被遗漏的参照类别）		
自变量	logistic 系数	标准误	t 值
多尔支持者			
截距	−8.259	0.516	−16.00**
政党认同	0.513	0.044	11.66**
政治立场	0.434	0.056	7.75**
种族	1.397	0.251	5.6**
教育水平	0.220	0.025	8.80**
地区	−0.100	0.139	−0.72
克林顿支持者			
截距	−0.434	0.324	−1.33
政党认同	−0.484	0.036	−13.44**
政治立场	−0.040	0.043	−0.93**
种族	0.188	0.126	1.49
教育水平	0.132	0.019	6.95**
地区	−0.264	0.114	−2.32*

* $p < 0.05$。
** $p < 0.001$。
$N = 2\,181$。
缺失数据：651 个个案。
资料来源：1998 General Social Survey。

对于包含 $K_1 = 10$ 个预测变量（两个方程各有五个自变量）的多项 logit 模型，$-2\log L_1 = 2\,228.5$。但是对于只含截距（$K_0 = 0$ 个预测变量）的方程，$-2\log L_0 = 3\,489.4$。因此，拟合优度的改善是 $G^2 = 3\,489.4 - 2\,228.5 = 1\,260.9$，其中自由度 $df = 10 - 0 = 10$，在统计意义上改善是非常显著的，因为 $\alpha = 0.001$、$df = 10$ 时卡方的临界值为 29.6。

使用多类别 logistic 回归方程来预测结果的准则是，如果第 i 个个案的概率 p_j 有最高的预测概率，那么就把这个个案归入因变量的第 j 个类别中。利用这条准则来把 2 181 个受访者归入三个因变量类别中，比较这些预测值与观测值，我们发现只有 65.0% 的样本被正确分类。成功分类的水平依类别而不同：支持多尔的选民中有 73.6% 被正确分类，支持克林顿的选民中有 77.2% 被正确分类。然而，只有 43.5% 未投票者中被正确分类。显然，比起辨别谁没有投票，这五个预测变量在放置选民的选择时更有用。进一步的研究应该关注那些能够更好解释投票结果的其他预测变量，比如受访者对政治事件的兴趣水平。

▶ **重要概念和符号回顾**

以下是在本章中出现的主要概念。这个列表有助于你回顾本章内容，同时也可以作为一个概念掌握的自测。

尤拉常数	线性概率模型	p 的 logistic 转换
logit	二分 logistic 回归方程	最大似然估计
对数似然比	拟合优度统计量	伪 R^2
多项 logit 模型	e	$\log_e$
$\log_{10}$	L_i	Prob $(Y_i = 1)$
e^z	MLE	K_0
K_1	G^2	Z^2

320 ▶ 习题

普通习题

1. 一个雇员样本被问道："你对工作的满意度如何呢？"对于回答这个问题的 1 500 个受访者，对 20 个收入类别做线性回归得出 $R^2 = 0.045$，而对同一个变量进行单因素方差分析得出 $\hat{\eta}^2 = 0.078$。当 $\alpha = 0.001$ 时，工作满意度和收入之间是否存在显著的非线性关系呢？

2. 下列每组数字分别表示 10 个国家的中等教育水平和每千人的肺结核感染率：

(1, 6.0) (2, 5.8) (3, 5.8) (5, 5.5) (7, 5.0) (9, 4.2) (10, 4.0) (11, 3.5)

(12, 3.0) (14, 2.0)

用以上数据作图，并在图上标出每一组数字，以肺结核感染率作为 Y 轴，教育水平作为 X 轴，然后基于图的形状来解释它们的关系。

3. 在 1998 年 GSS 数据的 1 846 个受访者中，用年收入（以千美元为单位）对教育水平（X_i，以年测量）和教育水平的平方值（X_i^2）进行回归产生的方程如下（括号中的数字是标准误）：

$$\hat{Y}_i = 19.937 - 2.038X_i + 0.193X_i^2$$

$$(8.056) \quad (1.166) \quad (0.042)$$

a. 一个受过 8 年教育的人，其期望收入是多少？

b. 一个受过 12 年教育的人，其期望收入是多少？

c. 一个受过 20 年教育的人，其期望收入是多少？

d. 哪个教育水平的人期望收入最少，此时的收入是多少？

321 4. 在 1998 年 GSS 受访者中，用年收入（以千美元为单位）对教育水平的自然对数做回归，产生的方程如下（括号中的数字是标准误）：

$$\hat{Y}_i = -67.451 + 37.377(\log_e X_i)$$

$$(6.437) \quad (2.466)$$

a. 一个受过 8 年教育的人，其期望收入是多少？

b. 一个受过 12 年教育的人，其期望收入是多少？

c. 一个受过 20 年教育的人，其期望收入是多少？

5. 在 1998 年 GSS 数据中有 1 747 个受访者被问到他们是否认同不管什么理由只要孕妇想要堕胎就能合法堕胎。用受访者的二分回答（1＝是，0＝否）对一个 9 点参加宗教礼拜量表（X_1）和二分的

9 非线性和 logistic 回归 **203**

天主教-其他信仰变量（X_2）进行回归，产生如下方程（括号中的数字是标准误）：

$$\hat{L}_i = 0.428 - 0.209X_{1i} - 0.276X_{2i}$$
$$(0.086) \quad (0.019) \quad (0.120)$$

是否有哪一个预测变量在任何情况下都和对堕胎的支持情况显著相关呢？如果有，那么其效应方向是什么，且在什么样的概率水平上呢？

6. 在习题 5 中，以 logistic 回归的 β 系数为对称点，建立 95% 的置信区间。

7. 在习题 5 的 logistic 回归方程中加入教育水平（X_3）这个变量，产生如下方程（括号中的数字是标准误）：

$$\hat{L}_i = -1.642 - 0.232X_{1i} - 0.238X_{2i} + 0.160X_{3i}$$
$$(0.261) \quad (0.020) \quad (0.122) \quad (0.192)$$

对 β 参数取幂，并解释它们的效应是如何随支持堕胎的发生比的变化而发生变化的。

8. 如习题 7 中的方程所示，如果受访者是一个天主教徒（$X_1=1$）、几乎每周都参加礼拜（$X_2=6$）并且拥有 12 年的学校教育，那么其支持堕胎的概率是多少？信奉其他宗教（$X_1=0$）、从不参加礼拜（$X_2=0$）但受教育年限有 20 年的人又有怎样的概率呢？ *322*

9. 习题 7 中的 logistic 回归方程的 $-2\log L$ 值 $= 2\,148.36$，而只有截距的方程的 $-2\log L$ 值 $= 2\,361.79$。计算 G^2，并检验习题 7 的模型在 $\alpha=0.001$ 水平上是不是有显著改善。假设 $N=1\,747$，伪 R^2 是多少？

10. 下面是基于 1998 年 GSS 中预测 1 220 个男性当前婚姻状况的多项 logistic 方程（括号中的数字是标准误）。因变量中被遗漏的类别是当前已婚男性，第二类是从未结过婚的男性，第三类是之前结过婚的男性（鳏居、离婚或分居）。自变量是年龄（X_1）、所生育子女数（X_2）和教育水平（X_3）。

$$\hat{L}_{2i} = 3.844 - 0.066X_{1i} - 1.351X_{2i} - 0.043X_{3i}$$
$$(0.543)(0.008) \quad (0.110) \quad (0.032)$$
$$\hat{L}_{3i} = 0.166 + 0.008X_{1i} - 0.113X_{2i} - 0.086X_{3i}$$
$$(0.431)(0.005) \quad (0.047) \quad (0.024)$$

检验每个系数的显著性，说明在零假设能被拒绝时的最低概率水平，并给出一个实质性的解释。

需要用到 1998 年 GSS 数据的习题

11. 每日看电视的小时数（TVHOURS）和用上学时间（0~21 年）来测量的教育水平（EDUC）之间是线性还是非线性的关系？若 $\alpha=0.05$，检验 R^2 和 $\hat{\eta}^2$ 的差别。

12. 职业声望（PRESTG80）是否随线性的年龄（AGE）和年龄的平方而显著变化？生成一个年龄平方的变量（计算 AGESQ $=$ AGE$\times$AGE），并将两个预测变量置于回归中。记录所有参数估计值和标准误，并计算 β 系数 95% 的置信区间。期望职业声望峰值在多大年龄时出现呢？这个期望的声望得分是多少？

13. 受访者被问到这样一个问题："告诉我你是否同意这种陈述：'从情感上来讲，大多数男性比 *323* 女性更适合做警察。'"（FEPOL）对其回答进行 1-0（同意-反对）二分编码（排除答案为"不确定"的受访者），估计一个对作为自变量的受访者性别、年龄和职业声望的 logistic 回归方程。报告样本规模 N、参数估计值、标准误和 t 值。给出这个方程以及只确定截距的 logistic 回归的 $-2\log L$ 值。那么，当前正确预测受访者同意和反对这种陈述的百分比是多少呢？

14. 在习题 13 的方程中加入南方居住者这个二分自变量。检验这两个方程$-2\log L$ 值的 G^2 的差异是否显著（$\alpha = 0.001$）。

15. 生成持枪（ROWNGUN）、南方居住者和女性的二分变量。用持枪这个变量对其他两个变量做回归，然后给出 β 的幂，并解释预测变量随着百分比的变化对持枪发生比的影响。

V. 高级主题

10 对数线性分析

10.1　2×2 表的对数线性模型　　　　　10.2　三变量表的对数线性模型

10.3　更复杂的模型　　　　　　　　　10.4　对数线性分析的特定问题

在前面的章节中，我们已经展示了适用于连续变量的多变量统计技术。在本章中，我们将提供**多变量列联表分析**（**multivariate contingency table analysis**）的一些基本方法，即对由三个或三个以上的类别变量所形成的数据进行统计分析。这种用来分析交互分类数据的方法称为**对数线性分析**（**log-linear analysis**）。

在第 5 章中，为了考察两个类别变量之间的列联表的诸多特征，我们讨论了针对离散变量与定序变量的相关关系测量以及显著性检验。我们介绍了有助于我们确定两个变量是否系统性共变，以及在样本数据中所观测到的共变关系是否反映样本所代表的总体情况的方法。正如我们在第 5 章中所指出的，建立两个变量（例如，吸烟与性别）的显著性共变关系对于某些研究目的来说可能就足够了。但是大部分研究者希望确定这种双变量关系是否受其他因素（例如，年龄、教育水平、社会阶层以及对健康的态度）的影响。在这种情况下，当变量之间的关系有一定理论意义时，研究问题就从描述双变量关系转变为考察三个或更多变量的关系了。

10.1　2×2 表的对数线性模型

为了展示针对列联表数据的对数线性分析，我们分析一个特定的现实问题：美国白人对种族隔离的态度。尽管民权运动成功摧毁了少数族裔法定的从属地位，但是还有相当数量的美国白人群体支持对非裔美国人生活、工作、入学以及自主婚姻的权利进行限制。在 1998 年综合社会调查（GSS）中，受访者被问及了对下述陈述赞同或否定的强度：

> 非裔美国人不应当竭力争取待在不欢迎他们的地方。

对于表 10.1 所展示的频数与百分比列联表，我们对"强烈赞同"和"有点赞同"以及"强烈不赞同"

和"有点不赞同"分别进行了合并，并由此形成了一个二分变量。行边缘显示 56.8% 的白人受访者不赞同这一有关种族隔离的陈述。正如在 5.4 节所讨论的，赞同这一陈述（种族隔离）的发生比是 605/797=0.76。然而，根据表 10.1 中两列的条件发生比所揭示的情况，对这一陈述的否定态度取决于教育水平：在受过大学教育的人（拥有学士或研究生学位的人）中，该发生比为 108/273=0.396，但在未受过大学教育的人中，赞同种族隔离的发生比却要高得多，达到 497/524=0.948。由这两个条件发生比所形成的优比，即一个反映教育水平与对种族隔离的态度的关联的比值是 0.948/0.396=2.394。换言之，未受过大学教育的人赞同种族隔离的可能性是受过大学教育的人的 2.3 倍多。由于对这两个变量的独立性卡方检验结果为 46.8 且自由度为 1，这个关联具有统计显著性，因为在 $\alpha=0.001$ 的显著性水平上临界值为 10.8。

表 10.1 白人对种族隔离的态度和教育水平的频数和百分比列联表

对种族隔离的态度（S）	教育水平（E）		
	未受过大学教育	受过大学教育	合计
频数列联表			
赞同	$f_{11}=497$	$f_{12}=108$	$f_{1.}=605$
不赞同	$f_{21}=524$	$f_{22}=273$	$f_{2.}=797$
总计	$f_{.1}=1\,021$	$f_{.2}=381$	$f_{..}=1\,402$
百分比列联表			
赞同	48.7	28.3	43.2
不赞同	51.3	71.7	56.8
总计	100.0	100.0	100.0
（N）	（1 021）	（381）	（1 402）

缺失数据：1 430 个个案。
资料来源：1998 General Social Survey。

在图 10.1 的频数列联表中，我们用下标（f_{ij}）来表示四个单元格频数，其中第一个下标表示第 i 行，第二个下标表示第 j 列。通常来说，变量 X 与 Y 的优比是两个条件发生比之间的比值：

$$OR^{YX}=(f_{11}/f_{21})/(f_{12}/f_{22})$$

或者，经过重新排列后，变量 X 与 Y 的 2×2 表的交叉乘积比率可以写为：

$$OR^{YX}=(f_{11}f_{22})/(f_{21}f_{12})$$

行变量的边缘频数由 $f_{i.}$ 来表示，列变量的边缘频数由 $f_{.j}$ 来表示（见图 10.1）。

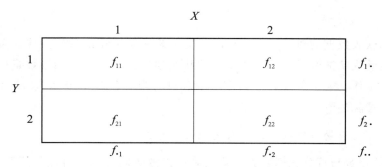

图 10.1 条件发生比的计算图示

10.1.1 作为效应参数函数的期望频数

对数线性模型将第 i 行第 j 列的期望频数（记为 F_{ij}）表示为一系列参数的函数，这些参数反映了各变量的类别效应以及它们之间的相互关系。在我们所使用的对数线性符号系统中，每个单元格期望频数的自然对数（$\log_e$ 或 $\ln$）等于四个参数之和：

$$\ln F_{ij} = \mu + \lambda_i^X + \lambda_j^Y + \lambda_{ij}^{XY}$$

就表 10.1 的数据而言，$\ln F_{ij} = \mu + \lambda_i^S + \lambda_j^E + \lambda_{ij}^{SE}$。这个特殊的模型被称为**饱和模型**（saturated model），因为变量中所有可能的效应都被表示出来了（即没有一个参数被事先限定为 0）。由于所有可能的效应都被表示出来了，$F_{ij} = f_{ij}$（即单元格期望频数与观测频数相等）。这种参数形式清楚地表明一个单元格期望频数的对数是所有变量的类别效应的线性组合，由此这种分析被称为"对数线性分析"。值得指出的是，对数线性方程与多元回归方程或 logistic 回归方程具有形式上的相似性。

参数 μ 是一个适用于列联表中所有单元格的常数。它的意义在于确保频数加总后等于正确的总和。虽然 μ 类似于回归方程中的截距或方差分析中的总均值，但事实上它并不具有实质性的解释意义。λ 表示交互变量对单元格期望频数的对数的效应。变量的每一个类别都有一个特定的 λ 参数与之相联系，所有的变量类别的组合也是如此。正 λ 增大单元格期望频数的对数值，负 λ 则减小单元格期望频数的对数值。如果 $\lambda = 0$，则表示该变量类别对表中的频数没有影响，它不会使期望频数的对数值发生变化。每个 λ 的下标表明效应究竟是由哪个或哪些变量的组合引起的。λ_i^S 表示对种族隔离的态度的不同边缘的效应（即 S 的 i 个类别每个都对应一个参数）。相似地，λ_j^E 表示教育水平的不同边缘的效应（即 E 的 j 个类别每个对应一个参数）。如果在一个二分变量的两个类别中，它们的期望频数完全相等，则发生比为 $F_1./F_2. = 1$，它的 λ 参数为 0，因为 1 的自然对数为 0（即 $e^0 = 1$，$\ln 1 = 0$）。一般来说，单变量的 λ 不等于 0 表明一个类别包括或多于或少于 $1/K$ 的观测值，其中 K 是该变量所包含的类别数。

λ_{ij}^{SE} 参数（列联表的每个单元格都有一个参数）反映了变量 S 与 E 的关联程度。如果它的值等于 0，那么变量 S 与 E 是不相关的。如果它的值为正数，则 S 与 E 呈正相关。如果为负值，则 S 与 E 呈负相关。

表 10.2 列出了在我们的例子中与 2×2 表相对应的 9 个对数线性参数。对于二分变量，例如对种族隔离的态度与教育水平，变量的两个类别所对应的 λ 效应参数正好相反：

$$\lambda_1^S = -\lambda_2^S = \lambda^S$$
$$\lambda_1^E = -\lambda_2^E = \lambda^E$$

正是因为如此，二分变量的效应才用无下标的 λ 来表示，在本例中就是用 λ^S 与 λ^E 来表示。通常来说，对于一个拥有 K 个类别的变量，只要 $K-1$ 个唯一的参数值被确定，那么第 K 个类别的值也就被确定了。由此，教育水平与对种族隔离的态度都只有一个独立确定的 λ 参数，而它们的第二个参数是第一个参数的相反数。

与此类似，表示教育水平与对种族隔离的态度的关联的四个参数也不是互相独立的：

$$\lambda_{11}^{SE} = \lambda_{22}^{SE} = -\lambda_{12}^{SE} = -\lambda_{21}^{SE} = \lambda^{SE}$$

因此这四个参数不是独立的，任何一个联合参数都能决定其余三个参数的值。在一个 2×2 表的饱和模型中，只有四个效应参数是独立的，即 μ、S、E 以及 SE。这四个值能产生四个单元格期望频数（表 10.2 中的 F_{ij}），并且这些期望频数完全等于观测频数（表 10.1 中的 f_{ij}）。10.1.2 节将说明如何计算 2×2 表的饱和模型中的效应参数，以及如何根据它们的值计算单元格期望频数。对于其他只需要用较少的效应参数来构造单元格期望频数的对数线性模型而言，它们因而获得了用以评估单元格期望频数与观测频数的拟合优度的自由度。10.2.2 节将讨论如何对表格数据的对数线性模型的拟合优度进行检验。

表 10.2	白人对种族隔离的态度和教育水平的饱和模型的单元格期望频数	
对种族隔离的态度（S）	教育水平（E）	
	未受过大学教育	受过大学教育
赞同	$F_{11}=\mu+\lambda_1^S+\lambda_1^E+\lambda_{11}^{SE}$	$F_{12}=\mu+\lambda_1^S+\lambda_2^E+\lambda_{12}^{SE}$
不赞同	$F_{21}=\mu+\lambda_2^S+\lambda_1^E+\lambda_{21}^{SE}$	$F_{22}=\mu+\lambda_2^S+\lambda_2^E+\lambda_{22}^{SE}$

10.1.2 作为期望频数函数的参数

在应用于 2×2 列联表的饱和对数线性模型中，效应参数的值可以作为四个期望频数的函数来计算。常数 μ 的估计值等于四个单元格频数的自然对数的均值（回忆一下，在饱和模型中观测值与期望值是相等的）：

$$\hat{\mu}=\frac{\ln(F_{11}F_{12}F_{21}F_{22})}{4}$$

就表 10.1 的数据而言，$\hat{\mu}=(\ln 497+\ln 108+\ln 524+\ln 273)/4=5.690$，因为乘积的对数等于各对数的和。

λ_{ij}^{SE} 效应参数反映了两个变量关联的强度和方向。首先，我们将 S 与 E 的关系视为期望频数的优比：

$$E(OR^{SE})=\frac{F_{11}F_{22}}{F_{12}F_{21}}$$

这在教育-隔离的例子中等于 2.398。然后对等式的右边取自然对数，注意一个比率的对数等于各对数的差：

$$\ln\left(\frac{F_{11}F_{22}}{F_{12}F_{21}}\right)=\ln F_{11}+\ln F_{22}-\ln F_{12}-\ln F_{21}$$

现在，用它的等价方程来代替期望频数（见表 10.2）：

$$\ln\left(\frac{F_{11}F_{22}}{F_{12}F_{21}}\right)=(\mu+\lambda_1^S+\lambda_1^E+\lambda_{11}^{SE})+(\mu+\lambda_2^S+\lambda_2^E+\lambda_{22}^{SE})-(\mu+\lambda_1^S+\lambda_2^E+\lambda_{12}^{SE})-(\mu+\lambda_2^S+\lambda_1^E+\lambda_{21}^{SE})$$

333 化简这个等式后，可得到：

$$\ln\left(\frac{F_{11}F_{22}}{F_{12}F_{21}}\right)=\lambda_{11}^{SE}+\lambda_{22}^{SE}-\lambda_{12}^{SE}-\lambda_{21}^{SE}$$

因此，该优比仅取决于 S 与 E 的关联强度和方向，而非各变量的边缘效应。前面我们已经表明这四个单一的效应参数是互为相反数的，于是我们就可以用无下标的单个参数来重新表示这个优比的对数：

$$\ln\left(\frac{F_{11}F_{22}}{F_{12}F_{21}}\right)=4\lambda^{SE}$$

将等式两边同时除以 4 并重新组合各项，我们可以得到二分变量的饱和对数线性模型中两个变量的关联参数的估计式：

$$\hat{\lambda}^{SE}=\frac{\ln\left[(F_{11}F_{22})/(F_{12}F_{21})\right]}{4}$$

将表 10.1 的数据代入该公式（再次回顾在饱和对数线性模型中，期望频数与观察频数是相等的），λ^{SE}

参数的估计值是：

$$\hat{\lambda}^{SE} = \frac{\ln\big[(497 \times 273)/(108 \times 524)\big]}{4} = 0.219$$

参数估计的正值表示最大频数主要分布在两个变量具有相同下标的单元格中（即未受过大学教育与赞同种族隔离，受过大学教育与不赞同种族隔离）的趋势。

最后，通过类似的过程，我们可以从一个 2×2 的饱和对数线性模型中推出具有单一下标的两个 λ 参数。以对种族隔离的态度（S）为例，我们从两个条件发生比（第一个针对未受过大学教育，而第二个针对受过大学教育）的乘积的自然对数开始推导：

$$\ln\Big[\Big(\frac{F_{11}}{F_{21}}\Big)\Big(\frac{F_{12}}{F_{22}}\Big)\Big] = (\mu + \lambda_1^S + \lambda_1^E + \lambda_{11}^{SE}) + (\mu + \lambda_1^S + \lambda_2^E + \lambda_{12}^{SE}) - (\mu + \lambda_2^S + \lambda_1^E + \lambda_{21}^{SE}) - (\mu + \lambda_2^S + \lambda_2^E + \lambda_{22}^{SE})$$

化简后得到：

334

$$\ln\Big(\frac{F_{11}F_{12}}{F_{21}F_{22}}\Big) = (\lambda_1^S + \lambda_1^S - \lambda_2^S - \lambda_2^S) = 4\lambda^S$$

最后，我们可以得到一个 λ^S 估计值：

$$\hat{\lambda}^S = \frac{\ln\big[(F_{11}F_{12})/(F_{21}F_{22})\big]}{4}$$

在本例中，种族隔离参数 λ^S 的估计值是：

$$\hat{\lambda}^S = \frac{\ln\big[(497 \times 108)/(524 \times 273)\big]}{4} = -0.245$$

与之类似，教育水平的效应参数的估计值也是它的两个条件发生比（第一个是赞同种族隔离，而第二个是不赞同种族隔离）的函数：

$$\hat{\lambda}^E = \frac{\ln\big[(F_{11}F_{21})/(F_{12}F_{22})\big]}{4}$$

代入估计数值得到：

$$\hat{\lambda}^E = \frac{\ln\big[(497 \times 524)/(108 \times 273)\big]}{4} = 0.545$$

对于二分变量而言，这最后两个参数显示出观测值是怎样分布的。λ 偏离 0 越远，个案的分布就越不均匀。负的种族隔离参数仅仅表明更多的受访者不赞同种族隔离，而正的教育水平系数则表明大部分受访者未接受过大学教育。这些模式可以分别从表 10.1 的行和列边缘频数中发现。

我们现在可以将饱和模型中的四个效应参数的估计值联合起来计算 2×2 表中四个单元格期望频数的对数值：

$$\ln F_{11} = 5.690 - 0.245 + 0.545 + 0.219 = 6.209$$
$$\ln F_{12} = 5.690 - 0.245 - 0.545 - 0.219 = 4.681$$
$$\ln F_{21} = 5.690 + 0.245 + 0.545 - 0.219 = 6.261$$
$$\ln F_{22} = 5.690 + 0.245 - 0.545 + 0.219 = 5.609$$

计算上述值的逆对数（即反函数），结果等于表 10.1 中四个单元格的频数，这是饱和模型的必然结果。 *335*
也即，对上述估计值求指数可将自然对数转换为表 10.1 中各单元格频数（在四舍五入误差范围内）：

$$\exp(\ln F_{11}) = \exp 6.209 = 497.20$$
$$\exp(\ln F_{12}) = \exp 4.681 = 107.88$$
$$\exp(\ln F_{21}) = \exp 6.261 = 523.74$$
$$\exp(\ln F_{22}) = \exp 5.609 = 272.87$$

由于饱和模型总是对数据进行完全拟合，它并不具有多少实质性意义。相反，它的价值在于提供一个对具有较少参数的模型（也就是非饱和模型）进行比较的基础，我们在 10.1.4 节将讨论有关内容。

10.1.3　参数的标准误

在一个饱和对数线性模型中，λ 效应参数的标准误可以通过下列公式来计算：

$$\hat{s}_\lambda = \sqrt{\frac{\sum\limits_{i}^{K_R}\sum\limits_{j}^{K_C}(1/F_{ij})}{[(K_R)(K_C)]^2}}$$

式中，K_R 表示行变量的类别数量，K_C 表示列变量的类别数量。对于一个大样本，如果在总体中 $\lambda = 0$ 的零假设为真，那么参数的显著性可以用 t 检验来评估。

在我们的 2×2 例子中，标准误的估计值为：

$$s_\lambda = \sqrt{\frac{\dfrac{1}{497} + \dfrac{1}{108} + \dfrac{1}{524} + \dfrac{1}{274}}{(2 \times 2)^2}} = 0.032$$

将前面所计算的三个参数估计值分别除以这个标准误，得到对种族隔离的态度的 t 值为 -7.66，教育水平的 t 值为 17.03，教育水平与对种族隔离的态度的关联性的 t 值为 6.84。因为在样本 $N = 1\,767$ 时，在 $\alpha = 0.001$ 的显著性水平上双尾检验的临界值为 3.29，所以这三个参数都具有显著性。

10.1.4　不饱和模型

正如在 10.1.2 节中所指出的，在饱和模型中期望频数总是等于观测频数。一个更简单却更重要的模型是**不饱和模型**（nonsaturated model），在该模型中有一个或更多的 λ 参数被设定等于 0。对其他参数的估计所形成的单元格期望频数不再与观测频数完全一致。

最明显的关于 2×2 表的不饱和模型就是将两变量的关联参数（λ^{SE}）设定为 0：

$$\ln F_{ij} = \mu + \lambda_i^S + \lambda_j^S$$

该模型假定各变量的条件发生比与其边缘发生比相等。换言之，这两个变量是相互独立的。这四个单元格期望频数仅仅是常数加上两个边缘效应的和。对于表 10.1 中的数据，由对数线性计算机程序所计算出的该模型参数估计值为：

$$\mu = 5.733$$
$$\lambda^S = -0.139$$
$$\lambda^E = 0.493$$

设定 $\lambda^{SE} = 0$，则这个独立性模型可以写为：

$$F_{11} = \mu + \lambda_1^S + \lambda_1^E$$
$$F_{12} = \mu + \lambda_1^S + \lambda_2^E$$
$$F_{21} = \mu + \lambda_2^S + \lambda_1^E$$
$$F_{22} = \mu + \lambda_2^S + \lambda_2^E$$

对于我们的数据，$\ln F_{ij}$ 的估计值为：

$$\ln F_{11} = 5.733 - 0.139 + 0.493 = 6.087$$
$$\ln F_{12} = 5.733 - 0.139 - 0.493 = 5.101$$
$$\ln F_{21} = 5.733 + 0.139 + 0.493 = 6.365$$

$$\ln F_{22} = 5.733 + 0.139 - 0.493 = 5.379$$

所以取逆对数（指数化）得到：

$$F_{11} = 440.1 \ 相对于 \ f_{11} = 497$$
$$F_{12} = 164.2 \ 相对于 \ f_{12} = 108$$
$$F_{21} = 581.1 \ 相对于 \ f_{22} = 524$$
$$F_{22} = 216.8 \ 相对于 \ f_{22} = 273$$

如果独立性模型能够拟合数据，那么 F_{ij} 和 f_{ij} 之间的差异应该小到可以将这种差异归因于抽样误差本身。

这个对数线性独立性模型的期望频数 F_{ij} 与 5.2 节的卡方显著性检验所计算出的期望频数相同。事实上，该对数线性模型与独立性假设是等价的。采用下节中所要讲的步骤，我们可以通过分析观测频数与期望频数的差异来检验对数线性模型与数据拟合的统计显著性。

10.2　三变量表的对数线性模型

在本节中我们将考察三变量表的对数线性模型，比如表 10.3，它依据受访者的年龄（A，其中第 1 类＝50 岁及以下，第 2 类＝51 岁及以上）将对种族隔离的态度与教育水平的列联表划分成两个子表。在原表中，所观测到的教育水平与对种族隔离的态度的优比 OR^{SE} 是 2.394，但是在这两个子表中控制年龄后的**条件优比**（conditional odds ratio）却并不相同。教育水平和对种族隔离的态度的关系在年轻人中（$OR^{SE|A=1} = 1.995$）比在老年人中（$OR^{SE|A=2} = 3.008$）看上去更弱。符号 $OR^{SE|A=1}$ 读作"给定年龄类别为 1（即年龄小于或等于 50 岁的人），教育水平与对种族隔离的态度的优比"。那么，你会怎么读 $OR^{SE|A=2}$ 呢？重要的是，样本优比的差异是否反映出 1998 年 GSS 受访者所代表的总体中存在三变量交互关系。换而言之，即我们能不能拒绝这样一个零假设："在犯第一类错误概率很小的情况下，教育水平与对种族隔离的态度的关系在各年龄组中相同。"为了回答这个问题，我们必须明确指定一个与不存在三变量交互项的零假设相一致的对数线性模型，计算该模型的期望频数，并与观测频数相比较。

表 10.3			白人对种族隔离的态度、教育水平和年龄的频数列联表		
年龄（A）：	50 岁及以下 教育水平（E）			51 岁及以上 教育水平（E）		
对种族隔离的态度（S）	未受过大学教育	受过大学教育	总计	未受过大学教育	受过大学教育	总计
赞同	241	62	303	256	46	302
不赞同	376	193	569	148	80	228
总计	617	255	872	404	126	530

缺失数据：1 430 个个案。

资料来源：1998 General Social Survey。

这种用来检验此类假设的模型被称为**层级对数线性模型**（hierarchical log-linear model），因为无论复杂的多变量关系何时出现，它都会包含一些简单的变量关系。比如，如果一个模型拥有变量 X 和 Y 的共变效应参数 λ^{XY}，它也会包含这两个变量的单一效应参数 λ^X 和 λ^Y。与之类似，任何包含三变量交互效应参数的层级模型也必然包含所有可能的双变量效应和三个变量各自的单变量效应。因此，一个包含 λ^{XYZ} 的层级模型也必然包含其他六个参数，即 λ^{XY}、λ^{XZ}、λ^{YZ}、λ^X、λ^Y、λ^Z，以及常数 μ。

10.2.1 标准符号

层级对数线性模型的嵌套性为研究者提供了一个指定对数线性方程各参数的简洁标准符号系统。这种标准符号由大括号"﹛　﹜"括起来，在括号中写入那些模型设定中 λ 不为 0 的变量的首字母的组合。（常数项总是存在的，即使模型中没有其他参数。）所有括号中的字母的子集都被视为在方程中有非零的效应参数。比如，我们可将 10.1.1 节中的饱和模型写为如下完整的方程形式：

$$\ln F_{ij} = \mu + \lambda_i^S + \lambda_j^E + \lambda_{ij}^{SE}$$

也可以更简单地表示为 ﹛SE﹜。由于 S 和 E 在同一括号中，可知这两个变量关联的 λ 参数已经被明确指定，同时 S 和 E 各自单变量的 λ 参数也被指定了。然而，如果标准符号将 S 和 E 指定到不同的括号中——﹛S﹜﹛E﹜——那么我们可以知道在方程中只包含 λ^S 和 λ^E。换而言之，模型 ﹛S﹜﹛E﹜ 表明 λ^{SE} 被假定等于 0。（注意，模型 ﹛S﹜﹛E﹜ 是双变量列联表的独立性模型，即 S 和 E 无显著关联。）因为模型 ﹛SE﹜ 不仅包含了 λ^{SE}，还包含了 λ^S 和 λ^E，所以我们可以说模型 ﹛S﹜﹛E﹜ 是嵌套于模型 ﹛SE﹜ 中的。因此，层级对数线性模型也是**嵌套模型**（nested models）。如果第一个模型的所有参数都出现在第二个模型中，那么第一个模型就嵌套于第二个模型中。

现在我们来考察包含三个变量即 S、E、A 的不同对数线性模型。模型 ﹛SEA﹜ 的对应方程为：

$$\ln F_{ijk} = \mu + \lambda_i^S + \lambda_j^E + \lambda_k^A + \lambda_{ij}^{SE} + \lambda_{ik}^{SA} + \lambda_{jk}^{EA} + \lambda_{ijk}^{SEA}$$

很明显，只使用大括号的标准符号系统在表达上是非常简洁的。那么模型 ﹛SE﹜﹛A﹜ 和模型 ﹛SA﹜﹛SE﹜ 的方程该怎么写呢？可以明确告诉你，模型 ﹛SE﹜﹛A﹜ 的方程是：

$$\ln F_{ijk} = \mu + \lambda_i^S + \lambda_j^E + \lambda_k^A + \lambda_{ij}^{SE}$$

那么，模型 ﹛SA﹜﹛SE﹜ 的方程是怎样的呢？

除了表述简明之外，标准符号系统还揭示了对数线性估计法的一个重要方面。大括号中包含了 V 个变量的组合，这些组合构成了一系列的**边缘分表**（marginal subtable）——或简称为"边缘"——是在假定模型中生成完整的 V 维列联表的单元格期望频数的充要条件（其中 V 代表变量的数量）。也就是说，模型所生成的期望频数必须等于这些边缘分表中的观测频数。然而，如果变量组合没有在大括号中出现，那么变量间关系的期望优比就被限定为等于 1（由于 ln 1＝0，相应的 λ 参数等于 0）。事实上，在非指定的边缘分表中，期望频数和观测频数的差异成为检验一个假定模型统计显著性的基础。因此，对数线性模型的标准符号也常被称为该特定假设的**拟合边缘**（fitted marginal）。比如，我们可以说模型 ﹛SA﹜﹛E﹜ "拟合了边缘 SA 和边缘 E"（并且我们知道边缘 ﹛S﹜ 和边缘 ﹛A﹜ 也被拟合了）。这个模型设定确保边缘 ﹛SE﹜﹛EA﹜﹛SEA﹜ 的期望优比完全等于 1.00（即这些变量组合之间不存在关联），因此 $\lambda^{SE} = \lambda^{EA} = \lambda^{SEA} = 0.0$。

我们可以用电脑来计算拟合边缘的单元格期望频数（F_{ijk}），但是这个运算过程十分复杂，在这里我们就不详述了。双变量列联表（无论是二分变量还是多类别变量）都有一个用来直接估算非饱和模型的期望频数的简单公式，它类似于 10.1.2 节中的公式。但是，对于更大的 V 维表，由于不存在简单的代数解决方法，多数的对数线性程序要么采用**迭代比例拟合法**（iterative proportional fitting），要么采用**牛顿–拉夫逊算法**（Newton-Raphson algorithm）。[①] 上述方法可持续改进对假设所要拟合的边缘分

---

① 详见 Yvonne M. M. Bishop, Stephen E. Fienberg, Paul W. Holland. 1975. *Discrete Multivariate Analysis：Theory and Practice*. Cambridge, MA：MIT Press，pp. 82 - 102。另见 Shelby J. Haberman. 1978. *Analysis of Qualitative Data. Volume 1：Introductory Topics*. New York：Academic Press。

表的估计值，直到从一个循环到另一个循环之间的差异小到满足某个设定条件时，该过程才会结束。最后的期望频数将是一个最大似然估计，它具有诸如一致性和有效性等理想的统计特性。一旦 F_{ijk} 被计算出来，它们将被用来计算假定模型中的 λ 效应参数，正如在 10.1.2 节中所呈现的一样。

10.2.2 模型的统计显著性检验

为了确定总体中变量间的假定关系是否得到从样本中所观测到的关系的支持，我们单元格观测频数与假定模型的对数线性方程所生成的频数进行对比。期望频数与观测频数的拟合优度可由皮尔逊卡方检验来检验，该方法已经在 3.11 节中讨论过。然而，更好的检验统计量是**似然比 (likelihood ratio)** (L^2)，因为它在期望频数的最大似然估计值处取最小值。其方程如下：

$$L^2 = 2\sum_{i=1}^{K} f_i \ln\left(\frac{f_i}{F_i}\right)$$

即对列联表中的 K 个单元格求和。

统计量 L^2 可以被近似地视为一个卡方变量，该卡方变量的自由度等于取值被设定为 0 的 λ 参数的数目。通常而言，如果一个 X 变量有 C_X 个类别，那么它的 $C_X - 1$ 个参数是可以自由变动的。在我们的例表中，每个二分变量都有两个类别，即 $C=2$，因此对数线性模型 $\{AE\}\{SE\}\{SA\}$ 将包含除了三变量交互参数 λ^{SEA} 之外的所有参数，在这里 λ^{SEA} 被假定为 0。对于该模型，似然比检验的自由度为 $(C_S - 1)(C_E - 1)(C_A - 1) = (2-1)(2-1)(2-1) = 1$。它的自由度为 1 是合理的，因为有一个特定参数被设定为 0，即 λ^{SEA}。

使用似然比检验统计量的另一个重要好处是，它很容易分割，因此在多变量列联表中可以进行条件独立性检验。正如在 10.2.1 节中所讲的，如果组成一个模型的所有参数是另一个模型的所有参数的一个子集，那么适用于同一表格的一对层级模型就具有嵌套性关系。比如，模型 $\{SE\}\{A\}$ 中的每个参数都包含在模型 $\{AE\}\{SE\}\{SA\}$ 中。嵌套模型的 L^2 之间的差异是一个显著性检验，它与两个模型的自由度之间的差异相关。因此，如果模型 2 比模型 1 更具包容性，则

$$\Delta L^2 = L_1^2 - L_2^2 \text{ 且 } \Delta df = df_1 - df_2$$

式中，△ 代表差异。

表 10.4 说明了以上原理的应用，同时给出了七个嵌套层级模型的似然比、自由度和概率，这些模型是对表 10.3 中三变量列联表的估计。模型 1 是最简单的，它仅拟合了三个变量的边缘。因为 λ^{SA}、λ^{SE}、λ^{EA} 和 λ^{SEA} 都被设定为 0，所以模型 1 有四个自由度。由于 $L^2 = 117.6$，$df = 4$，模型 1 的期望频数对观测频数的拟合很差。注意，为了找到一个给定样本列联表的最佳拟合模型，我们最终要找到一个无法在统计意义上被拒绝的对数线性模型。因此，我们的目标就是找到一个相对于其自由度而言具有较小似然比的模型，该模型能很好地反映总体中所存在的关系。

表 10.4	表 10.2 中数据的层级对数线性模型		
模型	L^2	df	p
1. $\{E\}\{A\}\{S\}$	117.6	4	<0.0001
2. $\{EA\}\{S\}$	112.5	3	<0.0001
3. $\{EA\}\{SE\}$	64.3	2	<0.0001
4. $\{EA\}\{SA\}$	46.1	2	<0.0001

续表

模型	L^2	df	p
5. {SA}{SE}	2.9	2	<0.231
6. {EA}{SA}{SE}	2.3	1	<0.128
7. {SEA}	0.00	0	1.000

在一个给定模型中，我们可以对 p 值做出如下解释："如果在总体中模型 A 为真，那么观测到这种结果的可能性为 p。"因此，如果模型 1 为真，我们期望观测到的拟合优度发生的可能性小于万分之一。如果我们设定 $\alpha=0.05$，为了不拒绝与模型相关的假设，则观测到的 p 值必须大于或等于 0.05。因此，一个模型产生观测数据的概率越大，该模型就越可能成立。与标准的假设检验（即观测到小的 p 值则表明备择假设得到支持）不同的是，当你针对一组数据设定一个对数线性模型时，观测到较大的 p 值才反映了对该模型的支持。

模型 2 是在模型 1 的三个单变量边缘中增加了一个双变量边缘 {EA}，因此消耗了一个自由度，也就是说，模型 2 就只有三个自由度。然而减少一个自由度的代价是值得的，因为在 $\alpha=0.05$ 水平上，对于 $\Delta df = df_1 - df_2 = 4-3=1$，$\Delta L^2 = L_1^2 - L_2^2 = 117.6 - 112.5 = 5.1$，是对拟合优度的显著改善。注意，当检验两个竞争性模型的差异时（这里的模型 1 和 2），我们进行的是传统的假设检验。在本例中，零假设是 H_0：$\Delta L^2 = 0$，而备择假设是 H_1：$\Delta L^2 > 0$。在 $\alpha=0.05$、$df=1$ 的条件下，对于 L^2，临界值为 3.84。由于 $\Delta L^2 = 5.1$，在总体中 $\Delta L^2 = 0$ 的概率很低，我们拒绝 H_0，并推论 {EA} 对拟合该数据是必要的。然而，由于 $p < 0.0001$，模型 2 总体拟合优度还有待提高，因此我们还要继续检验更具包容性的模型。模型 2 分别嵌套于模型 3 和模型 4 中，因为后两个模型都拟合了变量 S 与其他变量的二维关联。在 $\alpha=0.05$ 的显著性水平上，两个参数都明显提高了观测频数与期望频数之间的拟合优度（$L_2^2 - L_3^2 = 112.5 - 64.3 = 48.2$，$L_2^2 - L_4^2 = 112.5 - 46.1 = 66.4$），并且仅消耗了一个自由度。因此，我们可得出结论：在总体中，教育水平和年龄与对种族隔离的态度之间可能具有非零关联。

接着，我们考虑模型 6，它同时包括 {SE}{SA}{EA}。与模型 3 和模型 4 相比，模型 6 使 ΔL^2 有了明显的改善。但是，如果我们比较模型 6 和模型 5，后者不包括 {EA} 关系，我们将发现年龄-教育水平关联对拟合这个三变量表不再是不可或缺的了。即，$L_5^2 - L_6^2 = 2.9 - 2.3 = 0.6$，基于两个模型之间的自由度差别为 1，$L^2$ 的变化值小于临界值 3.84（$\alpha=0.05$）。因此，与我们比较模型 1 和 2 时的结果不同，这个检验表明，当把 {SA} 和 {SE} 都包括进来后，年龄和教育水平在总体中可能是互相独立的。尽管模型 5 和 6 对所观测到的列联表拟合得都很好（两个 p 值都远远大于 0.05），但模型 5 比模型 6 更简单。所以我们倾向于选择模型 5，因为它对三个变量之间可能的关系提供了一种更简约的解释。

最后，虽然饱和模型 7 {SEA} 包含了三变量交互参数，并完全再现了变量间的关系（它的 p 值为 1.00），但它的拟合优度并不比模型 6 {EA}{SA}{SE} 有显著的提高。用仅剩的一个自由度来估计 λ^{SEA}，L^2 只减小了 2.3，拟合优度的提升在 $\alpha=0.05$ 的条件下是不显著的。由于模型 6 的拟合也不明显优于模型 5，我们可以推论模型 5 提供了样本列联表数据所代表的总体中最可能具有的变量关系。

重要的是，模型 5 比其他模型对数据拟合得更好并不意味着该模型为真。通过假设检验，我们并不能揭示出真相，我们最多只能说通过样本数据所观察到的关系与模型 5 一致。但是，一些包括其他变量的模型也可能对数据拟合得很好。所以，这里所能得到的最合理的结论是，数据与给定假设（或模型）相一致（或不一致）。

为了有助于对模型 5 的解释，表 10.5 列出了单元格期望频数、观测频数以及参数估计值。因为在模型 5 中 λ^{SEA} 和 λ^{EA} 被设定为 0，原列联表（见表 10.3）中三变量交互关系以及某个双变量关联（E 与 A）没有包括在表 10.5 中。例如，两个年龄组中的条件发生比被限定为取相同的值（在四舍五入误差内）：

$$\text{OR}^{(SE|A=1)} = \frac{248.91 \times 194.90}{374.10 \times 54.09} = 2.398$$

$$\text{OR}^{(SE|A=2)} = \frac{248.09 \times 78.10}{149.90 \times 53.91} = 2.398$$

另外，作为设定 $\lambda^{SEA}=0$ 的直接后果，上述两个条件发生比的优比被限定为 1.00，即：

$$\text{OR}^{(SE|A)} = \frac{\text{OR}^{(SE|A=1)}}{\text{OR}^{(SE|A=2)}} = \frac{2.398}{2.398} = 1.00$$

在这种约束条件下，无论受访者的年龄如何，教育水平和对种族隔离的态度的关系都是相同的。未受过大学教育的人反对种族隔离的发生比是 497/524＝0.948 5，受过大学教育的人反对种族隔离的发生比是 108/273＝0.395 6，其优比为 0.948 5/0.395 6＝2.398。因为模型 5 与数据拟合得很好，所以我们推论年龄并不制约教育水平对种族隔离态度的影响。我们还可以得到这样一个等价的结论，即年龄对种族隔离态度的影响并不随教育水平的变化而变化。（利用表 10.5 中的期望频数可知，在两个教育水平类别上的年龄与对种族隔离的态度的优比是相等的。）但在这里我们强调前一种解释，因为我们的例子是从教育水平和对种族隔离的态度的关系开始的。以上两种结论都与数据相一致的事实表明，一个好的统计拟合优度并不意味着模型必然为真。

表 10.5 下半部的对数线性参数估计也说明了相同的内容。单变量效应表明，与相反类别相比，较少的人赞同该种族隔离陈述（$\hat{\lambda}^S = -0.195$），较多的人没有受过大学教育（$\hat{\lambda}^E = 0.545$），并且年轻人偏多（$\hat{\lambda}^A = 0.229$）。双变量关联表明，年轻人更反对隔离（$\hat{\lambda}^{SA} = -0.228$），且相对较多的未受过大学教育的人赞同隔离（$\hat{\lambda}^{SE} = 0.219$）。最后，我们注意到，大多数的期望频数与观测频数非常接近，这进一步表明模型 5 对数据确实拟合得很好。

表 10.5   用模型 〈SA〉〈SE〉模拟对种族隔离的态度、教育水平、年龄的期望频数与效应参数

年龄 (A)：	50 岁及以下 教育水平 (E)		51 岁及以上 教育水平 (E)	
对种族隔离的态度 (S)	未受过大学教育	受过大学教育	未受过大学教育	受过大学教育
期望频数				
赞同	248.91	54.09	248.09	53.91
不赞同	374.10	194.90	149.90	78.10
观测频数				
赞同	241	62	256	46
不赞同	376	193	148	80

续表

年龄（A）:	50 岁及以下 教育水平（E）		51 岁及以上 教育水平（E）	
对种族隔离的态度（S）	未受过大学教育	受过大学教育	未受过大学教育	受过大学教育
效应参数				
	类别	$\hat{\lambda}$	$\hat{s}_\lambda$	t
μ	常数	4.947	—	—
λ_1^S	赞同	-0.195	0.034	-5.80^{***}
λ_1^E	未受过大学教育	0.545	0.032	16.79^{***}
λ_1^A	更年轻	0.229	0.028	8.13^{***}
λ_{11}^{SA}	赞同-更年轻	-0.228	0.028	-8.06^{***}
λ_{11}^{SE}	赞同-未受过大学教育	0.219	0.032	6.74^{***}

*** $p < 0.001$。

　　我们展示一下如何通过模型拟合边缘 $\{SA\}\{SE\}$ 所估计的 λ 参数计算列联表的期望频数。包含三个变量的第一个类别所形成的单元格的期望对数频数的一般方程为 $\ln F_{111} = \mu + \lambda_1^S + \lambda_1^E + \lambda_1^A + \lambda_{11}^{SE} + \lambda_{11}^{SA}$。尽管计算机程序并没有给出常数项（$\mu$），但我们可以通过单元格期望频数对数值的均值来估计它。对于该模型，μ 等于 4.947。将常数项与其他估计的参数加总，期望的 $\ln F_{111} = 4.947 - 0.195 + 0.545 + 0.229 - 0.228 + 0.219 = 5.517$。对此求逆对数得到 248.89，它与表 10.5 中期望频数（248.91）的微小差别来自运算中的四舍五入误差。你能利用给出的六个 λ 参数计算表 10.5 中其他七个单元格的期望频数吗？（提示：当下标从 1 变成 2 时，记住改变参数的符号。）

　　在进入下一节之前，回顾一下模型拟合的策略是非常有用的。在本节的例子中，我们遵循了一套系统的前向拟合策略。也即，我们从最简单的模型开始，该模型只包含了各变量的边缘。接着，我们将一个双变量关联项添加到三个单变量的边缘中来考察拟合优度是否改善。如果拟合优度果然有明显改善，则表明这个关联项应该包含到模型中。如果拟合优度没有改善，我们将删除该项。然后我们又拟合了另外三个模型，每个模型都包括三个双变量关联项中的两项，继续拟合了一个包括所有双变量关联项的模型。与更简单和更复杂的模型相比，只有两个双变量关联项能显著地改善拟合优度。这个除去一项我们起初认为必要的双变量关联项的模型，对数据总体上也拟合得非常好。

　　另一种后向消元策略就是从包括三个双变量关联项的复杂模型（模型 6）开始，然后每次除去一项再看拟合优度是否减弱（逐步将模型 6 与模型 3 至模型 5 进行对比）。你可以自己展示一下，在本节的例子中，通过后向消元策略，你可以得到与前向拟合策略相同的结论。

　　第三种检验对数线性模型的方法是，首先在具体分析数据之前，假设一个特定的模型，然后用该模型拟合数据，看看模型生成所观测数据的可能性是否大于或是等于所选定的 α 值。这种策略假定研究者具有很强的理论依据来设定所期望的变量间的具体关系。同时，由于没有将所假定的模型与更简约的模型进行对比，采用这种方法得到的模型可能会包括一些不必要的复杂效应。

10.2.3　大样本下的模型检验

　　当样本规模中等时（比如包括 3 000 个观测值的 GSS 数据集），对于发现数据和模型之间的差异性而言，似然比是一个很有用的检验统计量。但是，在样本规模非常大的情况下，L^2 就很可能使我们拒绝一个好的模型，因为 L^2 的值是随着样本规模 N 增大而增大的。一种更适当的检验对数线性模型对大样本列联表拟合优度的统计量是 BIC 统计量。[①] 对于对数线性模型，它可以用以下等式粗略计算：

$$\text{BIC} = L^2 - (df)(\ln N)$$

式中，$\ln N$ 是样本规模的自然对数，df 是该模型的自由度。饱和对数线性模型的 BIC 必定等于 0，因为它的 L^2 和 df 都等于 0。当所有其他模型的 BIC 都大于 0 时，我们应该接受饱和模型。当 BIC 小于 0 时，BIC 统计量的值越小，模型与数据就拟合得越好。

我们通过表 10.6 来说明如何应用 BIC 来找到针对大样本情况的拟合模型。该四变量列联表列出了在三个部门（商业、教育、政府）中就业的美国科学家的数目（以百为单位），分为三个领域（物理科学、工程学、社会科学）、两个时点（1981 年和 1997 年）、两种性别（男和女）。该表的样本规模 $N = 3\ 693\ 100$，样本规模超过 350 万。表 10.7 列出了一系列拟合该数据的嵌套对数线性模型。利用后向消元策略，我们从饱和模型开始，然后逐步删除复杂项。如果我们只采用 L^2 这一标准来评估模型的拟合优度，我们会认为饱和模型 $\{GFSY\}$ 是最优的模型。在去除四变量边缘表后，模型 1 的 $L^2 = 57.0$，$df = 4$，这要求我们拒绝该模型作为对四变量列联表的可接受的拟合（在 $\alpha = 0.05$ 水平上，L^2 的临界值为 9.49）。明显地，饱和模型不会给出一个关于列联表中所观测到的关系的简单解释。然而，对表 10.7 应用 BIC 统计量，我们会得到不同的最佳拟合模型。唯一一个具有负的 BIC 值的模型是模型 4，它删除了四变量交互项以及一个三变量交互项 $\{GFS\}$。关于模型 4 的一个实质性解释是，不同领域的性别差异在这十七年间发生了变化 $\{GFY\}$，同时不同就业部门间的性别差异在这十七年间也发生了变化 $\{GSY\}$。尽管各领域、各部门的构成也随着时间发生了变化 $\{FSY\}$，但模型中缺少 $\{GFS\}$ 边缘表则显示在两种性别之间领域与部门的关系是一样的。

表 10.6		科学家工作部门、领域、性别和时间的频数列联表（以百位科学家为单位）			
时间（Y）	性别（G）	领域（F）	工作部门（S）		
			商业	教育	政府
1981 年	男	物理科学	1 085	504	171
1981 年	男	工程学	11 180	682	1 037
1981 年	男	社会科学	457	635	189
1981 年	女	物理科学	135	80	24
1981 年	女	工程学	263	30	25
1981 年	女	社会科学	79	177	100
1997 年	男	物理科学	1 228	631	371
1997 年	男	工程学	10 142	667	1 698
1997 年	男	社会科学	637	799	242
1997 年	女	物理科学	330	169	116
1997 年	女	工程学	925	73	239
1997 年	女	社会科学	854	771	186

资料来源：National Science Foundation. 1982. *Science Indicators* 1982. Washington，DC：United States Government Printing Office；National Science Foundation. 2000. *Science Indicators* 2000. Washington，DC：United States Government Printing Office。

---

① Adrian E. Raftery. 1986. "Choosing Models for Cross-Classification." *American Sociological Review* 51：145 - 146；Adrian E. Raftery. 1995. "Bayesian Models Selection in Social Research." *Sociological Methodology* 25：111 - 163.

表 10.7	表 10.6 中数据的一些对数线性模型		
模型	L^2	df	BIC
1. {GFSY}	0.00	0	0.00
2. {FSY}{GFS}{GFY}{GSY}	57.0	4	14.9
3. {GFS}{GFY}{GSY}	167.8	8	83.7
4. {FSY}{GFY}{GSY}	83.8	8	−0.3
5. {FSY}{GFS}{GSY}	104.1	6	41.0
6. {FSY}{GFS}{GFY}	78.7	6	15.6
7. {FSY}{GFS}{GY}	124.4	8	40.3
8. {FSY}{GFY}{GS}	104.6	8	20.5
9. {GFS}{GFY}{SY}	217.5	8	133.4

10.3　更复杂的模型

349

10.3.1　四变量列联表

为了说明多变量分析的复杂性，我们在前述的种族隔离例子中增加一个二分变量，即第四个变量地区（R），分为南方人和非南方人。表 10.8 显示了该例子的观测频数。赞同种族隔离的项目与不赞同种族隔离的项目之间形成了八个条件发生比，这八个条件发生比随着其他三个变量的组合而显著变化。尤其是那些年轻的受过大学教育的非南方人最不可能赞同种族隔离（发生比＝0.245），而年老的未受过大学教育的南方人最可能赞同种族隔离（发生比＝2.386）。表 10.9 的一系列对数线性模型都包含了拟合边缘 {ARE}，之所以都包含 {ARE}，是因为我们假定这三个变量是相关的，因此我们就不用去检验它们之间的双变量和三变量关系。换言之，这些预测变量中的任何因果关系都不在我们的关心范围内。相反，我们的焦点在于检验这三个预测变量是如何与对种族隔离的态度这个变量相关的。在这个对数线性模型中，我们将种族隔离态度视为因变量。

表 10.8	白人对种族隔离的态度、教育水平、年龄和地区的频数列联表				
地区	教育水平	年龄	对种族隔离的态度		
			赞同	不赞同	发生比
南方	未受过大学教育	年轻的	98	104	0.942
南方	未受过大学教育	年老的	105	44	2.386
南方	受过大学教育	年轻的	26	46	0.565
南方	受过大学教育	年老的	22	27	0.815
非南方	未受过大学教育	年轻的	143	272	0.526
非南方	未受过大学教育	年老的	151	104	1.452
非南方	受过大学教育	年轻的	36	147	0.245

续表

地区	教育水平	年龄	对种族隔离的态度		
			赞同	不赞同	发生比
非南方	受过大学教育	年老的	24	53	0.453

缺失数据: 1 420 个个案。

资料来源: 1998 General Social Survey。

表 10.9	表 10.4 中数据的一些对数线性模型			
模型	L^2	df	p
1. $\{ARE\}\{S\}$	138.6	7	<0.000 1
2. $\{ARE\}\{SR\}$	109.5	6	<0.000 1
3. $\{ARE\}\{SE\}$	90.4	6	<0.000 1
4. $\{ARE\}\{SA\}$	72.1	6	<0.000 1
5. $\{ARE\}\{SR\}\{SE\}$	62.2	5	<0.000 1
6. $\{ARE\}\{SA\}\{SR\}$	47.0	5	<0.000 1
7. $\{ARE\}\{SA\}\{SE\}$	28.3	5	<0.000 1
8. $\{ARE\}\{SA\}\{SR\}\{SE\}$	3.7	4	0.451
9. $\{ARE\}\{SER\}\{SA\}$	3.3	3	0.345
10. $\{ARE\}\{SEA\}\{SR\}$	0.8	3	0.846
11. $\{ARE\}\{SAR\}\{SE\}$	3.3	3	0.343

350

在这个例子中，我们利用前向拟合策略。模型 1 被视为一个基准模型，它假定 A、R、E 这三个变量与对种族隔离的态度不相关。正如我们所预料的，我们拒绝了这个基准模型，因为在 $df=7$ 的情况下，$L^2=138.6$（在 $\alpha=0.001$ 水平上，临界值是 24.32）。通过分别比较模型 2、3、4 与基准模型的 L^2 值，我们发现这三个双变量关联项（$\{SA\}\{SR\}\{SE\}$）都具有统计显著性（在 $\alpha=0.001$、$\Delta df=1$ 的情况下，ΔL^2 的临界值等于 10.83）。然而，这三个模型对数据拟合得都不好，因为在每个模型中 p 都小于 0.000 1。在比较只包括一个双变量关联项的模型与包括多个双变量关联项的模型（即比较模型 2 至模型 4 与模型 5 至模型 8）后，我们得到了类似的结果。为了检验是否所有的双变量关联项（$\{SA\}$ $\{SR\}\{SE\}$）都是必要的，我们在模型 8 中就纳入了所有的双变量关系。将模型 8 的似然比与只包含两个双变量关联项的模型（5、6、7）的似然比分别进行比较。零假设是在三个对比中 $\Delta L^2=0$。首先，$L_5^2-L_8^2=62.2-3.7=58.5$，表明拟合对种族隔离的态度和年龄的边缘表 $\{SA\}$ 显著地减小了期望频数与观测频数之间的差异。与之类似，$L_6^2-L_8^2=47.0-3.7=43.3$，这也说明教育水平和对种族隔离的态度之间的关联 $\{SE\}$ 也显著地改善了拟合优度。最后，$L_7^2-L_8^2=28.3-3.7=24.6$，这表明地区和对种族隔离的态度之间的关联也是显著的。另外，模型 8 的总体拟合也非常好，它的 $L^2=3.7$，$df=4$，并且 $p=0.451$。

351

最后，我们检查是否应该在最优拟合模型中加入包含对种族隔离的态度的三变量关联项。我们将模型 8 与模型 9、10、11 进行对比。由于这三个检验中自由度的差别均为 1，一个显著的 L^2 的变化必须大于临界值（在 $\alpha = 0.001$ 水平上，$\Delta L^2 = 10.83$）。结果是 L^2 的变化都没超过这个临界值，因而我们得出结论：由模型 8—— $\{ARE\}\{SA\}\{SR\}\{SE\}$ ——所生成的期望频数为所观测到的数据提供了最优拟合。表 10.10 显示了每一个效应的 λ 参数、标准误以及 t 值。在这里，有三个值非常基础。参数 $\lambda^{SE} = 0.214$ 表明，未受过大学教育的受访者比受过大学教育的受访者更可能赞同种族隔离。参数 $\lambda^{SA} = -0.219$ 表明，年轻的受访者比年老的受访者更可能反对该陈述。参数 $\lambda^{SR} = 0.147$ 表明，南方居民比其他地区的居民更倾向于赞同种族隔离。需要注意的是，涉及三个自变量的四个参数都不显著。但是，正如我们所指出的，尽管我们并不关注这些关系在总体中是否等于 0，但还是有必要在拟合边缘表 $\{ARE\}$ 时将其包括在所有模型中。

表 10.10　　用模型 $\{ARE\}\{SA\}\{SR\}\{SE\}$ 拟合白人对种族隔离的态度、教育水平、年龄、地区列联表的效应参数

	类别	λ	$\hat{s}_\lambda$	t
μ	常数	4.192	—	—
λ_1^S	赞同	−0.149	0.035	4.25***
λ_1^E	未受过大学教育	0.549	0.035	15.83***
λ_1^A	年轻的	0.225	0.034	6.62***
λ_1^R	南方	−0.310	0.033	−9.22***
λ_{11}^{AE}	年轻的-未受过大学教育	−0.014	0.034	−0.39
λ_{11}^{RE}	南方的-未受过大学教育	0.013	0.034	−0.38
λ_{11}^{AR}	年轻的-南方	−0.053	0.034	−1.57
λ_{11}^{SA}	赞同-年轻的	−0.219	0.029	7.57***
λ_{11}^{SE}	赞同-未受过大学教育	0.214	0.033	6.40***
λ_{11}^{SR}	赞同-南方	0.147	0.030	4.95***
λ_{11}^{ARE}	年轻的-未受过大学教育-南方	0.039	0.033	1.17

*** $p < 0.001$。

总之，我们试图找到最简单的层级对数线性模型，其期望频数与四变量列联表的观测频数非常接近。我们再次采用了前向递增的拟合策略，即从简单的模型到复杂的模型。其他可以考虑的方法包括使用后向消元策略，或者预先假设一个特定模型，再来检验它与数据的拟合优度。

10.3.2　logit 模型

到现在为止，前面所有的对数线性分析都采用了一种一般性的设定，即在计算效应参数时并没有区分自变量和因变量。当一个二分变量被认为取决于其他变量时，我们可以使用一种特殊的对数线性模型，即 **logit 模型**（logit model）。logit 是一个发生比的自然对数，（发生比）即两个期望频数的比率：

$$\text{logit}\left(\frac{F_1}{F_2}\right) = \ln\left(\frac{F_1}{F_2}\right) = \ln F_1 - \ln F_2$$

因此，一个 logit 模型的参数可以很容易地从一般对数线性模型中获得，正如专栏 10.1 所展示的。logit 模型估算的是因变量的对数发生比，而不是单个的单元格期望频数。

如何从一般对数线性模型参数中获取 logit 效应参数

在对数线性分析中，logit 方程与第 9 章的 logistic 回归方程相似，除了在这里预测变量是类别变量而不是连续变量。假定变量 Y 是一个二分因变量，而变量 X 和 Z 是三变量对数线性模型 $\{YX\}\{YZ\}\{XZ\}$ 的类别预测变量。从该模型可推出列联表标记为 ijk 单元格的期望频数的方程：

$$\ln F_{ijk} = \mu + \lambda_i^Y + \lambda_j^X + \lambda_k^Z + \lambda_{ij}^{XY} + \lambda_{ik}^{YZ} + \lambda_{jk}^{XZ}$$

353

因为 $\ln(A/B) = \ln A - \ln B$，所有的涉及因变量 Y 的一对单元格的期望频数的对数比为：

$$\ln\left(\frac{F_{1jk}}{F_{2jk}}\right) = \ln F_{1jk} - \ln F_{2jk}$$
$$= (\mu + \lambda_1^Y + \lambda_j^X + \lambda_k^Z + \lambda_{1j}^{YX} + \lambda_{1k}^{YZ} + \lambda_{jk}^{XZ}) - (\mu + \lambda_2^Y + \lambda_j^X + \lambda_k^Z + \lambda_{2j}^{YX} + \lambda_{2k}^{YZ} + \lambda_{jk}^{XZ})$$

合并化简各项可得：

$$\ln\left(\frac{F_{1jk}}{F_{2jk}}\right) = \lambda_1^Y - \lambda_2^Y + \lambda_{1j}^{YX} - \lambda_{2j}^{YX} + \lambda_{1k}^{YZ} - \lambda_{2k}^{YZ}$$

对于二分变量，$\lambda_1^Y = -\lambda_2^Y$，$\lambda_{1j}^{YX} = -\lambda_{2j}^{YX}$，$\lambda_{1k}^{YZ} = -\lambda_{2k}^{YZ}$，因此 Y 的期望对数发生比方程可以简化为：

$$\ln\left(\frac{F_{1jk}}{F_{2jk}}\right) = 2\lambda_1^Y + 2\lambda_{1j}^{YX} + 2\lambda_{1k}^{YZ}$$

为了将 logit 效应参数和一般对数线性模型的参数区别开来，我们用带有上标和下标的 β 来代替上述方程中的参数：

$$\ln\left(\frac{F_{1jk}}{F_{2jk}}\right) = \beta_1^Y + \beta_{1j}^{YX} + \beta_{1k}^{YZ}$$

式中，$\beta_1^Y = 2\lambda_1^Y$，$\beta_{1j}^{YX} = 2\lambda_{1j}^{YX}$，$\beta_{1k}^{YZ} = 2\lambda_{1k}^{YZ}$。因此，logit 方程的效应参数是对应的一般对数线性方程中 λ 参数的两倍。

为了说明这种变换，我们可考察 10.2 节表 10.5 所示的三变量分析中不赞同种族隔离的对数发生比的 logit 方程。该方程如下：

$$\ln\left(\frac{F_{1jk}}{F_{2jk}}\right) = \beta^S + \beta_j^{SA} + \beta_k^{SE}$$

这些系数的值是通过取相应 λ 值的两倍得来的，即 $\beta^X = 2\lambda^X$ 和 $\beta^{YX} = 2\lambda^{YX}$。正的 β 值说明自变量增大了因变量的期望对数发生比，而负的 β 值说明自变量减小了因变量的期望对数发生比。利用表 10.5 中的参数，可得到 $\beta^S = -0.390$，$\beta^{SA} = -0.456$，$\beta^{SE} = 0.438$。对这些 logit 系数的解释与对对数线性参数的解释完全一致。受访者更多地不赞同该种族隔离陈述；年轻受访者更倾向于不赞同种族隔离；未受过大学教育的受访者更倾向于赞同种族隔离。

改变 logit 方程中两个自变量的下标，也就改变了 β 参数的符号。我们可以在所有年龄-教育水平的四种取值组合下估计对种族隔离的态度的对数发生比。比如，未受过大学教育的年轻受访者（$A=1$ 且 $E=1$）赞同种族隔离的对数发生比的预测值为：

$$\ln\left(\frac{F_{111}}{F_{211}}\right) = 2 \times (-0.195) + 2 \times (-0.228) + 2 \times 0.219$$
$$= -0.390 - 0.456 + 0.438 = -0.408$$

未受过大学教育的年老受访者赞同种族隔离的期望对数发生比为：

354

$$\ln\left(\frac{F_{121}}{F_{221}}\right)=-0.390+0.456+0.438=0.504$$

受过大学教育的年轻受访者赞同种族隔离的期望对数发生比为：

$$\ln\left(\frac{F_{112}}{F_{212}}\right)=-0.390-0.456-0.438=-1.284$$

未受过大学教育的年老受访者赞同种族隔离的期望对数发生比为：

$$\ln\left(\frac{F_{122}}{F_{222}}\right)=-0.390+0.456-0.438=-0.372$$

这个例子展示了年龄和教育水平对种族隔离态度的累加效应。最赞同种族隔离的受访者是未受过大学教育的老年人，而最不赞同的则是受过大学教育的年轻人。其他两个年龄与教育水平的取值组合落在这两个极端值中间。

10.4 对数线性分析的特定问题

对数线性分析是社会研究者手中的一个有力工具，它可以用来解决很多实际问题。由于篇幅的限制，我们只能讨论一些特定的问题。对这些问题的理解有赖于对前面几节所讨论的基础知识的充分掌握。

10.4.1 空单元格

对数线性分析原则上适用于那些拥有较多变量和较多类别的大型多变量列联表。然而，随着变量的增加，表中单元格的数量相对于观测值的数量也在增加，这就导致了每个单元格所包括的观测值数目的减少。通常，当只包括五个变量，每个变量有三个类别时，列联表分析的现实局限性就会表现出来。这样的完全列联表会产生 $3^5=243$ 个单元格，这对于只有 1 500 个受访者的一般调查来说，每个单元格平均只有 5 个人。很多单元格将会出现观测频数为 0 的情况，特别是当变量分布高度偏态时。在特定的样本中，一些罕见的变量取值组合可能连一个受访者也没有（比如，大公司的黑人女主管）。由于**随机的空单元格（random zero）**给界定优比造成了一些困难，如果研究者要分析这类表格，他们可以在拟合对数线性模型之前，在所有单元格频数上增加一个小的常数，通常是 0.5。（使用 0.5 作为常数值与我们将小数位的值四舍五入为最近的整数的惯例一致。）

与之相对，一些变量类别的取值组合在逻辑上是根本不可能发生的，这些组合被称为**结构的空单元格（structural zero）**。例如，只有十几岁的祖父母或患前列腺癌的妇女，这些情况不仅不容易发生，而且根本不可能发生。结构的空单元格不能通过增加一个小的常数来调整，而是在对数线性分析中必须将它们视为固定的零单元格。

表 10.11 的第一部分是 1998 年 GSS 受访者的观测频数列联表，该表按照受访者先前是否寡居将他们现在的婚姻状况分为五类。由于现在的寡居者没有被问及这个问题，同时由于那些未婚的人在逻辑上没有经历过寡居，这两个单元格就是结构的空单元格。但是，那些现在已婚有配偶、分居以及离婚的受访者可能在现有婚姻之前经历过寡居，并且有 77 个受访者对此的回答为"是"。第二部分展示了对整个 5×2 表拟合独立性模型 $\{M\}\{W\}$ 所得到的单元格期望频数。该假设在 $\alpha=0.001$ 水平上被拒绝，此时 $df=4$ 对应的临界值为 18.5，而 $L^2=75.5$。但是该模型明显是不合理的，因为它使得结构的空单元格的期望频数不等于 0。

表 10.11			当前婚姻状况和之前寡居状况列联表的观测频数和期望频数			
	观测频数		独立性模型		准独立性模型	
	曾经寡居状况		曾经寡居状况		曾经寡居状况	
婚姻状况	否	是	否	是	否	是
已婚	1 304	41	1 308.42	36.58	1 290.06	54.94
寡居	283	0*	275.30	7.70	283.00	0*
离异	417	30	434.84	12.16	428.74	18.26
分居	87	6	90.47	2.53	89.20	3.80
未婚	663	0*	644.97	18.03	663.00	0*

* 结构的空单元格。

资料来源：1998 General Social Survey。

当一个表拥有一个或多个结构的空单元格时，与之对应的模型被称为**准独立性模型（quasi-inde-pendence model）**，该模型忽略结构的空单元格，只在既存的单元格中检验独立性。多数对数线性分析的计算机程序都有这样一个选项，该选项允许分析者去设定哪些单元格为 0。准独立性模型的自由度根据空单元格的数量来调整，有几个空单元格就减少几个自由度。因此，对于一个拥有 R 行 C 列以及 Z 个结构的空单元格的双变量列联表，其准独立性模型的自由度为 $(R-1)(C-1)-Z$。

表 10.11 的第三部分列出了准独立性模型的期望频数，该模型能更好地拟合数据 [$L^2 = 11.8$, $df = (5-1)(2-1)-2 = 2$, $p = 0.003$]。在那些现在已婚、离婚和分居的受访者中，以前曾寡居的期望发生比为 0.043，即大约每 24 人中就有一个。但是，饱和模型对数据的拟合要更好，因为准独立性模型的概率水平小于 0.05。利用表 10.11 第一部分的观测频数，我们可以计算，现在已婚有配偶的人曾寡居的发生比（0.03）比当前分居（0.07）或离婚（0.07）的人低。因此，在总体中，当前的婚姻状况可能与前一段由于丧偶而解体的婚姻有关系。

357

10.4.2 对称性

很多研究都涉及正方形列联表的关系问题，在这样的表格中，两个变量都有相同顺序的 K 个类别。在两个不同的时点，对同一受访者测量同一变量，就可以形成上述表格（所谓的由一个追踪调查的重复测量形成的"流动表"）。比如，为了调查品牌忠诚度和产品缺陷，市场研究员每个月都会询问消费者近期的食品购买情况。使用相同的类别来划分同一社会交往关系的两方，也可以形成正方形列联表。比如，一对工人和监工，可能会被问及他们对相互之间关系的满意度。

关于一个 $K \times K$ 正方形表的基本假设是：随时间的稳定性与变化模式（对追踪调查而言），或者在交互对中的一致性与差异。**对称性模型（symmetry model）**预测，在相对称的单元格中具有相同的频数，即当 $i \neq j$ 时，$f_{ij} = f_{ji}$。在所有的非对角线单元格中，第 i 行第 j 列的观测频数等于第 j 行第 i 列的观测频数。一个对称性模型同时也意味着它具有**边缘同质性（marginal homogeneity）**，即对应的行边缘总和与列边缘总和相等（比如，$f_{i.} = f_{.j}$）。然而，它的反命题并不成立，同质的边缘并不意味着正方形表具有对称性，因为相同的行边缘和列边缘可以在很多情况下出现。

因为 GSS 并非一个纵贯调查，所以我们采用一个跨截面的婚姻匹配过程来说明对称性。表 10.12 的上半部分列出了列联表的观测频数，该表根据 1994 年 GSS 中受访者 16 岁时的宗教信仰来对已婚受访者（R）及其配偶（S）进行分类，其中宗教信仰分为五类。（为了调整四个随机的空单元格，我们对所有 25 个空单元格都加上了常数 0.5，得到了总计 761.5 个个案。）显然，我们并不期待夫妻间的宗教信仰是独立的，因为我们知道绝大多数的美国人会在他们自己的宗教群体中通婚。事实上，当使用 $\{R\}\{S\}$ 独立性模型（即 $\ln F_{ij} = \mu + \lambda_i^R + \lambda_j^S$）拟合该双变量表时，我们必须在 $\alpha = 0.001$ 水平上拒绝上述模型，因为 $L^2 = 233.5$，而在 $df = 16$ 时临界值为 39.3。如果我们将表 10.12 主对角线上的五个单元格频数加总，会发现几乎三分之二的受访者与其配偶具有相同的宗教背景（499.5/761.5＝65.6％）。我们暂且不论在主对角线上的这些明显的堆积现象，不同宗教间的通婚在某一方向上的发生次数是否多于在相反方向上的发生次数？这看上去不太可能发生，比如，天主教徒与新教徒通婚的可能性不应该比新教徒与天主教徒通婚的可能性小。而且，天主教徒和新教徒的相应的行边缘和列边缘非常接近，虽然与其他三种宗教信仰相比差异要大一些。因此，我们期待对称性模型能够对表 10.12 中 $\{RS\}$ 列联表的 20 个非对角线单元格拟合得很好。也就是，我们在考虑受访者及其配偶的对称性选择的情况下去寻找拟合模型 $\ln F_{ij} = \mu + \lambda_i^R + \lambda_j^S + \lambda_{ij}^{RS}$。

表 10.12	受访者及其配偶 16 岁时宗教信仰类别列联表的观测频数和期望频数					
受访者宗教信仰类别	**配偶宗教信仰类别**					
	新教	天主教	犹太教	无宗教信仰	其他	总计
观测频数 **						
新教	341.5	78.5	0.5	18.5	22.5	461.5
天主教	79.5	128.5	3.5	10.5	3.5	225.5
犹太教	4.5	2.5	3.5	1.5	0.5	12.5
无宗教信仰	12.5	7.5	1.5	10.5	1.5	33.5
其他	8.5	3.5	0.5	0.5	15.5	28.5
总计	446.5	220.5	9.5	41.5	43.5	761.5
对称性模型中的期望频数						
新教	341.5*	79.0	2.5	15.5	15.5	454.0
天主教	79.0	128.5*	3.0	9.0	3.5	223.0
犹太教	2.5	3.0	3.5*	1.5	0.5	11.0
无宗教信仰	15.5	9.0	1.5	10.5*	1.0	37.5
其他	15.5	3.5	0.5	1.0	15.5*	36.0
总计	454.0	223.0	11.0	37.5	36.0	761.5

　* 单元格频数都被设定为结构的空单元格。
　** 常数 0.5 被加到每个单元格频数中以修正随机的空单元格。
　缺失数据：2 230 个个案。
　资料来源：1994 General Social Survey。

　　为了估计对称性模型的期望频数并检验其对观测频数的拟合优度，我们构造了一个三变量列联表，其中主对角线上的单元格（即受访者与其配偶具有相同的宗教背景）被视为结构的空单元格。非主对角线上的单元格可以被视为由两个三角形组成，一个在主对角线之上，一个在主对角线之下。因此，我们可以利用表 10.12 中的观测频数来构建一个包含 20 个非对角线单元格的四变量新数据集：三角形（T），标记为 1 表示主对角线下的 10 个单元格，标记为 2 表示主对角线上的 10 个单元格；受访者宗教信仰（R）以及配偶宗教信仰（S），1～5 表示从新教徒到其他的五个类别；频数（F）表示每个单元格所包括的观测值数目。表 10.12 的数据集具有以下形式：

T	R	S	F
1	2	1	79.50
1	3	1	4.50
1	4	1	12.50
1	5	1	8.50
1	3	2	2.50
1	4	2	7.50
1	5	2	3.50
1	4	3	1.50
1	5	3	0.50
1	5	4	0.50
2	2	1	78.50
2	3	1	0.50
2	4	1	18.50
2	5	1	22.50
2	3	2	3.50
2	4	2	10.50
2	5	2	3.50
2	4	3	1.50
2	5	3	0.50
2	5	4	1.50

我们通过对这个三变量列联表拟合〔RS〕边缘表来检验对称性假设，利用（F）变量作为权重对数据进行加权以获得正确的单元格观测频数。对称性模型强行令 $R \times S$ 列联表中的相应的期望行边缘与期望列边缘相等；也就是说，即使当所观测到的 $f_{i.} \neq f_{.i}$，也有 $F_{i.} = F_{.i}$。例如，受访者为新教徒和配偶为新教徒的期望频数为 $(446.5 + 461.5)/2 = 454$。进而，对称性模型的单元格期望频数等于一对相对应的非对角线单元格的观测频数的平均值，即 $F_{ij} = F_{ji} = (f_{ij} + f_{ji})/2$。例如，新教徒-天主教徒通婚的期望频数为 $(78.5 + 79.5)/2 = 79.0$。由于五个主对角线单元格频数被视为结构的空单元格（因而在拟合三变量列联表对称性模型时被忽略了），而且因为非对角线上的成对单元格的期望频数被对称化了（即 $F_{ij} = F_{ji}$），所以对称性模型的自由度为 $(K^2 - K)/2$；在五个宗教信仰类别的情况下，$df = (5^2 - 5)/2 = 10$。

以婚姻的宗教匹配为例，对称性模型的拟合非常好，$L^2 = 12.6$，$df = 10$，$p > 0.50$。该模型的期望频数位于表 10.12 的下半部分。注意，在两个三角形区域内相应的单元格期望频数都相等，而且与该表上半部分的观测频数很相似。由于对称性模型对五个宗教信仰群体间的跨宗教通婚情况拟合得很好，我们不能拒绝原假设，即美国人在五个宗教信仰群体间的通婚是一个对称过程。不同宗教信仰群体间的通婚大约是等比例的。

10.4.3 准对称性

上面一小节所介绍的对称性模型不要求期望频数的行边缘和列边缘等于观测频数的相应边缘。另一种保证这种期望频数与观测频数相等的对数线性模型是**准对称性模型（quasi-symmetry model）**，它同样要求相应的非对角线单元格的优比相等。我们通过对父代（F）和子代（O）之间职业的代际流动来展示此方法，表 10.13 给出了五大类职业的有关数据。（根据分层和网络研究的惯例，父代职业类别为行，子代职业类别为列，职业地位从高到低进行排列。因此，向上流动位于主对角线下方的单元格，向下流动位于主对角线上方的单元格。）在这些总体上不均等的边缘分布中，众所周知美国劳动力的历史变迁表现得非常明显：子代成为低级白领的人数是父代的两倍，而成为高级蓝领的人数只是父代的一半，成为农民的就更少了。在 $\alpha = 0.001$ 水平上（$df = 16$，临界值为 39.3），因为 $L^2 = 163.5$，独立性模型 $\{F\}\{O\}$ 明显被拒绝，而对称性假设 $\{FO\}$ 同样被拒绝（$L^2 = 595.8$，$df = 10$）。可见，对应的行边缘与列边缘之间的差异如此之大，以至于向上和向下的代际流动根本无法达到均衡。

361　　　由于对称性被拒绝，我们可知对应单元格频数是不等的（$f_{ij} \neq f_{ji}$），对应的行边缘和列边缘也是不同质的（即 $F_{i\cdot} \neq F_{\cdot i}$）。到这里，我们可以停止对数据的进一步分析，并只能下结论说对称性是不存在的。不过，还有另一种选择，那就是在边缘不同质的限制下继续进行分析，看看能否发现特定的对称类型。准对称性模型保留了行边缘和列边缘之间的差异，但却允许我们检验在非对角线单元格中对应的优比是否相等。在职业流动的例子中，我们的假设是，无论流动的方向是向上还是向下，各职业间流动的规模都是相同的。也就是说，父代和子代的职业分布被允许等于观测值，而不是像在对称性模型中那样必须互相一致。只有配对的非对角线频数在较宽的约束条件下才可以自由变动。

表 10.13	父代和子代职业的观测频数和期望频数					
父代职业	**子代职业**					
	高级白领	低级白领	高级蓝领	低级蓝领	农民	总计
观测频数						
高级白领	234*	141	25	97	3	500
低级白领	108	102*	22	55	2	289
高级蓝领	133	146	63*	148	8	498
低级蓝领	136	191	53	193*	4	577
农民	71	62	33	100	21*	287
总计	682	642	196	593	38	2 251
准对称性模型中的期望频数						
高级白领	234.0*	141.0	29.7	91.6	3.7	500
低级白领	108.0	102.0*	17.3	60.0	1.6	289
高级蓝领	128.3	150.7	63.0*	148.4	7.7	498
低级蓝领	141.4	186.0	52.7	193.0*	4.0	577
农民	70.3	62.4	33.4	100.0	21.0*	287
总计	682	642	196	593	38	2 251

* 单元格频数被设定为结构的空单元格。
缺失数据：670 个个案。
资料来源：1998 General Social Survey。

362　　　正如在对称性模型中的做法（见 10.4.2 节），我们针对非对角线单元格构建一个包括四个变量的新数据集，它反映了各类别间的流动情况：三角形（T），1 表示下三角的单元格，2 表示上三角的单元格；父亲（P）和受访者本人（R）的职业，编码为 1～5，分别代表从高级白领到农民五个类别；频数

（F）是两个三角形中的每个单元格所包括的观测值数目。由表 10.13 所产生的新数据集具有以下形式：

T	P	R	F
1	2	1	108
1	3	1	133
1	4	1	136
1	5	1	71
1	3	2	146
1	4	2	191
1	5	2	62
1	4	3	53
1	5	3	33
1	5	4	100
2	2	1	141
2	3	1	25
2	4	1	97
2	5	1	3
2	3	2	22
2	4	2	55
2	5	2	2
2	4	3	148
2	5	3	8
2	5	4	4

注意，这里的数据集与上节在对称性模型中所使用的是等价的。然而，准对称性模型是通过拟合三个双变量边缘表 $\{PR\}\{PT\}\{RT\}$ 而得到检验的。根据以上数据，准对称性模型对代际流动表拟合得非常好：$L^2=3.6$，$df=3$，$p>0.50$。而且，通过比较对称性模型和准对称性模型在拟合优度上的差异，我们可以检验边缘同质性假设。在本例中，边缘同质性被明显拒绝，因为 $\Delta L^2 = L_S^2 - L_{QS}^2 = 595.8 - 3.6 = 592.2$，$\Delta df = df_S - df_{QS} = 10 - 3 = 7$，$p<0.001$。 *363*

正如比较表 10.13 的上半部分与下半部分所揭示的那样，相对应的行边缘和列边缘的观测频数与期望频数都相等。但是，上三角与下三角部分相对应的单元格频数并没有被限定必须相等。例如，从农民到高级白领的流动者的期望频数几乎是相反方向流动者的 20 倍（70.3/3.7）。相反，在拟合了不同质的边缘后，准对称性模型要求横贯各变量类别的向上流动和向下流动都具有对称性。比如，对于父亲职业为农民或低级蓝领的受访者，受访者本人职业上升为高级白领和低级白领的发生比为：

$$\frac{141.4 \times 62.4}{186.0 \times 70.3} = 0.66$$

这个发生比与那些父代是高级白领和低级白领而其子代却下降为农民和低级蓝领的发生比相同：

$$\frac{91.6 \times 1.6}{3.7 \times 60.0} = 0.66$$

我们希望以上这些例子能够说明这样一个事实，即社会科学家有很多有用的对数线性模型应用方法。然而，为了更充分地受益于这些复杂的分析工具，当然需要更多的学习。

364

▶ 重要概念和符号回顾

以下是在本章中出现的主要概念。这个列表有助于你回顾本章内容，同时也可以作为一个概念掌握的自测。

多变量列联表分析	对数线性分析	饱和模型	不饱和模型
条件优比	层级对数线性模型	嵌套模型	边缘分表
拟合边缘	迭代比例拟合法	牛顿-拉夫逊算法	似然比
logit 模型	随机的空单元格	结构的空单元格	准独立性模型
对称性模型	边缘同质性	准对称性模型	OR
F_{ij}	$\ln F_{ij}$	μ	$\lambda_{ij}{}^{XY}$
$\hat{s}_\lambda$	$OR^{XY\,|\,Z=1}$	$\{XY\}$	L^2
ΔL^2	Δdf	BIC	β^X

365

▶ 习题

普通习题

1. 这是一个根据 1998 年 GSS 中的一个问题创建的 2×2 列联表，即："你是否支持无论出于任何原因一个孕妇都可以合法堕胎？"在该表中，受访者根据性别被分为两类：

无论出于任何原因一个孕妇都可以合法堕胎？	性别	
	女性	男性
是	418	310
否	618	432

缺失数据：1 054 个个案。
资料来源：1998 General Social Survey。

计算表中支持堕胎的发生比和按性别分类的条件发生比。计算女性与男性之间的优比，看看性别和对堕胎的支持情况有什么关系？

2. 根据 1998 年 GSS 制作了一个 2×2 表。该表包括两个变量，即种族（R，白人被赋值为 1，黑人被赋值为 2）、对问题"你是否支持对谋杀者进行财产惩罚？"的回答（C，支持被赋值为 1，反对被赋值为 2）。对该表拟合了一个饱和对数线性模型，并产生了下列对数线性系数估计值，据此计算表中四个单元格的期望频数，精确到整数。

$$\mu = 5.968\ 8 \qquad \lambda_1^R = 0.778\ 6$$
$$\lambda_1^C = 0.318\ 8 \qquad \lambda_{11}^{CR} = 0.321\ 6$$

3. 在 1998 年 GSS 中有这样两个问题，第一个是："你经常祷告吗？"（P，每天一次或更多被赋值为 1，不常被赋值为 2）第二个是："你觉得你有很强的宗教信仰吗？"（R，很强被赋值为 1，不强或无

366

信仰被赋值为 2）以这两个问题为变量产生了以下列联表，表中列出了观测频数。

你经常祷告吗？（P）	宗教信仰虔诚度（R）	
	虔诚	不大虔诚
每日	398	331
不常	93	528

缺失数据：1 482 个个案。

资料来源：1998 General Social Survey。

估计饱和模型的效应参数：

$$\ln F_{ij} = \mu + \lambda_i^R + \lambda_j^P + \lambda_{ij}^{RP}$$

4. 估计习题 3 中 λ 效应参数的标准误，计算三个 t 值。

5. 当独立性对数线性模型 {R}{P} 与习题 3 的数据拟合时，我们得到了下列参数：$\mu = 5.779\ 8$；$\lambda_i^R = -0.279\ 7$；$\lambda_j^P = 0.080\ 2$。

    a. 计算 2×2 表的四个期望频数。

    b. 使用习题 3 的期望频数和观测频数，计算独立性模型的 L^2，并检验在 $\alpha = 0.001$ 水平上是否能拒绝零假设。

6. 根据 1998 年 GSS，由三个问题形成的列联表给出了以下的观测频数。这三个问题是："你赞成还是反对一个人在买枪之前必须得到警方允许的法律？"（L）"你家里有手枪或步枪吗？"（G）"在控制犯罪率上升方面，我们花的钱是太多、太少还是正好？"（S）

持枪状况（G）	对枪支法的态度（L）	控制犯罪的花费（S）		
		太多	正好	太少
是	支持	142	56	12
是	反对	44	23	14
否	支持	339	142	35
否	反对	35	22	4

缺失数据：1 964 个个案。

资料来源：1998 General Social Survey。

在该表中，对持枪状况的两个类别，计算对枪支法的态度与类别"太多"和"正好"之间的条件优比，以及对枪支法的态度与"太多"和"太少"两个类别之间的条件优比。你如何解释它们？

7. 对习题 6 的列联表拟合了 5 个对数线性模型，它们的似然比分别如下表所示：

模型	L^2	df	p
1. {G}{L}{S}	52.6	7	<0.000 1
2. {GL}{GS}	11.4	4	0.022
3. {GL}{LS}	4.5	4	0.343
4. {GS}{LS}	43.1	4	0.000
5. {GL}{GS}{LS}	3.9	2	0.146

在 $\alpha = 0.05$ 水平上，通过检验其他 4 个模型与模型 5 在 L^2 上的差异回答模型 5 是否与观测值拟合得最好？

8. 根据 1998 年 GSS，创建了一个四变量表。这四个变量是 1996 年总统选举的投票（V，克林顿＝1，多尔＝2），政党认同（P，民主党或独立人士＝1，共和党＝2），自身对自由或保守的定位（C，自由或中立＝1，保守＝2），教育水平（E，高中及以下＝1，大学及以上＝2）。通过对表中的 1 452 个观测值拟合对数线性模型，产生了下列似然比：

模型	L^2	df	p
1. $\{PCE\}\{V\}$	730.6	7	0.000
2. $\{PCE\}\{EV\}$	719.4	6	0.000
3. $\{PCE\}\{CV\}$	447.2	6	0.000
4. $\{PCE\}\{PV\}$	80.0	6	0.000
5. $\{PCE\}\{EV\}\{CV\}$	436.4	5	0.000
6. $\{PCE\}\{EV\}\{PV\}$	74.8	5	0.000
7. $\{PCE\}\{CV\}\{PV\}$	15.0	5	0.010
8. $\{PCE\}\{CV\}\{EV\}\{PV\}$	9.0	4	0.060

计算每个模型的 BIC 统计量，并确定哪个为最优。你的结论是否与在 $\alpha=0.001$ 水平上通过检验各模型 L^2 的差异所得到的结论不同？

9. 习题 8 中，模型 7 的效应参数如下：

$\mu=3.986$　　$\lambda_1^P=0.396$　　$\lambda_1^C=0.136$

$\lambda_1^E=-0.210$　　$\lambda_1^V=-0.092$　　$\lambda_{11}^{PC}=0.290$

$\lambda_{11}^{PE}=0.071$　　$\lambda_{11}^{VP}=0.746$　　$\lambda_{11}^{VC}=0.304$

$\lambda_{11}^{CE}=0.024$　　$\lambda_{11}^{PCE}=-0.105$

a. 由这四个变量的第一个类别所构成的单元格的期望频数是多少？

b. 由 V 和 C 的第一个类别以及 P 和 E 的第二个类别所构成的单元格的期望频数是多少？

10. 使用习题 9 的效应参数，计算下列情况下投票给克林顿的期望 logit：（a）受访者是自由派（$C=1$），且为民主党人或独立人士（$P=1$）；（b）受访者是保守派（$C=2$），且为共和党人（$P=2$）。

需要用到 1998 年 GSS 数据的习题

11. 给出幸福感（HAPPY）和相对经济状况（FINRELA）的列联表。计算拟合 $\{H\}\{F\}$ 边缘的独立性模型的 L^2 和期望频数。在 $\alpha=0.001$ 水平上，你可以拒绝该模型吗？

12. 进行关于对大麻合法化的态度（GRASS）与性别（SEX）的对数线性模型分析。计算拟合 $\{G\}\{S\}$ 边缘的独立性模型的 L^2。在 $\alpha=0.001$ 水平上，你能拒绝该模型吗？计算饱和模型 $\{GS\}$ 的效应参数。

13. 对男性和女性而言，实际子女数量（CHILDS）与理想子女数量（CHILDIDEL）的关系相同吗？将 CHILDS 和 CHILDIDEL 分为低（0～2）和高（3～8）两类，对它们与性别的 $2\times2\times2$ 表拟合包括所有双变量效应的对数线性模型。计算模型的 L^2 和效应参数，然后给出你的结论。

14. 对包含 RELITEN（1＝1；2，3＝2）、CONCHURH（1，2＝1；3，4，5＝2）以及 ATTEND（0～5＝1；6，7，8＝2）的 $2\times2\times2$ 表拟合包括所有双变量效应的对数线性模型。然后，对逐步除去其中的一个双变量效应的一系列模型分别进行检验。计算各模型的 L^2 和 BIC 统计量，并确定哪个模型拟合得最好。

15. 对包含 RELIG（新教徒、天主教徒、犹太教徒）、AGE（分为 50 岁及以下和 51 岁及以上两 *369* 类）以及是否支持最高法院关于不许在公立学校强行要求诵读主祷文和《圣经》的规定（PRAY-ER）的 $3 \times 2 \times 2$ 表拟合包括所有双变量效应的对数线性模型。你能在 $\alpha = 0.05$ 水平上拒绝该模型吗？计算模型的效应参数并解释年龄和宗教信仰是如何影响对最高法院规定的支持态度的。

11 因果模型和路径分析

11.1 因果假定 11.2 因果关系图
11.3 路径分析

　　本书通篇都在强调一个观点，即社会研究在于探讨两个或更多的变量间潜在的因果关系。本章将详述考察社会行为时的因果模式，并详细介绍一项反映定量变量之间的因果关系的基本技术——路径分析。因果推理盛行于社会研究的很多领域，但是对它们的概念化基础通常都没有一个清晰的阐述。在对社会现象的因果解释中伴随着大量的伪哲学化的晦涩言语。本章第一部分介绍在考虑因果解释之前必须满足的基本假定。

11.1 因果假定

　　"如果 A，那么 B" 或者 "A 越高，B 越高（低）" 的假设形式仅仅陈述了对变量 A 和变量 B 之间的关系的期望。这些假设是对一种共变关系的陈述，即一个变量的差异或者变化与另一个变量的差异或变化有系统性的联系。作者在提出一个研究命题的时候，通常其目的在于陈述一个因果效应。例如，"考试焦虑感越高，期末考试的成绩越差" 很明显地意味着，考试焦虑感发生在前且是分数低的一个原因。然而，就 "在早期文明中，灌溉程度越高，国家就越集权化" 的命题而言，两个变量，技术和政治结构，哪个是原因哪个是结果并不明确。一个真实的因果假设应该清楚地表达出研究者的企图。"变量 A 的增长导致了变量 B 的增长（或减少）" 这样的陈述形式就无可置疑地表达了作者的意图。

　　一个因果形式的命题比一个仅仅是共变关系的命题包含的信息量更大。因果通常是（但并不必然是）非对称的，从这个意义讲原因上的一个变化会带来结果上的变化，但反之不成立——改变因变量不会带来自变量的变化。以一个农业经济学上的因果假设为例："降雨量越大，收成越好。"（在其他条件相同的情况下，实际上极少会如此。）因为已经收集了大量的实验和观测数据，所以可以很好地确立降雨量和产出之间的共变关系。植物学知识为推论哪个变量是原因哪个变量是结果提供了坚实的基础。一个号称每亩播种更多种子会增加地区降雨量的学生会很快被嘲笑出农业院校大门。因此，这个老套但真实的假设无论在目的还是在结果上都是毫不含混的因果关系命题。

社会研究中的很多理论陈述都不是这么清楚。理论家和研究者有时被他们所研究的社会现象之间的"鸡生蛋，蛋生鸡"序列弄得迷惑不堪。更为经常的情况是，社会现实太过复杂，以至于几乎不可能厘清因果过程。同样，一个有趣的社会行为很少只有唯一且能很容易被分离出来的起因。更可能的是，人类的行为是由很多影响因素支配的，这些因素没有一个是刻意为之（目的）。例如，美国的犯罪率的升降可能是由各种因素之间的复杂作用造成的，包括：贫困，学生逃学，郊区化，机会目标，治安措施……潜在的原因无穷无尽。断言单一变量具有明确的影响是很难轻易迈出的大胆的一步。

随着社会研究的成熟，研究者们放弃了 19 世纪的单一因果的简单思维方式，这是因为现代对多元因果理论或模型的重视。统计学上的一个重要进展——路径分析——提供了一种在清晰的多元因果分析框架下阐明假设的方法。建立变量之间的因果关系必需三个基本条件，并且没有一个条件是充分条件。这三个条件是：共变、时间顺序和非虚假性。 *373*

一对变量之间若存在因果关系，自变量和因变量之间必须存在**共变**（covariation）。一个变量的系统变化或差异必须伴随着另一个变量的系统变化或差异。共变有几种形式：正向或负向的线性相关，或者几种非线性关系（见第 9 章）。

因果关系的**时间顺序**（time order）条件是为大多数西方人几乎是在无意识中共享的元理论假定。因果关系要发生，假定的自变量的变化必须在时间上发生在所断定的因变量的变化之前。时间顺序使因果关系中的基本的不对称性得以建立。对社会流动和社会经济地位获得的因果关系的研究使用了父母的地位和子代的职业的时间序列信息，从而得以快速发展。而对态度结构的因果解释则因为无法确定一次访谈中获得的各种态度之间的时间顺序而备受挫折。研究者经常假定受访者的某些背景特征，例如种族、教育水平、宗教信仰或者职业，在后来的行为（例如选举、饮酒、结婚或者离婚）发生之前已经定型，因此这些背景特征可以被稳妥地假定为是这些行为的原因。

即使两个变量是共变的，并且可以确定它们的时间顺序，在正式确认它们的因果关系之前还必须满足第三个条件：变量 Y 和 X 之间的关联模式一定不是源于另一个共同的原因。一个经典的案例是，在一个荷兰社区里筑在烟囱顶上的鹳巢越多，这个社区的人口出生率也越高。这个例子满足了共变和时间顺序的条件，但多个竞争性因素可能会同时影响鹳巢的数量和婴儿的数量。农村地区为主、污染和卫生水平、社区态度以及选择性移民的模式可能共同发生作用，导致了这两个变量之间的虚假相关。

建立因果关系的**非虚假性**（nonspuriousness）是社会研究中最难解决的问题之一。对于为什么两个变量是相关的，我们无法检验每个可能的备选解释。多种研究方法和统计技术的发展提高了发现虚假相关的机会。实验是控制竞争性因素的最有效方式。当研究对象被随机分配到各种实验组或控制组的时候，除了自变量之外的其他因素都被期望是不变的。像田野研究或系统访谈这样的非实验研究很难 *374* 有办法控制潜在的共因。因此，从非实验研究中得出的有关变量间因果关系的结论更具有不确定性。

11.2　因果关系图

要在变量之间建立因果关系，必须先满足前述的三个前提条件（共变、时间顺序和非虚假性）。它们嵌于揭示假定的"原因-结果关系"的**因果关系图**（causal diagram）中。传统的因果关系图是在思考因果推理问题，以及与其他研究者交流想法时不可或缺的工具。

因果关系图中，用简称或者字母表示变量，可能用"收入"表示家庭（户）年收入。斯坦福-比奈

375 （Stanford-Bine）智力测验可以简写为"IQ"。时间顺序是按照惯例从左至右组织的，就如在西方文化中的读写一样。因此，在图中处于左边的变量被认为是在时间顺序上先于位于右边的变量。图中最左边的变量被称为**外生变量**（exogenous variable）或前定变量，它们的起因是不明确的、未经分析的，因此被排除在模型关注的范围之外。每一对前定变量由一个双向箭头曲线相连，表示在图中它们之间相关但不是因果关系。不具外生性的变量被称为**内生变量**（endogenous variable）；即，模型中包含了引起它们变化的原因。如果一个研究者提出两个变量之间存在直接的因果关系——无论是从一个前定变量到一个内生变量，还是在两个内生变量之间——在因果关系图中就用一个单向直线箭头来表示。箭头的尾巴始自原因变量而箭头指向结果变量。如果没有假设两个因变量之间存在直接的因果关系，两者之间就没有箭头。一对变量间的因果效应的方向用箭头上的符号表示。正号（＋）表明正的因果关系：原因变量的值越大，结果变量的值也越大。负号（－）表示相反的因果效应：原因变量的值越大，结果变量的值越小。专栏 11.1 概括了这些规则。

专栏 11.1

构建因果关系图的规则

1. 变量名称用简称或者字母表示。
2. 图中左边的变量被假定在因果关系中先于右边的变量。
3. 变量间的因果关系用单向箭头表示。
4. 假定相关但不是因果关系的变量用双向曲线箭头表示。
5. 假定相关但不是因果关系的变量在因果关系图中应该处于横轴同一个水平线上。
6. 两个变量的因果关系通过在因果关系箭头上标记"＋"或者"－"来表示一个变量的增减是如何影响另一个变量的。

  图 11.1 利用传统的图示方法展示了因果关系图的一些基本类型，它使用字母而不是实际的变量名。图 11.1A 显示了一个双变量模式，表示 A（自变量）和 B（因变量）之间的简单的**直接效应**（direct effect），或者因果关系。图 11.1B 表示，在时间序列中加入第三个变量 C 后的简单因果链显示 A

376 的增大提高了 B 的值，而 B 值越大，C 值则越小。经过推导，则 A 越大，C 越小。这种 A 经由 B 而对 C 产生的**间接效应**（indirect effect）的符号可以通过将两条路径的符号相乘进行计算。正号（＋）乘以负号（－）是负号（－），因此 A 对 C 的间接效应是负的。

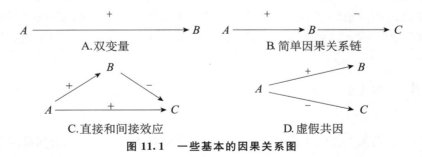

图 11.1 一些基本的因果关系图

  图 11.1C 中的直接和间接效应模型表示 A 对 C 有两种影响，但是符号相反。通过 B 的间接效应仍是负的，而在 B 的贡献不变的情况下，A 的直接效应提升了 C。这个图没有给出足够的信息以决定负

的间接效应和正的直接效应哪个更强。为了回答这个问题，稍后我们在讨论路径分析的时候将演示如何估计每个因果效应的实际值。

图 11.1D 中的虚假共因模型表示的是，在 B 和 C 没有任何直接因果关联的情况下，在它们之间观测到的共变关系是如何产生的。变量 A 是两者的共同原因，它提升了 B 的水平，而让 C 值减小，因此产生了两个因变量之间相反的共变关系。如果 B 是一场火灾中动用的消防车的数量而 C 是未受损的财产的数量，那么 A 可能是什么变量？

现在你应该有足够的有关思考因果关系和使用因果关系图的知识，并可以开始将其应用到你自己的社会研究中。我们会通过一个简单的例子来向你展示所有这些零散的信息是如何整合在一起的。以一个国家政治民主发展的模型为例，四个因果命题抓住了民主发展的本质：

> P1：一个国家的财富越丰裕，它越可能成为一个政治民主国家。
> P2：一个国家越军事化，它越不可能成为一个政治民主国家。
> P3：一个国家越工业化，它的财富越丰裕。
> P4：一个国家越军事化，它的财富越丰裕。

图 11.2 展示了这四个变量之间假设的因果关系。工业化和军事化之间的双向曲线箭头表示这对外生变量之间没有因果关系假定。图 11.2 也介绍了因果关系图的另一种习惯性的表示方式：从未被测量的变量到每个因变量（例如，从 U 到民主）的箭头。这些未被测量的因素称为**残差变量**（residual variable），表示模型中的原因变量不能解释民主程度的全部变异。因此，我们的模型是**概率性的**（probabilistic）或随机的，而不是**决定性的**（deterministic）。也需要注意的是，一个残差原因与图中的任何自变量或残差变量不相关，也没有因果关系。

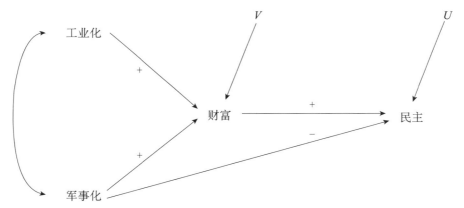

图 11.2 政治民主模型的因果关系图

图 11.2 中的模型也是一个**递归模型**（recursive model）。即，所有的因果效应都被假定为是同一个方向的，并且仅有一个方向。如果 X 引起了 Y，那么我们就不允许 Y 反过来引起 X。考虑双向因果关系的模型被称为**非递归模型**（nonrecursive model）。非递归模型的统计估计很复杂，本章的讨论将限于递归模型。后面的章节将展示如何估计路径系数以及残差效应。

11.3 路径分析

路径分析（path analysis）是分析定量数据的一种统计方法，它能对假设的因果关系中的变量的效应做出经验估计。路径分析最初是由遗传学家休厄尔·赖特（Sewell Wright）建立的，现在路径分析和它的变体——结构方程模型（见第 12 章）已经在社会研究者中广为流行。这项技术要求满足上述的因果关系的所有前提假定条件，并广泛使用图示来表示经验变量之间的原因-结果关系。并且，若要理解本部分的讨论，你必须熟悉本书 8.2.2 节所介绍的标准化的多元回归方程。

378

11.3.1 示例：对堕胎的态度

我们用一个简单的四变量因果模型来揭示路径分析的原则。对于如果一名未婚女性不想要孩子，受访者是否容许堕胎的问题，这个模型给出了一些假设的原因，如图 11.3 所示。正号（＋）和负号（－）表示假设的关系的方向。受访者的宗教信仰虔诚度和教育水平都被认定为前定变量，因此位于图中的左侧。双向曲线箭头表示我们没有兴趣解释这两个变量之间的因果关系。假设认为，自评的宗教信仰虔诚度（R）与对婚前性行为的态度（S）成反比，而教育水平（E）则与受访者对婚前性行为的态度成正比。宗教信仰虔诚度、教育水平和对婚前性行为的态度都被假设是影响对未婚女性堕胎的态度（A）的直接原因。宗教信仰虔诚度的直接效应被认定是负向的，而教育水平和对婚前性行为的态度的直接效应被认定是正向的。图中两个因变量都有来自不相关的残差因素（V 和 W）的箭头，表示除了所显示出来的原因以外，还存在着影响对堕胎和婚前性行为的态度的其他未知原因。11.3.6 节描述了这些变量的操作化，并讨论了如何估计模型的系数。

379

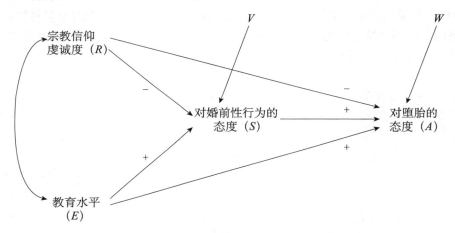

图 11.3 堕胎态度模型的因果关系图

11.3.2 结构方程

路径分析始于一组**结构方程（structural equation）**，这些结构方程表达了模型中彼此相关的假设之间的结构。这些方程反映了简单的一对一的关系，正如图 11.3 所示的复杂的因果关系图。路径分析中的变量通常被转换为标准化或者 Z 值的形式。

变量间的四种关系——宗教信仰虔诚度（R）、教育水平（E）、对婚前性行为的态度（S）和对未婚女性堕胎的态度（A）——可以用代表两个内生变量间的因果关系的两个结构方程来表示。在两个前定变量与内生变量线性相关的前提假定之下，第一个方程反映了宗教信仰虔诚度和教育水平对婚前性行为的态度的假设效应。通常，如果 p_{IJ} 表示从变量 J 到变量 I 的**路径系数（path coefficient）**，连接对婚前性行为的态度（S）与宗教信仰虔诚度（R）和教育水平（E）的方程通常表示为：

$$S = p_{SR}R + p_{SE}E + p_{SV}V$$

用原因变量乘以连接每个原因变量到结果变量的路径系数。同样，路径系数（p_{SV}）表示未观测的残差项 V 和结果项 S 之间的因果联系。第二个结构方程表示两个外生变量（宗教信仰虔诚度，R；教育水平，E）和一个内生变量（对婚前性行为的态度，S）是第二个内生变量（对堕胎的态度，A）的原因：

$$A = p_{AR}R + p_{AE}E + p_{AS}S + p_{AW}W$$

同样，这个方程包括了每一个直接影响对堕胎的态度的路径系数，加上来自变量 W 的残差路径。图 11.4 是结合了这两个方程的因果关系图。

380

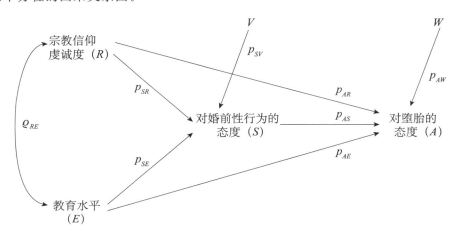

图 11.4　带系数符号的堕胎态度路径图

路径分析有两个主要任务：

1. 估计路径系数的值。

2. 显示假定的因果关系的总体参数对系统中所有成对变量之间相关关系的解释。

下面两个部分将讨论这些问题。

11.3.3　估计路径系数

为了估计路径系数的值，我们只需要假定每个方程中的原因变量和结果变量是线性相关的。这样，研究者仅需用自变量对每个因变量进行回归。因为所有的变量都采用标准化的形式，所以多元回归的 β 值就是路径系数的最佳线性无偏估计（BLUE；见 6.5 节和专栏 8.2）。因此，对于第一个结构方程，

$$\hat{p}_{SR} = \beta^*_{SR}$$

$$\hat{p}_{SE} = \beta^*_{SE}$$

类似于 R^2 的下标，路径系数的第一个下标总是因变量，随后是自变量。宗教信仰虔诚度和教育水 *381* 平也被假定与第二个方程中对堕胎的态度有因果关系，因此双下标 SR 和 SE 清楚地表示了哪个因变量被这两个变量所预测。没有给出任何证明，我们提出残差路径可以通过如下公式来估计：

$$\hat{p}_{SV} = \sqrt{1 - R^2_{S \cdot RE}}$$

即，从一个残差变量到一个因变量的路径系数简单地等于非决定系数的平方根。路径系数上面的符号（ˆ）表示它们是从样本数据的标准化回归中得到的总体路径系数参数的估计值。

类似地，第二个方程的路径系数的估计值也是通过宗教信仰虔诚度、教育水平和对婚前性行为的态度与对堕胎的态度的多元回归得到的。因此，

$$\hat{p}_{AR} = \beta_{AR}^*$$

$$\hat{p}_{AE} = \beta_{AE}^*$$

$$\hat{p}_{AS} = \beta_{AS}^*$$

$$\hat{p}_{AW} = \sqrt{1 - R_{A \cdot RES}^2}$$

11.3.4　把潜在的相关系数分解为因果参数

第二个任务，即显示路径系数可以表示或者解释一对变量之间的相关关系，处理起来就有点困难了。它包括**分解**（decomposition），或者说把相关系数分割成几个部分。

在这个过程中，相关系数用路径系数的形式重新表述出来。这里需要用到一些你可能不熟悉的代数知识。你需要知道的一个定理是：$\sum aX = a\sum X$，a 是一个常数而 X 是一个变量。即，a 乘以 X 之后进行加总的和等于 X 加总后与 a 的乘积。另外还需要知道的是：$\sum(X+Y) = \sum X + \sum Y$。即，变量 X 与变量 Y 之和的加总等于变量 X 的加总与变量 Y 的加总之和。附录 A 的规则 2 和 5 给出了这些定理的详解。

382　　　　现在我们考虑 11.3.2 节中的第一个方程：

$$S = p_{SR}R + p_{SE}E + p_{SV}V$$

为了发现宗教信仰虔诚度和对婚前性行为的态度之间的相关系数，我们首先在方程的两边同时乘以 R：

$$RS = R(p_{SR}R + p_{SE}E + p_{SV}V)$$

$$= p_{SR}R^2 + p_{SE}RE + p_{SV}RV$$

接下来我们对两边求和：

$$\sum RS = \sum(p_{SR}R^2 + p_{SE}RE + p_{SV}RV)$$

$$= \sum p_{SR}R^2 + \sum p_{SE}RE + \sum p_{SV}RV$$

（上述的最后一步遵照附录 A 的规则 5。）接下来，我们把左右两边同时除以 N，并且把所有的 p 放到加总符号之外（即使用规则 2）：

$$\frac{\sum RS}{N} = p_{SR}\frac{\sum R^2}{N} + p_{SE}\frac{\sum RE}{N} + p_{SV}\frac{\sum RV}{N}$$

然而，正如 6.3.4 节所示，两个 Z 值的乘积的和除以样本规模（$N-1$）（或者像这里，如果是总体，则除以 N）恰好等于它们的相关系数。即，

$$\frac{\sum RS}{N} = \varrho_{RS}$$

$$\frac{\sum RE}{N} = \varrho_{RE}$$

$$\frac{\sum RV}{N} = \varrho_{RV}$$

这些项出现在下面的方程中。进而，$\sum(R^2/N) = \varrho_{RR}$。不过，因为一个变量与其自身的相关系数等于 1，所以 $\varrho_{RR} = 1$。

把这些信息代入上面的方程得到：

$$\varrho_{SR} = p_{SR} + p_{SE}\varrho_{RE} + p_{SV}\varrho_{RV}$$

在宗教信仰虔诚度和残差项（ϱ_{RV}）的相关系数中，V 是一个未观测的变量，无法对其进行测量。因此
383　我们无法直接估计 ϱ_{RV}。不过，根据最佳线性无偏估计的要求（见专栏 8.2），在一个给定的方程中，残差变量和自变量之间的相关关系被假定为 0。也就是说，在第一个方程中，我们假定 $\varrho_{RV} = 0$。

把这个假定代入上面的路径方程，我们用符号" ' "来表示这个相关关系是模型所指示的，而未必等于从样本数据中观测到的相关关系：

$$\varrho'_{SR} = p_{SR} + p_{SE}\, \varrho_{RE}$$

即，R 和 S 之间隐含的相关系数 ϱ'_{SR} 来源于从宗教信仰虔诚度到对婚前性行为的态度的直接路径 p_{SR}，以及从教育水平到对婚前性行为的态度的路径系数与宗教信仰虔诚度和教育水平之间的相关系数的乘积（即 $p_{SE}\varrho_{RE}$）。

用同样的方式，我们也可以分解因果模型所揭示的教育水平和对婚前性行为的态度之间的隐含的相关关系。我们再次从第一个方程开始：

$$S = p_{SR}R + p_{SE}E + p_{SV}V$$

这次我们在两边同时乘以 E（因为我们希望分析 ϱ_{SE}）

$$ES = E(p_{SR}R + p_{SE}E + p_{SV}V)$$
$$= p_{SR}ER + p_{SE}E^2 + p_{SV}EV$$

现在，两边加总，并同时除以 N：

$$\sum ES = \sum(p_{SR}ER + p_{SE}E^2 + p_{SV}EV)$$
$$\frac{\sum ES}{N} = \sum p_{SR}\frac{ER}{N} + \sum p_{SE}\frac{E^2}{N} + \sum p_{SV}\frac{EV}{N}$$

然后将路径系数放到加总符号之外：

$$\frac{\sum ES}{N} = p_{SR}\frac{\sum ER}{N} + p_{SE}\frac{\sum E^2}{N} + p_{SV}\frac{\sum EV}{N}$$

现在，$\sum ES/N = \varrho_{ES}$，$\sum ER/N = \varrho_{ER}$，$\sum E^2/N = \varrho_{EE}$，且 $\sum EV/N = \varrho_{EV}$。记住一个变量与其自身的相关系数为 1.0，即 $\varrho_{EE} = 1.0$。进而，根据最佳线性无偏估计的假定，一个既定方程中的自变量与其残差变量是不相关的，我们假定 $\varrho_{EV} = 0$。把这些结果代入上面的方程，合并各项后将会产生：

$$\varrho'_{SE} = p_{SR}\,\varrho_{RE} + p_{SE}$$
$$= p_{SE} + p_{SR}\,\varrho_{RE}$$

一言以蔽之，教育水平和对婚前性行为的态度间隐含的相关系数等于从教育水平到对婚前性行为的态度的直接路径系数（p_{SE}）加上从宗教信仰虔诚度到对婚前性行为的态度的路径系数与教育水平和宗教信仰虔诚度之间的相关系数的乘积（$p_{SR}\varrho_{RE}$）。

正如假设的因果结构所示，同样的方法可以分解第二个方程中的结果变量（A）和三个原因变量（R，E，S）间的相关系数。下面以大纲形式给出了对每个原因变量进行分解的步骤：

1. 用原因变量乘以因变量，并在方程右侧用原因变量乘以每个自变量。

2. 对方程两侧进行加总，把加总符号分配到方程右侧所有的项上。

3. 为了形成自变量和方程中所有其他变量之间的相关关系，方程两侧同时除以 N。

4. 用以下两个假定对结果进行简化：

    a. 一个变量与其自身的相关系数为 1.0。

    b. 一个自变量和残差变量之间的相关系数为 0。

5. 对方程中的每个原因变量都重复步骤 1 至步骤 4。

作为一次练习，你应该能够证明如下结果：

$$\varrho'_{SA} = p_{AS} + p_{AR}\,\varrho_{SR} + p_{AE}\,\varrho_{SE}$$
$$\varrho'_{RA} = p_{AR} + p_{AS}\,\varrho_{SR} + p_{AE}\,\varrho_{RE}$$

$$e'_{EA} = p_{AE} + p_{AS}\, e_{SE} + p_{AR}\, e_{RE}$$

前面推导出的五个隐含的相关系数（第一个结构方程中有两个，第二个结构方程中有三个）可以用**路径分析的基本定理**（fundamental theorem of path analysis）来概括：

$$e'_{ij} = \sum_{q=1}^{Q} p_{iq}\, e_{qj}$$

385　　　路径分析的基本定理指的是，假设的因果模型中所隐含的变量 i 和 j 之间的双变量相关系数等于从变量 q 到变量 i 的路径系数与变量 q 和变量 j 之间相关系数的乘积的加总。这些乘积的和形成了所有到变量 i 有直接路径的 Q 个变量。路径分析的基本定理可以用来分解每一个隐含的相关系数。

当 A 作为内生变量时的三个隐含的与 A 有关的相关系数，每一个都包含一个或者多个与 S 有关的相关系数。在分析 S 作为内生变量的第一个结构方程时，这些相关系数自身已先被分解为路径因素。尤其是，像我们上面看到的那样，

$$e'_{SR} = p_{SR} + p_{SE}\, e_{RE}$$
$$e'_{SE} = p_{SE} + p_{SR}\, e_{RE}$$

如果我们把这两个式子中的 e_{SR} 和 e_{SE} 代入上面 e'_{SA} 的方程，我们可得到：

$$e'_{SA} = p_{AS} + p_{AR}(p_{SR} + p_{SE}\, e_{RE}) + p_{AE}(p_{SE} + p_{SR}\, e_{RE})$$
$$= p_{AS} + p_{AR} p_{SR} + p_{AR} p_{SE}\, e_{RE} + p_{AE} p_{SE} + p_{AE} p_{SR}\, e_{RE}$$

同样，

$$e'_{RA} = p_{AR} + p_{AS}(p_{SR} + p_{SE}\, e_{RE}) + p_{AE}\, e_{RE}$$
$$= p_{AR} + p_{AS} p_{SR} + p_{AS} p_{SE}\, e_{RE} + p_{AE}\, e_{RE}$$

$$e'_{EA} = p_{AE} + p_{AS}(p_{SE} + p_{SR}\, e_{RE}) + p_{AR}\, e_{RE}$$
$$= p_{AE} + p_{AS} p_{SE} + p_{AS} p_{SR}\, e_{RE} + p_{AR}\, e_{RE}$$

我们承认这些结果有些复杂。但需要记住，我们将原因变量和结果变量之间隐含的相关系数表示为一个假设的路径系数的函数。也需要注意，每个最终版本的方程的右侧仅包含路径系数和两个外生
386　变量（宗教信仰虔诚度和教育水平）的相关系数（e_{RE}）。作为基本定理的一般原则，一个隐含的双变量相关系数的最终分解结果仅包括路径系数和前定变量之间的相关系数。

11.3.5　通过追踪路径来分解隐含的相关系数

我们也可以通过在路径图本身中追踪路径来分解那五个隐含的相关系数。我们假定变量 j 在因果关系上先于变量 i，下述的规则概括了如何追踪路径以进行分解，步骤如下：

1. 从一个特定的内生变量 i 开始，如果变量 j 和 i 之间存在着路径，则沿着来自变量 j 的箭头向后追踪，这就是简单的直接路径系数 p_{ij}。这个系数将会与下面步骤所找到的复合路径相加。
2. 如果其他指向变量 i 的箭头来自第三方变量 q，则追踪 i 和 j 之间的、所有牵扯到 q 的连接，并把这些复合路径的路径系数相乘。通常会有两类复合连接：
   a. 变量 q 的箭头同时指向 i 和 j（直接指向，或者通过其他中间变量）。在这种情况下，沿着从 i 到 q 的路径向后追踪，再沿着从 q 到 j 的路径向前追踪，把追踪时所得到的系数相乘。如果对于给定的 q，存在着多条明显的复合路径，则分别处理每一条复合路径。
   b. 变量 j 的箭头指向变量 q，之后变量 q 的箭头指向变量 i（在两步之内，或者通过其他中间变量）。在这种情况下，直接从 i 通过 q 追踪到 j，把追踪时所得到的路径系数相乘。如果返回 j 的复合路径有多条，则分别处理每一条复合路径。

3. 追踪的时候要遵守以下规则：

a. 你可以沿着一系列的箭头（从箭头到箭尾）向后追踪，这在于尽可能多地找到到达变量 q 的必要连接。但是，一旦为了从 q 向前追踪到 j（从箭尾到箭头，如规则 2a 所述），使得方向发生改变，就不可以再改变方向。

b. 在追踪一条特定的复合路径的时候，一个特定的双向曲线箭头（表示两个前定变量之间的相关）只可以经过一次。在任何给定的复合连接中，只能经过一个双向箭头。注意从后向前追踪时，在经过双向箭头的时候方向总会改变。经过一个双向箭头要求相关系数和复合路径相乘。

c. 在路径图中表示出来的所有合理的复合路径都必须被追踪，它们的值要相乘以决定复合效应的大小和符号。

4. 当所有直接和复合路径的值都被计算出来之后，把它们加起来就获得了因果模型所隐含的 i 和 j 之间的相关系数（ϱ'_{ij}）。

为了演示如何使用追踪程序，我们将展示如何分解对堕胎的态度（A）和教育水平（E）之间的相关系数 ϱ_{AE}。参照图 11.4，我们可以看到，应用规则 1，教育水平（E）和对堕胎的态度（A）之间的直接路径系数是：

$$p_{AE}$$

利用规则 2，我们看到有两个 q 变量，宗教信仰虔诚度（R）和对婚前性行为的态度（S），都与对堕胎的态度直接相连。因此，这些变量与教育水平之间必定有间接的联系。在规则 2a 和 3b 之下，我们从对堕胎的态度向后追踪到宗教信仰虔诚度（p_{AR}），并经过双向箭头到达教育水平（ϱ_{RE}）。这条复合路径会被加入方程中，以把 ϱ'_{AE} 分解成直接和间接效应：

$$p_{AR}\, \varrho_{RE}$$

注意我们不能通过对婚前性行为的态度来追踪一条复合路径，例如 $p_{AR}p_{SR}p_{SE}$，因为它多次改变方向，违背了规则 3a 的规定。然而，通过宗教信仰虔诚度连接对堕胎的态度和教育水平的第二条复合路径是允许的：

$$p_{AS}p_{SR}\, \varrho_{RE}$$

因为没有其他通过宗教信仰虔诚度的复合路径，我们接下来转向牵涉对婚前性行为的态度的间接联系。我们刚刚提到过这些路径中的一条，它也牵扯到宗教信仰虔诚度。规则 2b 所允许的唯一的一条复合路径是：

$$p_{AS}p_{SE}$$

把这四条直接和间接的路径合在一起，重新排列各项，可得到对堕胎的态度和教育水平之间隐含相关的最终表达式：

$$\varrho'_{AE} = p_{AE} + p_{AS}p_{SE} + p_{AS}p_{SR}\,\varrho_{RE} + p_{AR}\,\varrho_{RE}$$

这跟 11.3.4 节结尾用代数方法获得的结果是一样的。需要注意的是，基本法则不允许任何牵涉残差因素 V 和 W 的非直接路径。如上所述，路径分析的一个前提假定是残差变量与模型中的自变量不相关，因此，没有任何复合路径包含这些残差变量。

表 11.1 显示了如何用路径方程的形式重写整个相关系数矩阵。（相比早些时候得到的结果，这个结果被重新整理了一下。）为了检验你对基本路径定理的理解，你可以利用上面展示的追踪规则自己推导出分解的结果，并将其与表 11.1 相比较。因为既可以利用代数的方法也可以使用追踪的方法获得这些结果，所以你选择哪种方法是无关紧要的。

表 11.1	对图 11.4 显示的路径模型中的相关系数的分解		
	教育水平（E）	宗教信仰虔诚度（R）	对婚前性行为的态度（S）
宗教信仰虔诚度（R）	ϱ_{RE}		
对婚前性行为的态度（S）	$p_{SE} + p_{SR}\varrho_{RE}$	$p_{SR} + p_{SE}\varrho_{RE}$	
对堕胎的态度（A）	$p_{AE} + p_{AS}p_{SE}$ $+ p_{AR}p_{RE}$ $+ p_{AS}\varrho_{SR}p_{RE}$	$p_{AR} + p_{AS}p_{SR}$ $+ p_{AE}\varrho_{RE}$ $+ p_{AS}p_{SE}\varrho_{RE}$	$p_{AS} + p_{AE}p_{SE}$ $+ p_{AR}p_{SR}$ $+ p_{AE}\varrho_{RE}p_{SR}$ $+ p_{AR}\varrho_{RE}p_{SE}$

11.3.6　估计堕胎态度模型

现在我们拥有了所有必要的手段来估计图 11.4 中显示的模型。这个模型使用了 1998 年综合社会调查（GSS）数据，受访者的教育水平是用受教育年限来代表的（0～20）。宗教信仰虔诚度是紧随受访者的宗教信仰类别（如天主教徒、浸信会教徒、路德会教徒、犹太教徒等）的问题："你认为你非常虔诚（视具体情况而定）还是不怎么虔诚（视具体情况而定）？"答案被编码为三类："虔诚"＝3，"有点虔诚"＝2（这不是访谈者提供的两个答案之一，但有些人自愿给出了这个答案），"不是很虔诚"＝1。与婚前性行为有关的问题是："如果一个男人和一个女人有婚前性行为，你认为它总是错的、基本上总是错的、有时是错的，还是一点都没错？"答案被编码为从"总是错的"＝1 到"一点都没错"＝4。最后，对堕胎的态度来自对一组问题（七个）的回答，受访者被问到是否支持"如果……一个孕妇就可以进行合法堕胎"，"如果……"存在多种情况。在我们的分析中，我们仅仅选择对这种情况的回答，即"……如果她未结婚并且也不打算与那个男人结婚"。"是"被编码为 1，"否"被编码为 0。表 11.2 显示了这四个变量之间的观测到的相关关系矩阵，案例中的缺失数据使用对删法处理。因为根据 GSS 问卷的设计，只对样本的三分之一询问这两个态度问题，所以在 GSS 的 2 832 个受访者中，只有 666 人的数据是完整的。

表 11.3 显示了回归分析的结果。因为路径分析仅仅使用标准化回归系数，所以没有列出实际的（非标准化）回归系数。对于一个递归模型，估计的路径系数就是 beta 权重，而残差路径等于非决定系数的平方根（1 减去决定系数；见 11.3.3 节）。图 11.5 的路径图给出了本例中的路径系数。

表 11.2	堕胎态度路径分析中的变量相关关系矩阵			
	宗教信仰虔诚度	教育水平	对婚前性行为的态度	对堕胎的态度
宗教信仰虔诚度（R）	1.00			
教育水平（E）	0.056	1.00		
对婚前性行为的态度（S）	−0.358*	0.119*	1.00	
对堕胎的态度（A）	−0.192*	0.194*	0.385*	1.00

* $p < 0.01$。

$N=666$；缺失数据：2 166 个个案。

资料来源：1998 General Social Survey。

表 11.3	婚前性行为和堕胎态度方程的标准化回归系数（beta 权重）	
自变量	对婚前性行为的态度	对堕胎的态度
宗教信仰虔诚度	−0.366**	−0.080*
教育水平	0.139**	0.158**
对婚前性行为的态度	—	0.337**
决定系数（R^2）	0.147**	0.176**

* $p < 0.05$。
** $p < 0.001$。
$N = 666$；缺失数据：2 116 个个案。
资料来源：1998 General Social Survey。

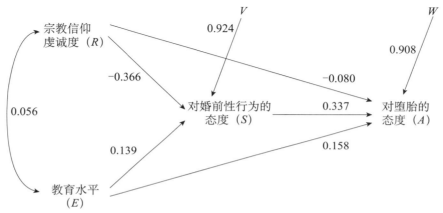

图 11.5 堕胎态度模型路径图：路径系数估计

因为路径系数是标准化值，所以对因果效应的解释也必须以标准差（Z 值）为单位。例如，$\hat{p} = 0.337$ 意味着在对婚前性行为的态度上增加一个单位的标准差，会导致对未婚女性堕胎的支持增加 1/3 个单位的标准差。因为所有路径系数都是标准化的，就像在多元回归中一样，对原因变量的直接 *391* 效应的比较是很直观的。因此，我们看到，宗教信仰虔诚度和教育水平对堕胎态度的效应方向是相反的，即宗教信仰虔诚度高的受访者更不支持堕胎（$\hat{p}_{AR} = -0.080$），但是教育水平更高的人会更支持未婚女性堕胎（$\hat{p}_{AE} = 0.158$）。我们也发现，这两个变量对堕胎态度的效应远远小于对婚前性行为态度的效应。路径图显示，宗教信仰虔诚度更高的受访者更不会容许婚前性行为（$\hat{p}_{SR} = -0.366$），而教育水平更高的受访者更会容许婚前性行为（$\hat{p}_{SE} = 0.139$）。

如果两个变量经过中间变量相连形成复合路径，把复合路径的路径值相乘就可以计算出**间接因果效应**（indirect causal effect）。正如 11.3.4 节所示，对样本的估计如下：

$$r'_{AR} = \hat{p}_{AR} + \hat{p}_{AS}\hat{p}_{SR} + \hat{p}_{AS}\hat{p}_{SE}r_{RE} + \hat{p}_{AE}r_{RE}$$

当然，方程右边的第一项是估计的直接效应（$\hat{p}_{AR} = -0.080$）。第二项 $\hat{p}_{AS}\hat{p}_{SR}$ 是估计的间接效应，表示宗教信仰虔诚度通过婚前性行为态度对堕胎态度产生的间接影响。注意，估计的宗教信仰虔诚度的间接效应与直接效应的方向一样，$0.337 \times (-0.366) = -0.123$，而且它的数值稍高。

通过把直接效应与间接效应相加，并将其与表 11.2 中观测到的相关系数进行比较，我们可以看到有多少共变可归因于涉及教育水平的相关效应。因此，观测到的宗教信仰虔诚度与对堕胎的态度的相关系数是 −0.192，直接效应是 −0.080，间接效应是 −0.123，观测到的相关仅仅有 0.011 来源于它们对教育水平的依赖。这个效应非常小，这是因为正如从分解式的最后两项中所看到的，宗教信仰虔诚度和教育水平的相关接近于 0。这个效应被称为**相关效应**（correlated effect），因为它的值取决于 R 和 E 之间的相关性：$\hat{p}_{AS}\hat{p}_{SE}r_{RE}+\hat{p}_{AE}r_{RE}=0.337\times0.139\times0.056+0.158\times0.056=0.0114$。作为一次练习，你应该能弄清楚对堕胎的态度和教育水平（r_{AE}）之间的相关有多少是直接效应所致、有多少是间接效应所致、有多少是教育水平和宗教信仰虔诚度之间的相关所致。

通过对残差变量的路径系数进行平方，我们可以发现内生变量有多少方差依然未能被假设的因果过程所解释。两个值都很大：婚前性行为态度的 85.4% 和堕胎态度的 82.4% 无法由因果模型来解释。显然，这个简单的例子还远远不能囊括所有影响这两个态度的重要的社会和心理原因。如果我们要继续这项研究，我们就要使用更详细的模型，纳入影响堕胎态度的其他可能的原因。

完全递归路径模型展现了变量间所有可能的单向箭头。当运用基本路径定理的时候，这个模型得到的结果与观测到的相关完全一致。因为变量间的因果顺序可以随意重新排列，所以对于一个因果模型是否有效或可靠这样的问题，路径系数的经验估计通常无法提供确切的答案。例如，如果图 11.3 中对婚前性行为的态度和对堕胎的态度的位置交换一下，我们仍然会得到每个箭头方向的路径系数。或者，甚至更极端一些，我们把两个前定变量的位置与两个因变量的位置交换一下，我们依然可以得到相加之后等于观测到的相关系数的路径系数。显然，路径模型的可信度不能仅仅建立在统计标准的基础上。

一个因果模型必须在非统计的背景下证明其是有效的。在本书中，我们强调了理解社会行为理论对指导经验研究的重要性。在假设路径分析的因果模型的时候，必须体现出研究者关于社会关系、过去的经验研究和逻辑演绎的所有知识。在确定变量间因果顺序的时候，理解它们的时间顺序通常是不可缺少的。例如，由于人们通常在调查访谈之前的很多年就已经完成了正规学校教育，我们就可以很合理地把这个变量看作在时间顺序上先于现在的两个态度变量。除非一个因果分析是牢固地建立在社会行为的基本原则的基础上，否则得出的路径模型估计不会比建在沙子上的房屋更稳固。

11.3.7　一个链路径模型的例子

上面我们讲到完全递归的路径模型没有一个反对它的统计基础。非完全递归的路径模型——一些可能的箭头没有显示出来——确实提供了有限的基础以决定一个具体的模型是否能够拟合数据。当一些可能的因果路径被假设为 0 时，路径模型中隐含的相关（r'_{ij}）并非必然等于，而且也通常不等于观测到的相关系数（r_{ij}）。当这样的差异出现的时候，除非这种差异小到是由抽样波动引起的，否则分析者会认为代表因果过程的模型有误。

我们利用全美青年纵贯调查（National Longitudinal Survey of Youth，NLSY）数据来说明这点。自 1979 年开始，出生于 1957 年到 1964 年之间的 6 111 名青年男女每年就他们的家庭、学校、工作和其他的行为与态度接受一次调查。在 1979 年、1982 年和 1987 年，调查人员要求受访者报告他们对一个包含了妇女就业系列问题的 4 点量表的不同意-同意（程度）。这些问题包括“妇女应该出现在家里，而不是办公室或者商店”。在有关各时点的态度的因果关系模型中，最简单的是链模型，即在时点 $t+1$ 的回答仅取决于在此之前的时点 t 的回答。〔这种性质被称为**马尔可夫准则**（Markovian principle），表示时点 t 之前的历史对现在没有因果效应。〕

图 11.6 用路径图展示了对妇女就业的态度的**链路径模型**（chain path model）。我们假定，1987 年时对妇女就业的态度（Y_3）受到 1982 年的态度（Y_2）影响，而不受 1979 年的态度（Y_1）影响。而1982 年的态度（Y_2）仅由 1979 年的态度引发。图 11.6 隐含了两个结构方程：

$$Y_2 = p_{21}Y_1 + p_{2V}V$$

$$Y_3 = p_{32}Y_2 + p_{3U}U$$

由于这两个方程是递归的，可以通过由 Y_2 对 Y_1 的回归和 Y_3 对 Y_2 的回归得到的两个 β 系数来估计它们：

394

$$\hat{p}_{21} = \beta_{21}^*$$

$$\hat{p}_{2V} = \sqrt{1 - R_{2\cdot1}^2}$$

$$\hat{p}_{32} = \beta_{32}^*$$

$$\hat{p}_{3U} = \sqrt{1 - R_{3\cdot2}^2}$$

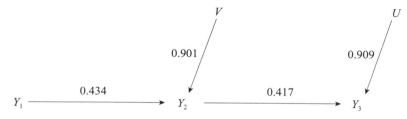

图 11.6　对妇女就业的态度的因果关系图（1979—1987 年，包括对路径系数的估计）

表 11.4 显示了三个变量之间的相关系数。因为在只有一个自变量的情况下，beta 权重等于零阶相关系数，我们得到 $\hat{p}_{21} = 0.434$，$\hat{p}_{2V} = 0.901$，$\hat{p}_{32} = 0.417$，$\hat{p}_{3U} = 0.909$。现在我们想检验变量 Y_1 和 Y_3 之间的隐含的相关系数是不是等于观测到的相关系数（0.339）。为了确定这个隐含的相关系数，我们采用 11.3.4 节的方法。首先，

$$Y_3 = p_{32}Y_2 + p_{3U}U$$

接下来我们令这个方程乘以 Y_1，得到：

$$Y_1Y_3 = p_{32}Y_1Y_2 + p_{3U}Y_1U$$

我们对两边求和，整理得到的和，再除以 N：

$$\frac{\sum Y_1Y_3}{N} = p_{32}\frac{\sum Y_1Y_2}{N} + p_{3U}\frac{\sum Y_1U}{N}$$

因为我们假定 $p_{Y_1U} = 0$，又因为 $p_{21} = \beta_{21}^* = e_{21}$，我们得到 $e_{13}' = p_{32}\,e_{21} = p_{32}\,p_{21}$。即，因果模型所隐含的 Y_1 和 Y_3 之间的相关系数等于这两条路径 p_{32} 和 p_{21} 的乘积。现在你可以确信，你通过追踪 Y_3 和 Y_1 之间的路径得到了相同的结果。

表 11.4	1979—1987 年对妇女就业的态度的相关系数矩阵		
	Y_1	Y_2	Y_3
Y_1：1979 年的态度	1.000	0.434	0.339
Y_2：1982 年的态度		1.000	0.417
Y_3：1987 年的态度			1.000

资料来源：National Longitudinal Survey of Youth。

在 NLSY 数据中，

395

$$r_{13}' = 0.434 \times 0.417 = 0.181$$

但是正如在表 11.4 中所见，实际观测到的相关系数是 0.339。因此，观测到的相关系数和隐含的相关

系数之间的巨大差异，即 $r_{13} - r'_{13} = 0.158$，意味着因果模型的**误设（misspecification）**。

图 11.7 显示的是对这三个变量的可靠的替代模型。这里我们假定从 1979 年的态度到 1987 年的态度之间有一种滞后因果效应**（lagged causal effect）**。（滞后因果效应等于直接效应。）这种情况下的两个结构方程为：

$$Y_2 = p_{21}Y_1 + p_{2V}V$$
$$Y_3 = p_{31}Y_1 + p_{32}Y_2 + p_{3U}U$$

对路径系数的估计如下：

$$\hat{p}_{21} = \beta^*_{21}$$
$$\hat{p}_{2V} = \sqrt{1 - R^2_{2\cdot1}}$$
$$\hat{p}_{31} = \beta^*_{31}$$
$$\hat{p}_{32} = \beta^*_{32}$$
$$\hat{p}_{3U} = \sqrt{1 - R^2_{3\cdot21}}$$

396 利用表 11.4 的数据，图 11.7 给出了这些估计。因为包括了所有可能的三条单向路径，这个模型完美地拟合了观测到的相关系数。然而，就解释随时间而变化的相关关系的模式而言，这个替代模型仅仅是多个可能的因果模型中的一个。其他模型可能包括了其他与残差变量相关的或者有测量误差的自变量。第 12 章将考虑这些技术中的一部分，但是在这里我们已经论证了，简单的因果链不能解释所观测到的共变模式。

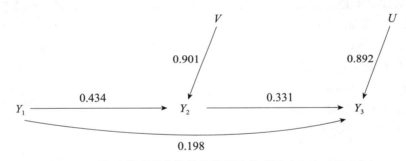

图 11.7　对妇女就业的态度的替代因果关系图（1979－1987 年）

本章介绍了路径分析的基本要素。我们希望我们已经说服你，如果你有很强的理论命题，可以从非实验数据中得出因果推论。当你无法进行实验的时候，路径模型对估计假定的因果过程是非常有用的。尽管如此，如我们所提到的，为了避免荒谬的结果，你必须密切注意满足模型的前提条件。

在第 12 章，我们将路径分析的原则推广到更复杂的结构方程模型中，介绍用于评估假设的模型与观测到的方差和协方差之间的拟合优度的技术。

397 ### ▶ 重要概念和符号回顾

以下是在本章中出现的主要概念。这个列表有助于你回顾本章内容，同时也可以作为一个概念掌握的自测。

共变	时间顺序	非虚假性	因果关系图
外生变量（前定变量）	内生变量	直接效应	间接效应

残差变量   概率性的（随机的） 决定性的   递归模型

非递归模型   路径分析   结构方程   路径系数

分解   路径分析的基本定理 间接因果效应 相关效应

马尔可夫准则   链路径模型   误设   滞后因果效应

p_{ij} $\hat{p}_{ij}$ p'_{ij} r'_{ij}

▶ 习题

398

普通习题

1. 将以下陈述改写为一个因果命题："无论何时，当工人感到他们公司里管理者和工人之间的收入分配不公时，他们将试图组建一个工会来改变分配结构。"

2. 把下面的假设所隐含的因果过程用因果关系图表示出来：

  a. 一个学生的出勤率越高，这个学生的学业技能就越高。

  b. 一个学生的学业技能越高，这个学生的学业信心就越强。

  c. 一个学生的学业技能越高，这个学生就越认同学校的规章制度。

  d. 一个学生的学业信心越强，这个学生就越可能毕业。

  e. 一个学生越认同学校的规章制度，这个学生就越可能毕业。

3. 基于以下路径方程，求出 Q 和 T 的相关系数表达式：

$$T = p_{TQ}Q + p_{TS}S$$
$$S = p_{SQ}Q + p_{ST}R$$

4. 思考下面的路径图，其中 A 是结婚年龄，B 是社会经济地位（SES），C 是子女数量，D 是婚姻满意度。

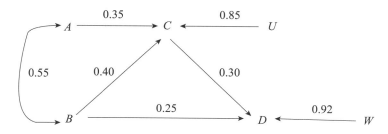

  a. 结婚年龄或者 SES 对婚姻满意度是否有较大的间接效应？

399

  b. 婚姻满意度中的多少方差能够由结婚年龄、SES 以及子女数量所解释？

5. 考虑如下的路径图：

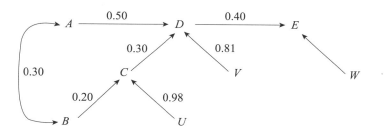

    a. A 或 B 对 E 有较大的间接因果效应吗？

    b. E 有多少方差可由 A、B、C 和 D 所解释？

    6. 某研究者进行了一个面板研究，在该研究中，受访者连续三年每年被问询一次他们对资本处罚的态度。该研究者用下面的链路径模型拟合三年数据。如果态度在时点 1 和 2 上的相关系数为 0.85，态度在时点 2 和 3 上的相关系数是 0.91，态度在时点 1 和 3 上的估计相关系数是多少？

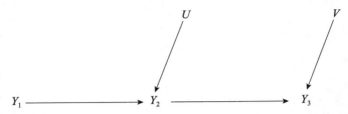

    7. 在下面的因果关系图中，A 是社区的社会经济地位，B 是在社区居住的时间，C 是认识的邻居数量，D 是社区满意度。用符号公式写出反映社区满意度与社区居住时间的相关关系的方程。确定方程哪一部分由因果联系引起，哪一部由相关效应引起。

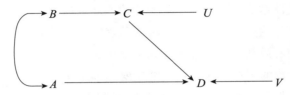

    8. 对于习题 7 中的因果关系，如果 $r_{AB}=0.30$，$p_{CB}=0.70$，$p_{DC}=0.50$，$p_{DA}=0.70$，B 和 D 之间是什么相关？A 和 D 之间是什么相关？

    9. 思考下面的因果关系图。基于给定的 p_{ij} 的值，计算五个变量间所隐含的相关系数矩阵。

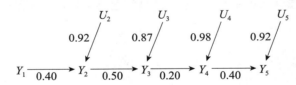

    10. 下面的链路径模型假定了一个从 Y_1 到 Y_3 的滞后因果效应。写出该模型隐含的两个结构方程。

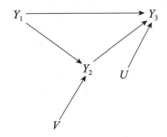

需要用到 1998 年 GSS 数据的习题

    11. 父母参加宗教礼拜的频率（ATTENDAMA，ATTENDPA）会影响子女的宗教信仰虔诚度（RELITEN）以及子女参加宗教礼拜的频率（ATTEND）吗？为了回答这个问题，估计以下路径模型。确定哪些路径系数具有统计显著性。反向编码 RELITEN（4＝1，2＝3，3＝2，1＝4），更改其值标签（1＝"无宗教信仰"，2＝"不是很虔诚"，3＝"有点虔诚"，4＝"虔诚"）。对所有变量，将"不知道""无回答""不适用""没有父母"以及"不能说或不记得"作为缺失值处理。

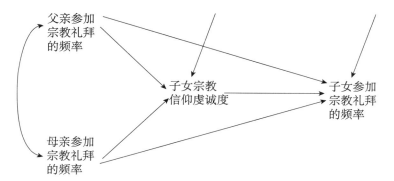

12. 估计以下路径模型，该模型表明母亲的职业声望（MAPRES80）、父亲的职业声望 *402*
（PAPRES80），以及教育水平（EDUC）能解释个人的职业声望（PRESTG80）。对所有的变量，将
"不知道""无回答""不适用"以及"无效"作为缺失值处理。哪些路径系数具有统计显著性？

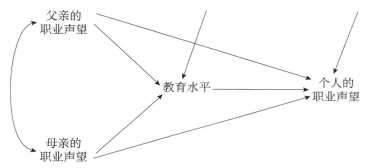

13. 教育水平（EDUC）与家庭收入（INCOME98）会对非宗教组织的慈善捐赠行为（GIVEOTH）
产生影响吗？估计下面的路径模型回答该问题。对所有的变量，将"不知道""无回答""不适用"以
及"拒绝回答"作为缺失值处理。指出具有统计显著性的路径系数。

14. 有些政治社会学家认为较低的社会地位会导致政治立场和行为更加苛刻和不宽容。利用对教 *403*
会和宗教的不宽容指数（INTOL）来检验这个观点，这个指数是通过对不应该允许做宗教演讲
（SPKATH）、不应该允许在大学进行宗教教育（COLATH）和无神论者写的书应该搬出公共图书馆
（LIBATH）三个回答的加总得到的。估计以下路径模型。将"不知道""无回答"和"不适用"作为缺
失值处理。确定哪些路径系数具有统计显著性。你从中可以得出什么结论？

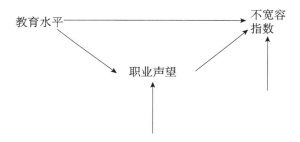

15. 更高的教育水平和收入会导致政治保守主义的增强吗？估计以下路径模型。将"不知道""无回答""不适用""拒绝回答"以及"其他政党"作为缺失值处理。

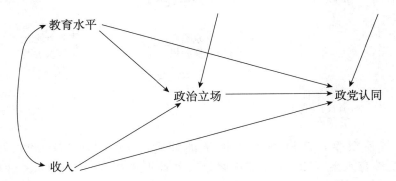

12 结构方程模型

12.1　相关和协方差知识回顾　　　　12.2　测量理论中的信度和效度

12.3　因子分析　　　　　　　　　　12.4　多指标因果模型

12.5　序次指标模型

通过介绍**结构方程模型**（structural equation model）和估计方法，这一章将总结前面讲过的社会数据统计分析的方法。分析方程系统中多变量关系的技术直接建立在第 11 章介绍的路径分析模型基础上。但是，结构方程模型在以下几方面更容易理解、更灵活：在联系多个观测指标与未测量的因变量方面，在测量模型参数以及它们的标准差方面，在评估模型的拟合优度方面，以至在确定几个子样本模型的参数是否相等方面。这些方法可以解决更复杂的问题，比如估计互为因果效应的非递归模型，但是此书的内容只限于基本的应用。

我们所考察的结构方程方法是 **LISREL**（**LI**near **S**tructural **REL**ations）。自 20 世纪 60 年代以来，这种方法经瑞典统计学家卡尔·约雷斯科格（Karl Jöreskog）和达格·瑟尔布姆（Dag Sörbom）得到巨大发展，目前在 UNIX 系统和交互性的 Windows 系统中都能使用。[①] 其他结构方程分析软件包括 Mplus、AMOS、EQS 和 SAS 中的 CALIS。[②] 学生和教师可以进一步阅读有关这一方面的更详细和更 *406*

[①] LISREL、SIMPLIS 和 PRELIS 都由 Scientific Software International 发行（http：//www. ssicentral. com/lisrel/mainlis. htm）。

[②] AMOS 在美国由 SmallWater 和 SPSS 发行，在欧洲由 ProGamma 发行（http：//www. gamma. rug. nl）。EQS 由 Multivariate Software 发行（http：//www. mvsoft. com）。CALIS 是 SAS 统计软件包中的一个部分（http：//www. sas. com）。MPLUS 由 Muthén & Muthén 发行（http：//www. statmodel. com）。

前沿的方法。[1]

在本章的开始，我们首先对相关和协方差分析进行回顾，然后讨论信度和效度。我们将使用验证性因子分析来建构对非观测性态度概念的多指标的反应。最后，我们将使用结构方程法来探讨几种非观测性概念的多指标的路径模型。我们所有的应用都是使用 UNIX 系统的 SIMPLIS 命令语言来执行的，但本章并没有给出进行案例估计时所使用的计算机命令。

12.1　相关和协方差知识回顾

正如在第 6 章所讨论的，两个连续变量（Y 和 X）的皮尔逊积矩相关系数是用来衡量对线性最小二乘回归线的离散程度的。相关系数 r_{YX} 可以由 Y 对 X 的双变量回归系数 β_{YX} 推导出来。总体的回归斜率的最小二乘估计为：

$$\beta_{YX} = \frac{\sum_{i=1}^{N}(Y_i - \overline{Y})(X_i - \overline{X})}{\sum_{i=1}^{N}(X_i - \overline{X})^2}$$

分子是 N 个个案的 Y 和 X 对其均值的偏离程度的交叉乘积的总和，分母是 X 对其均值的偏离程度的平方和。将分子和分母都除以 N，可得到：

$$\beta_{YX} = \frac{\sum_{i=1}^{N}(Y_i - \overline{Y})(X_i - \overline{X})/N}{\sum_{i=1}^{N}(X_i - \overline{X})^2/N}$$

分子变成了 Y 和 X 的协方差，分母是自变量的方差。因此，我们可以将双变量回归系数的最小二乘估计重新表述为以下二者之比：

$$\beta_{YX} = \frac{\sigma_{YX}}{\sigma_X^2}$$

根据 Y 和 X 的协方差的方向，双变量回归斜率可以是正数也可以是负数，表明 Y 和 X 之间关系的方向。

在双变量回归中，总体决定系数 ρ^2 表示 Y 的总变异中能够被其与 X 的线性关系所解释的比例。它

① 以下是有关这一话题的部分书单：

Bollen, Kenneth A. 1989. *Structural Equations with Latent Variables*. New York：Wiley.

Bollen, Kenneth A. , and J. Scott Long. 1993. *Testing Structural Equation Models*. Thousand Oaks, CA：Sage.

Byrne, Barbara M. 1998. *Structural Equation Modeling with LISREL，PRELIS and SIMPLIS：Basic Concepts，Applications and Programming*. Mahwah, NJ：Erlbaum.

Hayduk, Leslie A. 1996. *LISREL：Issues，Debates and Strategies*. Baltimore, MD：Johns Hopkins Press.

Hoyle, Rick H. （Ed.）1995. *Structural Equation Modeling：Concepts，Issues and Applications*. Thousand Oaks, CA：Sage Publications.

Kelloway, Kevin E. 1998. *Using LISREL for Structural Equatkm Modeling：A Researcher's Guide*. Thousand Oaks, CA：Sage Publications.

Loehlin, John C. 1992. *Latent Variable Models：An Introduction to Factor，Path and Structural Analysis*. Mahwah, NJ：Erlbaum.

Marcoulides, George A. , and Randall E. Schumacker. （Eds.）1996. *Advanced Structural Equation Modeling：Issues and Techniques*. Mahwah, NJ：Erlbaum.

Marugama, Geoffrey M. 1998. *Basics of Structural Equation Modeling*. Thousand Oaks. CA：Sage Publications.

的其中一个公式可用协方差的平方与各自方差乘积之比来表示：

$$\varrho^2 = \frac{\sigma_{YX}^2}{\sigma_X^2 \sigma_Y^2}$$

由于是平方，ϱ^2 必然是非负数。

相关系数被定义为决定系数的平方根。它代表了线性关系，并且与回归斜率取相同的方向（正或负），因为二者的公式中都以 σ_{YX} 作为分子：

408

$$\varrho_{YX} = \sqrt{\varrho_{YX}^2} = \frac{\sigma_{YX}}{\sigma_Y \sigma_X}$$

因此，样本的相关系数也可以表示为 Y 和 X 的协方差除以 Y 的标准差和 X 的标准差的乘积。它位于 -1.00 和 1.00 之间，当两个变量之间不存在共变时（如不相关），其取值为 0。

协方差和相关在统计上是对称的，也就是说，在总体中，$\varrho_{YX} = \varrho_{XY}$ 和 $\sigma_{YX} = \sigma_{XY}$，只要注意到上述回归斜率公式中交叉乘积的顺序是无关的，就可以得出这一结论。确定协方差和相关之间的重要关系的一种方式是，观察当 X 和 Y 都是标准化变量（即减去均值之后除以标准差，转换为 Z 值）时将会发生什么。将两个变量的 Z 值代入上述 ϱ^2 的公式中，可得到：

$$\varrho_{Z_Y Z_X} = \frac{\sigma_{Z_Y Z_X}}{\sigma_{Z_Y} \sigma_{Z_X}} = \frac{\sigma_{Z_Y Z_X}}{1 \times 1} = \sigma_{Z_Y Z X}$$

由于 Z 值的标准差是 1.00，因此两个标准化变量的相关系数等于它们的协方差。相关系数是"尺度无关"的，因为它们不受测量单位是原始尺度还是其变换后的 Z 值的影响。我们将会看到结构方程模型可以使用协方差或相关系数（或二者都用）来估计。

12.2　测量理论中的信度和效度

结构方程模型的一个强大优势在于其能将观测到的测量与未观测到的结构之间的关系融合进一个整体系统之中。我们将这些测量与结构水平分析之间的联系概念化为一个新柏拉图主义解释：我们在山洞石壁上所看到的影子是对潜在现实的模糊反映，这种潜在的现实并不能为我们的智识理性所完全理解。正如柏拉图所指出的，用铅笔和纸所画出来的三角形并不等同于抽象的、永恒的、存在于我们感官世界之外的"三角形"概念。与之类似，社会科学家永远不能直接观测人们的态度（甚至他们的行为），只有通过检验充满错误的测量来推论这些概念的存在，例如调查对象对调查问题的回答被认为部分地受到他们不可观测的特征（态度或行为）的影响。

409

12.2.1　信度和效度的定义

测量理论关注经验观测与非观测性建构之间的关系。它寻求通过一个或多个观测指标（操作性测度或变量）来代表某个潜在的（非观测性）建构，这种观测指标能够精确地把握这一理论性建构。正如第 1 章所述，任何经验测度都必须具备两个特征：高水平的效度和信度。

- **效度（validity）**：一个变量的操作化精确反映其试图要测量的概念的程度。
- **信度（reliablity）**：对同一概念进行不同操作化产生一致结果的程度。

许多效度问题关注的是一个观测变量反映其潜在对应概念的好坏。另一个核心焦点是通过观测指标之间的共变信息，精确地描述几个理论建构之间的（因果或共变）关系。后一种兴趣主要集中于因子分析和本章后面的部分将要讨论的结构方程模型。

信度表示的是在相同条件下测量结果的可复制性。一项完美可信的测量在相同条件下必须产生相同的结果。一项测量可能非常可信，却缺乏效度；也就是说，一件工具能够精确地测量某个现象，却没有任何意义。例如，假设当你一次又一次地踏上你浴室里的体重计时，每次它都显示相同的数字，但由于你曾经将指针拨回了 5 千克，它并不能有效地测出你真实的体重。

要想具有效度，一项测量或指标必须是可信的。极端地说，如果它的信度是 0，那么其效度也会是 0。然而，当一个给定的指标作为不同概念的测度时，其效度可能是不同的。例如，以接受正规教育的年限来衡量的教育水平既可以用作教育持续性的指标，也可以作为社会经济地位（SES）的指标。效度很显然受到研究者所选择的指标的影响。例如，我们可以将去教堂做礼拜的频率作为美国人宗教信仰虔诚度的测度，但这一指标可能只有一定的效度，因为一些高度虔诚的人并不参加礼拜，而另一些人去教堂更多的是出于社会性目的而不是因为虔诚。对虔诚度更有效的测量不仅要考虑到参加礼拜的情况，还要询问人们的宗教信念（如对祷告功效、来世存在，以及圣典绝对正确的信念）。

不幸的是，在现实世界中，研究者永远无法得到完美的测量办法；也就是说，所有的测量都会有误差，因此在某种程度上，它们都是不可信和无效的。测量方法因此也是一个关于如何估计实际观测中误差的程度和起因的方法。

正如我们这里所讨论的，信度假定了随机误差的存在。当一项测量在具有相同条件的多次情境中重复时，如果**随机误差**（random error）产生，结果的差异就会产生一个关于测量真值的正态分布。这一分布的标准误代表了测量误差的程度；标准误越大，测量信度越低。从定义上来说，随机误差与任何变量都不相关，包括其他随机误差变量。**系统误差**（systematic error）（非随机误差）意指测量工具不恰当的测量口径导致的偏误，结果是持续性地过高或过低估计了潜在建构（例如，你浴室里未校准的体重计）。这种持续性偏误不会影响测量的信度，但它显然会左右测量的效度，因为它导致指标不能精确代表理论概念。

研究方法论方面的文献讨论了效度的几种分类，但我们缺乏足够的篇幅来检视这些概念的区别了。（专栏 12.1 定义了不同的效度概念。）为了解释结构方程模型，我们假设我们使用的经验观测拥有足够的内容效度来代表所设计的潜在建构。因此，下面我们转到经典测验理论中信度的量化。

12.2.2 经典测验理论

经典测验理论描述了通过测量工具得到的受访者 i 的观测值（X），例如能力测试成绩或调查项目，它来自两个假设的非观测性结果——受访者的"真值"和误差内容：

$$真值_i \longrightarrow X_i \longleftarrow 误差内容_i$$

$$X_i = T_i + \varepsilon_i$$

一个人的真值是对 X 的无数次重复测量所得到的均值。在随机误差的理论定义中，误差的分布围

专栏 12.1

各种效度

效度代表了测量工具（例如一组测试项目）对于它想测量的概念的适合性。换句话说，一个工具

的效度说明了它能够测量其应该测量的东西的程度。效度可以通过专家对某一领域的了解或证明一项测量与其意图代表的概念之间的一致性来建立。传统的三种测量效度包括建构效度、效标关联效度和内容效度。这几种效度的基本定义和例子如下：

建构效度：一项测量与理论期望的吻合程度，如 IQ 测试项目与其试图测量的理论上假设的智力维度的吻合程度。有较高聚合效度和区分效度的测量会与理论上相似的测量具有较高的吻合度，但与相异的测量会呈现较低的相关。

效标关联效度：一项测量精确地预测后来观测活动（效标）的结果的程度，如一项书面驾驶测验与人们实际驾驶汽车能力之间的相关程度。一项测量的同时效度是通过它将符合某一标准的人与不符合该标准的人区分开的能力来评价的，预测效度则由它预测未来行为的精确程度来展示。

内容效度：一项测量能够充分地代表其应该测量的指定领域的程度，如一项数学能力测验涵盖学生数学知识的所有方面的程度。

绕着值为 0 的均值形成正态分布。由于这些围绕着真值而偏离的误差彼此抵消，误差的期望值（均值）为 0，且观测值的期望值就等于第 i 个受访者的真值：

$$E(X_i) = \mu_{T_i}$$

而且，误差项被认为与真值是不相关的（如果误差是随机的，这是讲得通的）。这二者都对总体观测值的方差有彼此独立的贡献：

$$\sigma_X^2 = \sigma_T^2 + \sigma_\epsilon^2$$

也就是说，观测值的方差是真值方差和误差项方差之和。对于好的测量来说，误差项方差相对于观测值方差更小；较差的测量则相反。

真值方差与观测值方差之比被定义为 X 的信度：

$$\varrho_X = \frac{\sigma_T^2}{\sigma_X^2} = 1 - \frac{\sigma_\epsilon^2}{\sigma_X^2}$$

请再次注意 X 的信度是如何依赖于误差项方差的大小的。这个公式也表明，信度的取值介于 0 和 1 之间：如果全部的观测值方差都是误差，则 $\varrho_X = 0$；如果不存在误差，那么 $\varrho_X = 1$。

将上面的信度公式重新排列可以发现，真值的方差等于观测值方差乘以信度：

$$\sigma_T^2 = \varrho_X \sigma_X^2$$

因此，我们可以通过一项测量的信度及观测值方差来估计非观测性真值的方差。需要记住的是，当一项测量的信度是 0 时，真值的方差也是 0。

12.2.3 平行测量

如果我们对同一个非观测性建构 T_i 进行第二次测量，它与第一个指标的差别仅在于误差（例如，两次测量的真值相等），我们就有了所谓的**平行测量**（**parallel measures**），其中：

$$X_{1i} = T_i + \varepsilon_{1i}$$
$$X_{2i} = T_i + \varepsilon_{2i}$$

假定总体误差项的方差相等，则信度为平行测量之间的相关。证明过程见专栏 12.2。

专栏 12.2 _____

平行测量的信度

1. 两个变量的相关系数可被定义为协方差与标准差乘积之比：

$$\varrho_{X_1 X_2} = \frac{\sigma_{X_1 X_2}}{\sigma_{X_1} \sigma_{X_2}}$$

2. 因为两个变量的误差项和真值被假定为不相关，分子中可将它们代入：

$$\sigma_{X_1 X_2} = \sigma_{T+\epsilon_1} \sigma_{T+\epsilon_2}$$
$$= \sigma_T^2 + \sigma_{T\epsilon_1} + \sigma_{T\epsilon_2} + \sigma_{\epsilon_1 \epsilon_2}$$
$$= \sigma_T^2$$

3. 由于平行测量的标准差被假定为相等，分母可以简化为：

$$\sigma_{X_1} \sigma_{X_2} = \sigma_X^2$$

4. 通过将第三步代入第一步，平行测量的相关系数为：

$$\varrho_{X_1 X_2} = \frac{\sigma_T^2}{\sigma_X^2}$$

5. 前文证明了右侧的表达式即信度，因此可得到：

$$\varrho_{X_1 X_2} = \varrho_X$$

这一恒等式的一个重要结果就是，真值的方差可以估计为仅两个经验测量值（相关系数和方差）的乘积。将专栏 12.2 中的第四步重新排列可得：

$$\sigma_T^2 = \varrho_{X_1 X_2} \sigma_X^2$$

虽然在这里没有证明，但真值与观测变量之间的相关等于信度的平方根：

$$\varrho_{TX_1} = \sqrt{\varrho_X}$$

这一公式表明，可观测的指标与其所测量的不可观测的真值之间的相关可以通过指标 X 的信度的平方根来估计。例如，信度为 0.64 时，真值与指标之间的估计相关为 0.80。这一部分讨论的测量理论的原理是包含在结构方程模型中的，我们接下来通过验证性因子分析的方法来构建观测指标与潜在建构之间的关系，从而介绍结构方程模型。

12.3　因子分析

因子分析（factor analysis）指的是通过一些更少假设的潜在建构［或**公因子**（common factors）］来代表一系列观测变量间的相关的一组统计方法。公因子据推测将产生观测变量的协方差（或相关，如果所有测量都标准化为零均值和单位方差）。例如，受访者在若干项能力测试中的观测值来自非观测性的共同语言和数量公因子。或者城市社区无数的社会经济指标之间的共变依赖于潜在的工业、健康和福利因子。

在因子分析的两个主要类别——探索性因子分析和验证性因子分析中，我们的讨论仅限于后者。在**验证性因子分析**（confirmatory factor analysis，CFA）中，研究者通过假定一个演绎性的理论测量模型来描述或解释潜在非观测性建构（"因子"）与经验测量之间的关系。然后，研究者使用拟合优度来评估数据与演绎模型之间的一致性程度，也就是说，结果是否验证了假设模型。然而，在实际中，研究者很少只进行一次验证性因子模型的检验。相反，基于初始估计，他们一般会改变一些模型设定，再对新模型进行分析，试图改进其对数据的拟合优度。因此，大部分验证性因子分析的应用需要进行持续多次的建模来寻找潜在因子。我们使用这种持续性模型拟合策略来估计替代模型，以解释一系列观测变量之间的经验关系。

　　研究者们使用验证性因子分析来估计某一测量模型的参数。如图 12.1 所示，一个单一的潜在因子由四个经验变量测量。潜在公因子为 F，4 个 X_i 是观测变量（指标），4 个 β_i 是每个观测变量在公因子 F 上的**因子负荷（factor loadings）**，4 个 ε_i 分别是变量的误差项。[1]　该图表明，只有潜在建构对观测变量的变异和共变负责。每一个观测值都是这个潜在公因子加上其独特的误差项的线性组合。我们也可以通过写出四个带有总体标记的测量方程看出这些联系：

$$X_1 = \beta_1 F + \varepsilon_1$$
$$X_2 = \beta_2 F + \varepsilon_2$$
$$X_3 = \beta_3 F + \varepsilon_3$$
$$X_4 = \beta_4 F + \varepsilon_4$$

需要注意的是每一个因子分析方程与经典测验理论的相似之处，即观测值都是由一个真值与误差项之和来表示的。

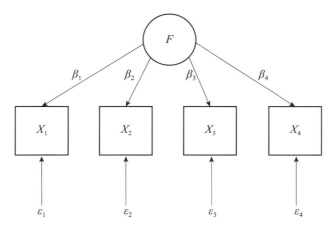

图 12.1　有四个指标变量的单因子模型

　　图 12.1 显示，所有的误差项都与因子不相关，彼此之间也不存在相关关系。因此，每个指标的方差的来源都是公因子 F 及其各自的误差项：

$$\sigma^2_{X_i} = \beta_i^2 \sigma_F^2 + \Theta^2_{\varepsilon_i}$$

式中，我们用 $\Theta^2_{\varepsilon_i}$ 来表示 X_i 的误差项的方差。由于 F 是非观测性的，所以其方差是未知的。同时，由于是未知的，我们可以假设它是一个标准化了的变量，也就意味着其方差是 1.0。因此可得到：

$$\sigma^2_{X_i} = \beta_i^2 + \Theta^2_{\varepsilon_i}$$

请注意，这个公式与经典测验理论非常相像。在经典测验理论中，某次测量的方差等于两个部分之和——真值的方差加上误差项的方差。还需要注意的是，如果我们将 X_i 标准化，那么这两部分之和必须等于 1.0。验证性因子分析模型与经典测验理论还有另外一个相似之处。指标 X_i 的信度被定义为因子和指标之间相关系数的平方。这个值是 X_i 的变异中被公因子（经典测验理论中的"真值"）所"解释"的部分，而公因子正是它所试图测量的：

$$\varrho_{X_1} = \varrho^2_{FX_i} = \beta_i^2$$

　　最后，同一个单因子模型中两个指标之间的协方差是它们各自因子负荷之乘积的期望值：

---

　　[1]　在因子分析的话语中，通常用 F 来表示一个非观测性潜在建构，而不是像经典测验理论中的记号法一样用 T 来表示真值。但是，你应该记住这两者实际上是一样的。

$$\sigma_{X_1 X_2} = E\left[(\beta_1 F + \varepsilon_1)(\beta_2 F + \varepsilon_2)\right]$$

由于它们的误差项与因子不相关且彼此之间不相关，上式可以简化为：

$$\sigma_{X_1 X_2} = \beta_1 \beta_2 \sigma_F^2 = \beta_1 \beta_2$$

当所有的变量都被标准化之后，这种关系还可以进一步简化成：

$$\sigma_{Z_1 Z_2} = \varrho_{Z_1 Z_2}$$

417 即，负荷于一个公因子的一对观测变量的相关等于它们各自标准化因子负荷的乘积。

12.3.1 单因子模型

为了说明验证性因子分析模型，我们使用 1998 年综合社会调查（GSS）中受访者对下列七个关于精神病药物治疗效果的回答。

下列是有关医生为帮助那些情绪、神经或精神方面有问题的人所开的药物的陈述，请告诉我你对这些陈述同意或不同意的程度：

PM1：精神治疗药物对身体有害。

PM2：如果症状消失，人们就应该停止服用药物。

PM3：服用这些药物会干扰日常活动。

PM4：精神治疗药物能够帮助人们处理日复一日的压力。

PM5：精神治疗药物使相关事情变得容易。

PM6：这些药物可以帮助缓解症状。

PM7：精神治疗药物可以帮助人们对自我感觉良好。

GSS 调查员们用一个李克特 5 点量表记录下受访者的回答：1＝非常同意，2＝同意，3＝说不清，4＝不同意，5＝非常不同意。在这里，我们将这些回答进行了反向赋值，以使得同意程度最高的选项获得最高的取值。我们最终使用 LISREL8 对这些数据进行了分析，数据包括一个由指标之间的相关关系或协方差所组成的矩阵，我们将这些变量都视为连续变量。表 12.1 展示了对上述七个精神治疗药物问题的回答。上半部分用下三角结构展示了皮尔逊积矩相关以及均值和标准差，下半部分展示了主对角线上带有指标的方差的协方差。这些样本值使用列删法进行了处理，因此只使用了回答了所有七个问题的 1 070 个 GSS 受访者的信息。

418

表 12.1 精神治疗药物变量的相关和协方差（$N = 1\ 070$）

	PM1	PM2	PM3	PM4	PM5	PM6	PM7
相关系数							
PM1	1.000						
PM2	0.366	1.000					
PM3	0.431	0.416	1.000				
PM4	−0.270	−0.259	−0.226	1.000			
PM5	−0.294	−0.283	−0.297	0.576	1.000		
PM6	−0.261	−0.284	−0.243	0.559	0.563	1.000	
PM7	−0.261	−0.220	−0.222	0.412	0.498	0.435	1.000
均值	2.758	3.199	3.095	3.842	3.650	3.917	3.505
标准差	1.093	1.256	1.060	0.758	0.870	0.681	0.923

续表

	PM1	PM2	PM3	PM4	PM5	PM6	PM7
协方差							
PM1	1.194						
PM2	0.502	1.578					
PM3	0.499	0.554	1.123				
PM4	−0.223	−0.247	−0.181	0.575			
PM5	−0.279	−0.310	−0.274	0.380	0.757		
PM6	−0.194	−0.243	−0.175	0.289	0.333	0.464	
PM7	−0.264	−0.256	−0.217	0.288	0.400	0.274	0.853

缺失数据：1 762 个个案。

资料来源：1998 General Social Survey。

潜在的精神药物治疗效果建构（F）是非观测性的，因此没有明确的度量，也就是说，其取值的起点和测量单位都是随意决定的。研究者通常通过假定其均值为 0 的办法来确定一个建构的取值起点。潜在建构的测量单位可以通过两种途径来决定：（1）强制非观测性建构有单位方差；（2）将某个指标（b_i）的因子负荷强制赋值或固定为一个特定的值（通常为 1.0）。后一种方法迫使非观测性建构的方差等于被强制赋值的指标的方差，该指标称为**参考变量（reference variable）**。研究者通常将初次验证性因子分析发现的拥有最高因子负荷的指标作为参考变量，虽然这种调整并不是必需的。 *419*

我们通过将 PM5 指标的因子负荷强制赋值为 1.00 的办法来设定因子单位，并使用表 12.1 中的样本协方差矩阵估计一个单因子模型来说明第二种方法。研究者通过运行 LISREL 程序来查看协方差，并将一些参数固定（设定为 0 或 1，或其他值），而剩下的就是需要估计的参数值了。LISREL 有几种进行估计的**运算法则（algorithm）**或计算机程序，因不同的数据和待估模型的特征不同而不同。最常用的运算法则是最大似然估计（MLE），我们已经在第 9 章的 logistic 回归中有所描述。MLE 假定多变量正态分布——无论模型中的其他参数取值多少，第 k 个参数总是呈正态抽样分布。根据输入的协方差矩阵，MLE 方法通过迭代计算（例如，通过一系列的计算不断改进近似值）生成自由参数的估计值，从而使得期望协方差矩阵尽可能接近观测值。当后续的某一次迭代的改进效果小于特定值（如 0.001）时，运算程序就会停止，LISREL 就会报告参数估计的结果。

图 12.2 显示了 LISREL 运行单因子模型的结果。前面三个指标的因子负荷为负数，剩下四个的因子负荷为正数。考虑到这七个问题实质上分别强调的是正面或负面的效果，这种差异并不奇怪。由于受访者一般不会认为精神治疗药物同时既有正面效果又有负面效果，所以这些指标子集两两之间的协方差就发生了倒转。这种区别在表 12.1 的相关和协方差中明显地以正号和负号的形式呈现。在决定接受单因子分析结果之前，我们来考察一些用于评估模型对协方差数据总体拟合程度的统计指标。

研究者们可能会试图假定他们可以通过比较因子负荷的方法来判断不同项目的相对"优度"。例如，如果查看图 12.2 就会认为在 PM5 之后次优的项目是 PM7，因为其负荷的绝对值是第二高的（0.82）。不幸的是，除非所有项目的标准差基本相等，否则不能得出这样简单的结论。通过查看表 12.1 可发现，标准差的取值范围从 0.681 到 1.56，因此不可能相等。

由于做出这样的比较是困难的，研究者们通常分析相关系数而不是协方差。虽然相关分析允许对因子负荷进行比较，但遗憾的是，这些系数并不是因子负荷基于协方差分析的简单线性变换。由于结 *420* 果中的系数受到分析中测量尺度的影响，协方差分析的方法更受青睐。使用 t 检验可以帮助描述不同项目相对于参考项目（如负荷被设定为 1.0 的项目）的"优度"。

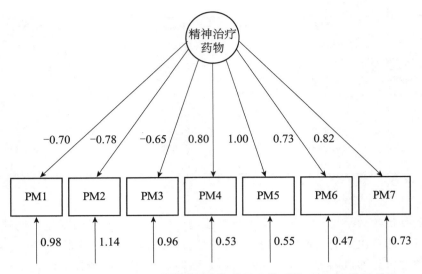

图 12.2 对七个精神治疗药物问题指标单因子模型的 LISREL 估计结果

12.3.2 模型拟合统计

验证性因子分析或结构方程模型对数据的总体拟合程度在统计上是可以估算的。一个特定的模型意味着 K 个观测变量的期望协方差（或相关），即 $\sum(\theta)$，这里的 θ 是待估参数的一个向量。一个样本规模为 N 的样本经验数据可以得出样本的协方差矩阵 S 来估算模型参数。LISREL 通过将包含了观测值矩阵和隐含矩阵的拟合方程最小化来拟合模型，使之接近于数据：

$$F[S, \sum(\theta)] = \ln|\Sigma| + \mathrm{tr}(S\Sigma^{-1}) - \ln|S| + t$$

这里的 t 是待估算的独立参数的个数，"tr"意味着"轨迹"（trace），即对角元素的总和。F 方程是非负数的，且仅当拟合完美时为 0，即 $S = \Sigma$ 时。

对于一个大样本 N 来说，将 $F[S, \sum(\theta)]$ 乘以 $(N-1)$ 可得到一个近似卡方分布的检验统计量，其自由度等于：

$$d = [k(k+1)/2] - t$$

要想将这个最小拟合方程用于卡方检验，研究者需要选择一个用于拒绝模型的显著性水平 α，例如，设定 $\alpha = 0.05$。如果模型 χ^2 超过了自由度为 d 的卡方分布的 $(1-\alpha)$（百分比），该模型就必须被拒绝，因为其对观测的方差-协方差矩阵的拟合很差。例如，如果 $p < 0.05$，表明模型很差；如果 $p > 0.05$，对于一个设定了拒绝域为 $\alpha = 0.05$ 的研究者来说，该模型的拟合优度是可以接受的。

实际上，当一名研究者试图找到一个可以接受的潜在结构模型（而不是试图拒绝它）时，总是希望能获得一个在该自由度下较低的卡方值。由于最小拟合方程的 χ^2 检验指标增大了样本规模 $(N-1)$，对于大样本来说，想要获得较低的卡方值通常会比较困难。许多研究者认识到，将 χ^2 视为一种衡量总体"拟合优度"的办法比作为一种检验指标更为有用。也就是说，它能够衡量样本的协方差矩阵与期望协方差矩阵之间的距离（差异），即 $(S-\Sigma)$。约雷斯科格和瑟尔布姆半开玩笑地将卡方称作一种"拟合劣度"的衡量方法，因为大的卡方值对应的是较差的拟合，而较低的卡方值对应的是较好的拟合。χ^2 为 0 意味着"完美的"拟合。

LISREL 会以卡方函数的形式报告几种拟合优度估算方法。有两种不特别依赖于样本规模的方法可以衡量特定模型相对于零模型在多大程度上能更好地拟合数据。这两种指标取值都在 0 和 1 之间，越接近 1 表明模型拟合数据越好。大多数研究者寻求 0.95 以上的优度。**拟合优度指数（goodness-of-fit index，GFI）** 为：

$$GFI = \frac{F\left[\boldsymbol{S}, \sum(\boldsymbol{\theta})\right]}{F\left[\boldsymbol{S}, \sum(0)\right]}$$

式中，分子是拟合模型的拟合函数的最小值，分母是所有参数均为 0 的模型的拟合函数。**调整后的拟合优度指数（adjusted goodness-of-fit index，AGFI）** 考虑了参数估计中所使用的自由度：

$$AGFI = 1 - \frac{k(k+1)}{2d}(1 - GFI)$$

式中，k 为观测值的数量，d 为模型自由度。

　　将卡方作为检验指标的方法假定模型对总体是完全成立的，但这几乎是不可能的。对总体几乎完全成立的模型在大样本的情况下将会被拒绝。替代的方法考虑了总体估计的误差和拟合方法的精确度。总体差异函数（PDF）被定义为：

$$\hat{F}_0 = \mathrm{Max}[\hat{F} - d/(N-1), 0]$$

由于每当更多参数加入模型时 PDF 经常会缩小，**近似误差均方根（root mean square error of approximation，RMSEA）** 可以衡量每个自由度上的差异：

$$\varepsilon = \sqrt{\hat{F}_0 - d}$$

RMSEA 的取值 $\varepsilon \leqslant 0.05$ 表明拟合"非常接近"，而取值达到 0.08 则意味着总体估计有"一定程度"的误差。RMSEA 90% 的置信区间可表明样本点估计是否落入了包含 0.05 标准在内的区间。

　　对于七个精神治疗药物指标的单建构验证性因子分析来说，四个拟合优度统计量分别为：（1）$\chi^2 = 279.7$，$df = 14$，$p < 0.0001$；（2）GFI $= 0.92$；（3）AGFI $= 0.84$；（4）RMSEA $= 0.14$。这些指标没有一个表明该单因子模型对数据的拟合是可以接受的。考虑到因子负荷中存在着正值和负值的分离，我们用两个彼此相关的潜在建构来重新进行验证性因子分析。

12.3.3　双因子模型

　　图 12.3 展示了使用 LISREL 分析的双因子模型，精神治疗药物的三个负面效果和四个正面效果被假定负载在两个分离而又彼此相关的因子上，这两个因子分别被标记为"精神药物因子 1"和"精神药物因子 2"。该模型对协方差矩阵有着较好的拟合：$\chi^2 = 24.1$，$df = 13$，$p = 0.03$；GFI $= 0.99$；AGFI $= 0.99$；RMSEA $= 0.029$，90% 的置信区间为 $0.009 \sim 0.046$，表明模型与数据之间的拟合非常接近。

　　发现一组给定的数据对某个假定模型有着"可接受的拟合优度"并不能表明该模型是"真实的"或正确的。相反，我们只能局限于如下结论：如果一个模型是正确的，那么数据对该模型的拟合就是可接受的。这些互为替代的陈述之间的差异看起来比较微妙。正如我们在第 3 章假设检验部分所见，这种检验可以拒绝一个假设的模型，却永远不能接受它。

　　由于该双因子模型有一个可接受的拟合优度，我们现在来检验其显著性并解释其单项参数估计。最常用的检验指标是单项参数的标准误，根据 6.4.3 节所展示的公式，这在过去通常用来计算 t 值。对于总体的一个因果参数等于 0 的双尾零假设来说，一个大样本中重要的临界值包括：± 1.96（$\alpha = 0.05$），± 2.58（$\alpha = 0.01$），± 3.29（$\alpha = 0.001$）。两个潜在建构之间的协方差为负，表明对某个子集的高响应与对其他子集的高响应之间存在着逆向相关。估算协方差的标准误为 0.03，因而 t 值为 $-0.30/0.03 = -10.0$。因此，总体的两个因子不相关的零假设被拒绝，犯弃真错误（第一类错误）的

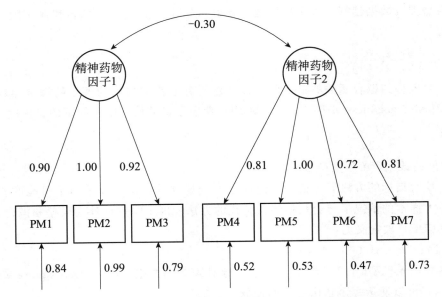

图 12.3　包含七个精神治疗药物指标的双因子模型的 LISREL 估计

概率远远低于 $p < 0.001$。同样，正如下面的 LISREL 输出结果所示，对单个因子负荷的检验都高度显著，其中括号中的数字是标准误，第三行为 t 值：

	精神药物因子 1	精神药物因子 2
PM1	0.90	
	(0.07)	—
	13.45	
PM2	1.00	—
PM3	0.92	
	(0.07)	—
	13.62	
PM4		0.81
	—	(0.04)
		22.00
PM5	—	1.00
PM6		0.72
	—	(0.03)
		22.03
PM7		0.81
	—	(0.04)
		18.34

　　这些 t 值使我们可以比较 PM1 和 PM3 相对于参照项 PM2 的相对优度。PM1 的置信区间是 $0.90 \pm 1.96 \times 0.07$，即下限和上限分别为 0.76 和 1.04。在重复抽样下，95% 的置信区间将包含真实的总体参数。由于我们为 PM2 设定的值 1.0 也位于这一区间，我们不能拒绝这两个项目负荷相等的假设。同样，PM3

的估计负荷位于下限和上限分别为 0.78 和 1.06 的 95％置信区间，意味着我们不能拒绝这一假设：它跟 PM2 一样是非观测性因子的一个很好的指标。相反，你自己也能看出来，无论是 PM4、PM6 还是 PM7，作为第二个因子的指标都不如 PM5 好。

所有的误差项方差都有较高的 t 值，意味着总体中每一个 PM 项目除了包含与其他指标共享的公因子之外，还包括一个显著的误差项变异[①]：

PM1	PM2	PM3	PM4	PM5	PM6	PM7
0.71	0.99	0.63	0.27	0.28	0.22	0.54
(0.04)	(0.06)	(0.04)	(0.02)	(0.02)	(0.01)	(0.03)
16.32	17.07	15.08	17.32	14.71	17.29	20.28

跟路径分析中所有的系数都反映的是原始测量单位一样，图 12.3 展示了这些误差项方差的平方根。

我们在讨论双变量及多变量回归（6.4 节、8.1 节）和路径分析（11.3 节）时曾经指出，变量之间的关系可以用两种方式来测量：尺度（metric）和标准化系数。LISREL 方案也可以获得标准化或非标准化形式的关系。由于结构方程模型包括了结构和度量两个层次的分析，标准化可以在每个层次分别实现：（1）**标准化方案（standardized solution）**将潜在建构的标准差转换为单位标准差，而留下观测变量为其原始尺度测量；（2）**完全标准化方案（completely standardized solution）**将潜在建构和观测变量的标准差都转换成单位标准差。图 12.4 显示了精神药物双因子模型的完全标准化方案。两个潜在因子之间的相关为−0.57，表明二者共享 32.5％的变异 $[r^2=(-0.57)\times(-0.57)=0.325]$。不同于图 12.3 中的因子模型，完全标准化方案并不将任何指标的负荷限定为 1，所以其大小是可以比较的。并且，一个因子负荷的平方与误差项平方之和等于 1.00，这意味着一个观测指标的所有变异都是由这二者决定的。例如，第一个指标的标准化因子负荷为 0.63，标准化误差项为 0.77；它们的平方和为 $0.63^2+0.77^2=0.397+0.593=1.00$。你需要检验其他六对系数的平方和也同样等于 1。

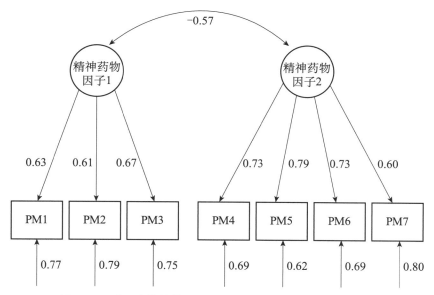

图 12.4 对七个精神药物指标双因子模型的完全标准化方案

[①] 误差项方差中的一部分可能实际上是独特的、可信的方差。对于纵贯数据，我们可以将独特的方差从误差项中区分开来，但对于横断数据，我们只能假定所有不能解释的方差都是误差。

12.4 多指标因果模型

在这一部分，我们将对验证性因子分析模型进行扩展来考察因果模型。在因果模型中，有一个或多个潜在变量是由若干个指标确定的。度量层次的参数估计展示了观测变量作为非观测性理论概念的指标的效果如何（多好或多差）。结构层次的参数说明的是潜在概念之间假定的因果效应的程度和显著水平。而且，与因子分析一样，各种拟合优度统计量揭示了度量及结构的联合方程模型在多大程度上能够复制指标之间的协方差矩阵。

12.4.1 MIMIC 模型

结构方程模型的第一个例子是**多指标-多原因模型**（Multiple Indicator-MultIple Cause **model**，**MIMIC**）。在结构方程层次，单个因变量的变异被假定为由若干个前定变量所决定。在度量方程层次，因变量有若干个观测值，每个外生变量仅由一个指标所代表，这些预测变量被认为是经过精确测量的。这些预测变量可以称为"直接观测变量"。实际上，MIMIC 模型是以非观测性建构作为因变量的多元回归模型。在接下来讨论的更复杂的结构方程模型中，自变量和因变量都有多项指标。

我们的 MIMIC 模型的例子来自 1998 年 GSS，包含了四个对联邦政府在解决社会问题中的角色的态度指标。每一个观测变量都由一个 5 点量表来测量，其中"我非常同意政府介入立场"＝1，"我非常同意个人主义立场"＝5，"我对这两个立场都同意"＝3。这四个问题的陈述为：

帮助穷人（HELPPOOR）：我想跟你探讨一些人们认为重要的问题。请看卡片 AT。一些人认为联邦政府应该尽可能地改进美国所有穷人的生活标准，他们的意见在卡片上显示为 1。另一些人认为这不是政府的责任，每个人都应该照顾好自己，这种意见显示为 5。

避免帮助（HELPNOT）：一些人认为联邦政府正在做太多本该由个人和私人公司做的事情。另一些人不同意这种看法，认为政府应该做得更多以解决国家问题。还有一些人的观点多多少少处于这两者之间。

帮助病人（HELPSICK）：总的来说，一些人认为联邦政府有责任保证人们在支付医疗账单时得到帮助。另一些人认为这些事项不是联邦政府的责任，人们应该自己处理好这些事情。

帮助黑人（HELPBLK）：一些人认为黑人（非裔美国人）长期以来遭受歧视，因此政府有特殊的责任来改进他们的生活标准。另一些人则相信，政府不应该给黑人（非裔美国人）特殊待遇。

MIMIC 模型中的四个单指标自变量，即受访者的年龄（AGE）、自由-保守的政治立场（POL-VIEWS）、民主党-共和党的政党认同（PARTYID）以及参加宗教礼拜频率（ATTEND）都被视为连续变量进行处理。通过个案剔除法，得到一个包含 1 592 个个案的 8 个观测变量的协方差矩阵。

图 12.5 展示了模型及通过完全标准化方案得到的参数估计值。从潜在建构"帮助"（Help）到四个指标的箭头出现在度量层次的分析中，而从四个自变量直接指向"帮助"的箭头出现在结构层次。（为了避免混乱，四个外生变量之间的六对关系并没有显示。）这个模型获得了一个很好的对协方差矩阵的拟合：$\chi^2 = 28.3$，$df = 14$，$p = 0.05$，GFI＝1.00，AGFI＝0.99，RMSEA＝0.020，90% 置信区间位于 0.000 至 0.024 之间。在度量层次，潜在的"帮助"建构的所有指标都拥有非常显著的因子负荷（$p < 0.001$），大小也大致相等。在结构层次，四个结构系数中的三个都高度显著（$p < 0.001$）。参加礼拜频率的效应仅在 $\alpha = 0.05$ 水平上不等于 0。政治立场和政党认同（分别为 0.25 和 0.32 个标准

差）对潜在的"帮助"建构比年龄（0.13 个标准差）有更高的标准化效应。正如指向"帮助"的残差箭头所示，四个指标共同解释了"帮助"建构约 23% 的变异（$R^2 = 1 - 0.88^2 = 0.226$）。四个社会问题指标的高取值意味着受访者对社会问题更倾向于个人主义或非政府的解决方案。因此，正数的路径系数表明，保守的、认同共和党的以及年长的受访者更可能会支持这种政策立场。参加礼拜频率的负系数表明，参加礼拜频率越高的人越不会选择个人主义或非政府的社会问题解决方案。 *429*

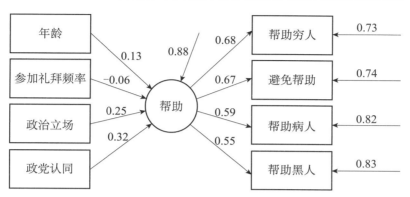

图 12.5　MIMIC 模型的完全标准化方案

就像在路径分析中一样，我们所得到的结果取决于对模型的正确解释。因此，研究者们从非实验数据中得出结论时必须时刻小心。

12.4.2　单线因果链

结构方程模型的一个广泛应用通常涉及两个或更多的有多个指标的潜在建构。一个简单的版本就是**单线因果链（single-link causal chain）**：假定其中一个外生变量引起一个内生变量的变化，而这二者都有多个指标。如图 12.6 所示的例子中，以两个政治变量（政党认同和政治立场）作为潜在的政治意识形态建构（Politics）的指标，我们假定它对四指标的"帮助"建构有影响。另外，这里使用的数据也来自 1998 年 GSS。

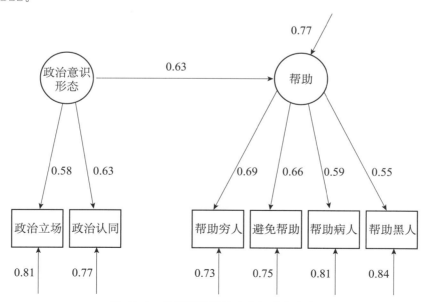

图 12.6　单线因果链的完全标准化方案

这个模型有着非常好的拟合：$\chi^2 = 15.7$，$df = 8$，$p = 0.052$，RMSEA$=0.024$，GFI$=1.00$，AGFI$=0.99$。度量层次的系数全都高度显著。结构参数估计值（0.63）表明，政治意识形态方面一个标准差的差异意味着对联邦政府在解决社会问题中的角色的态度上 2/3 个标准差的差异。取值为正数意味着受访者的立场越保守，就会越支持个人主义解决方案，这与我们的期待一致。

430

这些单线因果链模型的结果表明，对联邦政府在解决社会问题中的角色的非观测性态度"帮助"的四个指标的参数估计值大小几乎相等（0.55 到 0.69）。LISREL 允许对总体中四个参数两两相等的假设进行详细检验。将一对参数设定为相等（而不是允许它们自由地取不同的值）要求我们仅对其中一个而不是两个参数进行估值。因此，我们就获得了一个自由度，来检验在一个给定的显著性水平上两个模型的拟合优度卡方检验是否不同。如果限定参数的模型与未限定参数的模型之间没有显著差异，那么拥有相等参数（也就是说，自由参数更少）的精简模型更受青睐。

431

表 12.2 中列出的是若干可替代模型的卡方和自由度的对比，以及卡方与自由度之比。对于这些模型，分别设定了四个"帮助"指标的不同组合参数。相对于没有相等参数限制的基准模型（模型 1），将一些参数设定为相等并不会导致数据拟合的显著恶化。例如，模型 3 与模型 1 之间 χ^2 之差为 $18.6 - 15.7 = 2.9$，自由度为 1。$\alpha = 0.05$ 时的临界值为 3.84，所以我们不能拒绝总体中"帮助穷人"和"帮助病人"的参数相等的零假设。但是，我们必须拒绝"帮助穷人"和"帮助黑人"的参数相等的假设（模型 4 与模型 1 的 χ^2 之差为 $24.9 - 15.7 = 9.2$，自由度为 1）。在模型 5 中，前三个参数被设定为彼此相等，但模型 5 的拟合优度并不显著劣于未限定参数的基准模型（χ^2 之差为 $19.2 - 15.7 = 3.5$，自由度为 2）。

表 12.2	因果链模型中"帮助"的指标间的等式约束		
等式约束	模型 χ^2	模型 df	χ^2/df
1. 无等式约束	15.7	8	1.96
2. 帮助穷人＝避免帮助	15.7	9	1.74
3. 帮助穷人＝帮助病人	18.6	9	2.07
4. 帮助穷人＝帮助黑人	24.9	9	2.77
5. 帮助穷人＝帮助病人＝避免帮助	19.2	10	1.92

图 12.7 展示了经过标准化参数转换的限定性单线因果链模型，其中仅对潜在建构之间的参数进行了标准化，而将涉及观测变量的参数保持其原始单位。需要注意的是，"帮助"建构的前三个指标有相同的因子负荷（0.76），而第四个指标的参数估计值相对低一些（0.66）。

432

12.4.3 多指标的路径模型

这一小节将前面提到的 MIMIC 和单线因果链的例子延伸到关于四个非观测性建构之间关系的因果模型，其中每一个建构都有两个或更多观测变量。如图 12.8 所示，政治意识形态和"帮助"的指标与上一小节相同。两个社会经济地位（SES）指标是教育水平（EDUC）和职业声望（PRESTG80），两个"宗教"（Religion）指标分别是祷告频率（PRAYFREQ）和参加礼拜频率（ATTEND）。

这个模型对协方差矩阵有着很好的拟合：$\chi^2 = 66.0$，$df = 30$，$p = 0.000\ 2$，GFI$=0.98$，AGFI$=0.97$，RMSEA$=0.041$，90% 的置信区间位于 0.027 和 0.055 之间。注意，参加礼拜

频率的误差为 0。初始分析得到的误差项方差估计值为负，这当然不可能。因此，我们通过设定 *433*
其误差项方差为 0，使该变量成为"宗教"的完美指标。因子负荷的系数全都高度显著，并且除
了从社会经济地位到政治意识形态这一条路径不显著之外，结构层次的路径值全都在 $p<0.05$ 或
更低水平上显著。

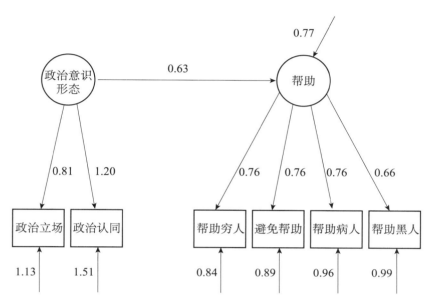

图 12.7　参数设定为相等的标准化单线因果链模型

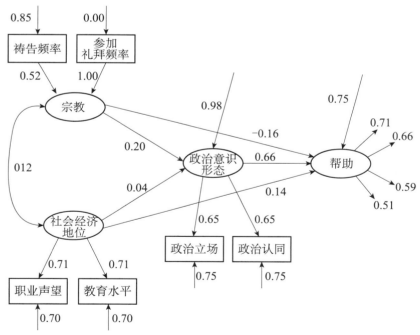

图 12.8　完全标准化的路径模型

最大的结构参数估计值 0.66（从政治意识形态到"帮助"）表明，保守倾向的 1 个标准差的差异
意味着有 2/3 个标准差的更大可能会倾向于社会问题的个人主义解决方案。社会经济地位（0.14）和

"宗教"（-0.16）的路径系数表明个人主义倾向上的细微差别分别与高社会经济地位和低宗教活动频
434 率有关。然而，"宗教"对"帮助"的间接正向效应（通过促进政治保守主义）（0.20×0.66＝0.13）
几乎与其直接负向效应一样强大。因此，这些相反的效应几乎互相抵消，由此产生的宗教活动对政策
偏好的净效应接近于 0（0.13-0.16＝-0.03）。

12.5　序次指标模型

如果结构方程模型涉及的不是连续变量，而是定序离散变量或二分变量，计算协方差或相关矩
阵并使用最大似然估计方法可能会导致被歪曲的参数估计和不精确的检验指标。研究者需要考虑每
个变量的度量单位。例如，性别为男性时被赋值为 0，女性为 1，当性别变量作为自变量时，在
OLS 模型中是行得通的，作为独立的二分变量（虚拟变量）的宗教信仰或宗教归属也是一样。然而，
在其他二分变量中，一个有着定序分类的观测变量可能被视为一个呈标准正态分布的连续非观测（潜
在）变量 z^* 的简单分类。例如，一个被分为低、中、高的变量 X 可能是基于 z^* 的三个临界值的三分
变量：

$$z^* \leqslant \alpha_1 \text{ 时，} X = 1$$
$$\alpha_1 < z^* \leqslant \alpha_2 \text{ 时，} X = 2$$
$$\alpha_2 < z^* \text{ 时，} X = 3$$

当其中的一个或两个观测变量是定序测量时，一系列相关系数都可以计算出来。

- **多项**相关：两个定序离散变量之间的相关系数，假定它们背后的连续测量呈双变量正态分布。
- **四分**相关：多项相关的一个子类，通常用于两个二分变量。
- **多列**相关：用于描述一个定序变量和一个连续测量之间的关系，假定其背后的连续测量呈双变量正态
  分布。
- **双列**相关：多列相关的一个子类，描述一个二分变量与一个连续变量之间的关系，同样假定其背
  后的连续测量呈双变量正态分布。

435 为了将定序变量纳入结构方程模型，一个 LISREL 的预处理程序（PRELIS）可以对观测指标之间的皮
尔逊相关、多项相关和多列相关矩阵进行迭代计算。然后 LISREL 就可以应用这个矩阵来计算模型参
数的估计值及拟合优度。不同于最大似然估计（MLE），LISREL 使用**加权最小二乘（weighted least
squares，WLS）**估计来获得正确的大样本标准误和卡方值。WLS 所需要的加权矩阵是多项相关和多列
相关的估计渐进协方差矩阵（**W**）的倒转。这个倒转过程基于 PRELIS 程序所产生的 **W** 矩阵输入由
LISREL 来完成，并以二进制文本形式储存在电脑上。

为了说明这一点，我们来分析 1998 年 GSS 中七个对堕胎的态度项目的潜在因子结构，数据中
1 578 名受访者的回答都被编码成了二分变量（是＝1，否＝0）。

如果一个孕妇有下列情况，你是否认为她就可以进行合法堕胎？

严重缺陷（ABDEFECT）：胎儿很有可能有严重缺陷。

不想多要（ABNOMORE）：她已经结婚并且不再想要更多子女。

健康受损（ABHLTH）：怀孕使该妇女自身的健康受到严重威胁。

贫穷（ABPOOR）：该家庭的收入非常低，难以养活更多孩子。

强奸（ABRAPE）：她的怀孕是因为受到了强奸。

未婚（ABSINGLE）：她未婚并且也不打算与那个男人结婚。

无原因（ABANY）：没有任何原因，该妇女坚持要堕胎。

表12.3的上半部分展示了这些指标间的四分相关系数估计值矩阵。这些值很明显比下半部分所列的这些二分变量之间的皮尔逊相关系数要大得多。也就是说，皮尔逊积矩相关低估了这些变量之间的真实关系。

表 12.3				堕胎变量之间的四分相关和皮尔逊相关（$N=1\,578$）			
	严重缺陷	不想多要	健康受损	贫穷	强奸	未婚	无原因
四分相关							
严重缺陷	1.000						
不想多要	0.845	1.000					
健康受损	0.913	0.803	1.000				
贫穷	0.797	0.960	0.794	1.000			
强奸	0.853	0.832	0.903	0.819	1.000		
未婚	0.830	0.969	0.803	0.964	0.833	1.000	
无原因	0.795	0.968	0.794	0.948	0.842	0.966	1.000
皮尔逊相关系数							
严重缺陷	1.000						
不想多要	0.450	1.000					
健康受损	0.646	0.335	1.000				
贫穷	0.441	0.818	0.343	1.000			
强奸	0.622	0.440	0.638	0.445	1.000		
未婚	0.445	0.841	0.336	0.828	0.441	1.000	
无原因	0.422	0.837	0.326	0.789	0.434	0.832	1.000

缺失数据：1 254 个个案。

资料来源：1998 General Social Survey。

我们的实质研究问题是，单因子或多因子是否能最好地解释这些变量之间的关系。虽然单因子模型产生了一个很高的卡方值 $\chi^2=110.7$（$df=14$，$p<0.000\,1$），但是其他统计指标显示了一个更好的拟合：GFI=1.00，AGFI=1.00，RMSEA=0.066。然而，在"严重缺陷""健康受损""强奸"这三个指标都负载不同于其他五个指标的一个单独因子的双因子模型中，所有的统计指标都表明了一个更高的拟合优度：$\chi^2=25.4$，$df=13$，$p=0.02$，GFI=1.00，AGFI=1.00，RMSEA=0.025，90%的置信区间位于0.009和0.039之间。如图12.9所示，所有七个因子负荷都很高，表明它们背后的多项相关非常高，两个潜在因子之间也呈现很高的正相关（0.88）。通常，潜在建构的实质意义可以通过负载该因子的具体指标的内容推论出来。根据GSS的问题内容，你能推论出对堕胎的态度所包含的两个维度吗？

437

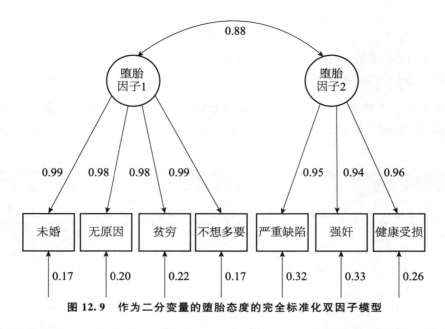

图 12.9 作为二分变量的堕胎态度的完全标准化双因子模型

　　本章只提供了对结构方程建模的基本介绍。更复杂的模型及其具体估值方法在更高级的结构方程模型课程和教材中有所介绍（如 Bollen，1989）。

438 ▶ **重要概念和符号回顾**

　　以下是在本章中出现的主要概念。这个列表有助于你回顾本章内容，同时也可以作为一个概念掌握的自测。

结构方程模型	LISREL
效度	信度
随机误差	系统误差
平行测量	因子分析
公因子	验证性因子分析
因子负荷	参考变量
运算法则	拟合优度指数（GFI）
调整后的拟合优度指数（AGFI）	近似误差均方根（RMSEA）
标准化方案	完全标准化方案
多指标-多原因（MIMIC）模型	单线因果链
加权最小二乘	ϱ_X
σ_T^2	F
$F\left[S,\ \sum(\boldsymbol{\theta})\right]$	

▶习题

439

普通习题

1. 如果一个观测变量的方差是 0.81，而真值方差是 0.64，根据经典测验理论的假设，该变量的信度是多少？

2. 对 X 的两次平行测量之间的相关为 0.81，这两次测量的信度是多少？

3. 下图是五个对美国机构（商业、教会、国会、法院和学校）的信心指标的完全标准化单因子分析。对该模型进行解释，确保对信度进行评估。根据这个模型，"商业"和"学校"之间的预计相关系数是多少？"教会"和"法院"之间呢？

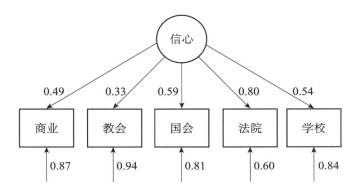

4. 上一题中，该单因子模型的拟合优度统计量为：$\chi^2 = 19.6$，$df = 5$，$p = 0.001\,5$，GFI $= 0.99$，AGFI $= 0.96$，RMSEA $= 0.067$，90% 的置信区间位于 0.038 和 0.099 之间。这一模型对数据的拟合是可接受的吗？对你的回答进行解释。

5. 下图是五个对美国机构的信心指标的完全标准化双因子分析。

440

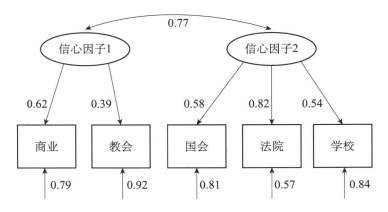

该双因子模型的拟合优度统计量为：$\chi^2 = 11.7$，$df = 4$，$p = 0.02$，GFI $= 0.99$，AGFI $= 0.97$，RMSEA $= 0.054$，90% 的置信区间位于 0.019 和 0.091 之间。论证该模型是否比单因子模型对数据有更好的拟合。对结果进行解释。

6. 下图是对三个工作价值指标（稳定性、高收入、升迁机会）的完全标准化 MIMIC 模型，这三个变量被假定为与受访者的年龄、职业声望和收入相关。只有与收入的相关是不显著的。模型的拟合优度统计量为：$\chi^2=10.5$，$df=6$，$p=0.10$，GFI＝1.00，AGFI＝0.98，RMSEA＝0.031，90％的置信区间位于0.000和0.061之间。讨论模型拟合的可接受性并对结果进行解释。

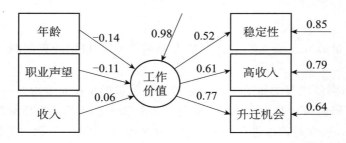

441   7. 下图是一个与习题6相似的MIMIC模型，其中带有三个工作价值指标的因变量是由三个观测变量（职业声望、教育水平和收入）所直接决定的。后两个自变量的相关系数不显著。拟合优度统计量为：$\chi^2=18.0$，$df=6$，$p=0.007$，GFI＝0.99，AGFI＝0.97，RMSEA＝0.050，90％的置信区间位于0.024和0.077之间。对该模型进行解释。

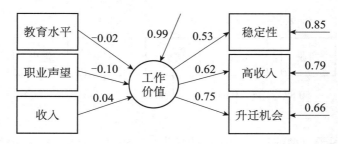

8. 下图是一个完全标准化的单线因果链模型，其中因变量工作价值有三个指标（与习题6一样），自变量社会经济地位有三个指标（教育水平、职业声望和收入）。所有的参数都在$p<0.05$或更低水平上显著。模型的拟合优度统计量为：$\chi^2=19.9$，$df=8$，$p=0.011$，GFI＝0.99，AGFI＝0.98，RMSEA＝0.043，90％的置信区间位于0.019和0.068之间。讨论模型的拟合情况并对结果进行解释。

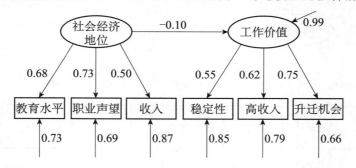

442   9. 下图是一个完全标准化的单线因果链模型，其中因变量的三个指标是受访者对联邦政府在三个社会问题（毒品、犯罪和城市问题）上是否花费太多的看法，自变量政治保守主义也有三个指标（政治立场、政党认同以及1996年总统大选中是否投票给保守派候选人多尔或佩罗）。所有的参数都在$p<0.05$或更低水平上显著。模型的拟合优度统计量为：$\chi^2=18.3$，$df=8$，$p=0.019$，GFI＝0.99，AGFI＝0.97，RMSEA＝0.053，90％的置信区间位于0.020和0.086之间。讨论模型的拟合情况并对结果进行解释。

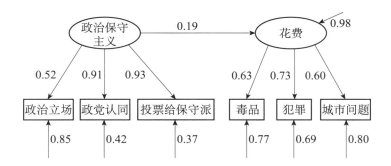

10. 下图是一个完全标准化的路径模型，因变量有三个有关受访者宗教祷告的指标（是否祷告、祷告频率、是否独自祷告），其中一个自变量有四个有关宗教信念的指标（来生、天堂、地狱、奇迹），另一个自变量有三个有关社会经济地位的指标（教育水平、职业声望和收入）。所有的参数都在 $p <$ 0.001 或更低水平上显著。模型的拟合优度统计量为：$\chi^2 = 122.9$，$df = 22$，$p < 0.001$，GFI $= 0.96$，AGFI $= 0.93$，RMSEA $= 0.070$，90%的置信区间位于 0.057 和 0.083 之间。对该模型进行解释。

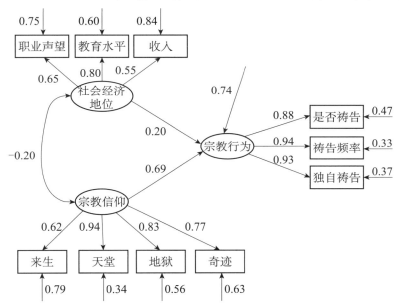

需要用到 1998 年 GSS 数据的习题

11. 向受访者出示四张不同的上帝图像并询问："在级别从 1～7 的量表中，你打算将上帝的图像放在哪两张对比图像中间？"这些对比图像分别是："母亲-父亲""老师-配偶""法官-情人"以及"朋友-国王"。将选择中间两张图像的回答反向编码，得到下列包含 1 347 个个案的协方差矩阵：

	母亲-父亲	老师-配偶	法官-情人	朋友-国王
母亲-父亲	1.00			
老师-配偶	0.43	1.00		
法官-情人	0.26	0.42	1.00	
朋友-国王	0.19	0.19	0.22	1.00

对数据进行单因子分析，列出完全标准化的参数并报告拟合优度统计量，对结果进行实质性解释。

12. 向受访者出示一张印有 20 道关于医保问题的卡片，卡片引导语说道："在读下列陈述时，回想一下你现在所享受的医保。如果你目前没有接受任何医疗服务，请在你期望在自己不得不求医时所能获得的服务的选项上画圈。即便你对某个问题的答案不能完全确定，我们想提醒你的是，你对问题的最佳猜想也是非常重要的。" 1 129 个受访者的回答被记录在一个 5 点量表中，程度依次从"非常同意"到"非常不同意"。

> 医保问题 12：我担心我的医生被禁止向我透露有关我病情的全部内容。
> 医保问题 13：我担心会被拒绝享受我所需要的治疗或服务。
> 医保问题 14：我担心我的医生更重视费用而不是我需要的服务。
> 医保问题 16：我相信我的医生对我医保的判断。
> 医保问题 18：我相信我的医生在针对我的病情进行治疗时，将我的医保需要放在所有其他考虑之上。
> 医保问题 20：我相信如果我的治疗中出现了问题，我的医生会告诉我。

445　　　　下面是关于这六个问题的协方差矩阵：

	医保问题 12	医保问题 13	医保问题 14	医保问题 16	医保问题 18	医保问题 20
医保问题 12	1.00					
医保问题 13	0.57	1.06				
医保问题 14	0.58	0.64	1.06			
医保问题 16	−0.26	−0.25	−0.26	0.59		
医保问题 18	−0.28	−0.28	−0.29	0.32	0.65	
医保问题 20	−0.27	−0.30	−0.33	0.31	0.40	0.99

先使用单因子进行因子分析，然后再用两个相关的因子进行分析，将前三个指标作为第一个建构，后三个指标作为第二个建构，画出两个模型完全标准化之后的参数示意图。使用卡方差异检验和拟合优度统计量来决定你更喜欢哪个模型。对你更喜欢的模型进行解释。

13. 使用习题 12 中的三个问题（医保问题 16、医保问题 18 和医保问题 20）作为"不信任医生"建构的指标来建立一个 MIMIC 模型，在此过程中使用下列三个自变量：受访者的年龄、教育水平和健康状况（对问题"总的来说，你认为自己的健康非常好、好、就那样，还是较差？"的答案进行赋值，最高取值代表非常健康）。下面是 1 263 个受访者答案的协方差矩阵：

	医保问题 16	医保问题 18	医保问题 20	年龄	教育水平	健康状况
医保问题 16	0.57					
医保问题 18	0.30	0.64				
医保问题 20	0.30	0.40	1.00			
年龄	−1.63	−1.44	−1.50	289.04		
教育水平	−0.01	0.08	0.06	−7.78	19.58	
健康状况	−0.03	0.00	−0.01	−3.42	0.60	0.62

画出完全标准化模型的参数示意图，报告模型的拟合优度统计量并进行解释。

446　　14. 另外一组问题以这样一段话介绍："在给个人秘密许可或最高级别秘密许可之前，政府应该有权就下列领域中详细的个人问题对他或她进行询问。"下列三个指标指向一个非观测性建构，其中高取值表明对政府质询个人问题持反对立场。

> 犯罪：因犯罪被逮捕和定罪

药物：非法的药物使用

财务信用：财务和信用历史

用下列三个自变量建立一个 MIMIC 模型：受访者的年龄、教育水平，以及对下列公民自由问题的二分答案——"如果你所在社区里有人提出反对教会和宗教的书籍应该移出公共图书馆，你会同意这种做法吗？"（LIBATH，重编码为不同意＝1，同意＝0）在 PRELIS2 程序中将 LIBATH 变量设定为二分变量，其他指标作为连续变量，建立相关矩阵和渐进协方差矩阵。画出完全标准化模型的参数示意图，报告模型的拟合优度统计量并进行解释。

15. 建立一个因果路径模型，其中带有三个指标（教育水平、职业声望、收入）的"社会经济地位"建构被假定为直接受到带有三个指标（不开心、不努力、无价值）的"低自尊"建构的影响，这两个建构都直接影响带有三个指标（整体幸福感、现在幸福与不幸福感、婚姻幸福感）的"幸福感"建构。在 PRELIS2 程序中，将除了社会经济地位之外的所有变量设定为定序变量，建立相关矩阵和渐进协方差矩阵。画出完全标准化模型的参数示意图，报告模型的拟合优度统计量并进行解释。

附　录

A　求和的应用

1. 变量和下标

在这部分我们用字母 X、Y、Z 来代表变量，变量的结果通过使用下标的方式来加以记录。如果我们有 N 个个案，那么 X_i 表示对第 i 个个案观测到的特定值或结果。比如说，我们的样本中有四个人，那么和他们联系在一起的四个结果就可以分别用 X_1、X_2、X_3、X_4 来代表。

2. 总和

在本书中用到的很多统计技术都要依靠对样本中 N 个个案观测值的求和。求和的符号用希腊字母 Σ（$sigma$）表示，用来代表紧跟求和符号的值的总和。写在 Σ 下方的值代表下标能在求和过程中取到的最小值，写在 Σ 上方的值代表下标能在求和过程中取到的最大值。因此，

$$\sum_{i=1}^{N} X_i$$

应该被读作"从 X_1 到 X_N 所包含的 X_i 的 N 个结果的总和"或者

$$\sum_{i=1}^{N} X_i = X_1 + X_2 + X_3 + \cdots + X_N$$

假设我们观测了 4 个个案（即 $N=4$）并且四个观测结果分别是 $X_1=2$，$X_2=6$，$X_3=0$，$X_4=3$。那么，

$$\sum_{i=1}^{4} X_i = 2+6+0+3 = 11$$

最简单的求和运用是计算均值，即一系列观测结果的平均取值。正如你可能知道的那样，均值是通过把所有观测值加总之后再除以总的观测个案数来求出的。用求和符号，均值可表示为：

$$\frac{\sum_{i=1}^{N} X_i}{N}$$

在先前的例子中，均值为：

$$\frac{\sum_{i=1}^{4} X_i}{4} = \frac{11}{4} = 2.75$$

在你已经熟悉了符号 Σ 的运用并且通过前文已经知道我们是在计算所有观测结果的总和后，我们可以用更简化的 $\sum_i X_i$ 或者 $\sum X_i$ 来代替 $\sum_{i=1}^{N} X_i$。

有时变量的下标不止一个。多个下标会在两种情况下使用。第一种使用情况是，我们希望表示的不只是一个个体 i，还包括个体所属的组别 j（比如，性别或者宗教认同）。在这种情况下，符号表示

为 X_{ij}。如果第 j 组中最后一个观测个案被表示为 n_j，那么对第 j 组所有个案的求和为：

$$\sum_{i=1}^{n_j} X_{ij}$$

展开来就是：

$$\sum_{i=1}^{n_j} X_{ij} = X_{1j} + X_{2j} + X_{3j} + \cdots + X_{n_j j}$$

如果我们想对全部 J 个组的所有个案求和，这可以被表示成：

$$\sum_{j=1}^{J} \sum_{i=1}^{n_j} X_{ij}$$

上式被展开后，就是：

$$\begin{aligned}\sum_{j=1}^{J} \sum_{i=1}^{n_j} X_{ij} = &\ (X_{11} + X_{21} + \cdots + X_{n_1 1}) \\ &+ (X_{12} + X_{22} + \cdots + X_{n_2 2}) \\ &+ (X_{1J} + X_{2J} + \cdots + X_{n_J J})\end{aligned}$$

举个例子，假设我们有三个政治团体，其中 1 表示"共和党"，2 表示"民主党"，3 表示"其他政党"，然后有 4 人是共和党，3 人是民主党，2 人是其他政党。我们观测到以下 9 个结果：

		$i=$			
		1	2	3	4
$j=$	1	3	4	2	3
	2	2	0	1	
	3	2	4		

现在如果我们想加总所有共和党人的取值（其中 $i=1$），可得到：

$$\sum_{i=1}^{4} X_{i1} = 3 + 4 + 2 + 3 = 12$$

"其他政党"的总和为：

$$\sum_{i=1}^{2} X_{i3} = 2 + 4 = 6$$

或者，加总所有组别的所有观测结果：

$$\begin{aligned}\sum_{j=1}^{3} \sum_{i=1}^{n_j} X_{ij} &= (3+4+2+3) + (2+0+1) + (2+4) \\ &= 12 + 3 + 6 = 21\end{aligned}$$

在被加总的组别和个案不会出现模糊的情况下，我们也可用 $\sum_j \sum_i X_{ij}$ 或者 $\sum \sum X_{ij}$ 来代替 $\sum_{j=1}^{J} \sum_{i=1}^{n_j} X_{ij}$。

使用双下标的第二种情况是，我们想区别同一个体在两个不同变量上的取值。比如，我们有变量 X_1 和 X_2。其中，X_{1i} 和 X_{2i} 代表第 i 个个体在两个变量上的取值，那么就有：

$$\sum_{i=1}^{N} X_{1i} = X_{11} + X_{12} + \cdots + X_{1N}$$

3. 求和规则

你应该学习一些简单的求和规则。如果你这样做了，那么对书中出现的一些派生（符号）就应该不会感到困惑。

规则 1：对 N 个常数的求和等于 N 乘以该常数。也就是说，如果 a 表示这个常数，那么

$$\sum_{i=1}^{N} a = Na$$

这样说可能不是很直观，通过一个例子可以使这个规则更加清晰。假设我们进行了四次观测（$N=4$），每一次观测的取值都是 5。那么 $a=5$，而且

$$\sum_{i=1}^{4} a = 5+5+5+5 = 4 \times 5 = 20$$

我们还可以把这条规则衍生如下：

规则 2：如果每一个观测值都乘以同一个常数，那么对常数和观测值乘积的求和等于该常数乘以观测值的总和。也就是：

$$\sum_{i=1}^{N} aX_i = a\sum_{i=1}^{N} X_i$$

比如，假设 $a=4$，$X_1=2$，$X_2=6$，$X_3=1$，那么

$$\sum_{i=1}^{3} 4X_i = 4 \times 2 + 4 \times 6 + 4 \times 1$$
$$= 4 \times (2+6+1)$$
$$= 4\sum_{i=1}^{3} X_i = 36$$

这个规则可应用于双求和。也就是：

$$\sum_{j=1}^{J}\sum_{i=1}^{n_j} aX_{ij} = a\sum_{j=1}^{J}\sum_{i=1}^{n_j} X_{ij}$$

规则 3：如果在求和之前的唯一运算就是求和，那么这个求和可以分解。

这个规则听起来比实际要复杂。考虑下面这个例子：

$$\sum_{i=1}^{3} (X_i+2) = (X_1+2)+(X_2+2)+(X_3+2)$$
$$= (X_1+X_2+X_3)+(2+2+2)$$
$$= \sum_{i=1}^{3} X_i + \sum_{i=1}^{3} 2$$
$$= \sum_{i=1}^{3} X_i + 3 \times 2$$
$$= \sum_{i=1}^{3} X_i + 6$$

对这个双求和规则的更常见的表达是：

$$\sum_{i=1}^{N} (X_i \pm a) = \sum_{i=1}^{N} X_i \pm \sum_{i=1}^{N} a = \sum_{i=1}^{N} X_i \pm Na$$

最后一步，即 $\sum_{i=1}^{N} a = Na$，遵从了规则 1。然而，要注意：

$$\sum_{i=1}^{N} (X_i+a)^2 \neq \sum_{i=1}^{N} X_{i1}^2 + \sum a^2$$

只有当括号中的运算本身只是简单的相加或相减时，我们才能将求和分解。

如果我们将 $(X_i+a)^2$ 扩展开，那么我们就可以分别求和。现在，如果遵照规则 1 和规则 2，我们能将表达式进一步简化如下：

$$\sum (X_i+a)^2 = \sum (X_i^2+2aX_i+a^2)$$

$$= \sum X_i^2 + \sum 2aX_i + \sum a^2$$
$$= \sum X_i^2 + 2a\sum X_i + Na^2$$

4. 两个或更多变量的求和

有时，我们想一次性对两个或者多个变量求和。假设我们想知道在 N 次观测中两个变量乘积的总和是多少。

    规则 4：如果每一次观测在变量 X_i、Y_i 上都有取值，那么

$$\sum_{i=1}^{N} X_i Y_i = X_1 Y_1 + X_2 Y_2 + \cdots + X_N Y_N$$

假设有三个人，我们有每一个人在变量 X、Y 上的观测值。这些观测值是：

$$i = \begin{array}{c|cc} & X_i & Y_i \\ \hline 1 & 2 & 1 \\ 2 & 4 & -2 \\ 3 & 2 & -3 \end{array}$$

那么

$$\sum_{i=1}^{3} X_i Y_i = 2\times 1 + 4\times(-2) + 2\times(-3) = -12$$

用上面这个例子你自己可以证明，一般来说，

$$\sum_{i=1}^{N} X_i Y_i \neq \sum X_i \sum Y_i$$

    因此，我们不能对乘积分别求和。但是规则 2 确实适用于乘积。也就是：

$$\sum aX_i Y_i = a\sum X_i Y_i$$

这种关系可以用之前例子的数据来检验。如果 $a = 3$，那么

$$\sum_{i=1}^{3} 3X_i Y_i = 3\times(2\times 1) + 3\times[4\times(-2)] + 3\times[2\times(-3)]$$
$$= 3\times[2\times 1 + 4\times(-2) + 2\times(-3)] = 3\times(-12) = -36$$
$$= 3\sum_{i=1}^{3} X_i Y_i$$

    规则 5：对两个或更多变量求和等于对这些变量分别求和之后再加总。也就是：

$$\sum_i (X_{1i} + X_{2i} + \cdots + X_{ki})$$
$$= \sum_i X_{1i} + \sum_i X_{2i} + \cdots + \sum_i X_{ki}$$

式中，$X_1, X_2, \cdots, X_k$ 为 k 个不同变量。

    这个规则的一个特例是：

$$\sum_i (X_i + Y_i) = \sum_i X_i + \sum_i Y_i$$

同样用之前例子的数据，我们可以把这个规则展示为：

$$\sum_{i=1}^{3} (X_i + Y_i) = (2+1) + [4+(-2)] + [2+(-3)]$$
$$= (2+4+2) + [1+(-2)+(-3)] = 4$$

$$=\sum_{i=1}^{3}X_i+\sum_{i=1}^{3}Y_i$$

规则 6：对于常数 a 和 b，

$$\sum_i(aX_i+bY_i)=a\sum_iX_i+b\sum_iY_i$$

规则 6 是从规则 2 和规则 5 中衍生出来的。规则 5 指出，对不同变量求和时我们可以分别求和后加总；规则 2 指出，我们可以将常数放在求和符号前面。

同样使用例子中的数据，设 $a=2$，$b=4$。那么

$$\sum_{i=1}^{3}(2X_i+4Y_i)=[(2\times2)+(4\times1)]+[(2\times4)+4\times(-2)]+[(2\times2)+4\times(-3)]$$
$$=2\times(2+4+2)+4\times(1-2-3)$$
$$=0$$
$$=2\sum_{i=1}^{3}X_i+4\sum_{i=1}^{3}Y_i$$

了解这些规则之后，你应该可以明白本书中用到的代数了。我们的一个建议是，不要被求和吓住。当对一个等式有怀疑时，尝试着写出这些求和运算。它们通常都不像看起来那么复杂。

B 卡方的临界值

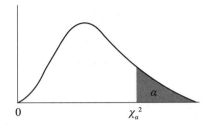

			显著性水平（α）			
df	0.100	0.050	0.025	0.010	0.005	0.001
1	2.705 5	3.841 4	5.023 8	6.634 9	7.879 4	10.828
2	4.605 1	5.991 4	7.377 7	9.210 3	10.596 6	13.816
3	6.251 3	7.814 7	9.348 4	11.344 9	12.838 1	16.266
4	7.779 4	9.487 7	11.143 3	13.276 7	14.860 2	18.467
5	9.236 3	11.070 5	12.832 5	15.086 3	16.749 6	20.515
6	10.644 6	12.591 6	14.449 4	16.811 9	18.547 6	22.458
7	12.017 0	14.067 1	16.012 8	18.475 3	20.277 7	24.322
8	13.361 6	15.507 3	17.534 6	20.090 2	21.955 0	26.125
9	14.683 7	16.919 0	19.022 8	21.666 0	23.589 3	27.877
10	15.987 1	18.307 0	20.483 1	23.209 3	25.188 2	29.588
11	17.275 0	19.675 1	21.920 0	24.725 0	26.756 9	31.264
12	18.549 4	21.026 1	23.336 7	26.217 0	28.299 5	32.909
13	19.811 9	22.362 1	24.735 6	27.688 3	29.819 4	34.528
14	21.064 2	23.684 8	26.119 0	29.141 3	31.319 3	36.123
15	22.307 2	24.995 8	27.488 4	30.577 9	32.801 3	37.697
16	23.541 8	26.296 2	28.845 4	31.999 9	34.267 2	39.252
17	24.769 0	27.587 1	30.191 0	33.408 7	35.718 5	40.790
18	25.989 4	28.869 3	31.526 4	34.805 8	37.156 4	42.312
19	27.203 6	30.143 5	32.852 3	36.190 8	38.582 2	43.820

续表

			显著性水平（α）			
df	0.100	0.050	0.025	0.010	0.005	0.001
20	28.412 0	31.410 4	34.169 6	37.566 2	39.996 8	45.315
21	29.615 1	32.670 5	35.478 9	38.932 1	41.401 0	46.797
22	30.813 3	33.924 4	36.780 7	40.289 4	42.795 6	48.268
23	32.006 9	35.172 5	38.075 7	41.638 4	44.181 3	49.728
24	33.196 3	36.415 1	39.364 1	42.979 8	45.558 5	51.179
25	34.381 6	37.652 5	40.646 5	44.314 1	46.927 8	52.620
26	35.563 1	38.885 2	41.923 2	45.641 7	48.289 9	54.052
27	36.741 2	40.113 3	43.194 4	46.968 0	49.644 9	55.476
28	37.915 9	41.337 2	44.460 7	48.278 2	50.993 3	56.892
29	39.087 5	42.556 9	45.722 2	49.587 9	52.335 6	58.302
30	40.256 0	43.772 9	46.979 2	50.892 2	53.672 0	59.703
40	51.805 0	55.758 5	59.341 7	63.690 7	66.765 9	73.402
50	63.167 1	67.504 8	71.420 2	76.153 9	79.490 0	86.661
60	74.397 0	79.081 9	83.297 6	88.379 4	91.951 7	99.607
70	85.527 1	90.531 2	95.023 1	100.425	104.215	112.317
80	96.578 2	101.879	106.629	112.329	116.321	124.839
90	107.565	113.145	118.136	124.116	128.299	137.208
100	118.498	124.342	129.561	135.807	140.169	149.449

资料来源：Abridged from Table IV of Fisher and Yates：*Statistical Tables for Biological*，*Agricultural*，*and Medical Research*，6th ed.（London：Longman Group Ltd.，1974）。

C 正态曲线下的面积

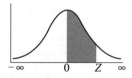 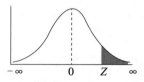

Z值	从0到Z的面积	从Z到∞的面积	Z值	从0到Z的面积	从Z到∞的面积
0.00	0.000 0	0.500 0	0.21	0.083 2	0.416 8
			0.22	0.087 1	0.412 9
0.01	0.004 0	0.496 0	0.23	0.091 0	0.409 0
0.02	0.008 0	0.492 0	0.24	0.094 8	0.405 2
0.03	0.012 0	0.488 0	0.25	0.098 7	0.401 3
0.04	0.016 0	0.484 1			
0.05	0.019 9	0.480 1	0.26	0.102 6	0.397 4
			0.27	0.106 4	0.393 6
0.06	0.023 9	0.476 1	0.28	0.110 3	0.389 7
0.07	0.027 9	0.472 1	0.29	0.114 1	0.385 9
0.08	0.031 9	0.468 1	0.30	0.117 9	0.382 1
0.09	0.035 9	0.464 1			
0.10	0.039 8	0.460 2	0.31	0.121 7	0.378 3
			0.32	0.125 5	0.374 5
0.11	0.043 8	0.456 2	0.33	0.129 3	0.370 7
0.12	0.047 8	0.452 2	0.34	0.133 1	0.366 9
0.13	0.051 7	0.448 3	0.35	0.136 8	0.363 2
0.14	0.055 7	0.444 3			
0.15	0.059 6	0.440 4	0.36	0.140 6	0.359 4
			0.37	0.144 3	0.355 7
0.16	0.063 6	0.436 4	0.38	0.148 0	0.352 0
0.17	0.067 5	0.432 5	0.39	0.151 7	0.348 3
0.18	0.071 4	0.428 6	0.40	0.155 4	0.344 6
0.19	0.075 3	0.424 7			
0.20	0.079 3	0.420 7			

续表

Z 值	从 0 到 Z 的面积	从 Z 到 ∞ 的面积	Z 值	从 0 到 Z 的面积	从 Z 到 ∞ 的面积
0.41	0.159 1	0.340 9	0.71	0.261 1	0.238 9
0.42	0.162 8	0.337 2	0.72	0.264 2	0.235 8
0.43	0.166 4	0.333 6	0.73	0.267 3	0.232 7
0.44	0.170 0	0.330 0	0.74	0.270 3	0.229 7
0.45	0.173 6	0.326 4	0.75	0.273 4	0.226 6
0.46	0.177 2	0.322 8	0.76	0.276 4	0.223 6
0.47	0.180 8	0.319 2	0.77	0.279 4	0.220 6
0.48	0.184 4	0.315 6	0.78	0.282 3	0.217 7
0.49	0.187 9	0.312 1	0.79	0.285 2	0.214 8
0.50	0.191 5	0.308 5	0.80	0.288 1	0.211 9
0.51	0.195 0	0.305 0	0.81	0.291 0	0.209 0
0.52	0.198 5	0.301 5	0.82	0.293 9	0.206 1
0.53	0.201 9	0.298 1	0.83	0.296 7	0.203 3
0.54	0.205 4	0.294 6	0.84	0.299 5	0.200 5
0.55	0.208 8	0.291 2	0.85	0.302 3	0.197 7
0.56	0.212 3	0.287 7	0.86	0.305 1	0.194 9
0.57	0.215 7	0.284 3	0.87	0.307 8	0.192 2
0.58	0.219 0	0.281 0	0.88	0.310 6	0.189 4
0.59	0.222 4	0.277 6	0.89	0.313 3	0.186 7
0.60	0.225 7	0.274 3	0.90	0.315 9	0.184 1
0.61	0.229 1	0.270 9	0.91	0.318 6	0.181 4
0.62	0.232 4	0.267 6	0.92	0.321 2	0.178 8
0.63	0.235 7	0.264 3	0.93	0.323 8	0.176 2
0.64	0.238 9	0.261 1	0.94	0.326 4	0.173 6
0.65	0.242 2	0.257 8	0.95	0.328 9	0.171 1
0.66	0.245 4	0.254 6	0.96	0.331 5	0.168 5
0.67	0.248 6	0.251 4	0.97	0.334 0	0.166 0
0.68	0.251 7	0.248 3	0.98	0.336 5	0.163 5
0.69	0.254 9	0.245 1	0.99	0.338 9	0.161 1
0.70	0.258 0	0.242 0	1.00	0.341 3	0.158 7

续表

Z 值	从 0 到 Z 的面积	从 Z 到 ∞ 的面积	Z 值	从 0 到 Z 的面积	从 Z 到 ∞ 的面积
1.01	0.343 8	0.156 2	1.31	0.404 9	0.095 1
1.02	0.346 1	0.153 9	1.32	0.406 6	0.093 4
1.03	0.348 5	0.151 5	1.33	0.408 2	0.091 8
1.04	0.350 8	0.149 2	1.34	0.409 9	0.090 1
1.05	0.353 1	0.146 9	1.35	0.411 5	0.088 5
1.06	0.355 4	0.144 6	1.36	0.413 1	0.086 9
1.07	0.357 7	0.142 3	1.37	0.414 7	0.085 3
1.08	0.359 9	0.140 1	1.38	0.416 2	0.083 8
1.09	0.362 1	0.137 9	1.39	0.417 7	0.082 3
1.10	0.364 3	0.135 7	1.40	0.419 2	0.080 8
1.11	0.366 5	0.133 5	1.41	0.420 7	0.079 3
1.12	0.368 6	0.131 4	1.42	0.422 2	0.077 8
1.13	0.370 8	0.129 2	1.43	0.423 6	0.076 4
1.14	0.372 9	0.127 1	1.44	0.425 1	0.074 9
1.15	0.374 9	0.125 1	1.45	0.426 5	0.073 5
1.16	0.377 0	0.123 0	1.46	0.427 9	0.072 1
1.17	0.379 0	0.121 0	1.47	0.429 2	0.070 8
1.18	0.381 0	0.119 0	1.48	0.430 6	0.069 4
1.19	0.383 0	0.117 0	1.49	0.431 9	0.068 1
1.20	0.384 9	0.115 1	1.50	0.433 2	0.066 8
1.21	0.386 9	0.113 1	1.51	0.434 5	0.065 5
1.22	0.388 8	0.111 2	1.52	0.435 7	0.064 3
1.23	0.390 7	0.109 3	1.53	0.437 0	0.063 0
1.24	0.392 5	0.107 5	1.54	0.438 2	0.061 8
1.25	0.394 4	0.105 6	1.55	0.439 4	0.060 6
1.26	0.396 2	0.103 8	1.56	0.440 6	0.059 4
1.27	0.398 0	0.102 0	1.57	0.441 8	0.058 2
1.28	0.399 7	0.100 3	1.58	0.442 9	0.057 1
1.29	0.401 5	0.098 5	1.59	0.444 1	0.055 9
1.30	0.403 2	0.096 8	1.60	0.445 2	0.054 8

续表

Z 值	从 0 到 Z 的面积	从 Z 到 ∞ 的面积	Z 值	从 0 到 Z 的面积	从 Z 到 ∞ 的面积
1.61	0.446 3	0.053 7	1.91	0.471 9	0.028 1
1.62	0.447 4	0.052 6	1.92	0.472 6	0.027 4
1.63	0.448 4	0.051 6	1.93	0.473 2	0.026 8
1.64	0.449 5	0.050 5	1.94	0.473 8	0.026 2
1.65	0.450 5	0.049 5	1.95	0.474 4	0.025 6
1.66	0.451 5	0.048 5	1.96	0.475 0	0.025 0
1.67	0.452 5	0.047 5	1.97	0.475 6	0.024 4
1.68	0.453 5	0.046 5	1.98	0.476 1	0.023 9
1.69	0.454 5	0.045 5	1.99	0.476 7	0.023 3
1.70	0.455 4	0.044 6	2.00	0.477 2	0.022 8
1.71	0.456 4	0.043 6	2.01	0.477 8	0.022 2
1.72	0.457 3	0.042 7	2.02	0.478 3	0.021 7
1.73	0.458 2	0.041 8	2.03	0.478 8	0.021 2
1.74	0.459 1	0.040 9	2.04	0.479 3	0.020 7
1.75	0.459 9	0.040 1	2.05	0.479 8	0.020 2
1.76	0.460 8	0.039 2	2.06	0.480 3	0.019 7
1.77	0.461 6	0.038 4	2.07	0.480 8	0.019 2
1.78	0.462 5	0.037 5	2.08	0.481 2	0.018 8
1.79	0.463 3	0.036 7	2.09	0.481 7	0.018 3
1.80	0.464 1	0.035 9	2.10	0.482 1	0.017 9
1.81	0.464 9	0.035 1	2.11	0.482 6	0.017 4
1.82	0.465 6	0.034 4	2.12	0.483 0	0.017 0
1.83	0.466 4	0.033 6	2.13	0.483 4	0.016 6
1.84	0.467 1	0.032 9	2.14	0.483 8	0.016 2
1.85	0.467 8	0.032 2	2.15	0.484 2	0.015 8
1.86	0.468 6	0.031 4	2.16	0.484 6	0.015 4
1.87	0.469 3	0.030 7	2.17	0.485 0	0.015 0
1.88	0.469 9	0.030 1	2.18	0.485 4	0.014 6
1.89	0.470 6	0.029 4	2.19	0.485 7	0.014 3
1.90	0.471 3	0.028 7	2.20	0.486 1	0.013 9

续表

Z 值	从 0 到 Z 的面积	从 Z 到 ∞ 的面积	Z 值	从 0 到 Z 的面积	从 Z 到 ∞ 的面积
2.21	0.486 4	0.013 6	2.51	0.494 0	0.006 0
2.22	0.486 8	0.013 2	2.52	0.494 1	0.005 9
2.23	0.487 1	0.012 9	2.53	0.494 3	0.005 7
2.24	0.487 5	0.012 5	2.54	0.494 5	0.005 5
2.25	0.487 8	0.012 2	2.55	0.494 6	0.005 4
2.26	0.488 1	0.011 9	2.56	0.494 8	0.005 2
2.27	0.488 4	0.011 6	2.57	0.494 9	0.005 1
2.28	0.488 7	0.011 3	2.58	0.495 1	0.004 9
2.29	0.489 0	0.011 0	2.59	0.495 2	0.004 8
2.30	0.489 3	0.010 7	2.60	0.495 3	0.004 7
2.31	0.489 6	0.010 4	2.61	0.495 5	0.004 5
2.32	0.489 8	0.010 2	2.62	0.495 6	0.004 4
2.33	0.490 1	0.009 9	2.63	0.495 7	0.004 3
2.34	0.490 4	0.009 6	2.64	0.495 9	0.004 1
2.35	0.490 6	0.009 4	2.65	0.496 0	0.004 0
2.36	0.490 9	0.009 1	2.66	0.496 1	0.003 9
2.37	0.491 1	0.008 9	2.67	0.496 2	0.003 8
2.38	0.491 3	0.008 7	2.68	0.496 3	0.003 7
2.39	0.491 6	0.008 4	2.69	0.496 4	0.003 6
2.40	0.491 8	0.008 2	2.70	0.496 5	0.003 5
2.41	0.492 0	0.008 0	2.71	0.496 6	0.003 4
2.42	0.492 2	0.007 8	2.72	0.496 7	0.003 3
2.43	0.492 5	0.007 5	2.73	0.496 8	0.003 2
2.44	0.492 7	0.007 3	2.74	0.496 9	0.003 1
2.45	0.492 9	0.007 1	2.75	0.497 0	0.003 0
2.46	0.493 1	0.006 9	2.76	0.497 1	0.002 9
2.47	0.493 2	0.006 8	2.77	0.497 2	0.002 8
2.48	0.493 4	0.006 6	2.78	0.497 3	0.002 7
2.49	0.493 6	0.006 4	2.79	0.497 4	0.002 6
2.50	0.493 8	0.006 2	2.80	0.497 44	0.002 56

续表

Z 值	从 0 到 Z 的面积	从 Z 到 ∞ 的面积	Z 值	从 0 到 Z 的面积	从 Z 到 ∞ 的面积
2.81	0.497 52	0.002 48	3.05	0.498 86	0.001 14
2.82	0.497 60	0.002 40	3.10	0.499 03	0.000 97
2.83	0.497 67	0.002 33	3.15	0.499 18	0.000 82
2.84	0.497 74	0.002 26	3.20	0.499 31	0.000 69
2.85	0.497 81	0.002 19	3.25	0.499 42	0.000 58
2.86	0.497 88	0.002 12	3.30	0.499 52	0.000 48
2.87	0.497 95	0.002 05	3.35	0.499 60	0.000 40
2.88	0.498 01	0.001 99	3.40	0.499 66	0.000 34
2.89	0.498 07	0.001 93	3.45	0.499 72	0.000 28
2.90	0.498 13	0.001 87	3.50	0.499 767	0.000 233
2.91	0.498 19	0.001 81	3.60	0.499 841	0.000 159
2.92	0.498 25	0.001 75	3.70	0.499 892	0.000 108
2.93	0.498 31	0.001 69	3.80	0.499 928	0.000 072
2.94	0.498 36	0.001 64	3.90	0.499 952	0.000 048
2.95	0.498 41	0.001 59	4.00	0.499 968	0.000 032
2.96	0.498 46	0.001 54	4.10	0.499 979	0.000 021
2.97	0.498 51	0.001 49	4.20	0.499 987	0.000 013
2.98	0.498 56	0.001 44	4.30	0.499 991	0.000 009
2.99	0.498 61	0.001 39	4.40	0.499 995	0.000 005
3.00	0.498 65	0.001 35	4.50	0.499 997	0.000 003

D t 分布

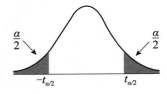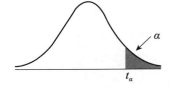

双尾检验	df	显著性水平					
		0.20	0.10	0.05	0.02	0.01	0.001
单尾检验		0.10	0.05	0.025	0.01	0.005	0.000 5
	1	3.078	6.314	12.706	31.821	63.657	636.619
	2	1.886	2.920	4.303	6.965	9.925	31.598
	3	1.638	2.353	3.182	4.541	5.841	12.941
	4	1.533	2.132	2.776	3.747	4.604	8.610
	5	1.476	2.015	2.571	3.365	4.032	6.859
	6	1.440	1.943	2.447	3.143	3.707	5.959
	7	1.415	1.895	2.365	2.998	3.499	5.405
	8	1.397	1.860	2.306	2.896	3.355	5.041
	9	1.383	1.833	2.262	2.821	3.250	4.781
	10	1.372	1.812	2.228	2.764	3.169	4.587
	11	1.363	1.796	2.201	2.718	3.106	4.437
	12	1.356	1.782	2.179	2.681	3.055	4.318
	13	1.350	1.771	2.160	2.650	3.012	4.221
	14	1.345	1.761	2.145	2.624	2.977	4.140
	15	1.341	1.753	2.131	2.602	2.947	4.073
	16	1.337	1.746	2.120	2.583	2.921	4.015
	17	1.333	1.740	2.110	2.567	2.898	3.965
	18	1.330	1.734	2.101	2.552	2.878	3.922
	19	1.328	1.729	2.093	2.539	2.861	3.883
	20	1.325	1.725	2.086	2.528	2.845	3.850
	21	1.323	1.721	2.080	2.518	2.831	3.819
	22	1.321	1.717	2.074	2.508	2.819	3.792

续表

双尾检验	df	显著性水平					
		0.20	0.10	0.05	0.02	0.01	0.001
单尾检验		0.10	0.05	0.025	0.01	0.005	0.000 5
	23	1.319	1.714	2.069	2.500	2.807	3.767
	24	1.318	1.711	2.064	2.492	2.797	3.745
	25	1.316	1.708	2.060	2.485	2.787	3.725
	26	1.315	1.706	2.056	2.479	2.779	3.707
	27	1.314	1.703	2.052	2.473	2.771	3.690
	28	1.313	1.701	2.048	2.467	2.763	3.674
	29	1.311	1.699	2.045	2.462	2.756	3.659
	30	1.310	1.697	2.042	2.457	2.750	3.646
	40	1.303	1.684	2.021	2.423	2.704	3.551
	60	1.296	1.671	2.000	2.390	2.660	3.460
	120	1.289	1.658	1.980	2.358	2.617	3.373
	∞	1.282	1.645	1.960	2.326	2.576	3.291

资料来源：Adapted from Table III of Fisher and Yates：*Statistical Tables for Biological*，*Agricultural*，*and Medical Research*，6th ed.（London：Longman Group Ltd.，1974）。

E F 分布

F 分布由三部分构成，分别是 $\alpha=0.05$, $\alpha=0.01$, $\alpha=0.001$。这些表分别在下面给出。

$\alpha=0.05$

ν_1/ν_2	1	2	3	4	5	6	7	8	9	10	12	15	20	24	30	40	60	120	∞
1	161.4	199.5	215.7	224.6	230.2	234.0	236.8	238.9	240.5	241.9	243.9	245.9	248.0	249.1	250.1	251.1	252.2	253.3	254.3
2	18.51	19.00	19.16	19.25	19.30	19.33	19.35	19.37	19.38	19.40	19.41	19.43	19.45	19.45	19.46	19.47	19.48	19.49	19.50
3	10.13	9.55	9.28	9.12	9.01	8.94	8.89	8.85	8.81	8.79	8.74	8.70	8.66	8.64	8.62	8.59	8.57	8.55	8.53
4	7.71	6.94	6.59	6.39	6.26	6.16	6.09	6.04	6.00	5.96	5.91	5.86	5.80	5.77	5.75	5.72	5.69	5.66	5.63
5	6.61	5.79	5.41	5.19	5.05	4.95	4.88	4.82	4.77	4.74	4.68	4.62	4.56	4.53	4.50	4.46	4.43	4.40	4.36
6	5.99	5.14	4.76	4.53	4.39	4.28	4.21	4.15	4.10	4.06	4.00	3.94	3.87	3.84	3.81	3.77	3.74	3.70	3.67
7	5.59	4.74	4.35	4.12	3.97	3.87	3.79	3.73	3.68	3.64	3.57	3.51	3.44	3.41	3.38	3.34	3.30	3.27	3.23
8	5.32	4.46	4.07	3.84	3.69	3.58	3.50	3.44	3.39	3.35	3.28	3.22	3.15	3.12	3.08	3.04	3.01	2.97	2.93
9	5.12	4.26	3.86	3.63	3.48	3.37	3.29	3.23	3.18	3.14	3.07	3.01	2.94	2.90	2.86	2.83	2.79	2.75	2.71
10	4.96	4.10	3.71	3.48	3.33	3.22	3.14	3.07	3.02	2.98	2.91	2.85	2.77	2.74	2.70	2.66	2.62	2.58	2.54
11	4.84	3.98	3.59	3.36	3.20	3.09	3.01	2.95	2.90	2.85	2.79	2.72	2.65	2.61	2.57	2.53	2.49	2.45	2.40
12	4.75	3.89	3.49	3.26	3.11	3.00	2.91	2.85	2.80	2.75	2.69	2.62	2.54	2.51	2.47	2.43	2.38	2.34	2.30
13	4.67	3.81	3.41	3.18	3.03	2.92	2.83	2.77	2.71	2.67	2.60	2.53	2.46	2.42	2.38	2.34	2.30	2.25	2.21
14	4.60	3.74	3.34	3.11	2.96	2.85	2.76	2.70	2.65	2.60	2.53	2.46	2.39	2.35	2.31	2.27	2.22	2.18	2.13
15	4.54	3.68	3.29	3.06	2.90	2.79	2.71	2.64	2.59	2.54	2.48	2.40	2.33	2.29	2.25	2.20	2.16	2.11	2.07
16	4.49	3.63	3.24	3.01	2.85	2.74	2.66	2.59	2.54	2.49	2.42	2.35	2.28	2.24	2.19	2.15	2.11	2.06	2.01
17	4.45	3.59	3.20	2.96	2.81	2.70	2.61	2.55	2.49	2.45	2.38	2.31	2.23	2.19	2.15	2.10	2.06	2.01	1.96
18	4.41	3.55	3.16	2.93	2.77	2.66	2.58	2.51	2.46	2.41	2.34	2.27	2.19	2.15	2.11	2.06	2.02	1.97	1.92
19	4.38	3.52	3.13	2.90	2.74	2.63	2.54	2.48	2.42	2.38	2.31	2.23	2.16	2.11	2.07	2.03	1.98	1.93	1.88

续表

ν_1/ν_2	1	2	3	4	5	6	7	8	9	10	12	15	20	24	30	40	60	120	∞
20	4.35	3.49	3.10	2.87	2.71	2.60	2.51	2.45	2.39	2.35	2.28	2.20	2.12	2.08	2.04	1.99	1.95	1.90	1.84
21	4.32	3.47	3.07	2.84	2.68	2.57	2.49	2.42	2.37	2.32	2.25	2.18	2.10	2.05	2.01	1.96	1.92	1.87	1.81
22	4.30	3.44	3.05	2.82	2.66	2.55	2.46	2.40	2.34	2.30	2.23	2.15	2.07	2.03	1.98	1.94	1.89	1.84	1.78
23	4.28	3.42	3.03	2.80	2.64	2.53	2.44	2.37	2.32	2.27	2.20	2.13	2.05	2.01	1.96	1.91	1.86	1.81	1.76
24	4.26	3.40	3.01	2.78	2.62	2.51	2.42	2.36	2.30	2.25	2.18	2.11	2.03	1.98	1.94	1.89	1.84	1.79	1.73
25	4.24	3.39	2.99	2.76	2.60	2.49	2.40	2.34	2.28	2.24	2.16	2.09	2.01	1.96	1.92	1.87	1.82	1.77	1.71
26	4.23	3.37	2.98	2.74	2.59	2.47	2.39	2.32	2.27	2.22	2.15	2.07	1.99	1.95	1.90	1.85	1.80	1.75	1.69
27	4.21	3.35	2.96	2.73	2.57	2.46	2.37	2.31	2.25	2.20	2.13	2.06	1.97	1.93	1.88	1.84	1.79	1.73	1.67
28	4.20	3.34	2.95	2.71	2.56	2.45	2.36	2.29	2.24	2.19	2.12	2.04	1.96	1.91	1.87	1.82	1.77	1.71	1.65
29	4.18	3.33	2.93	2.70	2.55	2.43	2.35	2.28	2.22	2.18	2.10	2.03	1.94	1.90	1.85	1.81	1.75	1.70	1.64
30	4.17	3.32	2.92	2.69	2.53	2.42	2.33	2.27	2.21	2.16	2.09	2.01	1.93	1.89	1.84	1.79	1.74	1.68	1.62
40	4.08	3.23	2.84	2.61	2.45	2.34	2.25	2.18	2.12	2.08	2.00	1.92	1.84	1.79	1.74	1.69	1.64	1.58	1.51
60	4.00	3.15	2.76	2.53	2.37	2.25	2.17	2.10	2.04	1.99	1.92	1.84	1.75	1.70	1.65	1.59	1.53	1.47	1.39
120	3.92	3.07	2.68	2.45	2.29	2.17	2.09	2.02	1.96	1.91	1.83	1.75	1.66	1.61	1.55	1.50	1.43	1.35	1.25
∞	3.84	3.00	2.60	2.37	2.21	2.10	2.01	1.94	1.88	1.83	1.75	1.67	1.57	1.52	1.46	1.39	1.32	1.22	1.00

资料来源：Adapted from E. S. Pearson and H. O. Hartley: *Biometrika Tables for Statisticians*, 2nd ed. (Cambridge: Cambridge University Press, 1962)。

$\alpha=0.01$

ν_1 / ν_2	1	2	3	4	5	6	7	8	9	10	12	15	20	24	30	40	60	120	∞
1	4 052	4 999.5	5 403	5 625	5 764	5 859	5 928	5 982	6 022	6 056	6 106	6 157	6 209	6 235	6 261	6 287	6 313	6 339	6 366
2	98.50	99.00	99.17	99.25	99.30	99.33	99.36	99.37	99.39	99.40	99.42	99.43	99.45	99.46	99.47	99.47	99.48	99.49	99.50
3	34.12	30.82	29.46	28.71	28.24	27.91	27.67	27.49	27.35	27.23	27.05	26.87	26.69	26.60	26.50	26.41	26.32	26.22	26.13
4	21.20	18.00	16.69	15.98	15.52	15.21	14.98	14.80	14.66	14.55	14.37	14.20	14.02	13.93	13.84	13.75	13.65	13.56	13.46
5	16.26	13.27	12.06	11.39	10.97	10.67	10.46	10.29	10.16	10.05	9.89	9.72	9.55	9.47	9.38	9.29	9.20	9.11	9.02
6	13.75	10.92	9.78	9.15	8.75	8.47	8.26	8.10	7.98	7.87	7.72	7.56	7.40	7.31	7.23	7.14	7.06	6.97	6.88
7	12.25	9.55	8.45	7.85	7.46	7.19	6.99	6.84	6.72	6.62	6.47	6.31	6.16	6.07	5.99	5.91	5.82	5.74	5.65
8	11.26	8.65	7.59	7.01	6.63	6.37	6.18	6.03	5.91	5.81	5.67	5.52	5.36	5.28	5.20	5.12	5.03	4.95	4.86
9	10.56	8.02	6.99	6.42	6.06	5.80	5.61	5.47	5.35	5.26	5.11	4.96	4.81	4.73	4.65	4.57	4.48	4.40	4.31
10	10.04	7.56	6.55	5.99	5.64	5.39	5.20	5.06	4.94	4.85	4.71	4.56	4.41	4.33	4.25	4.17	4.08	4.00	3.91
11	9.65	7.21	6.22	5.67	5.32	5.07	4.89	4.74	4.63	4.54	4.40	4.25	4.10	4.02	3.94	3.86	3.78	3.69	3.60
12	9.33	6.93	5.95	5.41	5.06	4.82	4.64	4.50	4.39	4.30	4.16	4.01	3.86	3.78	3.70	3.62	3.54	3.45	3.36
13	9.07	6.70	5.74	5.21	4.86	4.62	4.44	4.30	4.19	4.10	3.96	3.82	3.66	3.59	3.51	3.43	3.34	3.25	3.17
14	8.86	6.51	5.56	5.04	4.69	4.46	4.28	4.14	4.03	3.94	3.80	3.66	3.51	3.43	3.35	3.27	3.18	3.09	3.00
15	8.68	6.36	5.42	4.89	4.56	4.32	4.14	4.00	3.89	3.80	3.67	3.52	3.37	3.29	3.21	3.13	3.05	2.96	2.87
16	8.53	6.23	5.29	4.77	4.44	4.20	4.03	3.89	3.78	3.69	3.55	3.41	3.26	3.18	3.10	3.02	2.93	2.84	2.75
17	8.40	6.11	5.18	4.67	4.34	4.10	3.93	3.79	3.68	3.59	3.46	3.31	3.16	3.08	3.00	2.92	2.83	2.75	2.65
18	8.29	6.01	5.09	4.58	4.25	4.01	3.84	3.71	3.60	3.51	3.37	3.23	3.08	3.00	2.92	2.84	2.75	2.66	2.57
19	8.18	5.93	5.01	4.50	4.17	3.94	3.77	3.63	3.52	3.43	3.30	3.15	3.00	2.92	2.84	2.76	2.67	2.58	2.49
20	8.10	5.85	4.94	4.43	4.10	3.87	3.70	3.56	3.46	3.37	3.23	3.09	2.94	2.86	2.78	2.69	2.61	2.52	2.42
21	8.02	5.78	4.87	4.37	4.04	3.81	3.64	3.51	3.40	3.31	3.17	3.03	2.88	2.80	2.72	2.64	2.55	2.46	2.36
22	7.95	5.72	4.82	4.31	3.99	3.76	3.59	3.45	3.35	3.26	3.12	2.98	2.83	2.75	2.67	2.58	2.50	2.40	2.31
23	7.88	5.66	4.76	4.26	3.94	3.71	3.54	3.41	3.30	3.21	3.07	2.93	2.78	2.70	2.62	2.54	2.45	2.35	2.26
24	7.82	5.61	4.72	4.22	3.90	3.67	3.50	3.36	3.26	3.17	3.03	2.89	2.74	2.66	2.58	2.49	2.40	2.31	2.21

续表

ν_1/ν_2	1	2	3	4	5	6	7	8	9	10	12	15	20	24	30	40	60	120	∞
25	7.77	5.57	4.68	4.18	3.85	3.63	3.46	3.32	3.22	3.13	2.99	2.85	2.70	2.62	2.54	2.45	2.36	2.27	2.17
26	7.72	5.53	4.64	4.14	3.82	3.59	3.42	3.29	3.18	3.09	2.96	2.81	2.66	2.58	2.50	2.42	2.33	2.23	2.13
27	7.68	5.49	4.60	4.11	3.78	3.56	3.39	3.26	3.15	3.06	2.93	2.78	2.63	2.55	2.47	2.38	2.29	2.20	2.10
28	7.64	5.45	4.57	4.07	3.75	3.53	3.36	3.23	3.12	3.03	2.90	2.75	2.60	2.52	2.44	2.35	2.26	2.17	2.06
29	7.60	5.42	4.54	4.04	3.73	3.50	3.33	3.20	3.09	3.00	2.87	2.73	2.57	2.49	2.41	2.33	2.23	2.14	2.03
30	7.56	5.39	4.51	4.02	3.70	3.47	3.30	3.17	3.07	2.98	2.84	2.70	2.55	2.47	2.39	2.30	2.21	2.11	2.01
40	7.31	5.18	4.31	3.83	3.51	3.29	3.12	2.99	2.89	2.80	2.66	2.52	2.37	2.29	2.20	2.11	2.02	1.92	1.80
60	7.08	4.98	4.13	3.65	3.34	3.12	2.95	2.82	2.72	2.63	2.50	2.35	2.20	2.12	2.03	1.94	1.84	1.73	1.60
120	6.85	4.79	3.95	3.48	3.17	2.96	2.79	2.66	2.56	2.47	2.34	2.19	2.03	1.95	1.86	1.76	1.66	1.53	1.38
∞	6.63	4.61	3.78	3.32	3.02	2.80	2.64	2.51	2.41	2.32	2.18	2.04	1.88	1.79	1.70	1.59	1.47	1.32	1.00

$\alpha = 0.001$

ν_1/ν_2	1	2	3	4	5	6	7	8	9	10	12	15	20	24	30	40	60	120	∞
1	4 053*	5 000*	5 404*	5 625*	5 764*	5 859*	5 929*	5 981*	6 023*	6 056*	6 107*	6 158*	6 209*	6 235*	6 261*	6 287*	6 313*	6 340*	6 366*
2	998.5	999.0	999.2	999.2	999.3	999.3	999.4	999.4	999.4	999.4	999.4	999.4	999.4	999.5	999.5	999.5	999.5	999.5	999.5
3	167.0	148.5	141.1	137.1	134.6	132.8	131.6	130.6	129.9	129.2	128.3	127.4	126.4	125.9	125.4	125.0	124.5	124.0	123.5
4	74.14	61.25	56.18	53.44	51.71	50.53	49.66	49.00	48.47	48.05	47.41	46.76	46.10	45.77	45.43	45.09	44.75	44.40	44.05
5	47.18	37.12	33.20	31.09	29.75	28.84	28.16	27.64	27.24	26.92	26.42	25.91	25.39	25.14	24.87	24.60	24.33	24.06	23.79
6	35.51	27.00	23.70	21.92	20.81	20.03	19.46	19.03	18.69	18.41	17.99	17.56	17.12	16.89	16.67	16.44	16.21	15.99	15.75
7	29.25	21.69	18.77	17.19	16.21	15.52	15.02	14.63	14.33	14.08	13.71	13.32	12.93	12.73	12.53	12.33	12.12	11.91	11.70
8	25.42	18.49	15.83	14.39	13.49	12.86	12.40	12.04	11.77	11.54	11.19	10.84	10.48	10.30	10.11	9.92	9.73	9.53	9.33
9	22.86	16.39	13.90	12.56	11.71	11.13	10.70	10.37	10.11	9.89	9.57	9.24	8.90	8.72	8.55	8.37	8.19	8.00	7.81
10	21.04	14.91	12.55	11.28	10.48	9.92	9.52	9.20	8.96	8.75	8.45	8.13	7.80	7.64	7.47	7.30	7.12	6.94	6.76
11	19.69	13.81	11.56	10.35	9.58	9.05	8.66	8.35	8.12	7.92	7.63	7.32	7.01	6.85	6.68	6.52	6.35	6.17	6.00
12	18.64	12.97	10.80	9.63	8.89	8.38	8.00	7.71	7.48	7.29	7.00	6.71	6.40	6.25	6.09	5.93	5.76	5.59	5.42
13	17.81	12.31	10.21	9.07	8.35	7.86	7.49	7.21	6.98	6.80	6.52	6.23	5.93	5.78	5.63	5.47	5.30	5.14	4.97
14	17.14	11.78	9.73	8.62	7.92	7.43	7.08	6.80	6.58	6.40	6.13	5.85	5.56	5.41	5.25	5.10	4.94	4.77	4.60
15	16.59	11.34	9.34	8.25	7.57	7.09	6.74	6.47	6.26	6.08	5.81	5.54	5.25	5.10	4.95	4.80	4.64	4.47	4.31
16	16.12	10.97	9.00	7.94	7.27	6.81	6.46	6.19	5.98	5.81	5.55	5.27	4.99	4.85	4.70	4.54	4.39	4.23	4.06
17	15.72	10.66	8.73	7.68	7.02	6.56	6.22	5.96	5.75	5.58	5.32	5.05	4.78	4.63	4.48	4.33	4.18	4.02	3.85
18	15.38	10.39	8.49	7.46	6.81	6.35	6.02	5.76	5.56	5.39	5.13	4.87	4.59	4.45	4.30	4.15	4.00	3.84	3.67
19	15.08	10.16	8.28	7.26	6.62	6.18	5.85	5.59	5.39	5.22	4.97	4.70	4.43	4.29	4.14	3.99	3.84	3.68	3.51
20	14.82	9.95	8.10	7.10	6.46	6.02	5.69	5.44	5.24	5.08	4.82	4.56	4.29	4.15	4.00	3.86	3.70	3.54	3.38
21	14.59	9.77	7.94	6.95	6.32	5.88	5.56	5.31	5.11	4.95	4.70	4.44	4.17	4.03	3.88	3.74	3.58	3.42	3.26
22	14.38	9.61	7.80	6.81	6.19	5.76	5.44	5.19	4.99	4.83	4.58	4.33	4.06	3.92	3.78	3.63	3.48	3.32	3.15
23	14.19	9.47	7.67	6.69	6.08	5.65	5.33	5.09	4.89	4.73	4.48	4.23	3.96	3.82	3.68	3.53	3.38	3.22	3.05
24	14.03	9.34	7.55	6.59	5.98	5.55	5.23	4.99	4.80	4.64	4.39	4.14	3.87	3.74	3.59	3.45	3.29	3.14	2.97

续表

ν_1/ν_2	1	2	3	4	5	6	7	8	9	10	12	15	20	24	30	40	60	120	∞
25	13.88	9.22	7.45	6.49	5.88	5.46	5.15	4.91	4.71	4.56	4.31	4.06	3.79	3.66	3.52	3.37	3.22	3.06	2.89
26	13.74	9.12	7.36	6.41	5.80	5.38	5.07	4.83	4.64	4.48	4.24	3.99	3.72	3.59	3.44	3.30	3.15	2.99	2.82
27	13.61	9.02	7.27	6.33	5.73	5.31	5.00	4.76	4.57	4.41	4.17	3.92	3.66	3.52	3.38	3.23	3.08	2.92	2.75
28	13.50	8.93	7.19	6.25	5.66	5.24	4.93	4.69	4.50	4.35	4.11	3.86	3.60	3.46	3.32	3.18	3.02	2.86	2.69
29	13.39	8.85	7.12	6.19	5.59	5.18	4.87	4.64	4.45	4.29	4.05	3.80	3.54	3.41	3.27	3.12	2.97	2.81	2.64
30	13.29	8.77	7.05	6.12	5.53	5.12	4.82	4.58	4.39	4.24	4.00	3.75	3.49	3.36	3.22	3.07	2.92	2.76	2.59
40	12.61	8.25	6.60	5.70	5.13	4.73	4.44	4.21	4.02	3.87	3.64	3.40	3.15	3.01	2.87	2.73	2.57	2.41	2.23
60	11.97	7.76	6.17	5.31	4.76	4.37	4.09	3.87	3.69	3.54	3.31	3.08	2.83	2.69	2.55	2.41	2.25	2.08	1.89
120	11.38	7.32	5.79	4.95	4.42	4.04	3.77	3.55	3.38	3.24	3.02	2.78	2.53	2.40	2.26	2.11	1.95	1.76	1.54
∞	10.83	6.91	5.42	4.62	4.10	3.74	3.47	3.27	3.10	2.96	2.74	2.51	2.27	2.13	1.99	1.84	1.66	1.45	1.00

* 将这些条目乘以 100。

F 费希尔的 r 到 Z 转换

r	Z	r	Z	r	Z	r	Z	r	Z
0.000	0.000	0.125	0.126	0.250	0.255	0.375	0.394	0.500	0.549
0.005	0.005	0.130	0.131	0.255	0.261	0.380	0.400	0.505	0.556
0.010	0.010	0.135	0.136	0.260	0.266	0.385	0.406	0.510	0.563
0.015	0.015	0.140	0.141	0.265	0.271	0.390	0.412	0.515	0.570
0.020	0.020	0.145	0.146	0.270	0.277	0.395	0.418	0.520	0.576
0.025	0.025	0.150	0.151	0.275	0.282	0.400	0.424	0.525	0.583
0.030	0.030	0.155	0.156	0.280	0.288	0.405	0.430	0.530	0.590
0.035	0.035	0.160	0.161	0.285	0.293	0.410	0.436	0.535	0.597
0.040	0.040	0.165	0.167	0.290	0.299	0.415	0.442	0.540	0.604
0.045	0.045	0.170	0.172	0.295	0.304	0.420	0.448	0.545	0.611
0.050	0.050	0.175	0.177	0.300	0.310	0.425	0.454	0.550	0.618
0.055	0.055	0.180	0.182	0.305	0.315	0.430	0.460	0.555	0.626
0.060	0.060	0.185	0.187	0.310	0.321	0.435	0.466	0.560	0.633
0.065	0.065	0.190	0.192	0.315	0.326	0.440	0.472	0.565	0.640
0.070	0.070	0.195	0.198	0.320	0.332	0.445	0.478	0.570	0.648
0.075	0.075	0.200	0.203	0.325	0.337	0.450	0.485	0.575	0.655
0.080	0.080	0.205	0.208	0.330	0.343	0.455	0.491	0.580	0.662
0.085	0.085	0.210	0.213	0.335	0.348	0.460	0.497	0.585	0.670
0.090	0.090	0.215	0.218	0.340	0.354	0.465	0.504	0.590	0.678
0.095	0.095	0.220	0.224	0.345	0.360	0.470	0.510	0.595	0.685
0.100	0.100	0.225	0.229	0.350	0.365	0.475	0.517	0.600	0.693
0.105	0.105	0.230	0.234	0.355	0.371	0.480	0.523	0.605	0.701
0.110	0.110	0.235	0.239	0.360	0.377	0.485	0.530	0.610	0.709
0.115	0.116	0.240	0.245	0.365	0.383	0.490	0.536	0.615	0.717
0.120	0.121	0.245	0.250	0.370	0.388	0.495	0.543	0.620	0.725

续表

r	Z	r	Z	r	Z	r	Z	r	Z
0.625	0.733	0.700	0.867	0.775	1.033	0.850	1.256	0.925	1.623
0.630	0.741	0.705	0.877	0.780	1.045	0.855	1.274	0.930	1.658
0.635	0.750	0.710	0.887	0.785	1.058	0.860	1.293	0.935	1.697
0.640	0.758	0.715	0.897	0.790	1.071	0.865	1.313	0.940	1.738
0.645	0.767	0.720	0.908	0.795	1.085	0.870	1.333	0.945	1.783
0.650	0.775	0.725	0.918	0.800	1.099	0.875	1.354	0.950	1.832
0.655	0.784	0.730	0.929	0.805	1.113	0.880	1.376	0.955	1.886
0.660	0.793	0.735	0.940	0.810	1.127	0.885	1.398	0.960	1.946
0.665	0.802	0.740	0.950	0.815	1.142	0.890	1.422	0.965	2.014
0.670	0.811	0.745	0.962	0.820	1.157	0.895	1.447	0.970	2.092
0.675	0.820	0.750	0.973	0.825	1.172	0.900	1.472	0.975	2.185
0.680	0.829	0.755	0.984	0.830	1.188	0.905	1.499	0.980	2.298
0.685	0.838	0.760	0.996	0.835	1.204	0.910	1.528	0.985	2.443
0.690	0.848	0.765	1.008	0.840	1.221	0.915	1.557	0.990	2.647
0.695	0.858	0.770	1.020	0.845	1.238	0.920	1.589	0.995	2.994

术语表

================================

adjusted coefficient of determination 调整后的决定系数　一种将与观测对象数量相关的自变量数目考虑在内的决定系数。

adjusted goodness-of-fit index（AGFI）调整后的拟合优度指数　根据模型拟合中所用自由度的数量，对拟合优度的重新表述。

algorithm 运算法则　计算机程序。

alpha area 拒绝域　正态分布尾部被给定的 Z_a 值截取的面积。

alpha level α 水平　参见 probability/alpha level。

alternative hypothesis 备择假设　关于总体参数的次要假设，通常反映了研究假设或操作性假设，一般用符号 H_1 表示。

analysis of covariance（ANCOVA）协方差分析　包括一个或多个虚拟变量以及连续自变量，且无交互项的多元回归分析。

analysis of variance 方差分析　两组或更多组均值差异的统计检验。

ANOVA summary table 方差分析汇总表　一个呈现方差分析汇总结果的表格。

applied research 应用研究　试图解释具有直接公共政策含义的社会现象的研究。

average absolute deviation 平均绝对离差　一组连续测量值与其均值之间差的绝对值的平均值。

bar chart 条形图　一种表示离散变量每个变量值的个案数或百分比的图形。

basic research 基础研究　检验涉及基本社会过程的关系的一般论述的有效性的研究。

best linear and unbiased estimate（BLUE）最优线性无偏估计　总体回归参数的估计，其假设是存在一种线性关系，没有测量误差，并且误差项呈正态分布。

beta coefficient/beta weight beta 系数/beta 权重　一个标准化回归系数，表示以标准差为单位、自变量变化一个单位引起的因变量的净变化量。

between sum of squares 组间平方和　由各组均值分别减去总均值，再将这些差值对所有个体平方后加总所得到的数值。

bivariate crosstabulation/joint contingency table 双变量列联表/联合列联表　一种同时显示两个离散变量观测值的表格。

bivariate linear relationship/bivariate regression 双变量线性关系/双变量回归　基于 X 对 Y 的回归（分

析）。

bivariate regression coefficient 双变量回归系数　双变量回归方程的参数估计，该系数可以测定自变量每变化一个单位，因变量增大或减小的量。

boundary conditions 限制条件　参见 scope。

box-and-whisker/boxplot 箱线图/箱图　一种用箱和线来表示离散或连续变量的集中趋势、变异性和观测数据分布形态的图形。

causal diagram 因果关系图　一种用关键词和带有方向的箭头，直观地展示变量间的原因-结果关系的图形。

cell 单元格　两个或更多变量列联表中行和列的交汇点。单元格中的数值可能是频数、比例或百分比。

central limit theorem 中心极限定理　如果包含 N 个观测值的所有可能的随机样本都是从均值为 μ_Y、方差为 σ_Y^2 的任意总体中抽取的，那么随着 N 的增大，这些样本均值将趋近于一个正态分布，其中均值为 μ_Y，方差为 σ_Y^2/N。

central tendency 集中趋势　一组分数的均值。

chain path model 链路径模型　一种因果模型，在这种模型中，同一样本、同一变量被测量了三次或更多，该变量被认为是它自身的后续值的原因。

Chebycheff's inequality theorem 切比雪夫不等式定理　任一随机变量与均值的距离绝对地大于或等于 k 个标准差时，其出现的概率总小于或等于 $1/k^2$（$k>1.0$）。

chi-square distribution 卡方分布　一组统计分布，其中每个分布都有不同的自由度，基于这些分布可以进行卡方检验。

chi-square test 卡方检验　一种统计显著性检验，它是一个列联表中单元格的观测频数和在零假设下的该单元格的期望频数之间的比较。

codebook 编码簿　所有编码决定的完整记录。

coefficient of determination 决定系数　线性回归中的消减误差比例统计量，表示因变量的变异量有多少被回归方程中的自变量所解释。

coefficient of nondetermination 非决定系数　一种统计量，表示没有被回归方程中的自变量所解释的因变量的变异量。

column marginals 列边缘　列联表跨列显示变量的频数分布。

common factors 公因子　引起观测变量共变的潜在建构。

completely standardized solution 完全标准化方案　所有观测与未观测变量均被标准化，参数用标准差作为单位来表示。

computing formula for b b 的计算公式　计算双变量回归系数的简化公式。

concept 概念　准确定义的对象、行为、感受（自己或他人的），或者是与已有的具体理论概念相关的现象。

concordant pair 同序对　在一个由两个定序离散变量构成的列联表中，一个观测对象在两个变量上的取值比另外一个观测对象在两变量上的取值的序列都高。

conditional correlation coefficients 条件相关系数　在第三变量的每个类别内，计算出的两个列联的变量之间的相关系数。

conditional mean 条件均值　对于给定的自变量 X 的值，因变量 Y 的期望均值。

conditional odds 条件发生比　在另一个变量的特定类别内，相对于成为某一变量其他类别，成为这个变量某一类别的可能性。

conditional odds ratio 条件优比　在其他变量不变的情况下两个变量之间的优比。

confidence interval 置信区间　围绕点估计构建的一个取值范围，通过它可以表示在置信下限和置信上限之间的一个区间包含总体参数的概率。

confidence interval for mean differences 均值差异的置信区间　围绕两个均值间差异的点估计来构建的区间。

confirmatory factor analysis（CFA）验证性因子分析　一种结构方程模型，其中一个或多个非观测变量拥有多个指标，研究规定了指标负荷的类型。

consistent estimator 一致估计量　随着样本规模 N 的增大，更紧密地接近总体参数的总体参数估计量。

constant 常量　不发生改变的数值。

construct 建构　社会科学家用以解释观测结果的尚未被察觉的概念。

continuous probability distribution 连续概率分布　连续随机变量的概率分布，变量的可能取值连续无间断地充满某个区间。

continuous variable 连续变量　理论上，能够取得一个给定区间的所有可能数值的变量。

contrast 对照值　在对实验组进行事后比较时用到的一组加权总体均值，其和等于 0。

correlated effect 相关效应　相关系数分解式中，由前定变量之间相关关系引起的成分。

correlation coefficient 相关系数　两个连续变量之间相关的测量指标，用于估计线性关系的方向和强度。

correlation difference test 相关差异检验　一种确定两个相关系数在总体中是否不同的统计检验。

correlation ratio/eta-squared 相关比率/eta平方　对一个离散变量和一个连续变量间非线性协变异的测量，即组间平方和（$SS_{BETWEEN}$）与总平方和（SS_{TOTAL}）的比率。

covariance 协方差　X 和 Y 相对于各自均值的离差乘积的总和（在样本中）除以（$N-1$），或（在总体中）除以 N。

covariate 协变量　协方差分析中的连续变量。

covariation 共变　一对变量之间的联合变异或关联。

critical value 临界值　指明拒绝域所必需的 Z 的最小值。

Cronbach's alpha 克龙巴赫 α 指数　一种多项目指数内部信度的测量。

cross-product ratio 交叉相乘比　参见 **odds ratio**。

cumulative frequency 累积频数　对于一个给定的变量值，变量分布中等于或小于这个数值的个案数。

cumulative frequency distribution 累积频数分布　对于一个给定的变量值分布，显示等于或小于这些变量值的个案数的分布。

cumulative percentage 累积百分比　对于一个给定的变量值，变量分布中等于或小于这个数值的个案百分比。

cumulative percentage distribution 累计百分比分布　对于一个给定的变量值分布，显示等于或小于这些变量值的个案百分比的分布。

data collection 数据收集　针对给定的观测样本或总体建立原始数据记录的所有行为。

data file 数据文件　包含每个个案的每个变量的所有取值的文件。

deciles 十分位数　将一组观测值分成大小相等十组的值。

decomposition 分解　把一个相关系数划分为几个部分，包括直接效应、间接效应和对共同原因的依赖。

degrees of freedom 自由度　计算一个统计量时，能够自由变化的值的个数。

dependent variable 因变量　在与自变量的关系中，扮演结果或受影响角色的变量。

descriptive statistics 描述统计　与概括一个观测样本的特征有关的统计。

deterministic 决定性的　因果关系中一个变量的变化总是引起另一个变量的固定变化。

diagram/graph 图形　一组数据的直观表示方式。

dichotomous logistic regression equation 二分 logistic 回归方程　二分因变量的 logit 回归，其为自变量的线性函数。

dichotomous variable 二分变量　可以是定序或非定序的具有两个类别的离散测量。

dichotomous variable/dichotomy 二分变量　只有两个类别的变量。

direct effect 直接效应　因果模型中不存在第三个干预变量的情况下，两个变量之间的联系路径。

discordant pair 异序对　在一个由两个定序离散变量构成的列联表中，一对观测对象中的某一个比另一个在某一个变量上的取值序列高，而在另一个变量上的取值序列则较低。

discrete variable 离散变量　根据属性的种类或性质对人、物、事进行分类的变量。

dummy variable 虚拟变量　一种以 1 表示具有某种属性、0 表示没有该属性的变量。

effect 效应　分类变量对因变量的影响。

efficient estimator 有效估计量　所有可能的总体参数估计量中，具有最小抽样方差的估计量。

endogenous variable 内生变量　变异的原因在模型中表示出来了的变量。

epistemic relationship 认知关联　抽象的、理论化的概念（不能观测）与其对应的操作性测量（可观测）间的关系。

error sum of squares 误差平方和　在线性回归中，用总平方和减去回归平方和所得到的数值。

error term 误差项　在方差分析中，观测值中既不能被归因于共有成分也不能被归因于组成分的部分；观测值与模型预测值之间的差异。

eta-squared eta 平方　参见 correlation ratio。

Euler's constant 尤拉常数　一个用作自然对数的底的无理数。

exhaustive 完备性　每个个案的每个变量必须有一个编码值，即使是只能赋予一个缺失值。

exogenous variable 外生变量　对其起因不加解释、不加分析，并且也不在模型关注范围之内的前定变量。

expected frequency 期望频数　卡方检验中，在给定研究假设情况下单元格的预期频数（一般来说，这个假设是指零假设）。

expected value 期望值　对离散随机变量概率分布的一个最好的概括性度量。

explanation/interpretation of association 相关的解释/说明　由第三变量的介入引起的两个变量间的共变。

exploratory data analysis 探索性数据分析　显示连续变量分布的方法。

F distribution F 分布　一种理论上的概率分布，其中一组 F 比值中的每一个分子和分母分别拥有 ν_1 和 ν_2 个自由度。

factor analysis 因子分析 一种以潜在建构来代表观测变量之间关系的方法。

factor loadings 因子负荷 表示观测变量如何与潜在建构相关的参数。

false acceptance error 纳伪错误 参见 **Type Ⅱ error**。

false rejection error 弃真错误 参见 **Type Ⅰ error**。

first-order table 一阶列表 给定第三变量即控制变量的单一变量值时，一个包含双变量列联或共变的子表（分表）。

fitted marginal 拟合边缘 对数线性模型的标准符号。

frequency distribution 频数分布 包含一个变量值或答案类别和每一个变量值被观测到的次数的表格。

fundamental theorem of path analysis 路径分析的基本定理 假设的因果模型隐含的变量 i 和 j 之间的双变量相关系数，等于从变量 q 到变量 i 的路径系数与变量 q 和变量 j 之间相关系数的乘积的和；而这些乘积的和形成了所有到变量 i 有直接路径的 Q 个变量。

gamma 一种对称的相关测量，不仅适合分析有两个二分变量的列联表，同时也可以用在分析两个定序离散变量被分为两个类别以上的列联表。

general linear model 一般线性模型 假设自变量和因变量之间的关系大体上按照直线模式变化的模型。

goodness-of-fit index（GFI）拟合优度指数 模型拟合后的拟合函数最小值与模型未拟合前的拟合函数之间的比值。

goodness-of-fit statistic 拟合优度统计量 一种利用标准化残差来比较概率观测值与方程所预测的概率的检验统计量。

grand mean 总均值 方差分析中，所有观测值的均值。

graph 图形 参见 **diagram**。

grouped data 分组数据 被划分成较少类别的数据。

hierarchical log-linear model 层级对数线性模型 在包含多变量交互效应的同时也必然包含所有的次级效应的模型。

hinge spread/*H*-spread 节点范围/*H* 域 上下节点的差值，即 $H_U - H_L$。符号为 HS。

histogram 直方图 一种图形，用长条来表示与每个变量值或变量值间距有关的频数、比例和百分比。

homoscedasticity 方差齐性 预测误差的方差在预测变量的每个值上都相等的情形。

independent variable 自变量 扮演先起的或原因性角色，通常先出现在假设中的变量。

index 指数 对其他假设能反映某些基本概念的变量进行概括综合的变量。

index of diversity 差异指数 对从一个总体中随机抽取的两个观测值是否有可能落入相同或不同类别中的测量。

index of qualitative variation 质性变异指数 离散变量变异程度的测量；差异指数的标准化形式。

indicator 指标 对潜在的、不可观测的理论建构的可观测的测量。

indirect causal effect 间接因果效应 一个变量通过一个或多个中间变量形成的对另一个变量的因果效应。

indirect effect 间接效应　在因果模型中通过第三方干预变量连接两个变量的复合路径。

inference 推论　基于样本数据概括或总结一些总体特征。

inferential statistics 推论统计　运用概率的数学原理，基于样本证据推论总体可能的属性的统计。

interaction effect 交互效应　当控制了一个第三变量后，每个分表中两个变量之间的相关性不同。在第三变量的类别内，两个变量间关系的差异。

intercept 截距　回归方程的常数项，表示当 X 的值等于 0 时，回归线与 Y 轴相交的点。

iterative proportional fitting 迭代比例拟合法　对求不饱和对数线性模型中期望频数进行连续近似的计算机算法。

joint contingency table 联合列联表　参见 **bivariate crosstabulation**。

lagged causal effect 滞后因果效应　时点 t 之前测量的变量值对时点 $t+1$ 上测量的变量值的直接效应。

latent variable 潜变量　不能观测，只能间接测量的变量。

likelihood ratio 似然比　在非饱和对数线性模型中反映期望频数和观测频数之间拟合情况的检验统计量。

linear probability model 线性概率模型　因变量被定义为两种选择的线性回归模型。

linear regression model 线性回归模型　通过显示连续的因变量与一个或多个自变量间的线性关系，并加上误差项以将与线性预测的离差考虑进来的模型。

linear relationship 线性关系　因变量的值随自变量的值成比例地发生共变。

linearity 线性　在其变化范围内，一个概念由另一个概念的变化引起的变化（增加或者减少）量是恒定的。

LISREL（LInear Structural RELations）线性结构关系　一种计算机程序，用以估计结构方程和验证性因子分析模型。

listwise deletion 列删法　在多元回归分析中，删除在任一变量中存在缺失值的个案。

log likelihood ratio 对数似然比　两个嵌套的 logistic 回归方程的比值，其中一个方程是另一个方程的受限版本。

log-linear analysis 对数线性分析　一种分析交互分类数据的技术。

logistic transformation of p　p 的 logistic 转换　概率发生比的自然对数变换。

logit　logistic 概率单位。

logit model logit 模型　二分变量取决于其他变量的对数线性模型。

lower confidence limit 置信下限　置信区间的最小值。

lower hinge 下节点　将一个定序分布的第一个四分位数与上四分之三部分划分开的观测值。符号为 H_L。

lower inner fence 下内限　定序分布中的一部分，低于某个观测值被认为是异常值。符号为 LIF。

manifest variable 显变量　可以观测的变量。

marginal distributions 边缘分布　两个交叉变量中每一个的频数分布。

marginal homogeneity 边缘同质性　相应的行边缘和列边缘相等。

marginal subtable 边缘分表　表示 V 个变量的组合方式，这 V 个变量对形成整个列联表的期望频数是充分必要的。

Markovian principle 马尔可夫准则　在时点 t 之前观测的变量值对时点 $t+1$ 上的变量值没有因果影响。

maximum likelihood estimation（MLE）最大似然估计　选择以最高概率生成样本观测值的集合来估计参数值的方法。

mean 均值　一组数据的算术平均值，即把所有观测值相加再除以观测值总个数。

mean of a probability distribution 概率分布的均值　取值总体的期望值。

mean difference hypothesis test 均值差异假设检验　有关两个总体均值间差异的假设的统计检验。

mean square 均方　方差分析中方差的估计值；线性回归中方差的估计值。

mean square between 组间均方　方差分析中，组间平方和除以它的自由度得到的值。

mean square error 误差均方　线性回归中，误差平方和除以它的自由度得到的值。

mean square regression 回归均方　线性回归中，回归平方和除以它的自由度得到的值。

mean square within 组内均方　方差分析中，组内平方和除以它的自由度得到的值。

measurement 测量　按一定的规则对观测值进行赋值的过程。

measurement interval/measurement class 测量间距/测量等级　被均等分组处理的观测值。

measures of association 相关测量　显示变量间关系强度和方向的统计；以统计量表示成对的离散变量之间的关系的方向和/或强度。

median 中位数　将一个定序分布恰好划分为两半的变量值。

midpoint 中点　恰好位于测量等级或间距真实上、下组界中间位置上的数，可由上、下界值相加除以 2 得到。

MIMIC model MIMIC 模型　多指标-多原因模型，其中具有两个或以上指标的单一因变量的变异是由几个只有单一指标的前定变量直接引起的。

missing data 缺失值　针对特定变量的没有任何有意义信息的给定观测值。

misspecification 误设　结构方程或者路径模型包含了错误的变量或者排除了正确的变量的情形。

mode 众数　一个分布的 K 个类别中含有观测值数量最多（或有最高百分比）的一类。

multicollinearity 多重共线性　在多元回归方程中，自变量间呈现出很高的或是完全的相关关系。

multinomial-logit model 多项 logit 模型　因变量包含三个或更多类别的 logistic 回归方程。

multiple causation 多重因果关系　认为社会行为由多个因素引起的观点。

multiple correlation coefficient 多元相关系数　多元回归方程的系数，它平方之后等于回归平方和与总平方和的比值。

multiple regression analysis 多元回归分析　一种估计一个连续的因变量和两个或更多的连续或者离散自变量或者预测变量之间关系的统计技术。

multiple regression coefficient 多元回归系数　一种对相关性的测量，表示当控制其他自变量不变时，某个自变量每变化一个单位所引起的连续因变量增加或减少的量。

multivariate contingency analysis 多变量列联分析　分析三个或更多个离散变量间关系的统计技术。

multivariate contingency table analysis 多变量列联表分析　对三个或三个以上类别变量数据进行的统计分析。

mutually exclusive 互斥性　一个变量的每个观测值有且仅有一个代码。

negative skew 负偏态　偏态分布的尾巴在中位数的左侧（中位数比均值大）。

nested models 嵌套模型　一个模型中的所有参数也都出现在另一个模型中的模型。

nested regression equations 嵌套回归方程　一种回归方程，其中为了观测自变量与因变量关系的变化，自变量会被连续地添加到方程中。

Newton-Raphson algorithm 牛顿-拉夫逊算法　在对数线性模型中应用的一种迭代比例拟合法。

nonorderable discrete variable 非定序离散变量　类别不能被有意义排序的离散测量。

nonrecursive model 非递归模型　两个因变量间的因果作用可能是双向的模型。

nonsaturated model 不饱和模型　一个或更多的 λ 参数为零的对数线性模型。

nonspuriousness 非虚假性　两个变量之间的共变关系是因果关系，并且不是由第三个变量引起的。

normal distribution 正态分布　可以通过一个公式计算得出的关于连续变量的一个理论上的概率分布，其概率密度曲线是一条平滑的钟形曲线。

null hypothesis 零假设　通常希望被拒绝的统计假设，用符号 H_0 来表示。

odds 发生比　成为一类事物的频数相对于不成为该类事物的频数。

odds ratio/cross-product ratio 优比/交叉相乘比　一个条件发生比与另一个条件发生比之比。

one-tailed hypothesis test 单尾假设检验　采取将犯第一类错误的概率全都集中在概率分布单侧尾部的方式来表述备择假设的假设检验。

operational hypothesis 操作性假设　用可观测的、具体的事物和术语（操作化概念）替代抽象概念，进而重新陈述的命题。

orderable discrete variable 定序离散变量　能被有意义地排列成上升或下降顺序的离散测量。

ordinary least squares 普通最小二乘　一种获得回归方程系数估计值的方法，它能最小化误差平方和。

outcome 变量值　变量的答案类别。

outlier 异常值　一个似乎脱离了分布其他部分的极端（大或小）的观测值。

pairwise deletion 对删法　在多元回归分析中，只要个案在其中一个变量上出现了缺失值，就把它从相关系数的计算中删除。

parallel measures 平行测量　具有相等真值的重复测量。

part correlation 部分相关　多元回归方程中，在控制一个自变量的情况下，通过取平方来测量另一个自变量所能解释的因变量方差的比例的方法。

partial correlation coefficient 偏相关系数　针对连续变量相关性的测量，显示了当控制变量的影响保持不变后，两个变量间剩余的共变的强度和方向。

partial regression coefficient 偏回归系数　在控制一个或更多自变量后，因变量对某个自变量的回归效应。

path analysis 路径分析　分析定量数据的一种统计方法，能对假设的因果关系中的变量的效应做出经验估计。

path coefficient 路径系数　路径分析中，两个变量之间因果关系的数值估计。

percentage 百分比　比例乘以 100％ 得到的数值。

percentage distribution 百分比分布　相对频数或比例中的每一项都被乘以 100％ 后的分布。

percentile 百分位数　在一个从小到大的分布中，某一给定观测值百分比所对应的分数或变量值。

phi　2×2 列联表的对称相关测量。

phi adjusted phi 修正值　2×2 列联表的一种对称相关测量，在给定边缘时用 phi 值除以 phi 最大值从而考虑到最大的共变可能性。

phi maximum phi 最大值　2×2 列联表中 phi 可以达到的最大值，用于其边缘的 phi 修正值计算。

planned comparison 事前比较　方差分析前完成的对总体均值间差异的假设检验。

point estimate 点估计　用于估计一个总体参数的一个样本统计量。

point estimate for mean differences 均值差异的点估计　用来估计两总体均值间差异的样本均值的差异。

polygon 折线图　把直方图的中点用直线连起来所形成的图。

population 总体　那些至少具有一个吸引研究者的共同特征的人、物、事的全体集合。

population parameter 总体参数　用来描述总体特征的概括性数字度量，如均值、方差和标准差，总体参数用 θ 来表示。

population regression equation 总体回归方程　关于总体而不是样本的回归方程。

population regression model 总体回归模型　一种关于总体的回归模型，假定总体中 K 个自变量都以一种线性递增的方式影响同一个连续的因变量。

positive skew 正偏态　偏态分布的尾巴在中位数的右侧（均值比中位数大）。

post hoc comparison 事后比较　方差分析后完成的对总体均值间差异的假设检验。

power of the test 检验效力　当 H_0 为假时，正确地拒绝 H_0 的概率。

prediction equation 预测方程　不含误差项的回归方程，用以预测随自变量变化的因变量值。

predictor variable 预测变量　回归分析中的自变量。

probabilistic 概率性的　因果关系中一个变量的变化在一定的概率下引起了另一个变量的变化。

probability distribution 概率分布　一组有着相应的发生概率的事件结果。

probability/alpha level 概率水平/α 水平　选出来拒绝零假设的概率值，它是犯第一类错误的可能性。

proportion 比例　参见 **relative frequency**。

proposition 命题　关于抽象概念之间关系的陈述。

pseudo-R^2 伪 R^2　logistic 回归的一种描述性测量，大致表明预测变量所能解释的因变量变异的比例。

quantile 分位数　将观测值按每组已知比例进行分组的值。

quartiles 四分位数　将一组观测值分成大小相等四组的值。

quasi-independence model 准独立性模型　无视结构的空单元格且仅在剩余单元格中检验独立性的模型。

quasi-symmetry model 准对称性模型　一种特殊的对称，保留了相应行和列边缘的不等性，但是相应的优比在非对角线单元格之间相等。

quintiles 五分位数　将一组观测值分成大小相等五组的值。

r-to-Z transformation r 到 Z 转换　对相关系数值进行自然对数转换以得到 Z 值，用以检验零假设下观测到 r 的概率。

random assignment 随机分配　在一个实验当中，基于机会原则将对象分配到不同处理组。

random error 随机误差　不可预测的测量误差。

random sample 随机样本　个案或元素是随机从总体中抽取的样本。

random sampling 随机抽样　一种按照随机原则从总体中抽取样本的方式，能保证总体中每个单位在抽样过程中都有同等的机会被选中。

random zero 随机的空单元格　样本中变量取值的组合不包括任何观测值的单元格。

range 全距　一个分布中最大值和最小值之间的差。

recode 重编码　一个变量改变已确立的编码值的过程。

recoding 重编码　把连续变量从众多初始值划分成较少类别的过程。

recursive model 递归模型　所有的因果影响被假定为非对称的（单向的）模型。

reference variable 参考变量　带有固定因子负荷的验证性因子分析中的观测变量。

regression difference test 回归差异检验　一种确定两个回归系数在总体中是否不同的统计检验。

regression line 回归线　通过普通最小二乘回归计算得出的、能最佳拟合散点图中的数据点的一条直线。

regression sum of squares 回归平方和　用线性回归得到的预测值减去这组数值的均值，然后平方再求和所得到的数值。

regression toward the mean 对均值的回归　由于两个变量间的不完全相关，因变量的预测值比观测值对均值表现出更小的变异性时，所显现出的情形。

relative frequency/proportion 相对频数/比例　每个变量值的个案数除以总个案数。

relative frequency distribution 相对频数分布　每个变量值被观测到的次数除以总个案数后的分布。

reliability 信度　对同一概念进行不同操作化产生一致结果的程度。

representativeness 代表性　分析单位的选取要准确地反映样本所出自的那个较大的总体。

research hypothesis 研究假设　通常不希望被拒绝的实质假设。

residual 残差　从线性回归模型中减去预测方程后的残余量。

residual variable 残差变量　路径模型中的一个未被测量的变量，观测变量中未被解释的那一部分变异被认为是由它引起的。

robust 稳健　在违反假设的情况下使用某方法也很少产生错误结论。

root mean square error of approximation（RMSEA）近似误差均方根　一种模型拟合测量，能调整相对于模型拟合所用自由度数量的总体差异函数。

rounding 四舍五入　用一种明确的规则以更便利和容易理解的单位来表示数字，例如数十、数百或数千。

row marginals 行边缘　列联表跨行显示的变量的频数分布。

sample 样本　从总体中选择出来的个案或元素的子集。

sample regression equation 样本回归方程　对包含误差项在内的 K 个自变量的样本的回归模型。

sampling distribution of sample means 样本均值的抽样分布　从给定的总体中生成的由所有可能的规模为 N 的样本的均值所组成的一个分布。

saturated model 饱和模型　包含所有变量之间的可能效应的对数线性模型。

scale construction 量表建构　从多个项目（问题）中创建新变量。

scatterplot 散点图　一种在笛卡儿坐标系中用一系列数据点显示两个连续变量的共变的图形。

Scheffé test 谢费检验　对组均值差异进行事后比较的一种形式。

scientific research 科学研究　通过对世界各部分关系的系统检验，来努力减少世界某些方面的不确定性。

scope 范围　时间、地点或行为条件，在此条件下社会理论命题被预期是有效的。

significance testing with proportions 比例的显著性检验　一种统计检验，用以确定观测到的样本比例间的差异是否也会在该样本所在总体中存在。

single-link causal chain 单线因果链　一种 LISREL 模型，其中一个外生变量能引起内生变量的变异，二者都有多个指标。

skewed distribution 偏态分布　一种关于中位数的不对称分布，其一端有许多小频数类别。

social theory 社会理论　由两个或多个命题构成，其中指涉一定社会现象的概念被假设是因果关联的。

Somers's d_{yx} 萨默斯 d_{yx}　一个对定序离散变量的不对称 PRE 相关测量，不仅要求计算同序对和异序对的数量，而且要求计算特定类型同分对的数量。

spuriousness 虚假关系　两个变量之间的共变关系仅出于第三个变量的影响。

standard deviation 标准差　方差的正平方根。

standard error 标准误　抽样分布的标准差。

standardized solution 标准化方案　潜在建构拥有单位标准差，而指标仍是其原有尺度。

statistical significance test 统计显著性检验　一种推论检验，即检验基于观测样本的推论对于样本所出自的总体是否也是适用的。

statistical table 统计表　汇总数据或呈现数据分析结果而形成的数据展示。

statistically independent 统计独立性　一种在总体中两个变量间不存在任何关联的情形。

status variable 状态变量　变量值不能被操纵的变量。

stem-and-leaf diagram 茎叶图　一种显示频数分布的观测值和频数计数的图形。

structural equation 结构方程　表示一个社会理论中变量之间假设关系的结构的数学方程。

structural equation model 结构方程模型　一种具有潜在变量和观测指标的因果模型。

structural zero 结构的空单元格　在逻辑上不可能发生的变量取值组合。

sufficient estimator 充分估计量　当添加信息不能再有所改进时的总体参数估计量。

suspending judgment 悬置判断　当一项统计检验的结果既不允许明确拒绝也不允许明确接受零假设或备择假设时，研究者可以采取的一种立场。

symmetry model 对称性模型　假设在 $k \times k$ 的列联表中对称单元格的期望频数都相等的模型。

system file 系统文件　由计算机软件统计包生成的数据文件。

systematic error 系统误差　测量工具不恰当的测量口径导致的测量误差。

systematic sampling interval 系统抽样间距　在有关系统随机样本的列表中，样本元素间的个案数量。

t distribution t 分布　一种统计分布，适用于从一个正态分布的总体中抽取的小样本或者从一个任意分布形态的总体中抽取的大样本。

t test t 检验　在总体方差未知，并假设样本取自一个正态分布总体时使用的一种对连续变量的显著性检验。

t variable/t score t 变量/t 值　一个连续频数分布的分数的转换，通过以变量值减去均值，再除以标准误的估计值得到。

tally 计数　对某个观测变量结果的频数统计或者几个变量综合结果的频数统计。

tau c　一种非 PRE 型相关测量，使用的信息是包含两个定序离散变量的列联表中同序对和异序对的数量。

tied pair 同分对　至少在一个变量上两个个案的取值相同的配对。

time order 时间顺序　当假定两个变量之间存在因果关系时，其必要条件为假定的自变量的变化必须发生在因变量的变化之前。

total sum of squares 总平方和　回归平方和与误差平方和的加总。

treatment level 处理水平　实验研究中的一个术语，用来表明某一实验组已被指派好了一个主题。

true limits 真实组界　可以被四舍五入为某个类别的精确的上、下数值界限。

2×2 table 2×2 表　一对二分变量的列联表。

two-tailed hypothesis test 双尾假设检验　拒绝域均等地分布在抽样分布双尾的假设检验。

Type I error/false rejection error 第一类错误/弃真错误　统计决策的错误之一，指拒绝了正确的零假设，其概率大小用 α 表示。

Type II error/false acceptance error 第二类错误/纳伪错误　统计决策的错误之一，指接受了错误的零假设，其概率大小用 β 表示。

unbiased estimator 无偏估计量　数学期望值等于总体参数的总体参数估计量。

unit of analysis 分析单位　观测对象。

untied pair 非同分对　两个个案在两个变量上取值都不相同的情形。

upper confidence limit 置信上限　置信区间的最大值。

upper hinge 上节点　将一个定序分布的最高四分位数与下四分之三部分划分开的观测值，符号为 H_U。

upper inner fence 上内限　定序分布中的一部分，超过某个观测值被认为是异常值，符号为 UIF。

validity 效度　一个变量的操作化精确反映其要测量的概念的程度。

variable 变量　人物、对象或事件的特征与属性，可以取不同的数值。

variance 方差　一个连续分布的离差平方的均值。

variance of a probability distribution 概率分布的方差　取值总体的扩散或离散程度。

variation 变异　一组分数围绕中心值的分散或离散情形。

Venn diagram 维恩图　一种使用重叠阴影圆来说明一组变量之间的关系或共变的图形。

weighted least squares（WLS）加权最小二乘　一种估计序次指标间相关系数的方法。

within sum of squares 组内平方和　由每个观测值减去所在组的均值，再将这些差值平方后加总所得到的数值。

Yule's Q 尤拉 Q　2×2 列联表的对称相关测量。

Z scores Z 值　由一个连续频数分布的每个变量值减去均值再除以标准差转换得来的分数。

zero-order table 零阶列表　在附加变量完全没有被控制情况下的双变量列联表。

数学和统计符号列表

<hr>

AAD	平均绝对离差
AGFI	调整后的拟合优度指数
a	1. 直线与 Y 轴相交的点（$X=0$）
	2. 样本回归方程中的截距项
α	1. 希腊小写字母 $alpha$
	2. 拒绝域（α 域）
	3. 犯第一类错误的概率
	4. 总体回归截距
α_j	第 j 组的效应
$\alpha/2$	一个分布一侧尾部的拒绝域
BIC	用于评估对数线性模型对大样本列联表拟合优度的检验统计量
b	样本的双变量回归系数
β	1. 希腊小写字母 $beta$
	2. 犯第二类错误的概率
	3. 总体回归系数
B	希腊大写字母 $beta$
β_j	第 j 个预测变量的回归系数
β_j^*	第 j 个预测变量的标准化回归系数
β^X	变量 X 的 logit 效应参数
β_{YX}	X 对 Y 回归的总体参数
β_{YX}^*	1. beta 系数
	2. 对总体的标准化回归系数
b_{YX}	样本中 X 对 Y 的回归参数
cf	累积频数分布
c_j	约束条件 $c_1+c_2+\cdots+c_j=0$ 下的权重
$c\%$	累积百分比
D	1. 差异指数
	2. 虚拟变量

δ	希腊小写字母 *delta*
df	自由度
Δdf	自由度的改变
df_{ERROR}	误差自由度
$df_{\text{REGRESSION}}$	回归自由度
df_{TOTAL}	总自由度
D_i	第 i 个十分位数的值
d_i	取值与均值的离差（距离）
d_{yx}	萨默斯 d_{yx}，一种相关测量
e	1. 尤拉常数
	2. 自然对数的底
$E(Y)$	概率分布期望值
e_i	第 i 个观测值的误差项
e_{ij}	特指第 j 组第 i 个个案的误差项
ε	希腊小写字母 *epsilon*
η	希腊小写字母 *eta*
η^2	总体相关比率
$\hat{\eta}^2$	相关比率的样本估计值
F	1. 总体差异函数
	2. F 分布
$f(Y)$	Y 的一个函数
F_{ij}	第 i 行第 j 列单元格的期望频数
$\ln F_{ij}$	单元格期望频数的自然对数
f_{ij}	第 i 行第 j 列单元格的观测频数
$F[\mathbf{S}, \sum(0)]$	拟合函数
$F(\mathbf{S}, \mathbf{\Sigma})$	用于判定 $\mathbf{S}$ 和 $\mathbf{\Sigma}$ 之间接近度的拟合函数
f_i	变量取值第 i 个类别的频数
G	gamma 系数，一种相关测量
G^2	比较两个似然值之比的检验统计量
GFI	拟合优度指数
γ	1. 希腊小写字母 *gamma*
	2. 总体的 G 值估计参数
Γ	希腊大写字母 *gamma*
$g(Y)$	Y 的一个函数
H_0	零假设
H_1	备择假设
H_{L}	下节点
HS	节点范围
H_{U}	上节点

$\boldsymbol{I}$	单位矩阵
IQV	质性变异指数
K_i	第 i 个五分位数的值
K_0	更多约束条件模型
K_1	更少约束条件模型
λ_{ij}^{XY}	变量间对列联表中单元格期望对数频数的相关效应
L_i	1. logit
	2. 发生比的自然对数
L^2	似然比
ΔL^2	嵌套模型之间似然比的差异
LIF	下内限
$\log_e$	自然对数
$\log_{10}$	以 10 为底的对数
m	R 行和 C 列的较小值
Mdn	中位数
MLE	最大似然估计
MS_{BETWEEN}	组间均方
MS_{ERROR}	误差均方
$MS_{\text{REGRESSION}}$	回归均方
MS_{WITHIN}	组内均方
μ	1. 希腊小写字母 mu
	2. 对数线性模型中用于每个单元格的常数
μ_Y	总体均值
$\mu_{\bar{Y}}$	变量 Y 均值的抽样分布的均值
$\mu_{(\bar{Y}_1-\bar{Y}_2)}$	两个总体中变量 Y_1 的均值和变量 Y_2 的均值之间的平均差
N	样本规模
n_d	异序对数量
n_c	同序对数量
ν	1. 希腊小写字母 nu
	2. t 分布中的自由度
ν_1,ν_2	F 分布中的自由度
OR^{XY}	变量 X 和 Y 的优比
$OR^{(XY\,|\,Z=1)}$	条件优比
$1-\beta$	检验效力
φ	1. 希腊小写字母 phi
	2. 相关测量
Φ	希腊大写字母 phi
φ_{adj}	phi 修正值
φ_{max}	phi 最大值

P_i	第 i 个百分位数的值
p_i	变量的第 i 个取值（类别）对应的个案所占比例
p_{ij}	变量 i 到变量 j 的路径系数
$\hat{p}_{ij}$	对总体路径系数参数的估计
ψ	1. 希腊小写字母 psi
	2. 总体均值的对照值
Ψ	希腊大写字母 psi
PRE	削减误差比例
$\text{Prob}(Y_i=1)$	变量 Y 的第 i 个观测值等于 1 的概率
$p(Y_i)$	变量 Y 第 i 个结果的概率
Q	尤拉 Q，一种相关测量
Q_i	第 i 个四分位数的值
ϱX	变量 X 的信度
ϱ_{XY}	总体中变量 X 和 Y 的相关
$\varrho_{Y \cdot X}^2$	总体中的决定系数
r'_{ij}	变量 i 和 j 的估计相关
$\boldsymbol{R}$	残差矩阵
R_{adj}^2	调整后的决定系数
R_{YX}^2	1. R^2
	2. 样本中的决定系数
$R_{Y \cdot X}^2$	样本中的决定系数
$R_{Y \cdot X_1 X_2 \cdots X_K}^2$	有 K 个预测变量的多元回归方程的决定系数
$r_{XY \cdot W}$	控制了 W 后，X 与 Y 之间的偏相关
$r_{YX_i \cdot X_i}$	偏相关系数
r_{YX}	样本中的相关系数
$r_{Z_X Z_Y}$	样本中两个 Z 值的相关
$\boldsymbol{S}$	1. 方差-协方差矩阵
	2. 可观测指标间的观测协方差矩阵
$\hat{s}_\lambda$	饱和对数线性模型中 λ 效应参数的标准误
s_b	样本回归系数的标准误
s_{b_j}	样本中第 j 个预测变量回归系数的标准误
$s_{b_1 - b_2}$	样本中回归系数差值的标准误
$\sum$	希腊大写字母 $sigma$
$\boldsymbol{\Sigma}$	可观测指标间的期望协方差矩阵
σ_T^2	真值的方差
$\hat{\sigma}_\Psi^2$	对照值的估计方差
$\hat{\sigma}_Z^2$	标准化变量的估计方差
σ_e^2	1. 总体中估计的标准误
	2. 回归预测误差的方差

σ_Y	总体中变量 Y 的标准差
$\hat{\sigma}_{\bar{Y}}$	总体的估计标准误
σ_Y^2	总体中变量 Y 的方差
σ_b^2	总体中回归系数标准误的平方
$\sigma_{(\bar{Y}_1-\bar{Y}_2)}$	两个总体中变量 Y_2 和 Y_1 均值差异抽样分布的标准误
$\hat{\sigma}_{(\bar{Y}_1-\bar{Y}_2)}$	两个总体中变量 Y_2 和 Y_1 均值差异抽样分布的估计标准误
$\hat{\sigma}_{\tau_c}$	tau c 抽样分布的标准误
$\hat{\sigma}_{d_{yx}}$	萨默斯 d_{yx} 抽样分布的标准误
s_p	比例抽样分布的标准误
s^2	样本方差
$s_{Z_Y}^2$	变量 Y 的 Z 值的方差
s_{YX}	样本中变量 X 和 Y 的协方差
s_Y^2	样本中变量 Y 的方差
$\mathrm{SS}_{\mathrm{BETWEEN}}$	组间平方和
$\mathrm{SS}_{\mathrm{ERROR}}$	误差平方和
$\mathrm{SS}_{\mathrm{REGRESSION}}$	回归平方和
$\mathrm{SS}_{\mathrm{TOTAL}}$	总平方和
$\mathrm{SS}_{\mathrm{WITHIN}}$	组内平方和
t	1. 变量 t
	2. t 值
t_α	单尾 t 检验的临界值
$t_{\alpha/2}$	双尾 t 检验的临界值
τ_c	tau c，一种相关测量
θ	1. 希腊小写字母 $theta$
	2. 总体参数
Θ	希腊大写字母 $theta$
T	变量的真值
T_r	与行变量有关的同分对的数量
UIF	上内限
$\{XY\}$	对数线性模型中变量 X 和 Y 的拟合边缘表
$\bar{Y}$	样本中变量 Y 的均值
$\hat{Y}_i$	第 i 次观测中 Y 的预测值或期望值
χ^2	卡方分布
Z^2	拟合优度统计量
Z_a	单尾 Z 检验的临界值
$Z_{a/2}$	双尾 Z 检验的临界值
Z_i	第 i 个观测值的标准分数
$\hat{Z}_Y$	变量 Y 的估计 Z 值

参考答案

第 1 章

1. 比如，年龄分层是以人们的年纪以及在社区或群体中所担当的角色进行区分的。

2. P1：越多的时间用于观看电视，学业成就就会越低。P2：父母的监督越放松，不良行为就越容易发生。

3. 这一理论可能只适用于 20 世纪有中央政府家庭计划项目（central government family planning programs）的非工业化国家。

4. 当夫妻双方都同意男女两性应有同样的机会和责任时，丈夫和妻子会更愿意分担家务劳动。

5. （a）种族是自变量，时薪是因变量。

   （b）卷入海外竞争是自变量，战略联盟的形成是因变量。

   （c）心理不安全水平是自变量，新宗教仪式受欢迎程度是因变量。

6. （a）常量

   （b）变量

   （c）变量

   （d）常量

   （e）变量

   （f）常量

7. 用 $k=14$ 的系统抽样能抽出 312 个雇员接受访问。

8. （a）这六类既没有互斥也没有穷尽所有选项。

   （b）对于族裔，可以列出有 100 个国家的清单，排除城市和大陆，并允许受访者提供不在清单上的答案。

9. （a）连续变量

   （b）定序离散变量

   （c）连续变量

   （d）连续变量

   （e）二分变量

   （f）非定序离散变量

   （g）定序离散变量

（h）连续变量

10.（a）社会理论

（b）基础研究者

（c）信度

（d）因变量，自变量

（e）数据收集

（f）总体

（g）缺失值

第 2 章

1.

取值	计数	频数
5	|	1
6	||||	4
7	|||||	5
8	|||	3
9	||	2
10	|	1
11	|	1
12	|	1
总计		18

2.

州	频数	比例	百分比
M	7	0.368	36.8
W	4	0.211	21.1
I	3	0.158	15.8
N	2	0.105	10.5
S	3	0.158	15.8
总计	19	1.000	100.0

3.

价格	累积频数	累积百分比
999 美元及以下	2	22.2
1 000～1 499 美元	4	44.4
1 500～1 999 美元	8	88.9
2 000 美元及以下	9	100.0
总计	9	100.0

4.（a）9

（b）3

(c) 6

(d) 13

(e) 19

(f) 4

5. 图省略

6. (a) 6

(b) 1.68

(c) 5.30

(d) 2.30

7. (a) 65.8

(b) 63

(c) 63

8. (a) 362.3（百万）

(b) 没有

(c) 163（百万）

(d) 176 806.0

(e) 420.5

9. 0.249 6

10. (a) 2.43

(b) −3.29

(c) −1.86

11. 全距是 30 个兄弟姐妹。众数频数是 2 个兄弟姐妹（约占样本的 19.8%），均值是 3.98，中位数是 3.00。方差是 12.85，标准差是 3.59，偏度是 2.39。

12. (a) 2

(b) 2.00

(c) 7 个子女

(d) 2.44

(e) 0.84

(f) 0.91

(g) 1.29

(h) $Z = 1.71$

13. (a) 0

(b) 3.00

(c) 6

(d) 2.81

(e) 3.84

(f) 1.96

(g) −0.17

(h) $Z = -0.92$

14. ABSINGLE 的众数类别为"不支持"，而 ABHLTH 的众数类别是"支持"。

15. 对美国机构的信任度的百分比为：

信任度	出版机构	医药机构
很信任	9.5%	45.0%
有一些信任	47.2%	46.1%
几乎不信任	43.4%	8.9%
总计	100.0%	100.0%
(N)	(1 862)	(1 875)

对美国出版局和药品局的信任度几乎是相反的分布，其中均值分别为 2.34 和 1.64，标准差都同为 0.64。

第 3 章

1. (a) 16.75

 (b) 13.5

2. 至少 0.75。

3. (a) 30

 (b) 25

 (c) 10

4. (a) 1.64

 (b) 1.28

 (c) 2.33

 (d) ± 1.96

 (e) ± 1.75

 (f) ± 1.44

5. (a) $\mu_{\overline{Y}}=10.5, \sigma_{\overline{Y}}=1.41$

 (b) $\mu_{\overline{Y}}=50, \sigma_{\overline{Y}}=1.00$

 (c) $\mu_{\overline{Y}}=25, \sigma_{\overline{Y}}=0.55$

 (d) $\mu_{\overline{Y}}=12, \sigma_{\overline{Y}}=1.41$

 (e) $\mu_{\overline{Y}}=100, \sigma_{\overline{Y}}=0.71$

6. (a) 1.711

 (b) ± 2.797

7. (a) LCL$=14.80$, UCL$=21.20$

 (b) LCL$=13.58$, UCL$=22.42$

8. (a) 2.492

 (b) 24

 (c) 3.00

 (d) 拒绝零假设。

9. (a) ± 3.646

 (b) 35

（c）－1.25

（d）不能拒绝零假设。

10. 在自由度为 49、$\alpha=0.01$ 的 t 检验下，单尾检验的临界值为 2.423。$t_{49}=5.304$，因此拒绝零假设。该议员的支持率高于继续她目前工作所需的最低水平。

11. 当生育第一胎时，受访者年龄在 28 岁及以上的经验概率为 0.217 1，低于年龄在 21 岁及以下的概率。

12. $t_{1\,861}=13.29$，因此拒绝在 SOCOMMUN 上的均值为 4.00 或者更低的零假设。

13. $t_{682}=27.51$，因此拒绝女性在 FAMSUFFR 上的均值为 2.00 的零假设。

14. $t_{381}=-7.52$，因此拒绝在过去的 12 个月中，全职工作的男性自愿为慈善组织工作两次或更多的零假设。

15. $t_{82}=5.42$，因此不能拒绝对 MODPAINT 的回答均值大于 2.00 的零假设。

第 4 章

1. H_0：$\mu_D=\mu_I=\mu_R$；H_1：$\mu_D>\mu_I>\mu_R$

2. $\alpha_{65+}=7.5$；$\alpha_{55\sim64}=0.6$；$\alpha_{45\sim54}=-8.1$

3. $\alpha_{eng}=8.8$；$\alpha_{tech}=0.3$；$\alpha_{admin}=-8.1$

4. （a）$F_{2,17}=3.59$

（b）$F_{1,123}=6.8$

（c）$F_{5,30}=5.53$

（d）$F_{24,40}=3.01$

5. （a）$F_{1,25}=4.24$

（b）$F_{2,40}=5.18$

（c）$F_{2,17}=10.66$

（d）$F_{3,60}=6.17$

6. 41 岁

7. $MS_{BETWEEN}=15.56$

8. $\hat{\eta}^2=0.13$；$F_{3,120}=5.90$，大于临界值 2.68。因此，在 $\alpha<0.05$ 水平下拒绝零假设，四个县的均值确实不同。

9. $\alpha_{adult}=0.67$；$\alpha_{student}=0.07$；$\alpha_{classma}=-0.73$

来源	平方和	自由度	均方	F 值
组间	4.93	2	2.47	1.12
组内	26.40	12	2.20	
总计	31.33	14		

对于 $\alpha=0.05$，临界值为 3.89，不能拒绝零假设。我们发现 $\hat{\eta}^2=0.157$，也就是说测验分数 15.7% 的变异能被朗读组的类型解释。

10. $\hat{\Psi}=0.05$；$\hat{\sigma}_\Psi^2=0.165$；$t=1.23$；因为临界值等于 2.79，所以拒绝 H_0。

11. $F_{8,1\,380}=4.28$，$p<0.001$，$\hat{\eta}^2=0.024$。支持"专业运动员信仰上帝"（GODSPORT）在中南东部、南大西洋、中南西部、中北西部最高，在其他地区最低，但只有 3% 的 GODSPORT 变异能被

REGION 所解释。

12. $F_{5,1\,736}=6.88$，$p<0.001$，$\hat{\eta}^2=0.019$。对离婚法案态度的变化是线性的，从小于 30 岁年龄组的 2.16 增长到 60～69 岁以及 70 岁及以上两个年龄组的 2.51。年龄能解释人们对离婚法案态度变异的 2%。

13. $F_{2,1\,818}=50.62$，$p<0.001$，$\hat{\eta}^2=0.053$。比起黑人，白人和其他种族更倾向于相信黑人能找到出路，不借助他人支持也能克服偏见。种族能解释这种态度变异的 5.3%。

14. $t=-9.19$，$p<0.001$。那些支持最高法院关于不许在公立学校强行要求诵读主祷文和《圣经》的人认为他们自己比那些反对这项决定的人在政治上更不保守。

15. $F_{5,1\,749}=24.91$，$p<0.001$。不同年龄的人对婚前性行为的态度呈线性变化，30 岁以下的成年人为 3.07，70 岁及以上的成年人则降至 2.09。年轻人更不倾向于认为婚前性行为是错的。

第5章

1.

		性别		
		男性	女性	总计
吸烟	是	8	4	12
	否	5	8	13
	总计	13	12	25

2. $\chi^2=14.83$，$df=1$，$p<0.001$；尤拉 $Q=0.20$；这表明存在一个非常弱——几乎不存在的关系：女性比男性更可能会投票给克林顿。

3. $\varphi=-0.42$

4. $\varphi_{\text{adj}}=-0.48$；phi 修正值表明了一个比观测数据所显示的稍强的反向关系。

5. gamma$=0.66$；在政治立场与对私立学校向公众募款的态度之间存在中等程度的正向关系。

6. $\tau_c=0.48$，$\hat{\sigma}_{\tau_c}=0.11$；因为 $Z=4.36$，并且在 $\alpha=0.01$、$df=59$ 的条件下，临界值为 2.66，所以我们拒绝政治立场和对私立学校向公众募款的态度二者不存在关系的零假设。

7. 萨默斯 $d_{yx}=0.49$，$\hat{\sigma}_{d_{yx}}=0.11$，因为 $Z=4.45$，在 $\alpha=0.01$、$df=59$ 的条件下临界值为 2.66，所以我们拒绝政治立场与对私立学校向公众募款的态度二者不存在关系的零假设。

8. 男性容许的条件发生比为 4.10；女性容许的条件发生比为 2.51；优比为 1.63，表明在容许无神论者演讲的问题上，男性容许的可能性是女性的 1.63 倍。

9. 教育水平较高的人选择容许的条件发生比为 6.33；教育水平较低的人选择容许的条件发生比为 2.33；优比为 2.72，表明在容许无神论者演讲的问题上，教育水平较高的人持容许态度的可能性是教育水平低的人的两倍多。

10. gamma$=0.04$；看电视与对媒体的信任度之间只有非常弱的关系。

11. $\chi^2=9.60$，$df=1$，$p<0.01$；phi$=0.08$；白人比黑人更倾向于容许某种族主义者当众演讲。

12. $\chi^2=142.27$，$df=2$，$p<0.001$；gamma$=-0.52$；tau $c=-0.27$；萨默斯 $d_{yx}=-0.23$，把 SPKCOM 作为因变量。相对于教育水平低的人，教育水平较高的人更倾向于容许某共产主义者当众演讲。

13. $\chi^2=40.55$，$df=2$，$p<0.001$；gamma$=-0.27$；tau $c=-0.15$；萨默斯 $d_{yx}=-0.13$，把

SPKRAC 作为因变量。相对于教育水平低的人，教育水平较高的人更倾向于容许某种族主义者当众演讲。

14. $\chi^2=90.89$，$df=3$，$p<0.001$；萨默斯 $d_{yx}=0.33$，把 PREMARSX 作为因变量。持更保守性别角色态度的人更倾向于认为婚前性行为是错误的。

15. $\chi^2=100.48$，$df=12$，$p<0.001$；萨默斯 $d_{yx}=0.18$，把 HOMOSEX 作为因变量。教育水平较高的人对同性恋容忍度更高。

第 6 章

1. 散点图略。伴随着子女数量的增加，各人的年龄亦增长。

2. $\hat{Y}_i=1.0+2.25X_i$；某人在社区中结交朋友，每增加一位朋友，其社区事务参与度就会提高 2.25。

3. (a) 4.40
   (b) 3.86

4. (a) 20 250
   (b) 40.21
   (c) 955.70
   (d) 351.84

5. $R^2_{YX}=0.23$；在 $\alpha=0.01$ 水平上拒绝员工的工作满意度和工作责任感之间没有关系的零假设。

来源	平方和	自由度	均方	F 值
回归	1 675	1	1 675	12.18
残差	5 500	40	137.5	
总计	7 175	41		

6. $r_{YX}=0.98$；$R^2_{YX}=0.96$

7. $\hat{Y}_i=-15.62+0.29X_i$；在信任程度上每增加 1 分，就会使利他行为发生的次数约增加 1/3 次。

8. $r_{YX}=0.97$；$R^2_{YX}=0.95$；$1-R^2_{YX}=0.05$；对他人的信任与利他行为的表现存在强相关。95% 的利他行为的变异能被对他人的信任程度所解释，5% 的变异不能被解释。

9. $t_{29}=2.33$；在 $\alpha=0.05$ 水平上拒绝 H_0。

10. (a) 0.13
    (b) -0.66
    (c) 0.79

11. $\hat{Y}_i=6.16+0.03X_i$；$t_{1,1\,242}=5.07$；说明年长的人比年轻人更经常祷告。

12. 对于母亲参加礼拜的频率：$R^2_{YX}=0.05$；$F_{1,1\,098}=62.19$；因此拒绝 H_0。对于父亲参加礼拜的频率：$R^2_{YX}=0.06$；$F_{1,1\,030}=59.53$；因此拒绝 H_0。母亲和父亲参加礼拜的频率能分别解释个人参加礼拜频率变异的 5.0% 和 6.0%。

13. $r_{YX}=-0.30$；$\hat{Z}_{Y_i}=-0.30Z_{X_i}$；$t_{1\,997}=-13.97$；说明第一次生育时父母年龄较小，其生育的子女就会更多。

14. $\hat{Y}_i=5.51+0.59X_i$；$F_{1,1\,304}=707.95$，$p<0.01$；因此拒绝 H_0。一个人每增加 1 年的学校教

育，其配偶的受教育年限也增加 1 年。

15. $R^2_{YX} = 0.004$；$F_{1,868} = 3.91$；$p > 0.01$；收入和捐款给非宗教慈善机构无关。

第 7 章

1. 这些假设表明了一个因果顺序：对夫妻之间沟通暗示的回应解释了交流时间和婚姻满意度之间的关系。图略。

2. 有更多资历的雇员可能感觉他们比资历较少的雇员更具有工作安全感。相似地，相当一部分收入的提升应该归于在组织内的资历。如果这些假设是对的，把资历控制不变就会导致工作安全感和收入之间的相关性降为 0。图略。

3. 这三种关系的例子包括以下这些：（a）更高的选战预算允许候选人进行有更高知名度的广告战，这提升了他们的曝光度从而增加赢得选举的机会。（b）更高的选战预算能让候选人扩大活动范围，从而能和更多的投票人见面以增加他们赢得选举的机会。（c）更高的选战预算能让候选人更容易进入强大的社会网络中，提升他们在投票人眼中的声望并增加赢得选举的机会。图略。

4. 在零阶列表中，性别和对堕胎的态度的相关系数 $r_{XY} = -0.13$，女性更加支持堕胎合法。控制最高教育水平能为这一相关提供偏相关解释，因为对于有大学学历的人来说，这一系数降到了 -0.04，但对于有高中学历的人来说，系数增长为 -0.22。优比揭示了同样的模式。在零阶列表中，优比为 0.58，而在有大学学历和高中学历的人中分别为 0.83 和 0.38。因此，这些结果都说明了交互效应的存在：在高中学历人群中，性别和对堕胎的态度之间的相关要强于拥有大学学历的人。

5. 零阶列表中的相关系数 $r_{XY} = 0.10$，有学龄子女的父母会更倾向于参加投票。控制了党派之后产生的偏相关系数分别为 $r_{XY} = 0.14$（民主党人）和 $r_{XY} = 0.10$（共和党人），说明政党只有极小的影响。

6. 对于年龄和态度的零阶列表，$r_{XY} = -0.19$；对于高宗教信仰虔诚度者的分表，$r_{XY} = -0.05$；对于非高宗教信仰虔诚度者的分表，$r_{XY} = -0.26$。相似地，对于零阶列表，优比为 0.47，高宗教信仰虔诚度者分表的优比为 0.8，非高宗教信仰虔诚度者分表的优比为 0.33。这个交互效应表明，在非高宗教信仰虔诚度者中，该相关关系（年龄和态度）最强。

7. 零阶列表中的相关系数为 $r_{XY} = 0.07$，这种相关性并没有在分表中完全消失，因为如果性别能解释看限制级影片和对婚外性行为的态度之间的全部相关，那么这两者之间的相关性应完全消失。相反，存在交互效应。对于女性，两个变量之间的相关性接近于 0（$r_{XY} = 0.02$）；对于男性，这种相关性要稍微强一点（$r_{XY} = 0.09$）。

8. (a) -0.05

(b) 0.19

(c) 0.53

(d) 0.08

9. $r_{XY \cdot W} = 0.47$；$t_{172} = 7.0$；拒绝 H_0：$\varrho_{XY \cdot W} = 0$。

10. $r_{XY \cdot W} = -0.80$；$t_{97} = -13.13$；拒绝 H_0：$\varrho_{XY \cdot W} = 0$。

11. 受过高等教育的人（36.9%）比没受过高等教育的人（33.8%）会略保守一点，$r_{XY} = -0.03$。把年龄控制不变，政治立场保守与否和教育水平之间的相关性在低龄组（$r_{XY} = -0.03$）和高龄组（$r_{XY} = -0.04$）中事实上也是几乎相同的。需要注意的是，这些结果并不具备统计显著性。

12. 在零阶列表中，$r_{XY} = -0.26$；在新教徒中，$r_{XY} = -0.14$；在天主教徒中，$r_{XY} = -0.17$。对于单身女性而言，宗教信仰虔诚度和对堕胎的态度之间的关系在天主教徒中要比在新教徒中略强。

13. 在零阶列表中，$r_{XY} = -0.06$。两个分表中的相关系数几乎是一样的（-0.04 和 -0.03），但它们都不具备统计显著性。

14. $r_{XY} = 0.25$；$r_{XY.W} = 0.25$

15. 在零阶列表中，$r_{XY} = -0.07$（在 $\alpha = 0.05$ 水平上显著）；控制子女数量后，$r_{XY} = -0.06$（不显著）。

第 8 章

1. $\hat{Y} = 26.76 + 1.81X_1 - 0.63X_2$

2. $\hat{Z}_Y = 0.91Z_1 - 0.84Z_2$

3. 对于 $N = 123$ 的样本，$F_{4,118} = 1.07$；在 $\alpha = 0.05$ 水平上，临界值为 2.45，因此不能拒绝零假设（总体中的决定系数为 0）。但对于 $N = 1\,230$ 的样本，$F_{4,1\,225} = 11.11$；在 $\alpha = 0.05$ 水平上，临界值为 2.37，因此拒绝零假设。

4. $t_{b_1} = -1.80$，$df = 263$；$\alpha = 0.01$ 水平上单尾检验临界值为 2.326，因此不能拒绝 H_0；$t_{b_2} = 2.75$，$df = 263$，因此拒绝 H_0。

5. $t_{b_1} = -3.70$，$df = 297$；$\alpha = 0.001$ 水平上临界值为 ± 3.29，意味着 b_1 在双尾检验中显著地不等于 0。

6. $LCL_{95} = -5.86$，$UCL_{95} = -1.80$；$LCL_{99} = -6.50$，$UCL_{99} = -1.16$

7. 教育水平对参加与否没有显著影响；年收入每增加 10 000 美元，每年参加职业运动赛事的数量就会增加约 1.5 次；女性比男性每年少参加 5.40 次运动赛事。

8.

音乐类型	D_1	D_2	D_3	D_4	D_5	D_6
乡村	1	0	0	0	0	0
摇滚	0	1	0	0	0	0
说唱	0	0	1	0	0	0
古典	0	0	0	1	0	0
爵士	0	0	0	0	1	0
没有	0	0	0	0	0	1

9. 方程 1：$\hat{Y} = a + b_M D_M + b_R D_R + b_X X$

方程 2：$\hat{Y} = a + b_M D_M + b_R D_R + b_X X + b_1 D_M X + b_2 D_R X$

10. (a) $F_{1,714} = 15.44$；临界值为 10.83，因此拒绝 H_0。

(b) $\hat{Y} = 2.84 - 0.48 \times 1 - 0.06 \times 45 + 0.07 \times 45 = 2.81$ 小时/天。

11. (a)

变量	b_j	t_j	β_j^*
教育水平	0.022	3.61*	0.076
年龄	0.008	6.09*	0.128
截距	2.702	26.98*	

*在 $p < 0.01$ 时显著，给定双尾检验临界值为 2.58。

(b) $R_{adj}^2 = 0.021$；$F_{2,2\,204} = 23.99$。因为临界值为 6.91（$\alpha = 0.001$），拒绝 H_0。

(c) 教育水平越高（不考虑年龄），对自己的工作就会越满意。年龄越大，满意度也会越高。年龄的标准化效应要大于教育水平的标准化效应。

12. (a) 分居＝−0.004；离婚＝0.093；寡居＝0.296；已婚＝0.219。

(b) R^2 的差异为 $0.035-0.021=0.014$；$F_{4,2\,200}=7.98$；临界值为 4.62，因此拒绝 H_0，即婚姻状况不会增大决定系数的值。

13. 因为父亲教育水平的标准化系数（beta 权重）0.427 是父亲职业声望标准化系数 0.070 的数倍，所以父亲教育水平是对受访者自身教育水平的一个更重要的预测变量。这两个自变量能共同解释受访者教育水平 21.8% 的方差。

14. (a) $R^2=0.137$；$F_{4,2\,561}=101.35$；临界值为 2.60，因此拒绝 H_0。

(b) $R^2=0.140$；$F_{7,2\,558}=59.53$；临界值为 2.60，因此拒绝 H_0。

(c) R^2 的差异为 $0.140-0.137=0.003$；$F_{3,2\,558}=26.77$；临界值为 2.60，因此拒绝 H_0，即年龄和宗教信仰类别的交互项不会提升决定系数值。

15. (a)

地区	μ_j	β_j
新英格兰	0.035	0.221
中大西洋	−0.195	−0.009
中北东部	−0.039	0.147
中北西部	0.120	0.306
南大西洋	0.157	0.343
中南东部	0.134	0.320
中南西部	0.160	0.346
山区	−0.111	0.075
太平洋	−0.186	—
均值/截距	4.100	3.914

(b) $\beta_j-0.186=\alpha_j$

(c)

来源	平方和	自由度	均方	F 值
组间	55.88	8	6.984	3.65*
组内	5 139.42	2 682	1.916	
总计	5 195.30	2 690		

* 在 $p<0.001$ 时显著，临界值为 3.27。

第 9 章

1. 因为 $F_{18,1\,480}=2.94$，临界值为 2.27（$\alpha=0.001$），拒绝零假设。工作满意度和收入之间显著偏离线性关系。

2. 图略。散点值显示，肺结核感染率会随着中等教育水平的提高而下降的二次函数关系。

3. (a) 15 985 美元

　　（b）23 273 美元

　　（c）56 377 美元

　　（d）5.28 年的教育；收入为 14 557 美元。

4．（a）10 272 美元

　　（b）25 427 美元

　　（c）44 520 美元

5. 更频繁地参加宗教礼拜会降低对堕胎的支持（$p < 0.001$），是天主教徒也会减小支持堕胎的对数发生比（$p < 0.05$）。

6. 对于参加礼拜，$\text{LCL}_{95} = -0.246$，$\text{UCL}_{95} = -0.172$；对于天主教信仰，$\text{LCL}_{95} = -0.511$，$\text{UCL}_{95} = -0.041$。

7. 对于参加礼拜，$\exp \beta = 0.793$；对于天主教信仰，$\exp \beta = 0.788$；对于教育水平，$\exp \beta = 1.174$。参加礼拜每增加一个测量单位，支持堕胎的发生比会减小 20.7%；天主教徒比其他宗教信仰者的发生比低 21.2%；每增加一年教育，发生比会提升 17.4%。

8. （a）$p = 0.201$

　　（b）$p = 0.826$

9. $G^2 = 213.43$，$df = 3$。因为在 $\alpha = 0.001$ 水平上临界值为 16.266，拒绝零假设。至少有一个系数显著地不等于 0。伪 R^2 为 0.552。

10. 对于从未结过婚的男性，a：$t = 7.08$，$p < 0.001$；X_1：$t = -8.25$，$p < 0.001$；X_2：$t = -12.28$，$p < 0.001$；X_3：$t = -1.34$，$p > 0.05$。

对于之前结过婚的男性，a：$t = 0.39$，$p > 0.05$；X_1：$t = 1.60$，$p > 0.05$；X_2：$t = -2.40$，$p < 0.05$；X_3：$t = -3.58$，$p < 0.001$。

相对于当前已婚男性，从未结过婚的男性会更年轻，有更少的子女。相对于当前已婚男性，之前结过婚的男性有更少的子女，教育水平也更低。

11. $R^2 = 0.068$ 和 $\hat{\eta}^2 = 0.079$ 之间差异的显著性检验得出，$F_{19, 2\,306} = 1.45$。因此，在 $\alpha = 0.05$、临界值为 1.57 的条件下，我们不能拒绝教育水平和看电视之间只是线性相关的零假设。

12. $\hat{L}_i = 28.524 + 0.671 X_i - 0.006\,4 X_i^2$　　$R^2_{\text{adj}} = 0.021$

　　s.e. = （2.053）（0.088）　（0.001）

对于年龄变量：$\text{UCL}_{95} = 0.843$；$\text{LCL}_{95} = 0.500$。

对于年龄平方变量：$\text{UCL}_{95} = -0.005$；$\text{LCL}_{95} = -0.008$。

在 52.42 岁，职业声望达到它的期望最大值（声望得分为 46.11）。

13. $\hat{L}_i = -1.484 + 0.058 X_1 + 0.019 X_2 - 0.013 X_3$

　　s.e.= （0.260）（0.120）　（0.003）　（0.004）

　　t = （-5.71）（-0.48）　（6.33）（-3.25）

样本 $N = 1\,667$；方程的 $-2 \log L$ 值 $= 1\,751.0$；只有截距项的 $-2 \log L$ 值 $= 1\,787.2$；$G^2 = 36.2$，$df = 3$，$p < 0.001$。正确预测：100% 不同意，0% 同意。

14. G^2 的差异 $= 1\,751.0 - 1\,731.6 = 19.4$；$df = 1$；$p < 0.001$。

15. 对于女性，$\exp \beta = 0.045$；对于南方居住者，$\exp \beta = 1.432$。女性相较于男性要低 95.5% 持枪的可能，南方居住者比其他地区居住者要高 43.2% 持枪的可能。

第 10 章

1. 整个表的发生比为 0.693；女性的发生比为 0.676；男性的发生比为 0.718；优比为 0.943。在堕胎支持上，女性只比男性少一点可能。

2.

你是否支持对谋杀者进行财产惩罚	种族	
	白人	黑人
支持	1 616	179
反对	449	180

3. $\mu=5.648$；$\lambda_1^R=0.247$；$\lambda_1^P=-0.388$；$\lambda_{11}^{RP}=0.480$

4. $\hat{s}_\lambda=0.034$；$t_\lambda P=7.26$；$t_\lambda R=-11.41$；$t_\lambda^{PR}=14.12$

5. (a) $F_{11}=265.2$；$F_{12}=463.9$；$F_{21}=225.9$；$F_{22}=392.9$

(b) $L^2=241.0$；拒绝零假设，因为在 $\alpha=0.05$、$df=1$ 的情况下临界值为 10.8。

6. 对枪支法的态度与类别"太多"和"正好"之间的条件优比，对于有枪的人为 1.33，对于没枪的人为 1.50。对枪支法的态度与类别"太多"和"太少"的条件优比，对于有枪的人为 3.77，对于没枪的人为 1.11。如果觉得相对于"正好"，我们花了"太多"的钱来控制犯罪，那么不管是有枪的人还是没枪的人，都会同等地支持枪支法。然而，如果觉得相对于"太少"，我们花了"太多"的钱来控制犯罪，那么有枪的人会比没枪的人更加强烈支持枪支法。

7. 模型 5 比模型 1、2、4 更好拟合了数据，但是模型 5 没有比模型 3 拟合得更好，因为 $L_3^2-L_5^2=4.5-3.9=0.6$，自由度为 $df_3-df_5=4-2=2$，在 $\alpha=0.05$ 水平上，临界值为 5.99。

8. 两个 BIC 统计量的最小值对应模型 7（BIC＝−21.4）和模型 8（BIC＝−20.1）。检验模型似然比的差异，模型 7 显著地优于模型 8（$L_7^2-L_8^2=15.0-9.0=6.00$；$df_7-df_8=5-4=1$；在 $\alpha=0.001$ 水平上临界值为 10.8）。因此，{CV} 和 {PV} 的效应对拟合数据都很重要，但是 {EV} 参数并不是必需的。

9. (a) 258.6

(b) 21.2

10. (a) 1.916

(b) −2.284

11. 对于独立性模型，$L^2=164.7$，$df=6$；拒绝零假设，因为在 $\alpha=0.001$ 水平上，临界值为 22.5。

12. 对于独立性模型，$L^2=31.3$，$df=1$；拒绝零假设，因为在 $\alpha=0.001$ 水平上，临界值为 26.1。对于饱和模型 {GS}，参数为 $\mu=5.998$；$\lambda_1^G=-0.435$；$\lambda_1^S=-0.039$；$\lambda_{11}^{GS}=0.146$。

13. 因为模型 {CI} {CS} {IS} 的 L^2 为 0.4，$df=1$，$p>0.50$，在男性和女性之间没有显著的差异产生。效应参数（C=CHILDS，I=CHLDIDEL，S=SEX）为 $\mu=5.265$；$\lambda^C=0.441$；$\lambda^I=0.100$；$\lambda^S=-0.159$；$\lambda^{CI}=0.246$；$\lambda^{CS}=0.070$；$\lambda^{IS}=-0.028$。

实际子女数量和理想子女数量之间有很强的共变。虽然男性比女性报告有更少的子女，但理想子女数量并没有在性别之间产生显著差异。

14. 模型统计量（R=RELITEN，C=CONCHURH，A=ATTEND，样本规模 $N=975$）展示如下：

模型	L^2	df	BIC
1. $\{CR\}\{CA\}\{RA\}$	0.4	1	-6.5
2. $\{CR\}\{CA\}$	230.9	2	217.1
3. $\{CR\}\{RA\}$	20.1	2	6.3
4. $\{CA\}\{RA\}$	24.1	2	10.4

L^2 和 BIC 统计量都表明模型 1 是最优拟合。

15. 包含了双变量效应的模型是最优拟合，因为该模型的 $L^2=5.7$，$df=2$，$p=0.06$，并且所有去除了双变量效应的模型的 ΔL^2 都在 $\alpha=0.05$ 水平上显著。效应参数（$A=\text{AGE}$，$P=\text{PRAYER}$，$R=\text{RELIG}$）为 $\mu=3.867$；$\lambda_1^P=0.224$；$\lambda_1^A=0.175$；$\lambda_1^R=1.577$；$\lambda_2^R=0.742$；$\lambda_{11}^{PA}=0.143$；$\lambda_{11}^{PR}=-0.542$；$\lambda_{12}^{PR}=-0.385$；$\lambda_{11}^{RA}=0.057$；$\lambda_{11}^{CE}=0.234$。年轻人比年老的人更可能支持最高法院的规定；新教徒最不可能支持，其次是天主教徒，最后是犹太教徒。三变量效应的缺失意味着，年龄的影响对每个教派都是相同的，或者说教派的影响在每个年龄组中是相同的。

第 11 章

1. 例如：公司的收入分配差距越大，工会成立的可能性也越大。

2.

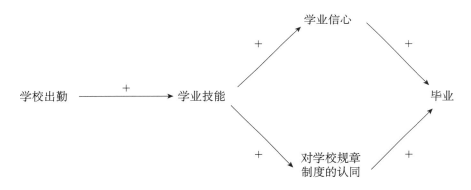

3. $r'_{QT}=p_{TQ}+p_{TS}p_{SQ}+p_{TS}p_{SR}r_{RQ}$

4. （a）对婚姻满意度，SES（0.12）比结婚年龄（0.105）有更大的间接因果效应。

　（b）婚姻满意度 15％ 的方差能被解释。

5. （a）A 对 E（0.20）比 B 对 E（0.024）有更大的间接因果效应。

　（b）E 的 17％ 的方差能被 A、B、C 和 D 解释。

6. $r'_{13}=0.77$

7. $r'_{BD}=p_{DB}+p_{DC}p_{CB}+p_{DC}p_{CA}r_{AB}$；前两项是因果效应，第三项是相关效应。

8. （a）$r'_{BD}=0.56$

　（b）$r'_{AD}=0.81$

9.

	Y_1	Y_2	Y_3	Y_4	Y_5
Y_1	1.00	0.40	0.20	0.04	0.02
Y_2		1.00	0.50	0.10	0.04
Y_3			1.00	0.20	0.08
Y_4				1.00	0.40
Y_5					1.00

10. $Y_2 = p_{21}Y_1 + p_{2v}V$; $Y_3 = p_{31}Y_1 + p_{32}Y_2 + p_{3U}U$

11. 母亲和父亲参加宗教礼拜的频率都会直接或者通过宗教信仰虔诚度间接地影响受访者参加宗教礼拜的频率。宗教信仰虔诚度对受访者参加宗教礼拜的频率有最强的影响。

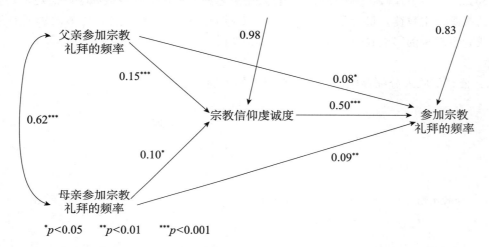

$^*p<0.05$ $^{**}p<0.01$ $^{***}p<0.001$

12. 父母的职业声望都会影响受访者的教育水平，并通过教育水平影响受访者的职业声望。

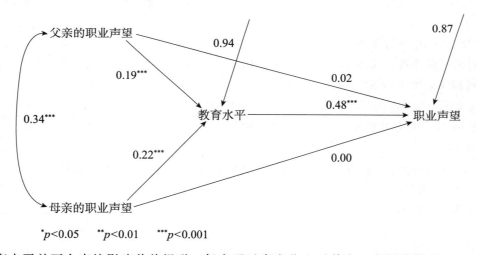

$^*p<0.05$ $^{**}p<0.01$ $^{***}p<0.001$

13. 教育水平并不会直接影响慈善捐赠，但会通过家庭收入对其有一个间接影响。

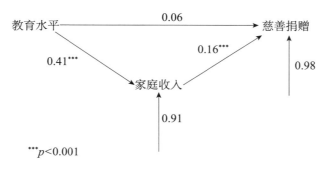

***p<0.001

14. 更高的教育水平会导致更高的宽容度和更高的职业声望，但是教育水平并不会通过职业声望对宽容度产生间接影响。

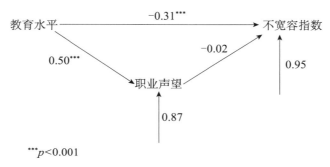

***p<0.001

15. 更高的教育水平会带来更不保守的政治立场，而更高的收入则会导致更保守的政治立场。不管是教育水平还是收入，都不会直接影响政党认同，但更多持保守立场的受访者倾向于认同共和党。

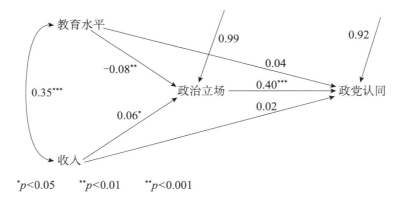

*p<0.05　**p<0.01　**p<0.001

第 12 章

1. $\varrho_X = \dfrac{\sigma_T^2}{\sigma_X^2} = \dfrac{0.64}{0.81} = 0.79$

2. 信度＝0.81

3. 对法院的信心有最高的因子负荷，对教会的信心的因子负荷最低，其余的位于中间。信度范围为：从（教会的）0.11 到（法院的）0.64。"商业"和"学校"之间的预计相关系数为 0.26；"教会"和"法院"之间的预计相关系数为 0.26。

4. RMSEA 和 GFI 指标都表明模型有较高的拟合优度，但 p 值的水平说明模型还有一些可以提升的空间。

5. 1 个自由度的模型间卡方差异为 $\chi^2 = 19.6 - 11.7 = 7.9$，在 $p < 0.01$ 水平上对拟合优度有显著改善。第一个公因子为私人领域机构，第二个公因子为公共领域机构。这两个因子之间的高相关说明，对其中一类组织展示信心的人也会对另一类组织展示出同等水平的信心。

6. 所有的拟合测量都表明模型对数据有很好的拟合。三个工作价值指标都有高因子负荷，其中升迁机会是最可信的指标。年龄大以及职业声望高的人会认为这些工作价值不那么重要，但收入对其没有影响。

7. 模型对数据的拟合程度在"很好"与"适度"之间。三个工作价值指标都有高因子负荷，其中升迁机会是最可信的指标。高职业声望的人倾向于认为这些工作价值没那么重要，但是教育水平或收入都没有显著影响。

8. RMSEA 指标显示模型对数据有很好的拟合，但是 $p = 0.011$ 对应的卡方值说明还有可以提升的空间。社会经济地位高的受访者更少地倾向于认为这些工作价值重要。从前一个问题的结果来看，社会经济地位的影响似乎主要反映受访者的职业声望。

9. RMSEA 指标显示模型对数据有适度的拟合。虽然 GFI 和 AGFI 高，但 $p = 0.019$ 所对应的卡方结果表明模型还有可改进的空间。更保守的受访者认为联邦政府在这些社会问题上花费太多。

10. RMSEA 指标显示模型对数据有适度的拟合，但 GFI、AGFI 和 $p < 0.001$ 所对应的卡方结果都表明模型还有可提升空间。高社会经济地位或者那些表达出更强烈宗教信念的人会更经常祷告。

11.

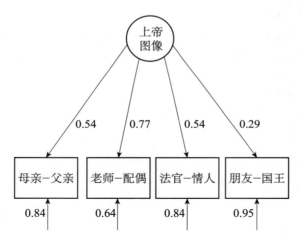

拟合优度统计量为：$\chi^2 = 17.7$，$df = 2$，$p = 0.000\ 1$；GFI $= 0.99$；AGFI $= 0.97$；RMSEA $= 0.075$，90% 的置信区间为 $0.045 \sim 0.110$。虽然 RMSEA 表明了一个可接受的单因子模型的拟合优度，但第四个指标有特别低的因子负荷，表明"朋友-国王"图像与"母亲-配偶-情人"对"父亲-老师-法官"模式没有很强的共变。

12. 双因子模型更好。它的拟合优度统计量为：$\chi^2 = 12.3$，$df = 8$，$p = 0.14$；GFI $= 1.00$；AGFI $= 0.99$；RMSEA $= 0.022$，90% 的置信区间为 $0.000 \sim 0.045$。RMSEA 的值表明双因子方案对数据有很好的拟合。在第一个因子指标上的高得分表示对医疗误诊的不担心；在第二个因子指标上的高得分表示对医生的不信任。两个因子之间的负相关说明同意第一个因子的人更倾向于反对第二个因子。

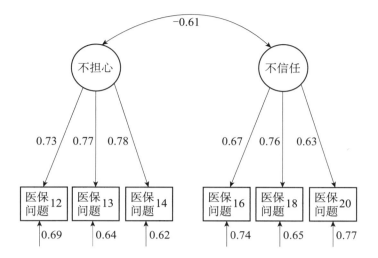

13.

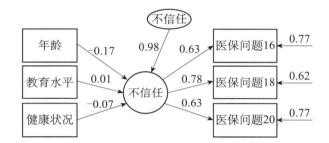

拟合优度统计量为：$\chi^2 = 9.4$，$df = 6$，$p = 0.150$；GFI $= 1.00$；AGFI $= 0.99$；RMSEA $= 0.021$，90%的置信区间为 $0.000 \sim 0.046$。RMSEA 的值表明这个 MIMIC 模型对数据有很好的拟合。"年龄"的系数在 $p < 0.001$ 水平上显著；"健康状况"在 $p < 0.05$ 水平上显著；"教育水平"没有显著性。更健康或者年龄更大的人对他们的医生更加信任。

14.

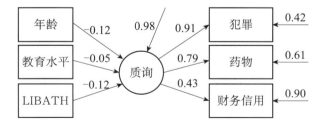

对 825 个个案样本的拟合优度统计量为：$\chi^2 = 18.4$，$df = 6$，$p = 0.005$；GFI $= 1.00$；AGFI $= 0.99$；RMSEA $= 0.050$，90%的置信区间为 $0.025 \sim 0.077$。RMSEA 的值表明这个 MIMIC 模型对数据有适度的拟合。"年龄"和"教育水平"的系数在 $p < 0.05$ 水平上显著，但"LIBATH"的效应不显著。年龄更大或受过更高水平教育的受访者倾向于更不反对政府质询个人问题，但对公民自由的立场却和对政府质询的态度无关。

15.

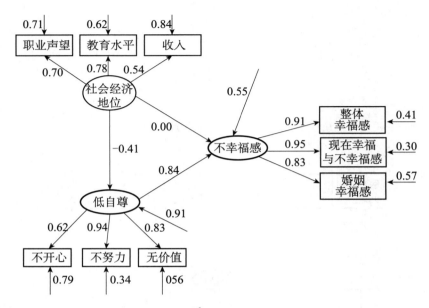

对 384 个个案样本的拟合优度统计量为：$\chi^2 = 50.2$，$df = 24$，$p = 0.001$；GFI = 0.99；AGFI = 0.99；RMSEA = 0.053，90% 的置信区间为 0.032~0.074。RMSEA 的值表明此因果路径模型对数据有适度的拟合。除了从"社会经济地位"到"不幸福感"的路径系数外，其他所有系数都在 $p < 0.001$ 水平上显著。"低自尊"的人有更高水平的"不幸福感"。高社会经济地位通过减轻"低自尊"间接降低了"不幸福感"的水平：$-0.41 \times 0.84 = -0.34$。

索 引

索引页码为英文原文页码，即本书边码。

黑体数字代表概念所在页码。

α-error（alpha error）第一类错误，90

Abortion attitude model 堕胎态度模型：对堕胎态度模型的路径分析，388－392

Adjusted coefficient of determination 调整后的决定系数，**262**－263

Adjusted goodness-of-fit index（AGFI）调整后的拟合优度指数，**422**

Algorithm 运算法则，**419**

Alpha level，参见 Probability/alpha level

Alpha area 拒绝域，**78**

Alternative hypothesis 备择假设，**89**

AMOS 矩结构分析，一种处理结构方程的软件，406

Analysis of covariance（ANCOVA）协方差分析，**274**

Analysis of deviation 离差分析：均方和离差分析，118－119

Analysis of variance（ANOVA）方差分析，**111**；虚拟变量的方差分析，275－276；F 比率和方差分析，119－121；方差分析逻辑，111－113；方差分析模型，113－114；平方和与方差分析，114－118

ANCOVA，参见 Analysis of covariance（ANCOVA）

ANOVA，参见 Analysis of variance（ANOVA）

ANOVA summary table 方差分析汇总表，**120**－121

Applied research 应用研究，**7**－8

Association 相关：相关测量，21，147－159

Asymmetry 非对称：因果关系的非对称性，372

Average，参见 Mean(s)

Average absolute deviation 平均绝对离差，**48**－49

Bar chart 条形图，**39**－40，41

Basic research 基础研究，**8**－9

Best linear and unbiased estimate（BLUE）最佳线性无偏估计，**255**；回归条件，256

Beta coefficient beta 系数，**195**－196

Beta weight beta 权重，195－196：另见 Standardized regression coefficients（beta weights）

Between sum of squares 组间平方和，**115**

Biserial correlation 双列相关，**434**

Bivariate covariation 双变量共变：双变量共变分析中第三变量所起的作用，212

Bivariate crosstabulation 双变量列联表，**139**－142

Bivariate linear relationship 双变量线性关系，**172**－173

Bivariate regression 双变量回归，**172**－173

Bivariate regression and correlation 双变量回归和相关，169－199，425；比较两个回归方程，198－199；估
　　计线性回归方程，174－181；R^2 和相关，182－187；散点图和回归线，169－174；回归参数的显著性
　　检验，187－194；标准化回归系数，194－197

Bivariate regression coefficient 双变量回归系数，**174**－175

BLUE，参见 Best linear and unbiased estimate（BLUE）

Bollen，K. A. 博伦，406n，437

Box-and-whisker diagram（boxplot）箱线图（箱图），**61**，62，63，130；分布和箱线图，128－130

Byrne，B. M. 伯恩，406n

CALIS 一种结构方程分析软件包，406

Categoric data 分类数据：双变量列联表，139－142；卡方检验和分类数据，142－147；相关测量和分
　　类数据，147－159；发生比和优比，159－163

Causal diagram 因果关系图，**374**－377

Causal models 因果模型：共变和因果模型，373；多指标-多原因模型，426－434；非虚假性和因果模
　　型，373－374；路径分析和因果模型，371－403；时间顺序和因果模型，373。另见 Path analysis

Causation 因果关系：因果关系的非对称性，372

Cell 单元格，**140**

Central limit theorem 中心极限定理，**80**－81

Central tendency 集中趋势，**40**；集中趋势的测量，37－40，40－46

CFA，参见 Confirmatory factor analysis（CFA）

Chain path model 链路径模型，392－396，**393**

Chart(s) 图表：条形，39－40

Chebycheff's inequality theorem 切比雪夫不等式定理，73－75，**74**

Chi-square distribution 卡方分布，**102**－103

Chi-square test 卡方检验，**142**；用卡方进行显著性检验，142－147

Classical test theory 经典测验理论，410－412，416

Codebook 编码簿，**17**

Coefficient of determination 决定系数，183－185，**184**；调整后的决定系数，262－263；对多个自变量
　　的决定系数的 F 检验，265；K 个自变量的决定系数，261－263；检验决定系数，188－190；检验
　　双变量情况下的决定系数的显著性，249－251；三变量情况下的决定系数，245－248

Coefficient of nondetermination 非决定系数，**185**

Column marginals 列边缘，**140**–141

Common factors 公因子，**414**

Completely standardized solution 完全标准化方案，**425**–426

Computer programs（software）计算机程序（软件）：SPSS 软件，19；结构方程分析软件，405–406。另见 Structural equation analysis programs

Computing formula for bb 的计算公式，**175**

Concept 概念，**9**；命题和概念，9–11

Concordant pair 同序对，**154**

Conditional correlation coefficients 条件相关系数，**216**

Conditional mean 条件均值，**176**–177

Conditional odds 条件发生比，**160**–161

Conditional odds ratio 条件优比，**337**

Confidence interval 置信区间，**81**–85，194，254，269–270

Confidence interval for mean differences 均值差异的置信区间，**130**

Confirmatory factor analysis（CFA）验证性因子分析，**414**；验证性因子分析的模型拟合统计量，420–421

Consistent estimator 一致估计量，**101**

Constant 常量，**12**

Construct 建构，**237**

Construct validity 建构效度，411

Content validity 内容效度，411

Contingency analysis 列联分析：多变量列联分析，207

Continuous probability distribution 连续概率分布，**71**

Continuous variable 连续变量，**19**–20；连续变量的频数分布，29–34

Contrast 对照值，**133**

Correlated effect 相关效应，**391**

Correlation 相关：双变量回归和相关，169–199；相关与回归的关系，187；Z 值相关，186–187

Correlation coefficient 相关系数，**185**–186，406–408；条件相关系数，216；偏相关系数，223–228；相关系数检验，190–191

Correlation difference test 相关差异检验，**198**–199

Correlation ratio/eta-squared 相关比率/eta 平方（简写 η^2），131–**132**

Covariance 协方差，**175**

Covariance matrix 协方差矩阵，**432**–433

Covariate 协变量，**274**

Covariation 共变，**208**，373

Criterion-related validity 效标关联效度，411

Critical value 临界值，**78**

Cronbach's alpha 克龙巴赫 α 指数，**238**，239

Cross-product ratio 交叉相乘比，**161**

Crosstabulation（crosstab）列联表：双变量列联表，139 – 142

Cumulative distributions 累积分布，34 – 37

Cumulative frequency 累积频数，**36**

Cumulative frequency distribution 累积频数分布，**36**

Cumulative percentage 累积百分比，**36**

Cumulative percentage distribution 累积百分比分布，**36** – 37

Data 数据：分组数据，34；缺失值，16 – 17；数值，16 – 18

Data collection 数据收集，**14**

Data file 数据文件，**17**

Decile 十分位数，**56**

Decomposition 分解，**381** – 388；通过追踪路径来分解，386 – 388

Degrees of freedom 自由度，**86** – 87

Dependent variable 因变量，**12** – 13；二分因变量，297 – 299

Descriptive statistics 描述统计，**21**

Deterministic 决定性的，**377**

Deviation 离差：平均绝对离差，48 – 49

Diagram/graph 图形，**37**

Dichotomous logistic regression equation 二分 logistic 回归方程，**307**

Dichotomous variable 二分变量，**19**，**34**；二分因变量，297 – 299

Dichotomy，参见 Dichotomous variable

Direct effect 直接效应，**375** – 376

Discordant pair 异序对，**154**

Discrete probability distributions 离散概率分布，71 – 73

Discrete variable 离散变量，**18**；离散变量频数分布 29 – 34；非定序离散变量，18；定序离散变量，18 –19；离散变量的相对频数分布，33 – 35

Dispersion 离散：离散趋势测量，46 – 53

Distribution 分布：卡方分布，102 – 103；用茎叶图和箱线图比较两个分布，128 – 130；连续概率分布，71；离散概率分布，71 – 73；F 分布，104；离散和连续变量的频数分布，29 – 34；分组和累积分布，34 – 37；边缘分布，140；正态分布，75 – 79；概率分布，70；偏态分布，53；t 分布，85 – 87

Diversity 差异：差异指数，46 – 47

Dummy variable 虚拟变量，**271**；虚拟变量的方差分析，275 – 276

Dummy variable regression 虚拟变量回归，271 – 278

EDA，参见 Exploratory data analysis（EDA）

Effect 效应，**113**

Efficient estimator 有效估计量，**101**

Endogenous variable 内生变量，**375**

Epistemic relationship 认知关联，**13**

EQS 一种结构方程分析软件，406

Error sum of squares 误差平方和，**182**

Error term 误差项，**114，173**

Estimators 估计量：估计量的特性，101－102

Eta-squared eta 平方（简写 η^2），131－**132**

Euler's constant 尤拉常数，**291**

Exhaustive 完备性，**17**

Exogenous variable 外生变量，**375**

Expected frequency 期望频数 **143**

Expected value 期望值，**72**；连续概念概率分布的期望值，73n

Explanation/interpretation of association 相关的解释/说明，**210**－212

Exploratory data analysis（EDA）探索性数据分析，**60**；用探索性数据分析来展示连续变量数据，60－63

F：因子分析中的 F 值，415n

F distribution F 分布，**104**

F ratio F 比率，**119**－121

F test for the coefficient of determination 对多个自变量的决定系数的 F 检验，265

Factor analysis 因子分析，**414**－426

Factor loadings 因子负荷，**415**

False acceptance error 纳伪错误，**90**

False rejection error 弃真错误，**90**

First-order table 一阶列表，**215**－216

Fitted marginal 拟合边缘，**340**

Four-variable crosstabulation 四变量列联表，349－354

Frequency 频数：累积频数，36；期望频数，143－145；众数频数，43

Frequency distribution 频数分布，**30**；累积频数分布，36；离散或连续变量的频数分布，29－34；相对频数分布，30

Fundamental theorem of path analysis 路径分析的基本定理，**384**

Gamma，**152**－156

General linear model 一般线性模型，**22**－24

General Social Survey，参见 GSS（General Social Survey）

Goodness-of-fit index（GFI）拟合优度指数，**421**－422

Goodness-of-fit statistic 拟合优度统计量，**312**－313

Grand mean 总均值，**112**

Graph(ing) 图形（绘制图形），**37**；频数分布图，37－40

Grouped data 分组数据，**34**

Grouped distributions 分组分布，34 - 37

GSS（General Social Survey）综合社会调查，6 - 7

Hayduk，L. A. 海达克，406n

Hierarchical log-linear model 层级对数线性模型，**338**

Hinge spread/H-spread 节点范围/H 域，**62**

Histograms 直方图，**40**，41

Homoscedasticity 方差齐性，**119**，**192**

Hoyle，R. H. 霍伊尔，406n

Hypothesis 假设：备择假设，89 - 90；零假设，88；操作性假设，12；研究假设，88 - 89；变量和假设，11 - 14

Hypothesis testing 假设检验：均值差异假设检验，122 - 124；比例假设检验，124 - 125；单均值假设检验，91 - 100

Imperfect correlation 不完全相关：不完全相关和对均值的回归，197

Independent variable 自变量，**12**

Index 指数，**236**；指数建构，238 - 239

Index of diversity 差异指数，**46** - 47

Index of qualitative variation 质性变异指数，**47**

Indicators 指标，**238**

Indirect causal effect 间接因果效应，**391**

Indirect effect 间接效应，**376**

Inequality theorem 不等式定理：切比雪夫不等式定理，73 - 75

Inference 推论，**21**，69 - 70

Inferential statistics 推论统计，**21**

Interaction effect 交互效应，**277** - 278

Interaction effect of third variable 第三变量产生交互效应，220 - **221**

Intercept 截距，**175** - 176

Interpretation of association，参见 Explanation/interpretation of association

Interuniversity Consortium for Political and Social Research（ICPSR）大学校际政治与社会研究社团，18

Interval 间距：系统抽样间距，15

Iterative proportional fitting 迭代比例拟合法，**340**

Joint contingency table 联合列联表，**139** - 142

Jöreskog，K. 约雷斯科格，405

Kelloway，K. E. 凯洛韦，406n

Lagged causal effect 滞后因果效应，**395**

Latent variable 潜变量，**11**

Least squares criterion 最小二乘准则，174 – 177

Likelihood ratio 似然比，**340**

Linear probability 线性概率：线性概率回归与 logistic 回归之间的比较，306

Linear probability model 线性概率模型，**298**

Linear regression equation 线性回归方程：线性回归在 GSS 受访者职业声望中的应用，177，178 – 179，180，181；估计线性回归方程，174 – 181

Linear regression model 线性回归模型，**173**

Linear relationship 线性关系，**172**；非线性关系与线性关系的比较，288 – 290

Linearity 线性，**10 – 11**

LISREL（LInear Structural RELations）线性结构关系 **405**；单因子模型估计，419 – 420；拟合优度测量，421 – 422；LISREL 和序次指标模型，435 – 436；PRELIS 和 LISREL，435；LISREL 和单线因果链，429 – 431，432；双因子模型估计，422 – 426，429

Listwise deletion 列删法，**241** – 242

Loehlin, J. C. 洛林，406n

Log likelihood ratio test 对数似然比检验，311 – 312

Log-linear analysis 对数线性分析，**327** – 369；作为效应参数函数的期望频数，330 – 332；三变量表的对数线性模型，337 – 348；2×2 表的对数线性模型，328 – 337；不饱和模型，336 – 337；作为期望频数函数的参数，332 – 335；准对称性和对数线性模型，360 – 363；参数的标准误，335 – 336；对称性模型，357 – 360；大样本的模型检验，346 – 348；空单元格，355 – 357

Logarithmic function 对数函数，294

Logistic regression logistic 回归：线性概率与 logistic 回归之间的比较，306

Logistic regression equations logistic 回归方程：估计和检验 logistic 回归方程，307 – 313

Logistic transformation of p p 的 logistic 转换，**299** – 306

Logit logistic 概率单位，**299** – 306；logit 的偏差，305。另见 Multinomial-logit model

Logit effect parameters logit 效应参数：源自一般对数线性模型参数的效应参数，352 – 353

Logit model logit 模型，**352** – 354；另见 Multinomial-logit model

Long, J. S. 朗，406n

Lower confidence limit 置信下限，**82**

Lower hinge 下节点，**61**

Lower inner fence 下内限，**62**

Manifest variable 显变量，**11**

Marcoulides, G. A. 马库莱德斯，406n

Marginal distributions 边缘分布，**140**

Marginal homogeneity 边缘同质性，**357**

Marginal subtable 边缘分表，**339** – 346

Markovian principle 马尔可夫准则，**393**

Maruyama，G. M. 丸山，406n

Matrix 矩阵：协方差矩阵，432－433；四分相关的估计矩阵，435－436

Maximum likelihood estimate（MLE）最大似然估计：LISREL 和最大似然估计，435

Maximum likelihood estimation（MLE）最大似然估计，**307**－308，419

Mean(s) 均值，**44**－46；连续概率分布的均值，73n；总均值，112；对均值的回归，196－197；均值的符号，74；均值间差异的检验，132－135；双均值检验，121－131；Z 值分布的均值，59

Mean difference hypothesis test 均值差异假设检验，**122**－124

Mean of a probability distribution 概率分布的均值，**72**

Mean square 均方，**118**，**188**

Mean square between 组间均方，**118**

Mean square error 误差均方，**188**－189

Mean square regression 回归均方，**188**

Mean square within 组内均方，**118**

Measurement 测量，**16**

Measurement interval/measurement class 测量间距/测量等级，**35**

Measurement theory 测量理论：测量理论中的信度和效度，408－414

Measures of association 相关测量，**21**，**147**－159

Measures of central tendency 集中趋势的测量，40－46

Measures of dispersion 离散趋势的测量，46－53

Median 中位数，**43**－44

Midpoints 中点，**54**－55

MIMIC（Multiple Indicator-MultIple Cause）model 多指标-多原因模型，**427**－429

Missing data 缺失值，**16**－17

Misspecification 误设，**395**

MLE，参见 Maximum likelihood estimation（MLE）

Modal frequency 众数频数，43

Mode 众数，**42**－43

Mplus 一种结构方程分析软件，406

Multicategory probabilities 多类别概率：相对于控制组的多类别概率，315－317

Multicollinearity 多重共线性，**268**

Multinomial-logit model 多项 logit 模型，**314**－319

Multiple causation 多重因果关系，**212**－213

Multiple correlation coefficient 多元相关系数，**248**

Multiple-indicator causal models 多指标因果模型，426－434；MIMIC 模型，427－429；多因子路径模型，432－434；单线因果链，429－431，432

Multiple regression 多元回归：总体间比较，278－281；有 K 个自变量的多元回归，255－263

Multiple regression analysis 多元回归分析，**235**－281

Multiple regression coefficient 多元回归系数，**243**

Multivariate contingency analysis 多变量列联分析，**207**；多变量列联分析的逻辑，207－228

Multivariate contingency table analysis 多变量列联表分析，**327**

Multivariate regression 多元回归，425。另见 Significance testing；Three-variable regression

Mutually exclusive 互斥性，**17**

Negative skew 负偏态，**53**

Nested models 嵌套模型，**339**

Nestedr egression equations 嵌套回归方程，**260**；嵌套回归方程的比较，270－271

Newton-Raphson algorithm 牛顿-拉夫逊算法，**340**

Nonlinear equations 非线性方程：非线性方程的函数形式，290－297

Nonlinear regression 非线性回归，288－297

Nonorderable discrete variable 非定序离散变量，**18**

Nonrecursive model 非递归模型，**377**

Nonsaturated models 不饱和模型，**336**－337

Nonspuriousness 非虚假性，**373**－374

Normal distribution 正态分布，**75**－79

Null hypotheses 零假设，**88**

Numbers 数值：数据和数值，16－18

Observations 观测：记录和观测，14－16

Observed frequency 观测频数，143－145

Odds 发生比，**159**－163；条件发生比，160－161

Odds ratio 优比，**161**－163

OLS，参见 Ordinary least squares（OLS）

One-factor model 单因子模型，417－420

One-tailed hypothesis test 单尾假设检验，**95**－96，99

Operational hypothesis 操作性假设，**12**

Orderable discrete variable 定序离散变量，**18**－19

Ordered indicators 序次指标：序次指标的模型，437

Ordinary least squares（OLS）普通最小二乘，**174**，240－241；用普通最小二乘估计推导回归方程中的 a 和 b，258－259；非线性函数的普通最小二乘转换，291－292

Outcome 变量值，**30**

Outlier 异常值，**62**，63

Pairs 配对：同序对，154；异序对，154；同分对，156；非同分对，154

Pairwise deletion 对删法，**242**

Parallel measures 平行测量，**412**－414；平行测量的信度，413

Parameters 参数：幂参数，309－311；参数的显著性检验，263－270

Part correlation 部分相关，**247**

Partial correlation coefficient 偏相关系数，**223**－228

Partial regression coefficient 偏回归系数，**254** – 255

Partitioning the sum of squares 分解平方和，182 – 183

Path analysis 路径分析，**377** – 396；堕胎态度模型，388 – 392；链路径模型，392 – 396；分解和路径分析，381 – 388；路径系数估计，380 – 381；路径分析的基本定理，384 – 386；多指标路径分析模型，432 – 434；结构方程和路径分析，379 – 380；路径分析的任务，380。另见 Causal models

Path coefficient 路径系数，**379**

Pearson，K. 皮尔逊，185

Pearson product-moment correlation coefficient 皮尔逊积矩相关系数，185，406 – 408，436

Percentage 百分比，**30**；累积百分比，36

Percentage distribution 百分比分布，**30**

Percentile 百分位数，**53** – 56；计算百分位数，55 – 56

Phi，**150** – 152

Phi adjusted phi 修正值，**151** – 152

Phi maximum phi 最大值，**151**

Planned comparison 事前比较，**133**

Point estimate 点估计，**81** – 85

Point estimate for mean differences 均值差异的点估计，**130** – 131

Polychoric correlation coefficient 多项相关系数，**434**

Polygon 折线图，**40**，41

Polyserial correlation 多列相关，**434**

Population 总体，**15**；从样本中做总体推论，69 – 70

Population discrepancy function（PDF）总体差异指数，422

Population parameter 总体参数 **72**；总体参数和样本统计量符号，74

Population regression equation 总体回归方程，**191** – 192

Population regression model 总体回归模型，**255**

Positive skew 正偏态，**53**

Post hoc comparison 事后比较，**133**

Power of the test 检验效力，**93**

PRE，参见 Proportionate reduction in error（PRE）approach

Prediction equation 预测方程，**173**，255

Predictor variable 预测变量，**172**

PRELIS LISREL 的预处理程序，405n，435

Probabilistic 概率性的，**377**

Probability 概率：概率的概念，70 – 73；连续概率分布，71；离散概率分布，71 – 73；标准正态分布中观测值的概率，77

Probability/alpha level 概率水平/α 水平，**90**

Probability distribution 概率分布，**70**；概率分布的均值，72；右尾上第一类错误的概率分布，78

Programs，参见 Computer programs（software）

Proportion 比例，**30**

Proportionate reduction in error（PRE）approach 削减误差比例法，147 - 149，183 - 184

Proposition 命题，**9**；概念和命题，9 - 11

Pseudo-R^2 伪 R^2，**313**

Q，参见 Yule's Q

Qualitative variation 质性变异：质性变异指数，47

Quantile 分位数，**56** - 60

Quartile 四分位数，**56**

Quasi-independence model 准独立性模型，**356**

Quasi-symmetry model 准对称性模型，**360** - 363

Quintile 五分位数，**56**

R-square and correlation R^2 和相关，182 - 187

r-to-Z transformation r 到 Z 转换，**190** - 191

Random assignment 随机分配，**208** - 209

Random error 随机误差，**410**

Random sample 随机样本，**15**

Random sampling 随机抽样，**70**

Random zero 随机的空单元格，**355**

Range 全距，**48**

Ratio 比率：发生比，161 - 163

Recode 重编码，**17**

Recoding 重编码，**35**；编码规则，32

Records 记录：观测和记录，14 - 16

Recursive model 递归模型，**377**

Reference variable 参考变量，**418** - 419

Regression 回归：双变量回归，169 - 199；虚拟变量回归，271 - 278；回归均方，188；非线性回归，288 - 297；回归和相关的关系，187；回归参数的显著性检验，187 - 194；三变量回归模型，240 - 255；三变量回归问题，236 - 240。另见 Multiple regression entries

Regression analysis 回归分析，23 - 24；多元回归，235 - 281

Regression coefficients 回归系数：偏回归系数，254 - 255；标准化回归系数，194 - 197

Regression difference test 回归差异检验，**199**

Regression equation(s) 回归方程：比较两个回归方程，198 - 199；二分 logit 回归，307；有交互项的回归方程，277 - 278；嵌套回归方程，260

Regression line 回归线，**173** - 174

Regression sum of squares 回归平方和，**182**

Regression toward the mean 对均值的回归，**196** - 197

Relative frequency distribution 相对频数分布，**30**

Relative frequency/proportion 相对频数/比例，**30**

Reliability 信度，**13** - 14，**409** - 410；平行测量的信度，413

Representativeness 代表性，**15**

Research hypothesis 研究假设，**88** - 89

Research process 研究过程，3 - 27

Residual 残差，**173**

Residual variable 残差变量，**376** - 377

RMSEA，参见 Root mean square error of approximation（RMSEA）

Robust 稳健，**169**

Root mean square error of approximation（RMSEA）近似误差均方根，**422**

Rounding 四舍五入，**30**；四舍五入规则，32

Row marginals 行边缘，**140**

Sample 样本，**15**；从样本中做总体推论，69 - 70；随机样本，15，70

Sample regression equation 样本回归方程，**255**

Sampling distribution of sample means 样本均值的抽样分布，**80**

Saturated model 饱和模型，**330**

Scale construction 量表建构，**20** - 21

Scatterplot 散点图，**169** - 173

Scheffé test 谢费检验，**133**

Schumacker, R. E. 舒马克，406n

Scientific research 科学研究，**5** - 7

Scope/boundary conditions 范围或限制条件，**11**

Significance testing 显著性检验：卡方检验，142 - 147；参数的显著性检验，263 - 270；比例的显著性检验，**124**；回归参数的显著性检验，187 - 194

SIMPLIS UNIX 系统的 SIMPLIS 命令语言，405n，406

Single-link causal chain 单线因果链，**429** - 431，432

Single mean 单均值：有明确假设的单均值假设检验，91 - 95；单均值的单尾检验，95 - 96；单均值的双尾检验，97 - 100

Skewed distribution 偏态分布，**53**

Skewness 偏度，52 - 53

Social theory 社会理论，**10**

Software，参见 Computer，programs（software）

Somers's d_{yx} 萨默斯 d_{yx}，**158** - 159

Sörbom, D. 瑟尔布姆，405

SPSS（Statistical Package for the Social Sciences）社会科学统计软件包，19；ANOVA 程序，134n；FREQUENCIES 程序，44

Spuriousness 虚假关系，**209** - 210，211，**373** - 374

Standard deviation 标准差，**51** - 52；标准差的符号，74。另见 Chebycheff's inequality theorem

Standard error 标准误，**80** - 81

Standardized regression coefficients（beta weights）标准化回归系数（beta 权重），244－245

Standardized scores（*Z* scores）标准分数（*Z* 值），56－60

Standardized solution 标准化方案，**425**

Statistical analysis 统计分析，18－22

Statistical significance test 统计显著性检验，**21**；检验步骤，97

Statistical table 统计表，**37**，38－39

Statistically independent variables 统计独立性变量，**142**－143

Status variable 状态变量，**13**

Stem-and-leaf diagram 茎叶图，**60**；分布和茎叶图，128－130

Stochastic，参见 Probabilistic

Structural equation 结构方程，**379**

Structural equation analysis programs 结构方程分析软件，405－406

Structural equation model(s) 结构方程模型，**405**－446；结构方程模型的模型拟合数据，420－421

Structural zero 结构的空单元格，**355**

Sufficient estimator 充分估计量，**102**

Sum of squares 平方和，114－118；分解平方和，**182**－183

Suspending judgment 悬置判断，**94**

Symmetry model 对称性模型，**357**－360

System file 系统文件，**17**－18

Systematic error 系统误差，**410**

Systematic sampling interval 系统抽样间距，**15**

T：经典测验理论中的记号法，415n

t distribution *t* 分布，**85**－87；*t* 分布的单均值双尾假设检验，98

t test *t* 检验，**95**；*t* 检验方法，125－128；*t* 检验和 *F* 检验的关系，131

t variable/*t* score *t* 变量/*t* 值，**85**

Tally 计数，**30**

Tau *c*，**156**－157

Tetrachoric correlation 四分相关，**434**，435－436

Three-variable regression 三变量回归：三变量回归问题的实例，236－240；三变量回归模型，240－255

Tied pair 同分对，**156**

Time order 时间顺序，**373**

Total sum of squares 总平方和，**115**，**182**－183

Treatment level 处理水平，**274**

True limits 真实组界，**54**

Tufte，E. 塔夫特，40

Two-tailed hypothesis test 双尾假设检验，97－100

2×2 table　2×2 表，**148**－149；控制第三变量的 2×2 表，213－223

Type I error 第一类错误，**90** – 91
Type II error 第二类错误，**90** – 91

Unbiased estimator 无偏估计量，**101**
Unimodal symmetric distribution 单峰对称分布，75
Unit of analysis 分析单位，**14** – 15
Untied pair 非同分对，**154**
Upper confidence limit 置信上限，**82**
Upper hinge 上节点，**61**
Upper inner fence 上内限，**62**

Validity 效度，**13**，**409** – 410；建构效度，411；内容效度，411；效标关联效度，411
Variable(s) 变量，**11**，11 – 14；方差分析和变量，113；因果关系图中的变量，374 – 375；连续变量，19 – 20；控制附加变量，208 – 213；控制第三变量的 2×2 表，213 – 223；因变量，12 – 13；描述变量，29 – 66；二分变量，19，34；二分因变量，297 – 299；离散变量，18；内生变量，375；外生变量，375；离散变量和连续变量的频数分布，29 – 34；自变量，12；多变量列联表分析，327；预测变量，172；参考变量，418 – 419；统计独立性变量，142 – 143；状态变量，13。另见 Multiple regression analysis
Variance 方差，**49** – 51；方差分析，111；连续概率分布的方差，73n；方差的符号，74；Z 值分布的方差，59
Variance of a probability distribution 概率分布的方差，**72** – 73
Variation 变异，**40**
Venn diagram 维恩图，**223** – 225，247，249
Visual Display of Quantitative Information，*The*（Tufte）塔夫特的《定量信息的直观表示》，40

Wald statistic 沃尔德统计量，308n
Weighted least squares（WLS）estimation 加权最小二乘估计，**435**
Within sum of squares 组内平方和，**115**

Yule's Q 尤拉 Q，**149** – 150

Z scores Z 值，**57** – 60；正态曲线下不同 Z 值的面积，79；Z 值相关，186 – 187；总体的 Z 值，76
Z test procedures Z 检验方法，121 – 124
Zero 空单元格：随机的空单元格，355；结构的空单元格，355
Zero-order table 零阶列表，**213**，226

译后记

本书是戴维·诺克等人所著教材《社会数据统计分析》的第 4 版，除了包含基础统计分析内容外，还包含了几种高级统计模型内容，一定程度上拓展了读者进行统计分析的视野，希望不同读者能从中受益良多。此次的翻译主要由笔者与自己的几位同事，以及自己指导过的研究生共同完成，前后一共经历了三次译校过程。参与者分别为：谢桂华、齐亚强、王卫东、申艳芳、张乙茗、黄晓、王磊、胡莹、林思成、陈虹梅、黄尔瑶、许斌清。全书文字最终均由笔者负责，读者若发现有不当之处，欢迎来邮件告知（haodahai@sina.com）。最后，感谢中国人民大学出版社的潘宇博士、盛杰和郦益编辑为此书出版做出的努力。

郝大海 谨识

2021 年 12 月 28 日

北京市版权局著作权合同登记号 图字：01－2010－0405

图书在版编目（CIP）数据

社会数据统计分析：第 4 版/（美）戴维·诺克
(David Knoke)，（美）乔治·W. 博恩斯泰特
(George W. Bohrnstedt)，（美）阿莉莎·波特·米
(Alisa Potter Mee) 著；郝大海等译 . -- 北京：中国
人民大学出版社，2022.4
（社会学译丛）
ISBN 978-7-300-30250-8

Ⅰ.①社… Ⅱ.①戴… ②乔… ③阿… ④郝… Ⅲ.
①社会统计-统计分析 Ⅳ.①C91-03

中国版本图书馆 CIP 数据核字（2022）第 022661 号

社会学译丛
社会数据统计分析（第 4 版）
戴维·诺克
［美］乔治·W. 博恩斯泰特　著
阿莉莎·波特·米

郝大海 等　译
Shehui Shuju Tongji Fenxi

出版发行	中国人民大学出版社			
社　　址	北京中关村大街 31 号		**邮政编码**	100080
电　　话	010 - 62511242（总编室）		010 - 62511770（质管部）	
	010 - 82501766（邮购部）		010 - 62514148（门市部）	
	010 - 62515195（发行公司）		010 - 62515275（盗版举报）	
网　　址	http://www.crup.com.cn			
经　　销	新华书店			
印　　刷	北京联兴盛业印刷股份有限公司			
规　　格	215 mm×275 mm　16 开本		**版　　次**	2022 年 4 月第 1 版
印　　张	23.25 插页 2		**印　　次**	2022 年 4 月第 1 次印刷
字　　数	605 000		**定　　价**	89.00 元

Supplements Request Form（教辅材料申请表）

Lecturer's Details（教师信息）			
Name： （姓名）		Title： （职务）	
Department： （系科）		School/University： （学院/大学）	
Official E-mail： （学校邮箱）		Lecturer's Address / Post Code： （教师通信地址/邮 编）	
Tel： （电话）			
Mobile： （手机）			

Adoption Details（教材信息）　　原版□　　　翻译版□　　　影印版 □

Title：（英文书名） Edition：（版次） Author：（作者）	
Local Publisher： （中国出版社）	
Enrolment： （学生人数）		Semester： （学期起止时间）	

Contact Person & Phone/E-Mail/Subject：
（系科/学院教学负责人电话/邮件/研究方向）
（ 我公司要求在此处标明系科/学院教学负责人电话/传真及电话和传真号码并在此加盖公章。）

教材购买由　我□　我作为委员会的一部分□　其他人□[姓名：　　　]决定。

Please fax or post the complete form to（请将此表格传真至）：

CENGAGE LEARNING BEIJING
ATTN：Higher Education Division
TEL：（86）10-82862096/ 95 / 97
FAX：（86）10 82862089
ADD：北京市海淀区科学院南路 2 号
融科资讯中心 C 座南楼 12 层 1201 室　 100080

Note：Thomson Learning has changed its name to CENGAGE Learning

VERIFICATION FORM/CENGAGE LEARNING